KB213969

jobEQ
를 코칭하라

jobEQ
를 코칭하라

EQ와 NLP를 결합한 NLP 실용 매뉴얼!
jobEQ Test의 기저 이론서!

패트릭 멜러비드, 데니스 브리더, 루디 반담 지음
박진희, 최인화 옮김

㈜한국비즈니스코칭

추천의 글

이 책의 기본 신조는 많은 유형의 지능이 있으며, 인간의 의미 있는 소통에 충만한 신체적 정서적 언어들과 조화하여 활용하는 방법을 배우는 것이 지혜롭다는 것이다. 그러한 인지적 정서적 통합이 없다면 일이 심각하게 잘못될 수 있다. 몇 년 전에 내가 쓴 책이 일본어로 번역이 되어 일본을 방문하고 있었던 때의 사례이다. 내 통역과 나는 큰 규모의 일간지와 인터뷰를 했는데, 그 때 인터뷰를 행한 기자는 일본에 큰 충격을 준 이야기를 꺼냈다. 어떤 소년이 자기 집에 있는 칼을 약간 지능 발달이 늦은 급우의 집으로 가지고 가서 그 아이의 목을 잘라서 베어낸 목을 학교 계단에 놓았다. 다음날 아침 교사들은 그것을 발견하고서 큰 충격을 받았다. 그 소년은 체포되었고 경찰은 그의 집에서 그가 쓴 엄청난 일기들을 발견했다. 일기에 반복해서 쓴 것은 "분노로 가득 찬 내 안에 있는 이 보이지 않는 존재"를 묘사했다. 그는 급우를 살해한 날까지 줄곧 아무도 보지 못한 "내면의 분노"와의 싸움에 대해 썼다.

그 기자는 이 일기에 쓴 내용을 신문 기사에 썼을 때 어떠했는지 설명했고, 수백 명의 독자들 또한 "내면에 보이지 않는 존재"가 있었다고 쓴 것에 깜짝 놀랐다. 물론 그들은 살인을 용서하지는 않았지만, 눈치채지 못한 마음 속 영혼의 감정적 분아에 대한 소년의 말에 공명하고 있었다.

물론 의문이 제기될 것이다. 우리들 각자의 내면에 사는 "보이지 않는 존재"가 있는가? 단지 분노로만 가득 차 있는 것이 아니라 직관적 인식으로, 격렬함과 부드러움으로, 호기심으로, 창의적 지능으로 가득 차 있는가? 각자 내면에 사는 지적 지능과는 다른 것이 있는가?

나는 저자들이 어떻게 이 의문에 긍정적으로 답변하는지, 우리가 인간의 이해와 존재에 대한 여러 언어들에 주의를 기울여야 하는지를 어떻게 주장하는지, 그리고 감성 지능을 계발하는 명확한 방법을 어떻게 제안하는지를 알고서 기뻤다. 개인적으로 관심이 매우 높기 때문이다. 간단히 말한다면 여러분이 자신의 감성 지능과 능숙하게 접속되지 않는다면, 창의적이지도, 행복하지도, 생산적이지도 않을 것이다. 그 중요성을 모르거나, 감성 지능과 서로 용납하지 않은 실체 없는 지성은 정말 유감스러운 꼴불견이다. 일본 소년의 사례는 극단적 사례인 반면에, 대립하는 감정에 대해 마음 아프고 회피할 수 있는 결과가 많다. 즉 직장에서의 불화, 가족의 불행, 서로 다름을 알고 일하기보다는 오히려 싸우느라 허비한 시간과 에너지, 직관적 지혜 상실 등이다.

저자들은 마침 알맞은 때에 이러한 위험들에 주목하고, 현명하게 인지적 지능과 감성 지능을 조정하면 얻어질 이점에 더 초점을 맞추었다. 성공하고 행복한 사람은 인지적 통제나 감성 지능 중 하나로 존재하기보다는 오히려 동시에 둘 다로 존재한다. 우리는 우수한 탁월성을 보이는 곳마다 그것을 목격할 수 있다. 최고의 운동 선수는 뛰어난 심신 일체Mind-Body Unity를 가지고 있다. 천부적인 가수는 나무랄 데 없는 통제력과 아름다운 느낌 둘 다를 나타낸다. 유능한 부모는 자녀에 관해 사랑하고 훈육, 둘 다를 한다. 이와 유사하게, 타인들과 교류가 필요한 모든 직업 활동에는 명확한 지성과 감성적 감수성의 동등한 통합이 필요하다.

이 책은 이 분야의 기술을 발달시키는데 도움이 된다. 실용적이고 실질적이며 명확하다. 자신을 위해 이 책을 활용하면, 더 유능한 인간 존재가 되어 주위 사람들을 더 행복하게 해준다.

스테판 길리건 Stephen Gilligan, ph.D

역자 서문

2006년 미국 산타크루즈의 NLP University에서 각국에서 온 16명의 NLP University Affiliate Program에 참여했을 때, 동료 수강생 몇 명의 소개 발표를 통해 NLP에 포함되어 있는 메타 프로그램Metaprogram의 심리 측정 도구로서 활용되고 있는 jobEQ검사에 대해 알게 되었다.

그 이전부터 코칭이나 컨설팅을 위해 가끔씩 MBTI와 같은 심리검사 도구를 활용하곤 했던 터라 면밀히 살펴보고서 기존의 검사들과는 다른 면을 볼 수 있었다. 우리들은 좋아하는 일에 주의를 기울이고 좋아하지 않는 일을 소홀히 하듯이, 각자가 지닌 강점과 약점은 태도와 동기부여에 반영된다. jobEQ는 이러한 강점과 약점, 또는 좋아하고 싫어하는 것과 연관된 48 메타프로그램 패턴을 식별해서, 생활과 직업 상황에 적용할 수 있도록 제작된 검사도구들이었다.

패트릭 멜러비드와 접촉해서 2008년 1월, 벨기에Belgium의 이클로Eeklo라는 곳까지 힘들게 찾아가서 jobEQ검사들에 관한 트레이닝과 전문 교육을 받았다. 일주일의 종일 교육 동안 해박한 그의 지식과, 번득이는 천재성에 감탄하면서 참고도서로 그가 제공한 두 권의 책, jobEQ를 코칭하라(원 제목은 7steps to EQ)와 멘토링 & 코칭(원제목은 Mastering Mentoring & Coaching)을 읽었다. 그에 의하면, 그의 아내와 주위 사람들에게 이론과 모델들을 실제로 직접 여러 번 적용해보고서 추출해낸 예시들이라고 했는데, 그의 아내 또한 남편의 실험 대상으로서 최선을 다했노라며 웃었다. jobEQ검사 도구의 바탕 이론서인 이 책은 NLP Model들과 그 예시들이 쉽게 설명되어 있어서 NLP 프렉티셔너 과정의 매뉴얼과 같다. 영감을 주는 실용적 사례와 은유로 섞인 파워풀한 NLP tool들은 구체적이고 따라 하기 쉬운 강점이 있다.

이 책의 번역에 앞서 급성장하는 EQ주제에 대해 체르니스Chernis와 골먼Goleman의 저서 '감성 지능이 높은 일터Emotionally intelligent workplace', 골먼Goleman의 '직장에서의 감성 지능Emotional intelligence at work', 쿠퍼Cooper와 사와프Sawaf의 중역진 감성 지능Executive EQ이라는 책을 읽었다. 이 책들은' EQ가 왜 중요한가'와 'EQ란 무엇인가' 라는 질문에 대해 잘 답변되어 있지만, 'EQ를 어떻게?'에 대해서는 잘 다루어지지 않았다는 생각이 들었다.

이 책은 EQ를 NLP와 결합한 혁신적 접근 방식으로 EQ와 NLP의 개념을 확장시켜 주었다. 제시된 연습과 예시들은 명확하고 실용적이며, NLP 테크닉들을 통해 한 단계 한 단계 감성 지능을 증진시켜가는 실제적 과정이 잘 나타나 있어서 'EQ를 어떻게?' 에 대해 충분히 다루고 있다. 실제 생활 경험과 개인적 지혜를 통해 보여준 훌륭한 NLP 기본이론을 감성 지능과 결합시켜 NLP 트레이닝의 입문서로 활용해도 충분할 만큼 잘 구성되어 있다.

게다가 작년 8월 시카고에서 열린 세계 jobEQ Conference에서 패트릭에게 이 책을 번역 중이라 했을 때, 새로운 개정판 원고로 번역되기를 바란다면서 개정판 원고를 보내왔다. 메타프로그램을 비롯하여 많은 내용이 새롭게 보강된 부분이 50쪽 이상이나 되었다. 덕분에 한국의 독자들은 지금 영국의 Crown출판사에서 준비 중인 개정판을 가장 먼저 읽게 되는 행운을 얻은 것이다.

이 책의 각 단원은 보다 높은 수준의 감성 지능EQ을 달성하는 단계이다. 사실 2000년대 상반기에 한 교육기관(패트릭 멜러비드의 Acknowledge)이 운영한 여러 시리즈의 수업 전후에 참여자들에 대한 EQ 측정은 그들의 감성 지능이 평균적으로 10~15%나 두드러지게 증가했다고 한다. 7개의 단원에서 감성 지능뿐만 아니라 고전적 지능에도 연관된 요소들을 만날 것이다. 문제를 정의하는 법, 해결책을 찾고 실행하는 방법을 다룬다. 사실 EQ와 IQ는 매우 밀접하게 함께 얽혀있다. 예를 들어 IQ 검사를 받은 어린이는 슬기로운 자원이 많은 감정 상태를 격려하는 상황에서 검사를 받는다면 더 좋은 점수를 얻을 것이다.

각 단원은 주제에 대한 목표와 이 주제가 타당한 이유를 포함한 개요를 제시하는 방식으로 시작한다. 그리고 나서 모델들을 설명하고 예시나 응용을 함으로써 마무리한다. 단원의 끝에는 제시된 기술들을 마스터하도록 연습 문제를 두었다. 각 단원들은 독립적으로 설계되어서 여러분은 마음에 드는 순서가 무엇이든, 따로따로 읽을 수 있다. 예를 들면 3장으로 곧장 가서 잘 만든 계획을 하는 것부터 시작할 수 있다. 물론 이 책도 여느 다른 책처럼 순서대로 읽을 수 있다. 이 책의 예비 판에 대해 백여 명의 독자들이 준 피드백을 종합한 결과, 한 주에 한 단원을 공부해도 좋다. 그래야 연습 문제를 하고 자신의 삶에 모델을 통합할 방법을 찾을 시간을 가질 수 있다.
이 책은 "생각하지 말고, 그냥 해"라는 메시지가 떠오른다. 이 책은 파워풀한 연습Exercise과 자기평가 테크닉이 포함되어 있어서 자신의 EQ향상 시스템을 설계하고 NLP의 자기 프로그래밍 실습을 활용하여 집중 EQ우수성 과정을 하는 것과 같다. 감성 지능과 NLP를 결합한 독특한 구성을 활용하여 감성 지능EQ 이면 구조인 '감정이 어떻게 작용하는지, 감정을 어떻게 관리할 수 있을까'에 대해 깨달음을 갖게 되면, 직업적 삶과 사적인 삶 둘 다에서 우수해질 것이다.
기업이나 조직, 개인의 컨설턴트, 트레이너, 코치로 일하는 내게 이 책은 나의 컨설팅, 교육, 코칭에 매우 도움이 되는 자원들과 중역진 코칭 툴을 제공해 준 책으로서 NLP를 활용하여 감성 지능을 증진시키는 방법을 알려주었다. 자신을 계발하고 싶은 사람들, 컨설턴트나 코치들, 트레이너들, NLP 프렉티셔너들, 리더들, 기업과 조직의 중역진 들에게 참고서로 활용할 수 있는 책으로 적극 추천한다.

마지막으로 틈틈이 이 책을 번역하는 지난 2년 동안 많은 지원을 해 준 너그러운 남편 최기현님, 또 이 책의 출판 비용을 실제로 후원해 주신 광주 하남공단의 주식회사 대호산업의 박종석 회장님, 박종혁 사장님께 깊은 고마움을 느낀다. 그리고 지난 3년간 저의 NLP & jobEQ 코칭 리더십 강의를 들으시며 깊고도 큰 공명을 울려주신 전남대학교 코칭리더십 교수단 마흔 일곱분과 그 외 이 책을 번역하는 지난 2년 동안 제게 긍정에너지를 주신 모든 분들께 감사 드린다. 그리고 더딘 진행 과정에도 말없이 편집작업을 해주신 김왕기님께도 감사를 드린다.

*각 단원 끝에 있는 연습에 있는 문제의 해답이 필요하시다면 ㈜한국비즈니스코칭으로 연락 바랍니다.(02-515-1326)

2011년 5월 역자 박진희 씀

CONTENTS

"사랑은 너무 어려서 양심이 뭔지도 모른다."

—윌리엄 세익스피어

다니엘 골먼Daniel Goleman의 베스트셀러를 중심으로 한 출판물 보급으로 일반 대중에게 감성 지능Emotional Intelligence이라는 용어가 도입되었다. 나 Patrick는 이 주제가 일반적으로 받아들여질 거라고 전망하고 가슴이 두근거렸지만 그 후에 곧 실망했다. 골먼의 책은 모든 문제들을 확인하고 즉각 활용할 몇 가지 해결책을 제시했을 뿐이었기 때문에 허전한 느낌이 들었다. 그리고 내 경험상 골먼이 쓴 것에 대한 해결책이 있었기 때문에 루디Rudy, 데니스Dennis와 함께 이 책을 쓰게 되었다. 나는 독자들에게 보다 긍정적인 메시지를 가져다 주고 싶다. 신경언어학자들의 여러 모델을 고려할 때, 신경언어학의 연구영역은 골먼이 제기한 문제들에 대한 대부분의 해답을 분명히 제공할 것이다. 신경언어학 분야의 초기단계였던 1979년에 골먼이 직접 신경언어학에 관한 논문[1]을 썼다는 것이 정말 극적인 아이러니가 아닐까?

젊은 10대이든 나이든 60대이든, 신경언어학에서 끌어낸 해결책이 감성 지능을 높이는데 도움을 줄 것이다. 신경언어학 분야가 성공 구조를 확인하기 위해 거의 25년 동안 연구해 온 이후부터 이것은 당연한 것이 되었다. 신경언어학 모델들에 의해 레오나르도 다빈치Leonardo da Vinci, 아인슈타인

---

1) 이 특징들은 하버드 대학의 하워드 가드너의 다중지능 이론과 예일대학의 피터 샐로비의 정의에서 발견될 수 있다.

Albert Einstein, 케네디John. F. Kennedy나 월트 디즈니Walt Disney를 분석하고, 지표가 되는 목록을 만들었다. 1974년도 이후에 휴렛 펙커드 · IBM · 보잉과 같은 회사의 직원들을 포함하여 수백만 명이 신경언어학 분야의 훈련을 경험했다. 영국의 브리티시 텔레콤 · 멕시코의 폭스바겐 · 이태리의 피아트나 미국의 레비 스트라우스와 같은 기업들도 이러한 신경언어학 방법을 활용하는 컨설턴트들을 통해 신경언어학을 만났다. 1995년 이후로 나타났던 이것에 관한 많은 연구들과 책뿐만 아니라 골먼의 '감성 지능' 책의 판매는 감성 지능EQ이 소홀히 할 수 없는 중요한 개념이 되었다는 증거이다.

유감스럽게도 대부분의 저자들은 몇몇 일화로 꾸민 수법들을 가르치는 것으로만 그쳤기에 개인적으로는 이 방법이 다소 불만족스러웠다. 그래서 이제 여러분 자신의 스킬을 개발할 수 있게 해줄 모델들을 가르칠 목적으로 이 책을 썼으며, 독자 여러분을 만족시켜 줄 것이라 기대한다.

이 책은 연습이 들어있는 입문서manual처럼 되어 있다. 전체적으로 보면 하나의 주제를 전개하고 그 끝부분에 약 50가지 연습을 하게 된다. 주로 자기 수양을 위해 고안되었지만, 2인 1조로 소집단에서 연습하는 것을 추천한다. 구체적 예시가 많고 응용 시범들이 함께 제시된 모델을 더 심화시킬 수 있는 비결들을 조언하고, 아울러 각 장의 기본적 비결과 이론적 모델을 제공한다.

이 책은 감성 지능과 신경언어학 교육과정에 똑같이 활용할 수 있도록 특별히 설계되었다. 신경언어학적 용어 몇 가지를 사용하지만, 쉬운 용어로 설명하려고 했기 때문에 이 용어를 무시해도 내용을 이해하는데 조금도 지장이 없다. 결국 이 책은 이 영역을 다루는 책들과 교육과정에 대한 훌륭한 디딤대가 될 수 있다.

지능이란 무엇인가?
독자 여러분은 이 연구에서 감성 지능에 대한 명확한 정의를 기대하지 말아야 한다. IQ(지능지수)[2]가 높은 사람이 일상의 구체적 상황에서 실패할 우려가 있는 반면에 평균 IQ를 가진 사람들이 성공하는 것을 관찰하고서 "전통적"지능과 "감성적" 지능을 구별하여 정의를 내리고자 한다.

전통적 지능은 개인이 달성한 성공의 20%만 도움이 될 뿐이라고 결론을 내린 저자들이 있다. 이러한 주장들 때문에 "그들은 성공을 어떻게 측정하나?"와 "IQ가 성공의 20%만 결정한다는 것을 그들이 어떻게 알까?"와 같은 의문이 생겼다. 이런 의문에 기초하여, EQ에 관한 대부분의 책들을 입증해주는 사이비 과학적 연구법의 정당성에 관해 이의를 제기할 수 있다. 이렇게 우연히 소위 학문으로서의 심리학을 정의하는 주요 문제를 발견했다. 주장하는 모든 것을 증명하기는 매우 어렵다. 이 때문에 심리학자들은 통계학을 사용하지만, 벤자민 디즈레일리Benjamin Disraeli가 말한대로 "거짓말, 완전한 거짓말과 통계학" 이라는 세 종류의 거짓말에 속할 수도 있다.

"고전적 지능"은 IQ검사로 측정되는 것이라고 정의할 수 있으며, 논리적 추리능력, 공간지향성 분석스킬, 언어스킬 등에 관한 검사이다. 즉, 요약하면 이치에 맞게 문제를 분석하고 해결하는 스킬 들이다.

그러나 문제를 해결하는 것은 몇 가지 인지적 스킬보다 더 많은 것이 필요하다. 문제 해결 전략 3단계를 구별하면 다음과 같다.

1. 문제 서술: 문제에 대한 종합적 개관을 하고 사실을 수집하기—기본적으로 초등학교에서 배우는 것
2. 문제 해결: 문제 서술에서 확인한 모든 요소를 고려하는 해결을 제안하기.
3. 해결책 실행: 선택한 해결책 적용 방법 찾기

문제 해결과정의 첫 두 부분은 "고전적 지능" 영역에 속한 것으로 "논리적

---

2) 윌리엄 스턴(William Stern)은 지능지수(IQ)용어를 만들었고, 비율로 개념을 나타낸다. "아이가 나이에 비해 보통인 지능을 가지고 있다면, 그 IQ는 100일 것이다. 100이상의 IQ는 아이가 더 잘 발달되었음을 가리키고, 100이하 IQ는 아이가 평균보다 덜 발달해 있다.

사고"를 적용한 결과이다. 그러나 세 번째의 실행부분은 감성 지능이 더 필요하다. 이것때문에 이 책 전체에 걸쳐 활용한 감성 지능의 정의를 알게 될 것이다.

"감성 지능": 어떤 상황이 주어질 때 행동의 복합적 총체, 능력(또는 역량), 비전과 사명을 성공적으로 실현할 수 있게 해줄 신념과 가치들.

다음 두 가지를 더 자세히 구별할 수 있다.
a. 개인 내면의 지능: 기분, 감정과 내면의 정신상태, 그리고 그것들이 행동에 영향을 미치는 방식을 결정하기. 스스로 동기부여하기 등 이러한 상태를 바꾸거나 통제하기
b. 대인 관계 또는 사회적 지능: 남들이 마음 속에 품은 감정을 인식하기, 행동과 인간관계 구축과 유지를 위한 지침으로서 이 정보들을 활용하기

고전적 지능

지능은 수세기 동안 미스터리였다. 여기서 각각의 답변을 하지 않고, 사람들이 질문을 받았던 문제들을 언급한다.

지능을 측정할 수 있을까? 이 주제에 대해 나타났던 책들 수를 안다면, 많은 저자들이 정말로 지능을 객관적으로 측정할 수 있다는 신념을 가졌다고 결론내릴 수 있다. IQ검사는 개인의 실제 나이와 지능에 어울리는 나이의 관계를 제시한다.[3] 이 검사에 대한 격렬한 토론이 얼마나 논쟁의 여지가 있는지는 정규분포 곡선에 대한 반응으로 나타난다. 1994년에 IQ에 관한

---

3) 영국 런던의 정신 측정기관의 연구자인 로저 플로민(Roger Plomin)은 300명의 최고의 영리한 아이들 속에서 IGF2R유전자가 더 흔히 나타난다는 것을 알아냈다.

책이 미국 사회 전체에 보급된 후부터 계속 논쟁을 불러 일으켰다.

지능은 유전적으로 결정되는가? 모친에게서 전해졌는가? 지능에 연관될 수 있는 유전자는 연구목적을 위해 최근에 따로 식별되었다. [4]

환경은 개인의 지능에 어떻게 영향을 미치는가? 부모, 교육, 친구 등이 영향을 미치는 요소 등. 그러나 누가 말할 수 있을까? 이 영역의 무엇이라고 결론내릴 객관적 방법은 없다. 어쨌든 과학자들은 유전적 요소와 환경적—사회문화적—요소 둘 다 IQ를 설명하는 역할을 한다는 점에 집중했다.

반대 이론도 과학적 기초가 많지 않다. 더구나 IQ 측정도구가 심각한 과학적 결함이 있다고 지적하는 방법과 아울러 모든 면에서 통계적 증거를 휘두르고 있기 때문에 가장 큰 영향력을 가진 요소가 무엇인지를 밝혀내는 문제에 관해 현재 집중 토의를 하고 있다. 아마 부모와 자녀의 지능 사이에는 유전적 관계가 존재할 것이나, 유전적 데이터에만 기초한 이론들은 그 관계를 결코 충분하게 설명하지 못한다.

그리고 "평균"적인 사람들에 대해 희소식이 있다. 2차 세계대전 이후로 평균 IQ는 눈에 띄게 높아졌다. [5] 전체적으로 볼 때, 우리들이 점점 더 영리해지고 있다는 것이다! 교육의 민주화와 학교 교육기간이 늘어난 것과 같은 환경 요인 때문일 것이다. 반면에 몇몇 연구들은 높은 수준의 지능을 필요로 하는 직업 수가 같은 기간 동안 극적으로 상승했기 때문이라고 했다. [6]

이 주제에 대해 의견 불일치가 점차 증폭되어감에 따라, 그 주제에 관한 논문의 양적 발전을 확실하게 기대할 수 있다. 연구자들은 정상분포곡선이라는 책에 대한 반응으로 1994년과 1996년 사이에 출판된 200편 이상의 논문을 열거했다. 우리는 이 논의를 계속하지 말고 오히려 고전적 지능에 대한

4) 2차 세계대전 이후 IQ상승은 "14국에서 대폭 IQ 증진"이라고 부른 연구를 좇아 "플린 효과(Flynn effect)라고 한다:플린(J. R. Flynn)은 1987년 Psychological bulletin에 "IQ검사는 정말 무엇을 측정하는가?"를 나타냈다."
5) 그러나 직업들이 정말 IQ를 더 많이 필요로 하는지, 공급과 수요의 법칙이 한 역할인지 의문을 제기할 수 있다. 무엇보다도 학위가 더 높은 사람들이 많아져서 필요요건도 높아진 것이다.
6) 이 모든 논문들을 참조하면 이 숫자는 데블린(B. Devlin, Copernicus, New York ; 1997)의 책 "지능, 유전자와 성공"에서 볼 수 있다. 고전적 지능이라는 주제에 관해 계속 읽도록 권유한다.

정의에 부합하는 사람에게서 식별할 수 있었던 전형적 특성에 집중할 것을 제안한다.[7] 지능의 기원에 관한 연구는 거의 없지만 영리하게 행동할 수 있게 하는 학습 테크닉으로 지능을 증진시킬 수 있다는 것이다.

영리한 사람들의 추론은 종종 이미지에 기초해 있다. 그들은 여러 영역들 사이를 접속하고 다양한 관점에서 문제를 보며, 문제를 해결할 때 자신들의 무의식이 도와줄 거라고 믿는다. 전체상big picture을 볼 수 있고 또한 모든 세부사항도 적절하게 클로즈업해서 고려한다. 이런 사람들은 새로운 상황에 쉽게 적응하고 새 영역을 빨리 터득하며, 문제해결책을 찾기 어려울 때는 문제를 다른 말로 바꾸어 서술하고, 적절한 해법을 찾기 위해 다른 지식을 활용한다. 문제의 기저에 있는 구조에 기초하여 추론하고 그에 따라 반응을 한다. 또 미래에 최고로 공헌하기 위해 사명과 명확한 미래 비전을 갖고 있다.

이제 신경언어학 분야에서 실행되는 새로운 검사들을 볼 수 있는데, 이러한 설명에 부합한 지능을 측정하는 것들이다.

감성 지능

고전적 지능과 합리적 사고는 수 세기 동안 서양 사회를 지배해왔다. 합리적 사고보다 우리에게 더 많은 것이 있다는 것을 무의식의 분석을 통해 보여준 사람은 바로 프로이드Freud였다. 프로이드 이후로 심리학의 발달은 사람의 행동이 꼭 합리적이거나 논리적이지 않다는 통찰력을 가져다 주었다. 감성 지능은 그 근원 때문에 비합리적인 사고의 존재 방식에 이름을 붙인 좋은 용어인 것 같다.

감성 지능은 그 정의에서 환경과의 상호작용으로 자기 목적을 이룰 수 있다는 의미라고 배웠다. 정말 그것은 무엇일까? 다니엘 골먼의 책 "감성 지능"

---

7) 로버트딜츠는 그의 저서 천재전략 3권(Strategies of Genius, Meta Publications, Capitola, Calif 1995)에서 이 특성들을 계발했다.

에서는 인내, 자신감, 열정과 동기 부여하기와 같은 애매한 용어를 볼 수 있지만, 이런 요소들은 감정상태와 연관되어 있다. 우리가 자원이 많은 기분 상태에 있다면, 인내, 자신감, 열정과 스스로를 동기부여 할 수 있다. 예일대학 교수인 피터 샐로비Peter Salovey의 정의는 이러한 감성 지능의 특성에 자기 인식과 공감을 추가했다. 공감은 다른 사람의 상황, 감정, 동기에 일체감을 갖고 이해하는 능력이다.[8] 이렇게 하려면 관찰 스킬이 도움이 된다. 어떤 사람의 감정 상태가 어떤지 읽을 줄 알고 자신에게 필요한 역할part을 하는 능력을 향상시키기 위해 이런 정보를 활용한다.

요약하면 감성 지능은 다소 직관적으로 배우는 일련의 스킬들이 들어있는 컨테이너 용어라고 말할 수 있다. 최고의 의사전달자, 판매원, 변호사, 정치가, 심리학자 등은 종종 이 스킬을 고도로 발달시키고, 그것들을 무의식적으로 활용한다. 이 책은 능력을 의식적으로 자각하게 해주며, 스킬들의 구조를 설명하여 기대 이상으로 감정 통제력을 줄 것이다.

어려운 상황 속에서 감정 통제를 잃어버리거나 가장 필요할 때 인내가 부족한 경우가 정말 너무나 흔하다. 아리스토텔레스는 그것을 이런 식으로 표현했다. "누구나 화가 날 수 있다. 그러나 적절한 사람에게 적절한 강도로 적절한 때에 적절한 이유로 적절한 방법으로 화를 내는 것, 그것은 어렵다." 화를 내는 관리자는 직원들에게 신뢰성을 상실하여 목적을 이루지 못할 수 있다. 회사에서 일하면서 사람들보다 한 수 위라고 생각하는 컨설턴트는 존경을 얻지 못하고 저항을 자아낼 뿐이다. 아이들에게 규칙을 부과하면서 신체적 우월성을 이용하는 부모는 아이들 마음 속에 분노와 원한을 자극한다. 게다가 아이가 나이 들어감에 따라 신체적 유리함은 사라지고, 아이들을 깨닫게 하는 이런 방식은 작동하지 않을 것이다. 열쇠는 바로 감정을 활용할 건설적 방법을 찾는 것이다.

서서 손이 바닥에 닿도록 상체를 구부리고 "내가 성공했다는 기분이 든다"고 말해보라. 그런 자세로 성공했다는 기분을 느끼기가 매우 어려울 것이

---

8) The American Heritage Concise dictionary, 3단 1994.

다. 이런 신체 자세는 그 기분에는 맞지 않는다. 이번에는 반듯하게 서서 머리를 쳐들고, 어깨는 쫙 펴고 배를 안으로 밀어 넣고 "나는 슬픈 기분이 든다"고 말해보라. 다시 한번 신체자세와 기분의 불일치를 알 것이다. 4장에서 이 문제를 탐구할 것이며, 무슨 요인들이 감정 상태에 영향을 미치는지 알게 될 것이다. 마지막으로 생각해 볼 것은 세계적으로 이름 난 천재들도 완벽하지 않아서 대부분 딱 하나 또는 몇 가지 특수 영역에서 우수했었다. 디즈니Walt Disney는 자기 혼자 모든 것을 다했다고 주장하고, 협력자들이 한 일에 대해 찬사를 하기 싫어했다. 케네디John F. Kennedy 대통령은 여자들을 쫓아 다닌 것으로 유명하고, 킹Martin Luther King 목사는 아내를 때렸다. 유명한 인물들도 EQ가 실패한 영역이 있었으며, 그들이 대중의 주목을 피할 수 있었던 것은 매우 행운이었다.

이 책에 사용된 전제들

과학 철학은 과학적 이론[9]을 제시할 때 사용하는 가정이나 원리들을 작동시키면서 그 전제를 설명하는 것이 중요하다고 강조한다. 과학자들은 곧 예외가 생길 것이기 때문에 적절하게 증명할 수 없다고 말한다. 그러므로 과학은 그 반대 증명이 있을 때까지 충분히 잘 작동하는 전제 위에 구축된다. 우리의 전제도 여기에 제시된 모델들을 뒷받침하고 일상적으로 신경언어학적 관점을 설명해준다. 신경언어학 과정을 운영할 때는 수강생들에게 다음의 가정적 전제들이 사실인 것처럼 행동하라고 권한다. 이 전제들이 정말 진실인지 아닌지는 그다지 중요하지 않다.[10]

---

9) 과학 철학자로 명성이 있는 칼 포퍼(Karl R. Popper)는 "현실주의자와 과학의 목적(Realism and the Aim of Science 1992 Routledge)"라는 저서의 서문에 이론의 경험과학적 특성을 옹호하고 싶은 사람은 누구나 어떤 조건에서 이론이 진실일지 거짓인지를 나타내야 한다고 썼다.
10) 그것만으로 신경언어학 모형은 포퍼(Popper, 영국철학자로 반증주의 제창)의 요구조건을 충족시키지 못하고 있다. 주관적 경험에 대해 객관적 관점을 적용시키려 하기 때문이다. 신경언어학 모델은 실용주의적 관점에서 나오며 잘못된 전제임을 입증할 방법을 찾는 것은 아무 것도 증명하지 못한다. 관련된 추론에 관심이 있다면 윌슨(R. A. Wilson)의 "양자심리학"(Quantum Psychology New Falcon Publications Phoenix, Ariz 1993.)을 읽어보라.

중요한 것은 전 세계의 수 십만의 사람들이 그 전제들에 근거하여 행동하는 것이 매우 유용하다고 하는 것이다. 사실, 그 전제들은 사람들의 감성 지능 이면에 있는 큰 비밀을 증명할 수도 있다. 이 전제들을 일단 적용해보면, 그것들이 어떻게 사람들을 자유롭게 해주며 훨씬 더 많은 유연성을 주는지 알게 된다.

혼자서 갖고 싶은 개인적 확신을 표현하는 사람들의 말을 들었다고 상상하라. 예를 들면 "누군가에게 가능한 것은 무엇이든 내게도 가능하다"는 진술은 매력적이다. 물론 진술을 부인할 반증을 찾는 것이 그다지 어렵지 않을 것이다. 만약 10초 이내로 100m 를 달리고 싶다는 희망을 품고 있다면, 그에 따라 훈련해야 하는데 그게 현실적일까? 세계 챔피언이 그런 업적을 달성하기 위해 스포츠에 쏟은 시간, 돈, 그리고 에너지의 양을 생각해 보라. 기꺼이 이렇게 할 각오가 되었는가? 가능성은 여전히 있지만, 그것을 달성하려면 인생 전체를 변화시켜야 하며, 궁극적 성공 가능성은 상당히 멀리 떨어져 있을 것이다. 물론 적절한 추론을 한다면, 대부분의 신념들이 잘못되어 있다고 어떻게든 증명할 것이나, 그러한 사례를 예외로서 고려하는 게 더 낫다. 그러면 위에서 말한 전제들을 지금쯤은 사실로 받아들여서 자신에게 어떤 도움이 될지 시험해보는 것은 어떨까? 만약 "그것을 배울 수 있었던 것은 다른 사람이 이것을 할 수 있기 때문이 아니다."[11]는 전제에서 시작한다면, 그만큼 재미있을까? 사용되는 많은 전제들은 "사색가가 생각하는 것을, 증명가는 증명한다"는 레오나드 오르Leonard Orr의 법칙이 제시한대로, 자기 충족적 예언으로 작용한다. 이 전제들은 이런 저런 방식으로 삶을 조직하는데 도움이 되는 지침원리가 된다. 전제를 더 많이 사용할수록 그 존재를 깨닫지 못할 때까지 삶 속으로 더 많이 통합될 것이다. 그것이 각자의 "세상모델"의 일부가 된다.

---

11) 이것은 신경언어학에서 지지하는 전제가 절대 아니다. 그러한 전제를 지닌 동굴에서 인간이 정말 나타났을까?

이제 전제들을 탐색하고 사례와 연습으로 예를 들어 설명한다.

핵심 전제들

① "지도는 영토가 아니다."(알프레드 코르집스키 Alfred Korzybski)[12]

- 사람들은 각자의 세상 지도 안에서 행동한다.
- 똑같은 현실—영토—에 대해 다르게 묘사하는 것은 각기 그 것을 적용하는 상황에 따라서 가치를 가지고 있다.

② 우리는 체계적으로 작용한다(그레고리 베이트슨Gregogy Bateson)

- 몸과 마음은 체계적인 전체를 형성한다. 신체에서 일어나는 모든 것은 마음에 반영되며, 그 반대 또한 같다.
- 우리는 전체와 부분 둘 다이며, 우리 자신들은 보다 큰 전체 의 부분들이다.
- 전체는 부분들의 합 이상이다. 부분들을 이해하면 전체를 알 지 못하거나 이해하지 못한다.
- 의사소통에서 실패란 없으며 오직 피드백만 있다.
- 사람들은 의식적 그리고 무의식적 수준에서 의사소통한다.

이 전제들은 이 책 전체에 걸쳐 탐구되지만 감성 지능 분야에서 그 중요성 이 주어진 첫 번째 전제는 한층 더 상세하게 설명할 가치가 있다.

지도는 영토가 아니다.

"지도는 영토가 아니다. 그러나 지도가 충분히 정확하다면 영토와 비슷한 구조일 것이며, 그때문에 바로 지도가 유용하다."

이 메타퍼를 사용하여 코르집스키는 말하는 문장과 말에 기초한 경험의 차 이를 지적하려고 노력했다. 대부분의 도로 지도가 가장 가까운 교통 체증 장소를 나타내지 않듯이, 어떤 사람들이 공유하는 대부분의 피상적 진술은

---

12) Korzybski A, (1933) Science and Sanity, Lakeville, Conn., Institute of General Semantics.

기본적 추론을 찾아낼 만큼 충분한 깊이가 없다. 코르집스키가 1930년대에 처음으로 밝혔지만, 그 당시에는 그것을 받쳐줄 직접적이고 확고한 증거가 거의 없었다.

인간이 정신으로 작용한다는 아이디어는 그 이후의 신경과학의 발달을 나타내며, PET Brain Scan(양전자 방사 단층촬영 두뇌 조사)을 사용하여 풍부한 확증되었다. 시간이 흐르면서 코르집스키의 메타퍼는 설명을 덧붙였다.

- 현실을 관찰할 때 현실을 여과해서filter 자신의 현실 지도를 만든다. 그러나 이 지도는 현실이 아니다. 사람들은 종종 자신의 생각—자신의 지도—과 현실을 혼동한다. "누군가 모든 것을 말한다. 모든 생각이 세상에 나온다. 그리고 거짓말하지 않는다면 우리가 하는 말은 이해관계 없는 관찰자 관점에서 생기는 것이 아니라 현재 우리의 삶을 반영한다."[13] 라고 마투라나Maturana와 발레라Varela가 말한 것과 같다.

다음 예시는 이 원리를 훌륭하게 설명해준다.

한 여행자가 앞에 있는 저녁 노을에 경탄하면서 스코틀랜드의 산악여행을 즐기고 있었다. 그 때 갑자기 자동차가 고장이 났다. 그 지역이 이동전화 범위가 아님을 깨닫고 길 아래쪽으로 몇 마일 더 멀리 언덕 꼭대기에 보이는 성까지 걸어서 도움을 청할 전화를 사용할 수 있는지 묻는 것이 해결책이라고 결론을 내렸다. 걸으면서 그는 갑자기 스코틀랜드인이 인색하다는 평판을 기억해냈다. "괜찮아, 전화사용료를 내면 되지"라고 중얼거렸다. 그리고 계속 걸으면서 그런 황량한 곳에서 살고 있는 성의 주인은 이맘때에 방문객을 들이면서 매우 수상쩍어 할지도 모른다고 생각이 들기 시작했다. "오, 난 해볼 거야!" "무엇보다도 난 오늘 매우 깔끔하게 옷을 입었지. 그 사람들은 나를 강도나 갱단과는 구별할 줄 알 거야."라고 계속 혼잣말을

---

13) Maturana. H와 varela F(1987), 지식나무: 인간 이해의 생물학적 근원, Boston Mass, Shambhala Book—1장:어떻게 알고 있는지를 아는 것

했다. 성에 도착해서야 실감이 났다. 놀랍게도 대문이 열렸을 때, 예상했던 무뚝뚝한 고성의 주인이 아니라 아름다운 젊은 여성이 따뜻한 미소로 그에게 인사하는 것을 보았다. 그러나 그녀가 안내하기도 전에 그는 고함을 질렀다. "썩 꺼져요. 당신네 인색한 스코틀랜드 사람은 다 똑같아, 우리 여행자들은 당신네 도움이 필요치 않아, 우리 힘으로 해 낼 수 있어! 당신들도 보게 될 거야"그리고 잔뜩 화가 나서 10마일이나 떨어져 있는 옆 마을로 가는 길로 어둠 속으로 가버렸다. "어찌 되었든, 거기에는 아마 공중전화가 있겠지 ……" 하고 생각했다.

또는 "이것은 파이프가 아니다"라는 구절과 함께 파이프가 그려진 르네 마그리트Rene Magritte의 유명한 그림을 예로 들어본다. 어떤 사람이 이 그림에 대해 마그리트에게 질문했을 때 "난 사실을 말했어요. 파이프는 그림일 뿐이죠. 그리고 파이프 그림은 실제 물건이 아니죠. 정말 그림에 있는 파이프를 사용하여 담배를 피워보시죠……"라고 했다.

- 똑같은 현실을 묘사하고 있는 여러 다른 지도가 동시에 존재한다는 것도 안다. 이 지도들 중의 어느 하나도 실제로 똑같지 않다. 지도의 유용성은 사용하고 싶은 상황에 달려 있다. 예를 들면 산책하기 위해 시골로 들어간다면 그 나라 전체를 묘사한 도로 지도로는 매우 멀리 가지 못한다. 다음 사거리에서 산책할 방향을 찾는 데에 필요한 상세한 내용이 결여되어 있을 것이다.

일본 문화는 이 전제에 따라서 "현실"을 다룬다. 일본 사람들은 여러 종류의 사실들을 가지고 있다.[14] 첫 번째는 외부인이 얻을 수 있는 일반적 공개적 사실이다. 두 번째는 내부인이 아는 은밀한 사실이다. 물론 두 가지 유형의 사실이 언제나 조화되고 있지는 않다. 어떤 회사는 체면을 지키고 모

---

14) 이 주제는 "일본, 구함: 신경제 모델"("Japan, Wanted: A New Economic Model" Business Week, 1998. 11. 30)이라는 논문에서 논의된 것이다.

든 것이 더할 나위 없이 좋다고 선언하면서도, 동시에 회사의 생존이 위험에 처해서 재무관들과 협상을 계속 진행할 것이다. 내부인들이 '은밀한 사실'을 잘 알고 있는 한, 일본인들은 이런 행동 유형을 받아들일 수 있다.

여기에서 알 수 있는 것은 '현실'이나 '사실'을 정말로 알기는 불가능에 가깝다는 것이다. 바로 이것이 동양의 철학자들이 오랫동안 서양사람들에게 설명하려고 했던 것이다. 예를 들어 불교의 많은 주안점들은 자신의 필터로 가능한 있는 그대로 현실 지각을 얻기 위해 마야의 베일(환상)을 점차로 벗도록 요청한다. 겨우 최근 들어서야 인지 과학자들이 이러한 세계관을 취하기 시작했지만, 많은 과학자들은 지금도 "합리적 설명"이라 생각한 것이 내일은 타당치 않은 것으로 증명될 수 있다는 것을 여전히 받아들이기 어렵다.[15] 신경언어학회 내의 몇몇 사람들은 많은 현장 검사와 과학적 연구 실행을 중단하는 변명으로 이를 활용했다. 신경언어학은 과학적으로 증명되든 안되든 걱정하지 않고, 원하는 결과를 말하는 모델들만을 활용한다. 이러한 태도는 미국에서 직면하기 쉬운 실용적 연구법에 가깝다.

이 모든 것이 감성 지능과 무슨 관계인지 묻는다면, 그냥 대국적 관점에서 본 것이라고 기억하라. 예를 들어 자기 의견이 상대의 의견과 다르면, 적어도 이 다름을 존중하라. 다른 사람의 견해를 이해하는 법을 배울 수 있으므로 자유롭게 질문하며, 다름을 비교함으로써 결국은 두 세계의 최선을 결합한 새로운 관점을 얻게 될 것이다. 이것은 키케로가 "우리가 하는 것처럼 다른 사람들도 행동하도록 하는 것"을 인류·최악의 실수로 분류했던 이유를 설명해 준다. 인간의 또 하나의 문제점은 인간이 변화에 저항하려 한다는 것이다. 갈브레이드J. K. Galbraith에 의하면 사람들이 마음을 바꾸거나 자

---

15) 이러한 철학적 관점을 토의하는 읽기 쉬운 책으로 로비스 퍼시그(Robert. M. Pirsig)의 선과 오토바이 유지 기술(The Art of Motorcycle Maintenance. William Morrow, New York)을 추천한다. 그 주제에 관한 더 합리적 토의를 선호하는 사람들에게는 토마스 쿤(Thomas Kuhn)의 "과학적 혁명의 구조(The Structure of Scientific Revolutions, 2판, University of Chicago, 1970)"를 추천한다.

기 의견을 지키기 위해서 다른 증거를 찾는 선택에 직면하면, 마음을 바꾸기보다는 오히려 새 증거 찾기를 선택할 것이다.

여기서 끌어낼 또 하나의 교훈은 세상 자체를 바꾸는 것보다 세상에 대한 자신의 지각을 바꾸는 것이 더 쉽다는 것이다. 그러므로 "세상을 바꾸기 위해서는, 자기 자신부터 시작하라"는 말을 적용할 줄 알고, 또한 현실에 대한 지도는 끊임없이 진화한다. 사람들은 자신의 마음을 바꾼다. 두 사람이 의사소통할 때 사람들은 어떻게 해서든 상대방에게 영향을 미칠 수 밖에 없다.

조작적 전제들

기본 전제들에서 끌어낼 수 있는 요소들에 대해 설명할 것이다. 한 수학자는 "기본 전제가 주어지면, 대부분의 작용 법칙을 추론할 수 있다."고 말한다. 반드시 사실이 아닐 수도 있지만 마치 사실인 것처럼 작동하면, 책임지고 있는 과정의 결과에 엄청난 변화를 가져올 것이다.

이제 이 전제들 하나하나에 대해 자문해보라. "이것은 과연 내게 얼마나 맞을까?"

전제	1	2	3	4	5
1. 두뇌는 빨리 학습할 뿐이다.					
2. 마음과 몸은 같은 시스템의 구성요소이며 서로에게 불가피하게 영향을 미친다. 분리하는 것은 인위적이다.					
3. 우리는 의식적, 무의식적 수준에서 동시에 의사소통한다.					
4. 우리는 오감을 통해 계속적으로 정보를 처리한다.					
5. 환경과 행동에 관해 구별할 수 있는 것은 감각을 통해 유용하게 나타날 수 있다.					

6. 반응을 인식하려면 깨끗하고 개방된 감각채널이 필요하다.				
7. 개인에 관한 가장 중요한 정보는 그 사람의 행동이다.				
8. 모든 행동의 개인적 이면에는 기본적으로 긍정적 의도가 있다.				
9. 모든 행동마다 가치 있는 상황이 있다.				
10. 행동은 적응하기 위해 조절되며, 현재의 행동은 그 사람의 세상모델 안에서 현재 이용할 수 있는 최상의 선택이다.				
11. 누구에게나 긍정적 가치는 지속적인 반면에 내적/외적 행동의 일치성과 가치는 의문시될 수 있다.				
12. 행동이 그 사람 자신은 아니다: 그 사람이 한 행동을 비난하면서도 그를 존중할 수 있다.				
13. 우리가 현실을 경험하는 과정을 바꾸는 것이 현실 경험의 내용을 바꾸는 것보다 더 중요하다.				
14. 지도는 영토가 아니다.				
15. 우리는 외부 현실보다는 오히려 자신의 내적 지도로 작동한다.				
16. 우리가 사용하는 말은 그것들이 나타내는 사건이나 물건이 아니다.				
17. 타인의 세상모델을 존경하는 것은 효과적 의사소통에 중요하다.				
18. 래포는 사람들의 세상 지도에서 개인들의 만남에 관한 것이다.				
19. 의사소통의 의미는 그것이 끌어내는 반응이다.				
20. 커뮤니케이션에는 실패란 없고 오직 피드백만 있다.				
21. 주어진 과업/상황에서 원하든 원치않든 모든 결과와 행동은 성취이다.				
22. 개인의 저항은 래포가 부족한 표시다. 저항자는 없고 단지 융통성 없는 의사소통자들만 있다.				
23. 원하는 변화를 달성하는데 필요한 모든 자원을 내면에 갖고 있다.				

24. 자원이 없는 사람은 없고 단지 자원이 없는 상태가 있을 뿐이다.					
25. 원하는 것을 얻을 성취가능성은 가장 유연할 때가 최고이다.					
26. 어느 절차를 실행하든 이용할 수 있는 선택 범위를 증가시켜야 한다.					
27. 행동과 변화는 상황과 생태학 면에서 평가되어야 한다.					
28. 모든 절차는 전체를 강화 해야한다.					
29. 성공적인 성과를 모델링 하는 것은 누군가가 할 수 있다면, 누구라도 할 수 있다는 우수성으로 이끌어준다.					
30. 나는 내 마음을 책임지고 있으며, 그러므로 내 결과에 대해서도 책임진다.					

부연설명

도움이 될 수 있는 추가 전제를 찾고 있다. 이 책 속에 숨겨져 있는 것도 있을 것이다. 다음과 같은 전제들을 고수하고 있는 사람들이 있다. "너는 결코 인생을 충분히 즐길 수 없다!"와 "너는 인생을 너무 많이 즐길 수 없다." 어떻게 생각하는가? 자신의 전제 목록을 수집하라.

감정 101:
감정의 힘 이해하기

"감정은 끊임없이 모아둔 노력으로 일어난 우발적인 일일 뿐이다."
—T. S. Eliot

감정주머니 관리하기

인생에서 다시 한번 기회를 얻은 것처럼 보이는 사람들이 있다. 그게 그 사람들의 인생관과 관계가 있을까? 어떻게 그 사람들은 인생에서 매우 많은 여러 가지 일들을 할 수 있고, 결코 지쳐 보이지 않는 것일까? 70대 초반인데도 활력이 넘치며 50대나 그 이하로 보이는 사람들도 있다. 또한 늙어 보이는 인상을 주는 많은 젊은이들도 있다. 인생의 추월 차선에서 매우 안전하게 운전하고 있는 것처럼 원숙한 노년기를 최대한으로 살고 있는 사람들이 있다. 또 속도제한 이하의 느린 차선에서 칙칙폭폭 소리를 내며 지나가고 있을 뿐인 것처럼 보이는 사람들도 있다. 가끔 사방에 길이 다르지만, 첫 번째 사람들이 페라리Ferrari 자동차를, 두 번째 사람들이 트라반트Trabant를 운전하고 있는지 어떤지 어느 정도는 이해할 수 있다. 깨끗한 도로 위에서 터무니 없이 낮은 속도로 운전되는 무스탕과 여타의 파워 자동차들을 본 적이 없는가? 터무니 없이 낮은 속도로 무스탕과 여러 파워 자동차들이 운전되는 것을 본적이 없을 것이다.

우울증이나 극도의 피로로 고통받고 있는 사람들이 주위에 있을 때, 어떻게 그 사람들이 즉시 우리의 에너지를 쫘악 빨아들이는 것 같다고 인식했을까? 개인의 신진대사를 보면 약간은 설명될 수 있으며, 정말 생체 에너지 요법과 같은 테크닉으로 우리의 에너지 양을 올려 줄 수 있다. 그러나 생체

에너지 요법을 실행하는 사람들까지도 언제나 극도의 피로를 피할 수 없는 것 같다. 아마 유전적으로 결정되는 부분도 있지만, 지치고 지겨워 하는 사람들이 있는 반면 초자연적이고 놀랄만한 일을 할 수 있는 곳에서, 형제들 간의 차이를 어떻게 설명할까?

극도의 고통이나 신체적 외상을 극복하고 사실상 상처입지 않은 채 나타나는 사람들이 있는 반면에 분명히 하찮은 문제로 좌절하는 사람들도 있다. 그런 사람들 간의 차이는 무엇인가?

이것은 현실적 문제이다. 독자 여러분도 우리처럼 우수성을 발견하는 곳마다 접근하여 모델링 하는 것에 관심이 있다면, 곤란을 무릅쓰고 사람들을 성공시키는 것이 무엇인지 알고 싶을 것이다. 이 모든 게 어찌된 걸까? 이게 감성 지능이란 것이다.

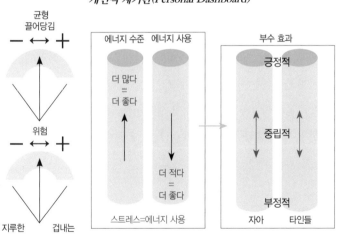

개인적 계기판(Personal Dashboard)

그림1: 감정 주머니 관리하기

위의 그림은 첫 눈에 어렴풋이 그럴듯한 답을 제공해 준다. 에너지 사용 표시기는 하루 내내 일을 해내는데 에너지가 얼마나 필요한지 결정해준다. 이용할 수 있는 에너지를 더 많이 가지고 있으면-에너지 수준-에너지를 낭비하지 못하게 하지만 해결책이 될 수도 있다. 더 마음이 끌리는 것은 더 많은 에너지를 쓰고 싶게 하는 반면에, 끌리지 않는 것은 그저 그것을 하기 위해서 에너지를 소비시킨다.

위기관리는 평형상태에 관한 또 하나의 요소이다. 상투적인 일이 너무 많은 활동이나 너무 위험이 없는 활동은 충분히 만족시키지 않기 때문에 지루하다고 여길 것이다. 그러한 활동을 열심히 하기 위해 자신을 동기 부여할 에너지만 쓴다. 반면에 알고 있는 것에서 너무 멀리 움직이는 활동은 위험 범위가 너무 높아서 불안감을 느끼게 할 것이다. 이 불안을 관리하는 데는 감정 관리가 필요하며 그에 따라 에너지를 고갈시킨다. 또는 다음 날 무슨 일이 나를 기다리고 있을지에 대해 걱정하느라 날을 새버리기 때문에 밤새도록 잠들 수 없을 것이다. 이 때문에 밤에 휴식을 잘 취해 자신의 배터리를 충전하는 능력이 제한되어 버린다.

마음이 끌리는 것과 위험에서, 중간 영역은 안심지대comfort zone를 가리킨다. 이 지대가 나타내는 위험이나 마음이 끌리는 수준은 경험과 기대에 연관된 개인의 동기부여 패턴에 달려 있다. 어떤 사람에게는 위험해 보이는 것이 다른 사람들에게는 일상의 틀에 박힌 일이 될 수 있다. 예를 들어, 현재의 지식으로 물리학 101만을 가진 채, 핵 융합 실험을 하고 싶다면, 위험성이 높은 활동처럼 보일 것이다. 그러나 만약 여러분이 핵 물리학자라면, 이것은 틀에 박힌 활동에 가깝다.

부수효과(Secondary Effect)

감정 주머니Emotional Budget를 얼마나 잘 또는 서투르게 관리하는지는 자신과 주변 세상에 영향을 미치는 감정 관리 방식에 반영될 것이다. 사람들은 여러분을 추월차선에 있는 소형 자동차 트라반트나 또는 아마 느린 차선에 있는 페라리로 볼 것이다. 예를 들어 소형 자동차 트라반트의 브레이크는 여러분이 운전하고 있는 속도에 맞게 설계되지 않았을 것이다. 벨기에의 교통법 사례처럼, 터무니 없이 고속 운전을 통해서 교통사고를 일으키는 사람은 남들을 위험에 빠뜨리기 때문에 사형을 선고해야 한다. 자신의 감정 관리가 자신에게 미치는 영향은 무엇인가? 주위 환경에는 어떤 영향을 미치는가? 이 전체적 영향을 부정적 또는 합리적이라고 할 수 있을까? 여러분이 그 일에 대한 최고의 심판자일까?

마음의 초전도성(Super conductivity)

그러므로 자신의 에너지 관리는 간단한 숫자가 아니라, 시작하는데 얼마만큼의 에너지를 이용할 수 있는지, 그리고 사용해야 하는 에너지가 얼마만큼인지, 둘 사이의 비율을 의미한다. 감성 지능 계발은 이 비율을 최적화시키는 학습에 관한 것이므로, 내면에 가진 연료(에너지원)의 양이 어떻든, 완수하려고 계획한 모든 일을 충분히 성취해 낼 것이다.

에너지 사용은 극복해야 하는 저항의 양에 달려 있다. 좋아하지 않는 일을 한다면 갈등이 생겨서 저항이 많기 때문에, 체제 안에서 이용할 수 있는 많은 에너지를 낭비한다. 그리고 긍정적 결과가 있을 것이며, 또한 자신이나 남들에게 많은 부작용이 있을 것이다. 그러나 좋아하는 활동 중 하나를 실행하거나 절정을 경험하는 동안 가질 상태에 도달하느라 부지런히 일한다면, 마치 아무 저항에도 부딪히지 않고 내면의 정신적 배선이 훌륭하게 작동하는 것 같다. 초전도체—내면적 또는 외면적 저항이 없는 것—를 지니고 있는 경우처럼, 이런 상태를 유지하는데 거의 에너지 소모를 할 필요가 없다.

문헌에는 그러한 상태가 "몰입상태flow state"로도 알려져 있고, 스포츠 세계는 그것을 "몰입상태에 빠져in the zone" 있는 것으로 알고 있다. 몰입상태에서는 매우 몰두하고 자기 일에 생산적으로 착수해서 모든 주의력이 거기에 향하고 있고, 외부세계가 있다는 것도 잊어버리는 경향이 있다. 몰입상태인 프로그래머는 시간과 배고프다는 느낌도 잊어버리고 계속 일을 할 것이고, 몰입상태에서 빠져 나온 한 밤중에야 얼마나 늦었는지, 실제로 얼마나 배가 고픈지를 알아차린다. 시스템들의 속성을 연구하는 인공 두뇌학자들은 그런 몰입상태를 상승효과synergy라고 부른다. 이것은 주어진 체제에 이용할 수 있는 에너지가 이 체제의 개별적 요소가 제공하는 에너지 합보다 더 큰 특별한 상황이며, "마법"이 일어난다.

몰입상태는 또한 다른 사람들 앞에서도 일어날 수 있다. 예를 들어, 오케스트라가 일제히 연주할 때, 또는 사람들이 서로에게 매우 조화되어 서로의 창의성을 타오르게 하고, 상상력과 즐거움도 노력하지 않아도 쉽게 생겨난다. 몰입상태에서 훈련 세션을 운영하면, 트레이너는 시작 전보다도 세미나를 한 후에 에너지를 더 많은 느낄 것이다. 아마 십중팔구 이 트레이너의 과정 참여자들 또한 몰입상태에 빠졌을 것이다. 다른 사람의 사교모임에서 멋진 일이 일어났을 때, 그러한 상태를 기억해 낼 것이며, 그냥 잘 되었을 뿐, 누가 말했는지 또는 무엇을 해냈는지 기억할 수 없다.

이 책은 그런 "몰입상태", 그런 "마음의 초전도체"를 더 오래, 더 자주, 더 많은 사람들과 성취하고 지속할 수 있게 해줄 것이다. 그건 바로 감성 지능이라는 것 때문이다.

감정, 건강과 행복

의료계는 여전히 심장병, 다양한 경화증, 당뇨병, 암 등과 같은 생명을 위협하는 질병들을 제외하고 천식, 알러지, 두통, 복통, 요통과 같은 상태가 심리적 요인에 관련되어 있는지, 또 어느 정도로 관련되어 있는지에 동의하지 않고 있다. 흔히 어떤 것도 밝혀지지 않을 때만 심리적 설명이 영향력을 미친다. 게다가 의사의 치료는 치료 과정에 대해 감정적, 정신적인 면이 있을 수 있는 여지를 거의 두지 않는다. 불행히도 의과대학에서 이런 점들을 가르칠 시간도 또한 지금까지 제한되어 있다.

그러나 "마음과 몸은 인공지능 체제"라는 전제에 가득한 암시를 고려한다면, 감정과 건강의 관계를 알게 되며, 문제는 어떤 관계인가이다. 감정과 건강은 심지어 언어에까지 연관되어 있다. "기분이 어때?"라는 질문은 건강이나 감정 면에서 해석될 수 있으며 단지 그 상황은 이러저러하게 나타날 것이다. 칸다스 퍼트Candace Pert는 1970년대에 두뇌 속에 진정시키는 감각기관을 발견하고서 "무의식은 신체 안에 있다"고 말한 칼 융Carl Jung의 말에 공감하고 "신체는 무의식적 마음"이라고 부연 설명했다.

그래서 우리는 더 학문적으로 증명할 수 있는지의 여부는 논하지 않고 정신 신체의 통증 호소는 감정적 반응의 대체물로서 또는 그것들의 발현이라고 전제한다. 두통을 예로 들어보자. 환자의 머리 속 스트레스는 특정 상황 속에서 개인이 갖고 있는 숨겨진 욕구의 표현일지도 모른다. 분노를 나타내고 자기 권리를 주장하지 않고, 이런 잠재적 갈등에 관한 감정을 억누르는 선택을 할 수 있다. 두통은 아마 억압하는 분노나 좌절의 표현 도구가 된 것이라고 말할 수 있다.

이러한 접근법의 또 다른 예는 천식 환자에게서도 나온다. 천식의 반응은 사랑하는 사람과의 관계에 몰두하여 너무 많이 공감하며 반응했다고 몸이 신호를 보내는 방식이 되었다. 개인적 공간을 만들고 경계를 설정하고 그 경계에서 이 공간에서 "신선한 공기를 호흡하기 위해" 산으로 혼자 여행하고 독립해서 휴식을 취하려는 소망 때문에 이 사람에게 개인적 공간을 주는 해결책이 바로 천식이었던 것이다.

두 사례는 다른 메시지들이 모두 무시되었을 때, 아마 마지막 의지처로서 질병이 감정 반응을 어떻게 대신할 수 있는지 설명해준다. 기저에 숨어 있는 감정으로 스트레스, 두려움이나 분노를 발견해 냈든 안했든, 신체 증상은 흔히 정신적 고통이나 질병의 표시이다. 감정의 의미는 종종 자신과의 관계나 자신과 타인들 간의 관계에 얽매여 있다. 대부분 이야깃거리라 하지만, 신체 상태와 구체적 감정 상태의 관련성에 관한 증거가 급속히 늘고 있다.

▪ 분노는 심장병, 고혈압에 연관되어 있다. 심장마비(심근경색)는 표현된 분

노와 뇌졸중은 억압된 분노와 연관되어 있다. 흥미롭게도 남자보다 여자들 사이에서 뇌졸중 발생률이 더 높다. 왜냐하면 아마 화를 표출하는 것이 남자보다 여자에게 문화적으로 더 수용되지 않기 때문일 것이다. 위에 언급된 두통은 이 패턴에 잘 들어 맞는다.

- 슬픔은 우울, 저혈압, 면역 반응저하, 기운이 없는 것과 관련되어 있다.
- 두려움은 알러지와 과잉 면역반응과 관련되어 있다.
- 죄의식은 죄책감을 느끼는 일의 부작용을 앓는 것과 관련되어 있다.
- 갈등은 암과 관련되어 있다.
- 후회는 알츠하이머병과 관련되어 있다.
- 통제욕구는 파킨슨병과 관련되어 있다.
- 구역질은 강박성, 신경증 질환과 관련되어 있다.

그래서 신체의 무의식 메시지를 듣고 그 의미를 찾으면, 긍정적 결과를 가질 수 있다. 그런데 우리는 정말 기어코 이 메시지들을 무시한다. 몇 년 전에 데니스Denis가 겪은 사례이다.

몇 년 전에 어떤 지방의 슈퍼마켓에서 쇼핑을 하고 있었을 때, 나는 다음의 사건을 관찰했다. 젊은 여자가 어린 여자애를 데리고 카트를 밀면서 쇼핑을 하고 있었다. 그녀는 통로 쪽 한 곳에서 친구를 만나 이야기를 나누기 시작했다. 어린 딸은 제 마음대로 통로에서 돌아다니고 있다가 무언가 흥미로운 것을 보고 엄마에게 와서 이야기했다.
엄마는 완전히 그 애를 무시했고, 그때 어린 딸은 엄마의 여름 블라우스를 세게 끌어 당기고 주의를 끌기 위해 엄마를 불렀다. 엄마는 딸을 사무적으로 야단쳤다. "조용히 해, 이야기하고 있는 중이야." 딸 아이는 더 집요하게 끌어 당기고 목소리를 높여 "엄마, 엄마!"하고 불렀다. 그 다음에 엄마는 "조용히 해! 엄마는 이야기하고 있다니까!" 하고 목소리를 높였다. 어린 딸은 더욱 더 큰소리로 "엄마, 엄마!" 외치기 시작했고, 발을 동동 굴렸다. 엄마는 어린 딸에게 "엄마가 이야기하고 있는 것이 안보이니? 조용히 해"라고 다시 소리 질렀다. 어린 딸은 한 곳에 멈춰서서 있는 힘을 다해서 소리지르면서 바닥을 굴렀다. 이 때, 가까이 있는 모든 고객들이 하던 일을 멈추고 비난하는 듯한 눈으로 딸과 엄마를 번갈아 바라보면서 그 둘 사이의 대화를 관찰하고 있었다. 엄마와 이야기하고 있던 친구는 더 좋은 시간에 이야기를 계속 하자는 취지로 몇 마디 중얼거리고 떠났다. 그 때서야 엄마는 무릎을 굽혀 어린 딸을 달래며 다정하게 안아주었다. 엄마가 카트의 좌석 위로 딸을 들어 올리자, 재빨리 울음을 그쳤다. 그리고 슈퍼마켓에는 다시 평화를 찾았다.

위의 사건은 놀랍게도 무의식과 함께 하려는 완전한 사례이다. 우리는 언제나 내면에서 오는 메시지를 받고도 대체로 그것을 무시한다. 그 결과 이 메시지들은 점점 더 집요해진다, 그래서 때로는 일, 알코올, 약물, 약품 등으로 그것들을 털어 내면서 잘 되어가는 일로 그것들을 억누르려고 애쓴다. 어떤 단계에서 교통사고나 심장 발작 같은 위기가 생기고, 그 지점에서 현황을 점검해야 하고 인생에서 우선 순위를 재평가해야 한다. 과거에 "뒤돌아보면, 심장발작/사고/위기는 내게 일어날 수 있을 최고의 것이었다. 그것 때문에 내 인생과 내가 가고 있던 길을 살펴보고 방향을 바꾸지 않을 수 없었다."라는 취지의 말을 들은 적이 있는 사람들을 그냥 세어보라. 실제로 자기 인생에 끼어든 위기 수준에 봉착해서야 변화를 필요로 할까? 모든 경고 표시를 알아차려서 그에 따라 반응할 수 있도록 내면의 메시지를 더 많이 자각하면 어떨까? 위기는 일어날 필요가 없을 것이다.
우리는 이런 접근방법을 통상적인 서양 의학에 보완적인 것으로 본다. 의미를 발견하는 것으로는 흔히 충분치 않다. 특히 모호한 감정 상태를 오랜 기간 동안 제자리에 둔다면 치유하기 위해 약물치료가 필요하거나 심지어 영구적인 손상을 일으키면서 신체적 손상이 적지 않을 것이다.
많은 심리적 문제로 인한 질병상태는 무의식과의 의사소통 부족 때문에 나타난 것임을 알고 있으며, 또한 많은 여타의 건강상태의 실상임을 깨닫기 시작했다. 심장발작, 뇌졸증, 전염병, 암 또는 심지어 알츠하이머병이나 파킨슨병은 심리적 문제로 인한 질병 상태와 거의 공통점이 없는 것 같지만, 이것들은 치료가 필요한 심히 고통스러운 문제에 관한 일을 하기 위해 무의식으로부터 얻은 최후의 강한 메시지일 수도 있다. 무의식이 실제로 하루 24시간 자신의 삶을 유지할 책임이 있으므로 잠들어 있을 때 계속 호흡을 한다는 것을 깨닫게 될 때 훨씬 더 감동적이다. 그러나 무의식에 응답하여 삶의 스타일을 바꾼 사람들에 관해 더 많이 들은 반면에, 그러한 것을 듣지도 못한 사람들은 어떤지 전혀 알지 못하고 있다. 아마 그들의 마지막 생각은 "…… 하기만 한다면 … "이었을 것이다.

제 1장
감정 관리하기

"행복할 이유가 있어야 한다. 일단 이유를 찾으면, 자동적으로 행복해진다."
—빅터 프랭클(Victor E, Frankl)

이 장의 목표

- 감정이 자신을 지배하지 못하도록 감정적 충동을 인식하고 억제한다.
- 감정 관리할 줄 안다.
- 경험을 회상하고 그 경험들이 자신에게 영향을 미치지 않고, 경험을 통해 배울 수 있도록 분리시켜 관조할 수 있다.
- 좋아하는 감정에 다시 접근하여 좋아하는 감정들과 더 많은 시간을 갖는다.
- 자신 있고, 신중하고, 태평하다 등의 감정상태를 선택한다.
- 자신을 동기 부여한다.

이 장의 신경언어학적 가정들

- 마음과 몸은 떨어질 수 없으며, 단 하나의 시스템으로서 작용한다. 한쪽에 영향을 미치는 것이 다른 한쪽에도 영향을 미치며, 그 반대 또한 같다.
- 감정은 자신이 행하는 것, 즉 인간이 움직인 구체적 결과이다.
- 자신이 하는 일이 적절할 수 있는 상황이 있다.
- 자신이 원하는 것을 성취할 모든 자원들을 자신 안에 가지고 있다. 그러나 원하는 만큼 많이 이 자원들에 접근하는 법을 모른다. 누군가가 할 수 있는 일이면, 자신도 해낼 수 있다.

우리가 직면하는 가장 큰 문제는 감정 억제일 것이다. 이렇게 할 줄 알면, 감정을 억제하고 원하는 방식으로 변화할 수 있다.

- 감정은 편안해지기, 즐겁게 지내기, 파워 등의 목적으로 사용될 수 있다. 머리 속에서 가장 그럴듯한 방법으로 일상의 경험을 색칠해 줄 필터[16]로서 작용할 것이기 때문에 진행형으로 자원상태에 있을 수 있어야 한다. 예를 들어 기독교 같은 기존 종교는 동료 인간 존재에 대해 무조건 사랑해야 한다고 권한다. 마찬가지로 불교는 공평한 자비를 베풀라고 한다.
- 목적 달성을 위한 자원 즉 목적 달성의 수단으로서 감정을 활용할 수 있다. 예를 들어, 분노는 흔히 부정적인 것으로 인식되지만, 알맞은 시기에 적절한 장소에서, 적절한 사람에게 초점을 맞춘 적절한 정도의 분노라면, 적절한 감정으로 가질 수도 있다. 감정이 자연 발생적으로 나타나는 상황에서 감정을 떼어내고, 의식적으로 다른 것에 전념하는 것을 배우면, 감성역량을 계발할 수 있다.

서론: 자기 관리의 구실

가끔 자신의 기분은 환경 탓이라고 생각한다. 예를 들어, 비가오면 짜증나고 기분에 영향을 미친다고 비를 탓하는 사람들도 있고, 이른 아침에 꿈자리가 사나운 기분을 느끼는 사람들도 있으며, 또 겨울에  낮이 짧다고 짜증을 내는 사람들도 있다. 그래서 기분을 좋게 하기 위해 알코올, 알약이나 약물을 필요로 하는 사람들이 있다.

---

16) 신경언어학자 마이클 홀은 그러한 필터를 "의식의 덮개"라고 부른다.

분당 130비트 이상의 리듬을 가진 시끄러운 음악이 자극제로 작용하거나, 전정 시스템인 평형기관 속에 있는 속귀의 유동체에 직접 영향을 줌으로써 소통의 저항이 일어나는 것은 지금 입증된 사실이다. 반면에 분당 60비트 리듬을 가진 부드러운 고전음악은 기억을 자극시키는 것으로 나타났다.[17] 전 세계의 많은 종교의식은 음악이 감정에 미치는 효과를 활용한다. 흑인 종교음악gospel과 음악적 설교가 있는 미국 흑인 기독교회의 예를 생각해보라. 뉴 에이지 운동New Age movement은 자연, 묵상 등과 같은 명상을 할 조용한 곳을 찾는다. 잠시 후 상태가 변하면 기분이 달라진다.

슬픔, 모욕감, 반항적, 명랑한, 유쾌한, 사랑에 빠진, 호기심이 생기는 것과 같은 표현들로 마음 속에서 어떠한 기분·말·그리고 이미지가 활발해지는지 시험해 보라. 1분 동안 이 단어들 하나하나를 경험해 보라. 자신에게 미치는 영향을 기록하라.

학생들의 성공에 대한 최근의 한 연구의 결론은 합격에 대한 기대가 역량과 지능검사 점수보다 더 우수한 결과 지표라는 것이었다. 보험부문의 또 다른 연구에 의하면 낙천적인 세일즈맨들의 결과가 비관적인 동료들의 결과보다 약 37%가 더 높았다.

왜 감정상태는 쉽게 영향을 미칠까? 왜 다른 것들보다도 외부 요인들의 영향을 더 많이 받는 사람들이 있을까? 실제로 깨닫든, 못 깨닫든, 이 모든 것은 자신의 통제 안에 있다. 사람들이 흔히 "그 사람은 나를 뿔나게 하는 방법을 알아요"와 같은 숙달된 비유—메타포—를 써서 이러한 외부 환경의 영향을 말하는 식으로 표현한다.

- "사나운 날이군요"
- 정말 맥 풀리게 하는군!
- 이러이러한 일을 할 때, "그것 때문에 미치겠네!"

17) 이는 쉴라 오스트랜더(Sheila Ostrander), 린 슈뢰더(Lynn Schroder)와 낸시 오스트랜더(Nancy Ostrander)의 책 슈퍼러닝 2000(Super learning 2000, New York, Delacorte Press 1994)에서 논의됨

그러나 "정말 재미있군! 네 정신을 어디에 두었니? 정신이 어떻게 생겼지? 정신을 얼마큼 차렸니? 보여줘 봐! 정신이 빠져 나간다면 여전히 정신이 있을까?"와 같은 어처구니 없는 것을 물을 때 매우 흥미 있는 결과가 나온다. 정말 그런 질문은 이 정신들이 사실은 상상한 것이며 실제로 존재하지 않는다는 것을 깨닫게 해줄 수 있다. 보통 무의식적으로 이전에 조건화된 결과로 선택하기 때문에 어떤 방식으로 다른 사람들이나 환경에 반응한다. 그래서

- 사나운 날은 우리가 사나운 기분을 선택한 날이다.
- 맥 풀리게 하는 곳은 우리가 맥풀리는 기분을 선택한 곳이다.
- 그가 이러저러한 일을 하면 내가 미치겠어! 실제로는 그가 이러저러한 일을 하면 내가 화가 나는 것을 선택한다는 뜻이다.

이것은 흔히 말하기는 쉽지만, 실제로 어느 한 때에 했던 선택을 깨닫게 되면 다른 사람들이 우리를 능가하는 파워를 가지는 것에서 벗어난다. 감정 관리란 외부세계가 일으킨 감정에 따르지 않고 원하는 감정 갖기를 선택할 수 있다는 뜻이다.

여기서는 감정 상태를 어떻게 선택할 수 있는지 보여줄 것이다. 내면에서 자신의 약을 만들어서 끝내는 자신의 보스가 되라. 유명한 벨기에의 사이클 챔피언이 "불행한 사람은 자신이 행복하다는 것을 알지 못하기 때문이다"를 모토로 삼고 있는 것은 우연의 일치가 아니다.

서문에서 언급했듯이 다니엘 골먼은 그의 책 "감성 지능"에서 자신의 감성 지능을 결정하는 요인으로서 인내, 자기 통제, 열정과 자기 동기부여와 같은 추상적 개념을 논의했다. 여기서는 내면에 있는 적절한 상태를 활성화 함으로써 어떻게 그런 요인을 성취하고 통제하는지를 발견할 것이다. 각 경험은 서로 영향을 미치는 3요소 즉 생각, 감정과 행동을 가지고 있다.

그러나 감정을 통제하기 위해 정확히 무엇을 해야할까? 앵커를 활용하여
원하는 상태를 활성화랄 수 있다. 앵커란 어떤 상태가 일어나게 하는 점화
열쇠—점화가 다이나마이트 폭발을 야기하는 것처럼—이며, 알코올, 약물,
날씨, 음악 등이 그 예라 할 수 있다. 머리 속에서 감정을 켜거나 끄는 통제
판control panel의 버튼으로 생각하라. 다른 사람들에게 이 버튼을 누르게 하
거나, 외부 상황이 이런 버튼으로서 작용하게 하는 대신에 자신의 통제하
에 이런 버튼을 가지는 것이 훨씬 더 흥미롭다.[18]

감정과 경험의 얽힘

첫 부분에서 내면상태—기분 느낌이나 감정—, 내
면 처리과정—사고전략—과 외적 행동의 관계를
나타냈다. 신체자세는 외적 행동의 일부이다. 어떤
순간에 취한 신체자세는 감정상태를 반영한다.[19]

전형적으로 감정은 또 다른 감정을 띤 신체자세와

전문적 지식 수준이 높은 사람
들은 스스로 한 다리로 걷거나
한 눈으로 보는 것을 선택해서
제한하지 않는 한, 이성과 직관
또는 머리와 가슴 사이를 선택
할 여유가 없다.
—피터 셍게(Peter Senge)

완전히 다른 특정한 신체자세에 반영된다.[20] 심지어 사소한 신체자세의 변
화라도 감정 상태를 바꿀 수 있다.

예를 들어 분노와 같은 감정은 행동, 감각, 해석(이름 붙이기)과 신념이 결합되
어 구성된다. 다시 말하면 감정은 경험 그 자체는 아니지만 경험의 일부분
을 형성하며, 이는 전체적인 경험의 변화가 어떻게 감정 변화를 가져올 수
있는지 설명해 준다. 감정은 본질적으로는 경험에 관련되어 있지만 경험과
는 다르기 때문에 한번 살펴보자.

---

18) 몇 년 동안 신경언어학 분야의 공동개발자 중 한 사람인 밴들러(Richard Bandler)는 "인간 공학
설계"를 개발하고 있다. 더 많은 유연성과 자원을 위해 그러한 개인적 통제판을 설치할 수 있게 해주
는 섬세하고 상세한 것도 있다.
19) 신체가 내면 상태에 반영되는 방식은 신경언어학에서 "정신 신체 구조론(Psychosomatic Syntax)
이라고 한다.
20) 감정이 신체 패턴에 자연스럽게 부호화되는 방식을 가리키기 위해 "전형적으로" 말한다. 처음에
자원이 풍부한 자세로 자원상태로 변화하게 해주는 앵커링에도 기초한 구체적 과정들이 있다. 그러
나 바로 이 문제에 관한 구체적 연구가 필요하다.

- 감정은 직접적으로 행동에 연결되어 있지만 행동과는 다르다. '화' 라고 하는 외적 행동은 "화난" 감정에 반드시 일치하는 것은 아니다. 관찰자로서 "당신이 화난 것처럼 보여요!"라고 말할 수 있지만 본인 자신을 제외한 다른 어느 누구도 그 사람이 진짜 화가 나 있는지 아닌지를 알지 못한다. 결국 자신을 제외한 어느 누구도 자신의 머리 속에 있을 리가 없다.
- 감정은 직접적 신체 감각과 연결되어 있지만 그와 달리 신체적으로 분노를 상세히 나타낼 수 있다. 위 조임, 피부 땡김, 숨가쁨, 이 모든 감각들이 감정의 생리적 기초이다. 보통 배가 단단해지고 "나는 피부가 긴장되는 기분입니다." 대신에 "나는 화가 납니다."라고 말한다. 그러나 비슷한 신체 감각을 경험하고 그것에 다르게 명칭을 붙여 다른 결론에 이르는 사람도 있다.
- 감정은 직접적으로 자기 경험에 대한 해석이나 이름 붙이기와 연결되어 있지만 그것과는 다르다. 어떤 사람에게는 실패의 두려움에 대한 징조로서 위가 조이는 것을 지각하고 그것을 흥분이라 부르는 사람 또는 화라고 부르는 사람도 있을 것이다. 그래서 감정은 해석이며 동시에 신체 감각이다.

감정, 느낌과 기분을 내면상태라고 부른다. 이러한 신체감각은 사고와 행동과는 다르다. 함께 놓으면 내면상태, 구체적 행동과 붙여진 이름, 소위 경험을 형성한다. 함께 경험의 분자를 구성하는 자동적 부분들을 가진 이 세 요소들을 비교할 수 있다.

감정을 감각이나 기분과 어떻게 구별하는가? 감정으로서 인식할 수 있는 형태를 화, 두려움, 기분, 외로움, 슬픔, 고통, 질투 그리고 모든 종류의 변형물을 감정으로 분류한다. 그러나 언제나 이와 같은 강한 감정을 항상 느끼는 것은 아니다. 그럼에도 불구하고 여러 차례 감정이나 기분을 경험한다. 그래서 책임감, 편안함, 강함을 느낀다. 그런 느낌이 나타나지만 감정보다 더 약하고 덜 명확하다. 상태는 그런 느낌에 연관되어 있다. 상태는

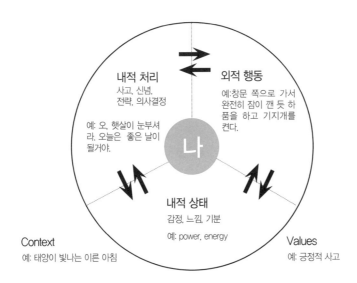

내적 처리
사고, 신념,
전략, 의사결정

외적 행동
예:창문 쪽으로 가서
완전히 잠이 깬 듯 하
품을 하고 기지개를
켠다.

예: 오, 햇살이 눈부셔
라. 오늘은 좋은 날이
될거야.

나

내적 상태
감정, 느낌, 기분
예: power, energy

Context
예: 태양이 빛나는 이른 아침

Values
예: 긍정적 사고

그림1.1: 주관적 경험의 구조

배경에 막연하게 나타난 내면 경험이다. 그것은 자존감에 강력한 영향을
미치지만 포착하기 어려운 것 같고, 그때는 심지어 그것을 의식하지 못할
수도 있다. 비유하면 감정은 언제나 마음의 최전방에서 활동한다.

무엇보다도 감성 지능을 계발한다는 개념은 제한된 의미로 감정을 관리하
고 활용한다는 것이다. 그러나 왜 우리는 자신을 감정에 제한시켜야 할까?
이것은 감정적 생활의 범위를 줄여서 말라버린 파레트나 식사를 제한해서
제공하는 것처럼 보인다. 그래서 지금부터 느낌과 막연한 기분과 함께 인
식할 수 있는 감정의 개념을 깨닫기 위해 "감정"이라는 일반적 명칭을 활용
한다.

정의

- 외적 행동: 신체자세, 제스처, 목소리, 근육 긴장. 호흡 등에서 다른 사람
  이 관찰할 수 있는 것.

- 내면처리: 상상하는 것, 혼잣말하고 있는 것(내면의 목소리)
- 내면상태: 내면적으로 감정 기분을 느끼는 것

요소들 간의 체계적 관계

외부행동, 내면 처리와 내면 상태는 이 요소들 간의 관계가 체계적이기 때문에 함께 얽혀서 밀접한 관계에 있다. 이 모든 요소들이 상호작용하며, 단지 경험에 대한 3가지 요소의 서술을 한다는 뜻이다.

사고는 감정과 체계적으로 연관되어 있다.

- **ex** 많은 속담이나 구호들—예를 들면 "나는 중요한 가치가 있다"—을 수 차례 반복하라. 그러면 이것들이 불러 일으키는 상태를 결국 경험하게 될 것이다.
- 우울해 있는 사람은 비관적 생각을 가질 것이다. 또한 이것은 반대로 할 수 있다. 언제나 부정적 방법으로 경험을 평가하는 사람은 우울해 할 것이다.

감정은 스킬이다.

- **ex** 자영업을 하는 사람은 자신을 병에 걸리게 둘 수 없다. 그 덕분에 병에 대한 저항력을 가질 수 있다.
- 10년 동안 이혼하지 않은 것은 스킬이 있다는 뜻이다. 그가 잘 대처해 낸 것은 무엇 때문인가?
- 실패를 반복한 역사가 있는 사람이 있다. 이 또한 스킬이다. 그들은 실패에서 탁월하다. 그들이 변화하기 위해 이 탁월성을 성공으로 바꾼다면 어떨까?

감정은 결정이다.

- **ex** 성공적인 취업면접 후에 행복감을 느끼는 사람이다. 그의 상태는

상황에 관해서 끌어내는 결론을 결정한다.

- 애정결핍 아동은 자신의 감정 속으로 도망치는 것이 더 낫다는 바보 짓으로 결론을 내릴 수도 있다. 물론 이는 전혀 의식적인 결정이 아니지만, 더 나은 해결책을 이용할 수 있다 해도, 주어진 상황 속에서 한때 이런 아이였던 성인에게는 미래에 최상책이라고 지각될 것이다.

행동은 감정이다.

ⓔⓧ ▪ 자신감 갖기 = 똑바로 보기, 굳게 악수하기
   ▪ 집단 속에서 일하기 = 인정받는 느낌

많은 사람들은 원인과 결과를 연결하여 직선적으로 자기 감정을 설명한다. 우울한 날씨다. 우울하기 때문에 아무 것도 잘 되지 않는다거나, 자신들의 삶이 그와 비슷하다고 생각하기 때문에 자신의 삶도 그럴 것이라고 할 수 있을까? 그런 생각들이 자아충족적 예언을 만든다. 무엇보다도 이 책에서 자신을 가이드하고 관리할 수 있을 것이라 생각한다. 시험삼아 해보고 어느정도까지 하는지 보라. 그러나 자신을 가이드하게 되면, 그렇게 할 역량을 가지고 있거나 이해한다는 의미는 아니다. 그래서 이를 더 쉽게 달성할 수 있는 스킬들을 제공하는 것이 목적이다.

위에서 본대로 직선적 인과관계는 쉽게 부인된다.[21] 예를 들어 기분이 우울한 사람은 자신의 환경을 탓한다. 그럴 경우에 왜 비슷한 상황에서 다른 사람들은 정말 쾌적한 기분일까? 또는 "나는 늘 우울하기 때문에 아무것도 할 수 없어." 라고 말하는 사람도 있다. 그러나 그게 반대로 될 수도 있을까? 무엇보다도 행동을 취하지 않으면, 마냥 자신에 관해 생각하고 걱정하는 것만 한다. 몸을 웅크리고 한숨 쉬면서, 오랫동안 바닥만 내려본다면, 정말

---

21) Bc 4세기의 그리스 철학자에게서 나온 아리스토텔레스의 디지털 사고방식에 대해 "양자 택일"이라고 부른다. 실제로 하나의 결과는 많은 원인들의 결과이며, 하나의 원인이 절대로 직선적이지 않은 방식으로 많은 결과를 가질 수 있다.

기가 죽는 기분이 시작하지 않을까? 또는 셸리 로즈 샤벳Shelle Rose Charvet[22] 이 말했던 것처럼 "기분 나빠서 지금 당장 바꾸고 싶은가, 또는 더 기분 나빠질 때까지 좀 더 오래 기다리고 싶은가?"

주의: 행동에서 기분상태를 언제나 인식할 수 없는 이유.

종종 우리는 순수한 상태를 경험하지 못한다. 우리가 빠져있는 기분 상태는 다른 상태와 행동에 나쁜 영향을 미칠 수도 있다. 지배적인 감정 상태의 영향은 감정에 영향을 미치는 일상적 행동 과정보다 더 강할 것이다. 그래서 자신의 외적 행동이 무엇이든지, 지배적인 감정 상태를 계속 경험할 것이다. 예를 들면 우울한 사람이 있다면, 이 사람이 행복감을 느끼려고 애쓸 때나 그냥 미소를 지을 때도 행복이 시시해지며, 평소보다 더 쾌활하지 못하다는 것을 우리는 알아 챈다. 동시에 선천적으로 쾌활한 사람은 영향을 받지 않은 채 훨씬 더 많은 자원을 갖고서 압박감을 느끼는 상황을 경험할 것이다. 게다가 예를 들어 자신의 감정을 나타내는 것이 "바람직하지 않다"고 배웠기 때문에,[23] 또는 포커를 하면서 정말 좋은 카드를 가졌음을 보여 주고 싶지 않기 때문에, 자신의 상태나 감정을 의식적으로 숨기는 선택을 하기도 한다.

가끔 이 두 가지 예외때문에 의사소통의 오해가 생긴다. 그러한 경우에 대화를 하고 있는 상대방이 직관적으로 "인식한" 감정은 상대가 실제로 가진 감정과는 다른 것 처럼 보인다.

경험 속에 감정을 짜 넣기

감정과 감각, 사고, 행동과 상황의 일치는 감정 연구의 중요한 시발점이다. 앞에서 외적 행동, 내면 과정—사고—과 내면상태—감정, 느낌—간의 관

---

22) 신경언어학의 트레이너이며 저술가
23) "내색하지 않는 것"을 중요시하고 감정적으로 연관된 것은 경멸적으로 "기뻐서 손뼉치는 신자"" 감정표현이 너무 숨김없다" 등의 이름을 붙이는 문화에서 매우 흔한 영국인의 특성

계를 지적했다. 예전의 데카르트 학파Cartesian의 심신의 구분은 더 이상 유지할 수 없다. 그래서 화와 같은 감정은 외적 그리고 내적 패턴의 결합으로 구성되어 있다. 많은 과학자들은 이제 이런 해석을 인정하기 위해 "심신"이라는 용어를 사용하기 시작했다.

위에서 끌어낸 결론은 넓게 두 가지 범주 즉 심신의 신체부문이나 마음부문으로 어떤 감정상태든지 접근할 수 있다는 것이다. 신경의미론 학자인 마이클 홀Michael Hall은 신체와 마음을 "상태로 가는 두 가지 왕도"라고 부른다.

신체부문

- 선천적으로 감정을 경험하는 상황 찾기(예: 댄스클럽에서는 에너지가 넘치는 기분이며, 무대에서는 광대가 되고 싶다 …)

- 외적 행동 촉진하기: 신체자세, 제스처, 목소리 등

- 내적 감각 촉진하기: 호흡하기, 온화함, 근육 긴장 등

마음 부문

- 신념, 가치와 내적 표상 촉진하기. 이는 감정을 경험하거나 심지어 경험했었더라면 어떠했을지를 자연스럽게 경험하고 상상하는 상황의 신념, 가치와 내적 표상들을 포함한다.

상태와 감정을 창조하는 길

많은 사람들은 감정을 경험하기 위해서, 추격장면의 스릴감처럼 감정을 주는 상황이 있어야 한다. 그러나 감정을 자아내기 위한 상황이 필요할 때마다 외부 수단에 의존적한다. 분명히 이것은 자신이 통제할 수 없어서, 감성 지능이 스스로 능력을 부여하는 것에 관한 것이다. 그래서 이 책에서 감정을 촉진하는 3가지 채널에 집중할 것이다. 특정 순간에 상황속에서 혼자서 뭔가 할 수 있고, 현재 상황과 무관하게 감정을 사용하는데 도움이 될 것이다.

어떤 감정이 삶의 기쁨과 직업 만족도를 증가시켜줄까? 우선 이 감정을 명확히 하라. 두 번째로 이 감정을 어떻게 촉진할 수 있는지 상상하라—외적 행동, 내적감각, 신념 등에 조화시키기—하루에 여러 번 이렇게 활용하라. 지금 시작하라.

선택 범위를 주기 위해 마음부문과 신체부문에서 나오는 감정 상태에 접근하는 법을 다음에 나타낸 것이다. 가능한 한 많은 느낌을 갖고 과정을 기록하고 싶을 것이다. 되도록이면 서서, 눈을 감고, 무의식이 깨어 있고 정직하다고 믿고 실행해보라.

마음부문에서 나온 상태에 접근하는 법

마음에서 나온 상태가 가장 접근하기 쉽다. 다시 접근하고 싶은 상태를 생각해보라. 자신감이라고 하자. 자신감에 대한 직접적 경험이 많지 않다면, 아는 사람 중에 자신 있게 행동하는 사람에 대해 생각하고, 이 사람이 마음 속에서 이 상태를 어떻게 경험하는지 상상하라.

누군가를 즉시 생각해낼 수 없다면, TV에서 자신감을 갖고 행동했던 사람을 보았을 것이다. 이 사람이 마음 속에서 이 상태를 어떻게 경험하는지 상상해보라. 이 사람들에 대해서도 생각할 수 없다면, 자신감이 마음 속에서 어떠한지 알고 있는 것처럼 하고, 이를 경험하는 것이 어떤지 상상하라. 어린이들은 놀이할 때 이렇게 잘 한다. 그렇게 자신의 내면의 아이에게 다시 가서 놀이를 즐겨라.

먼저 그것에 주목하고, 그냥 그런 상태만을 생각해 낸다면, 그런 상태만을 도로 얻게 된다. 마음 속에서 정말 자신감을 느꼈던 때로 돌아가면 진짜로 자신감을 가지게 된다. 매우 최근이거나 오래 전이었을 수도 있다. 어느 것이든 충만한 감각 파노라마 속에서 이 기억을 다시 떠올려라.

- 그때 보았던 것을 마음의 눈으로 보기
- 몰두했었을 내적 대화를 포함하여 그때 들었던 것 듣기
- 만약 있었다면 그 당시에 냄새 맡았던 것 냄새 맡기
- 만약 있었다면 그때에 맛 보았던 것 맛보기
- 그 당시에 느꼈던 것 느끼기

더 자세하게 이 기억으로 다시 돌아갔을 때 무슨 일이 일어나는지 주목하라. 경험하고 있는 감정상태에 무슨 일이 일어나는가?

신체부문에서 나온 상태에 접근하는 법

자신의 몸이 그것을 기억하는 상태를 매우 잘 알고 있으면 이것을 할 수 있다. 반대로, 자신을 다른 사람의 입장에 놓거나, 타고난 신체의 지혜에 접근하는 상태를 잘 모를 때도 이렇게 할 수 있다. 이 단계에서 모든 문화에 얼마나 유사하게 감정상태가 행동에 표현되는지를 아는 것도 흥미로우며, 감정 표현이 얼마나 선천적인지 알수있다.

- 자신감 있는 자세를 하라.
- 자신감있는 포즈를 하라.
- 자신감있게 서서 균형을 잡는 법을 하라.
- 자신감있는 어깨 자세를 하라.
- 자신감있는 목 자세를 하라.
- 자신감있고 균형잡힌 머리 자세를 하라.
- 자신감있는 턱 선을 하라.
- 자신감있는 얼굴 표정을 하라.
- 자신감있는 눈을 하라.

- 자신감있는 어조를 하라.
- 자신감있는 말을 하라.
- 자신감있는 상징/아이콘/은유를 하라.

늘 더 정확하게 몸이 이 상태에 접근할 때 무슨 일이 생기는지 주목하라. 경험하고 있는 감정상태에 무슨 일이 일어나는가?

앵커링

앵커란 유사한 상태를 되살려내는 매우 구체적 신호이다. 언제나 그것을 깨달을 수 있는 것은 아니지만, 우리에게는 어떤 상태를 이끌어내는 그러한 신호가 많다. 예를 들어 다시 한번 똑같은 상황으로 돌아갈 수도 있고, 하루에도 여러 번 상태를 바꾼다. 강렬한 감정이라면, 확실하게 이 상태를 유발하는 것이 무엇인지를 명확히 규정할 수 있다. 앵커의 범위를 요약하고 앵커들의 효과를 설명해서 효과적인 방법으로써 앵커들을 사용하도록 하고싶다.

앵커의 유형들

앵커는 상태를 만들어낸다. 감정이나 상태를 촉진하는 4가지 수단에 근거해서 앵커를 만들어낼 수 있다.

1. 외적 수단들

- 안전감을 느끼기 위해 개를 보면 막대기를 집어 들기.
- 흐르는 물에서 자극받기.
- 스트레스를 씻어 없애기 위해 샤워를 하거나 목욕물 속에 몸을 푹 담그고 있기.

2. 외적 행동

ex ▪ 두 발에 균형을 잘 잡고 팔짱을 끼고, 중심을 잡고 서있는 것은 방어를 준비한다.

▪ 주먹을 쥐면 힘이 난다.

▪ 쳐다보면 기분이 좋다.

▪ 어깨를 펴고 똑바로 서면 자신 있게 된다.[24]

▪ 고개를 뒤로 젖히면 마음이 릴랙스해진다.

3. 내면의 행동

ex ▪ 폐에 가득 공기를 들이마시고 천천히 내쉬면 침착성을 회복할 수 있다.

4. 생각, 말

ex ─유레카!(바로 이거야!)

─따뜻함을 생각하면 사랑의 상태를 촉진해준다.

─차를 운전할 때, "나는 나 자신을 운전해갈 책임이 있다"고 혼잣말하면, 더 자신감에 차서 무엇이든 할 수 있다고 느끼게 해준다.

─파노라마식 풍경 이미지

일상생활 앵커를 의식(Ritual)으로 바꾸기

자원상태에 맞게 활성화하는 수많은 일상적 자동 앵커를 습관적으로 주목하라. 예를 들어 아침 스트레칭이 도움이 되고 힘나게 한다는 것을 안다면, 무기력한 아침 기분 때문에 걱정하지 않기 위해 이를 아침 의식으로 할 수 있다. 잠을 잘 자는 사람들은 잠자리에 들기 전에 몇 가지 활동을 하고 나서 잠자리에 든다고 몇 연구들은 나타냈다.

---

24) 신체부위에서 나온 상태에 접근하라는 권유는 마이클 홀(Michael Hall)에게서 유래됨

많은 사람들은 감정과 상태가 매우 구체적 제스처나 바디랭귀지에 어느 정도 연결되어 있는지 깨닫지 못한다. 바디랭귀지에 관한 피드백은 유용할 것이다. 어떤 사람이 강렬한 상태에 연관된 경험에 관해 이야기할 때, 어느 신체적 몸짓이 전형적인 자기 상태인지 알 수 있다. 이러한 신체적 몸짓은 상태의 자연스런 앵커이다. 이러한 신호들을 기억해서 의식적으로 활용하고, 그 상태를 경험할 수 있다. 요가, 기공과 같은 많은 동양의 수련법은 이 패턴을 이용한다. 예를 들어 어떤 사람이 조화로운 경험에 관해 자발적으로 이야기할 때는 손을 합장하고 천천히 호흡하면서 중심을 잡고 균형을 이룬 자세를 할 것이다. 그러한 제스처 호흡과 자세를 기억해서 그것들을 쉽게 복제해 낼 수 있으므로 어떤 상태를 경험할지, 어떤 감정을 느낄지 선택하고 시작한다. 이전에 자동적으로 표현할 감정이었던 것이 감정 관리의 수단이 된다.

Tip: 자동적 앵커로 다시 접근하기

(a) 감각정보가 풍부한 자원 상태를 선택하고 어떤 자극이 이 자원 상태로 접근을 유발 할 수 있게 하는지 조사한다.

(b) 3가지 바람직하지 않은 상태를 선택하고 각 상태를 일으키는 자극을 찾는다,

(c) 자동적으로 자신의 상태를 바로잡은 사례 상황을 찾고 어느 앵커가 상태를 바꿔 주는지 찾아낸다.

자원으로서의 준거 경험

준거 경험이란 자기 인생의 특정 장소에서 특정 시간에 때맞추어 일어난 특정 경험이다. 그리고 구체적 감정에 대해 생각할 때 적용하는 특정 경험이다. 예를 들어 릴렉스되어 편안한 기분으로 직장에 간다면, 여행을 하면서 완전히 차분해진 순간을 적용할 수 있다. 준거 경험에는 그때에 가진 감각적 경험, 예를 들면 보고 듣는 것 또 아마 냄새 맡고 맛 보는 것과 그 특정

순간에 느끼고 있는 것과 관련성이 강하다. 경험은 매우 강렬해서 생각해 내야만 하고, 마찬가지로 감정도 즉시 돌아온다. 이러한 경험들은 종종 자동적으로 일어난다. 무엇인가를 기억하고 신체를 또 다른 감정 속으로 데려가면 쿵! 하고 느낌이 돌아온다. 우리 모두는 이용할 수 있는 그런 경험들이 풍부하다. 더구나 이런 경험들은 즉시 상태를 바꿀 수 있다. 그래서 감정 관리에 사용하기 위해서 이와 같은 기억들, 즉 자기 내면에 있는 영예의 전당을 의식적으로 찾아 내어 접근할 시간을 갖는 건 어떨까? 이런 식으로 준거 경험은 자기 통제의 자원이 된다.

세계적으로 유명한 최면요법가 밀턴 에릭슨Milton Erickson은 사람들을 치료할 때 이것을 기본 가정으로 활용했다. 에릭슨은 각 개인은 모든 개인적 문제를 해결하기 위해 자기 내면에 충분한 자원을 가지고 있다고 가정했다. 불행히도 몇몇 사람들만이 의식적으로 이 자원 창고에 접근할 수 있다. 왜냐하면 아무도 그렇게 하는 법을 가르쳐 주지도 않았고 허락해 주지도 않았기 때문이다. 그러므로 밀턴 에릭슨은 환자가 과거 경험에 다시 접근하도록 촉진하기 위해 최면을 사용했다.

자신의 준거 경험 탐색을 시작한 사람들은 몇 주 후에 종종 자신의 마음 속에서 발견한 파워에 놀란다. 예를 들어 아이들에게서 관찰할 수 있는 상태에 관해 생각해보라. 아이들은 굉장히 많은 감정들을 나타낼 줄 알며 즐길 줄도 안다. 또 부끄럼을 모르고 매우 주장적이고, 학습에 목말라하며, 매우 착실하게 자발적이다. 어린 시절에서 우리는 어떤 유사한 경험을 기억해 낼 수 있을까? 자신의 이러한 면들을 정말 잊었는가? 더 많이 기억해 낼수록 어떻게 더 많이 생각해 낼지에 주목하라. 마치 마음 속에 메리 포핀스Mary Poppins의 여행 가방을 가지고 있는 것과 같다. 그것을 열고 찾아내라.

주관적 몰입과 객관적 관조(Association / Dissociation)

원하는 상태에 접근해서 그것을 활용하기 위해서 그 상태가 요구하는 생리 현상 사고와 행동이 정확히 어떤 종류인지 깨달아야 한다. 몰입과 관조는 자신의 경험을 알게 되는 두 가지 방법이다.

관조하기는 사건이나 상황으로부터 자신을 분리시키고 초연해지며 멀리 떨어진 곳에서 영화 속의 주인공인 자신의 영화를 본다. 반면에 몰입하기는 사건의 일부가 되어 그 안에서 경험하는 것을 뜻하며 무대 셋트에서 자신의 역할을 하고 있다.

그림 1. 2: 오른쪽 안락의자에 있는 남자는 몰입해서 경험을 살리고 있다. 그는 풀 냄새를 맡고 새소리를 들으며, 태양의 따스함을 느끼면서 평화로움을 즐기고 있다. 왼쪽의 망원경을 가진 남자는 잔디 깎는 기계 옆에서 편안히 쉬고 있는 자신을 바라보면서 관조하고 있다.

기억 속으로 몰입하기 : 때 맞추어 주어진 순간에 선택한 사건을 경험하고 이용할 수 있는 감정적, 감각적 지각을 충분히 경험한다.

주관적 몰입을 하게 하는 테크닉

감각적으로 구체적인 정보를 요구하라.

🔘ⓧ 누군가가 "기분이 최고로 좋아요"라고 말한다.

ⓠ 지금 이것을 하면서 보고/느끼고/ 듣는 것이 무엇이지요?

ⓐ "가슴이 확 열린 느낌이 들어서, 공기가 더 많이 들어옵니다. 심호흡하

고 있습니다."

상황으로부터 관조하기 : 멀리 떨어져서 선택한 경험을 바라보며 자기가 자기 자신을 관찰하고 있다.

관조 하는 테크닉

그 사람에게 옆으로 비켜 서서 외부에서 자신을 바라보게 하라.

ⓔⓧ 누군가가 "잘 되어 나가면 난 기분이 최고 좋아"라고 말한다.

　ⓠ 이 사람은 저 건너에서 무엇을 하고 있을까?

　　그의 행동에 관해 무어라고 말할 수 있을까?

　ⓐ 그는 머리를 똑바로 하고 걷고 있어요.

　　그녀는 사람들을 똑바로 보고 있어요.

　　그는 거기에 단호하게 서 있어요.

관조할 수 있게 하는 추가적 질문 테크닉

1. 또 다른 장소 : 관찰하면서 상황 옆에서 서 있다. 안전하게 떨어져서 감정에 지배되지 않고 자신을 바라볼 수 있다.

2. 시간 관련해서 : 1년 후 미래에 서서, 이 순간을 되돌아보면서 거기에 있는 자신을 보고 있다. 저 건너에 있는 바로 당신에 대해 어떻게 생각하는가?

3. 또 다른 관점 : 자신이 이 사건을 녹화하는 비디오 카메라라고 상상하라. 그 상황이 어떻게 보이는가?

이런 질문들은 또 다른 관점에서 매번 그 사건에서 떨어져서, 첫째 물리적으로 떨어져서, 둘째 시간적으로 떨어져서, 셋째 다른 사람의 눈으로 바라봄으로써[25] 관찰하도록 권유한다.

---

25) 카메라로서 사건을 바라보는 것과 카메라를 통해 사건을 바라보는 것 사이에 감정적 차이가 있음을 주목하라. "카메라로서"는 자신이 카메라가 되어 카메라맨(즉 다른 사람)의 느낌과 생각을 갖는 것을 암시한다. 반면에 "카메라를 통해"는 자신의 생각과 느낌을 계속 지니고 있다는 뜻이다.

Tip: 관조할 때는, 자신에 대해

"그/그녀가…… 저 건너"라고 말하고, 마치 자신이 다른 사람인 것
처럼 자신의 이름을 사용하여 저 건너편의 자신을 가리키도록 권
유한다. 공간이나 시간 상의 거리를 가져 오는 것은 어느 것이나
유용하다고 말할 수 있다.

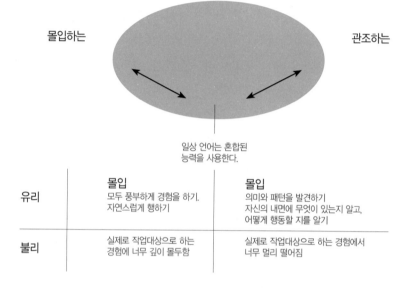

	몰입	몰입
유리	모두 풍부하게 경험을 하기. 자연스럽게 행하기	의미와 패턴을 발견하기 자신의 내면에 무엇이 있는지 알고, 어떻게 행동할 지를 알기
불리	실제로 작업대상으로 하는 경험에 너무 깊이 몰두함	실제로 작업대상으로 하는 경험에서 너무 멀리 떨어짐

그림 1. 3: 몰입-관조 연속체

그림 1. 3은 주관적 몰입/ 객관적 관조 연속체에서 두 극단을 나타내준다.
- 자신의 감정 속으로 매우 깊이 빠져서 자신의 행동과 남들에게 미치는
  그 영향력을 의식하지 못한다.(예: 격노한 사람)
- 자신의 감정으로부터 매우 분리되어 있어서 자신을 낯선 사람으로 여기
  거나 감정을 억제하면 자신의 감정을 깨닫지 못한다.(예: 감정을 참을때)

결론적으로 감성 지능이 높은 사람을 위한 3가지 주요 스킬을 공식으로 나
타낼 수 있다.

주관적 몰입과 객관적 관조를 활용하기

감정에 지배되지 않고 냉정하게 사건에서 배우기 위해 자원이 없는 상태에서 자신을 멀리 떼어 놓는 것(관조)이 좋다. 그리고 그 안에서 좋은 기억들을 되살려내는 것도 좋다. 우울한 사람이 기분이 좋은 사람들보다 운이 나쁘지도 않고 불운한 사건을 더 많이 경험하지도 않는다는 연구 결과들도 있다. 그러나 우울증으로 고생하는 사람들은 삶에서 좋은 일은 종종 관조하고, 부정적인 일에는 몰입하기 때문에, 자신들의 나쁜 기분을 끊임없이 되살려낸다. 만약 우울증을 갖고 싶어한다면 틀림없이 갖게 될 것이다.

예: 자신감 키우기 위해 관조와 몰입 활용하기

가끔 놀래는 것은 당연하다. 그러나 불안은 때로 아무런 이유 없이 사람들을 방해한다. 데스몬드 모리스Desmond Morris는 "벌거벗은 원숭이The Naked Ape"[26]에서 불안은 일종의 자기보호 구실을 했던 아주 옛날 선사시대의 본능의 흔적이라고 제시했다. 그러나 중요한 감정적 사건에 따르는 불안도 있을 수 있다. 고소 공포나 거미 공포와 같은 공포증에 관한 신경언어학 연구는 많은 불안 패턴이 흔히 어린 시절 경험으로 거슬러 가며 그 중 몇 가지를 회상하면 훗날 무의미한 것처럼 보일 수도 있지만 그 당시에는 심오한 충격을 가졌다는 것을 밝혀냈다.

무언가를 두려워할 때, 자신을 멀리 떨어져서 관조함으로써 현명한 방법으

---

26) Morris. D(1994), The Naked Ape, Lon Don, Vintage

로 그 문제를 조사하라. 이성적으로 어떤 위험이 그 문제에 연관되어 있는지 점검하라. 이성적으로 그 상황을 다룰 수 있고 위험에 대처할 수 있다고 생각한다면, 더 이상 불안이 필요하지 않는다는 뜻이다. 그 때 그것에 관해 다르게 느낀다. 많은 자신감을 끌어낼 수 있는 과거 사건을 기억하라. 그 사건 속으로 몰입하여 자신감이 되살아난 듯한 느낌이라면 자신의 문제에 대해 생각하라.

또 하나의 방법은 불안감을 느끼곤 했던 문제가 만족스럽게 해결된 후에 자신을 나타내는 것이다. 만족스럽게 그 문제가 해결되었다는 것을 알고서 기분이 어떠했는가? 이것이 어떻게 느껴지는지 충분히 경험하라. 이 경험에 충분히 들어갔으면, 그때와 지금 사이의 모든 사건들을 이런 깨달음에 비추어 재평가한다. 그 결과 이 만족스러운 해결책으로 가는 단계들이 쉽게 명시화되고, 이 성공적 해결책을 달성하기 위해 무엇을 해야 할지 알게 된다.

아래의 과정은 두 가지 선행 원칙을 적용한다. 하나는 앵커링 패턴이 긍정적 감정과 연관된 경험으로 몰입하는 것을 촉진하며 또 하나는 "시각—촉각 분리"VK dissociation[27]가 계획의 실현가능성을 증가시켜줄 자원상태를 활용한다.

앵커링

절차 1. 목적—원하는 상태—과 현재상태를 서술한다.

 2. 어떤 자원상태가 이 목적 달성에 도움이 될지 결정한다.

 3. 자신이 그 특정 상태를 경험했던 때를 잠시 동안 찾는다. 어떤 앵커가 그 상태와 연관되어 있는가 또는 그 상태를 유발하는 것이 무엇인가?

 4. 할 수 있다는 기분이 들 때까지 지금 그리고 여기에서 앵커를 적용하라.

---

27) '시각 · 촉각 분리': 시각적 표상과 느낌이 분리된 상황을 의미한다.

사례들

자원상태는 다음에서 영향력이 있다.

- 한 세일즈맨은 새 상품에 관해 자신감이 없어서 많은 기회를 놓친다. 그러한 불확실한 상태때문에 계획이 좌절된다. 과거에 그는 자신감을 느꼈고, 상품을 속속들이 알았다. "내 상품을 알지 못하면 자신감을 느낄 수 없다"는 신념 때문이다.

- "태양이 빛나고 있으면 나는 기분이 좋다. 지금 비가 오고 있다. 그래서 기분이 좋지 않다.

  과정: 비가 오면 햇빛을 생각하라. 하늘이나 먼 곳을 바라보면서 "정말 아름다운 날씨구나"라고 혼잣말을 할 수 있다.

- 자신감을 느끼기 위해 다른 사람들의 평가가 필요하다. 비판 받을 때마다 열등감을 느낀다.

  과정: 기분이 좋고 자신감 있는 상황을 찾아서 그 상황을 기억하고 그 상태의 생리현상에 몰입한다. 자신감이 약화되는 상황에 들어가면 가면 자신감을 촉진하기 위해 생리현상에 앵커한다.

- 교육자는 장애 아동이 일하면서 소리를 지르기 시작하면 침착할 수 있다. 그러나 자기 아이가 차 안에서 남에게 폐가 되는 사람이 되면 냉정하게 침착할 수 없다.

  과정: 직업에서 어떻게 침착했었는지 깊이 생각해 본다. 이 능력을 앵커하고 차 안에서 이를 활용한다. 이 경우에 교육자는 그 상황 속에서 다른 무언가를 완전히 몰입하는 비법을 알고 있는 것 같다. 그래서 아이들의 시끄러운 소리에도 무표정하게 되고, 그 시끄러운 소리는 정보로 바뀐다. 운전하는 동안 그때 쭈욱 그 여자가 했던 일이 바로 그것이다. 광고판들, 가로수 등을 관찰했다. 그녀는 거기에 감정을 앵커하고 자기 아이의 울음소리에 적절하게 반응할 수 있게 되었다.

좋아하든 안 하든, 감정은 삶에 영향을 미친다. 자신이 감정 상태를 통제하지 못한다면, 감정이 자신을 통제하게 된다. 어느 것을 선택하고 싶은가?

자원상태로 옮겨가는 11단계

자원상태에 관한 그림 1. 4를 보라.

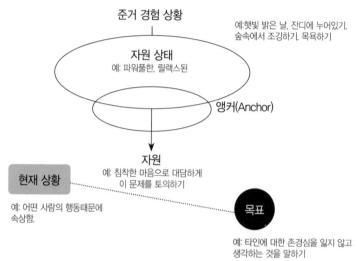

그림 1: 4

그림 1: 4가 이것을 설명해주고 있다.

1step 최상의 상태에 있지 않다고 알고 있는 상태를 선택한다. 이를 '현재 상황' 난에 기록한다.

2step 어떤 상태에 있고 싶은지 숙고한다. 어느 상태가 이 상황에서 목표 달성에 더 좋은 자원이 될지 자원 상태 난에 써라.

3step 이 상태를 가진 과거 경험을 찾는다.

4step 몰입하기 위해 자기 앞의 바닥에 원으로 된 영역 하나를 선택한다.

5step 자원상태가 이용될 수 있었던 경험을 기억한다.

원으로 들어가서 경험하고 싶은 방식으로 충분히 과거 경험을 다시 회상한다.

가이드는 다음과 같은 질문을 한다.

이런 느낌이 들 때 정확히 무슨 일이 생겼는가?
어떤한가, 답답한 기분이 드는가?

무슨 소리가 들리는가?
뭐라고 혼잣말 하는가?

6step 원 밖으로 나가서 경험을 털어낸다. 가이드와 함께 그 상태를 이끌어내는 신체적 앵커를 찾는다.

7step 원 안으로 다시 들어가 그 경험에 몰입하여 자원상태를 활성화시킨다. 다시 원 안으로 들어갈 때마다 그 상태는 한층 더 심화되고 선택한 앵커를 다시 발사한다.

8step 원 밖으로 나와서 그 경험을 털어낸다. 앵커 외에도 그 상태를 유발할 "Yes" 와 같은 핵심단어를 선택한다.

9step 신체적 앵커와 핵심단어를 함께 가지고 원 안으로 다시 들어간다.

10step 앵커를 강화시키기 위해 5~7번 단계를 반복한다.

11step 문제상태였을지도 모르는 과거의 상황과 유사한 미래 상황에 대해 생각한다. 앵커를 발사하는 것을 상상한다. 기분이 어떤가? 그것이 상황을 어떻게 변화시켜 주는가? 이런 정신적 프로그래밍을 여러 번 반복한다.

자신의 감정을 바꾸기: 새로운 문화?

감정 관리하기는 감성 지능의 필수적 요소다. 첫째 감정은 화를 억제하고 주장을 잘하게 하는 등 원하는 결과를 달성하는 자원이기 때문이며, 둘째 감정을 갖는 것 그 자체가 목적이기 때문이다.

기분이라는 면에서 최종 결과를 종종 명확히 한다. 행복하고 싶고, 만족감을 느끼고 싶고, 편안하고 싶고, 자신감을 갖고 싶고, 자신에 대해 자랑스러워하고 싶다. 문제의 기분을 활성화하기 위해 많은 돈을 소비하는 사람들도 있고, 릴랙스하기 위해 비싼 여행을 가는 사람들도 있고, 기분이 좋아지기 위해 엄격하게 다이어트를 하는 사람들도 있다. 그러나 노력을 요하지 않고서 그런 기분을 즉시 활성화할 수 있는지 궁금한 적이 있는가? 매일 밤 늦게 일하지 않고도 자신이 자랑스러워질 수는 없을까? 비가 올 때도 기분이 좋을 수 없을까? 뚱뚱해졌을 때도 생기가 충만함을 느낄 수 없을까? 물론 할 수 있으며, 이미 많은 사람들이 하고 있다. 그러나 종종 회피하며, 이 회피가 다음에는 새로운 문제를 일으킨다. 지름길이 있을 때 왜 항상 회피해야 하는가? 유일한 설명은 인간의 행동은 문화적 패턴 속에서 구체화된다는 것이다. 행복하기 위해 일해야 하고 공짜로 그것을 얻을 수는 없다고 생각한다. "만약 ~하다면, 그때 ~" 패턴 속으로 아이들을 양육한다. 만약 네가 공부를 잘하면, 그때 너는 인정받게 될 거다. 언제나 그 만약에, 만약에, 만약에.

이것은 아프리카와 아시아 문화와 두드러지게 다르다. 그 문화들에서 배울 것이 많다. 소위 "극도의 가난" 속에서 살면서 아프리카 사람들은 어떻게 재미있을 수 있을까? 인도인과 불교도들은 그 사람들이 가진 것에 어떻게 만족하고 있을까? 서양 사람들이 체험하는 불교에 관한 현재의 늘어나는 관심은 놀랄 일이 아니다. 무조건 다시 기분이 좋아지고 싶다. 지금 그리고 여기서 기뻐하고 싶다.

비판적인 안목을 가진 독자들은 "행하는 것보다 말하기는 쉽지"라고 말할 것이다. 정말 사람들에게 특정 감정을 활성화시키도록 권하면 많은 저항을 경험한다. 무엇보다도 자기 관리란 자신의 감정에 대해 책임진다는 뜻이다. 누군가가 우울해 있는데 당신이 명랑하게 살도록 권유한다고 상상해보라. 또는 사랑하는 사람의 상실에 대해 슬퍼할 때 사람들이 당신에게 장례식에서 춤추고 웃으라고 권유한다고 상상하라. 아니, 그건 불가능하지, 그렇지? 심지어 좋은 의도로 했던 조언도 종종 도움이 되지 못한다. "오, 극복해내라", "슬픔에 빠지지 마라" 그러면 그때 사람들은 종종 슬픔에 빠진다. "차츰 차츰 없애야 한다", "치유할 시간이 필요해", "시간이 걸릴 거야".

이는 자기 감정을 인정하고 변화시키는 스킬에 관한 지식이 부족할 뿐 아니라 불가능하거나 심지어 깊이 뿌리내린 잘못된 신념을 나타낸다. 서양문화는 감정을 가장시키지 않는다. 감정은 통제되지 않아야 한다. 자동적으로 자연 발생하게 두어야 한다. 감정은 내적 자아의 일부이다. 감정은 진실하다. 그러나 감정은 신념이나 확신과 똑같은 정도로 습득된다는 것을 보여준 연구가 있다. 단지 감정이 자연스러운 척 할 뿐이다. 우리 문화는 정말로 행복으로 우회하는 것이 도움이 되는가? 어떻게 다른 문화가 알고 있는 지름길을 사용하여 훨씬 더 도움이 될 수 있을까?

감정을 연구하고 싶다면 여러 가능성이 있다. 여기서도 몇 가지 방법이 제시되었다. 또한 드라마 학습 수강을 선택하여 그곳에서 의지대로 슬픔이나 행복에 접근하거나 화난 사람들의 입장에 서본다. 연습을 통해 감정을 촉진시키거나 다시 사라지게 하는 법을 배운다. 요가, 명상과 호흡 테크닉도 신체적 감정을 즉각적으로 통제하는데 도움이 된다. 사실 이것은 배우기 쉽다. 최후 선택이 무엇이든 "자기 관리하는 법을 배울 준비가 되어 있는가"라는 것이 최초의 질문이 될 것이다.

감정은 선택이다: 뿌린 대로 거둔다.

긍정적 감정을 선택하는 것은 자아 충족적 예언과 비슷하다. 디펙 초프라 Deepak Chopra[28]는 "모든 행동은 비슷한 방법으로 우리에게 돌아오는 에너지의 힘을 발생시킨다. 자신이 뿌린 대로 바로 자신이 수확하는 것이다. 남들에게 행복과 성공을 가져다 주는 행동을 선택하면 자기 업보Karma의 결실이다"라고 말한다.

---

28) Deepak Chopra, 성공의 7가지 영적인 법칙 : 꿈을 실현하는 실제적 지침(Amber —Allen 출판사, 1996)의 세번째 법칙

그러면, 왜 항상 좋아하는 상태에 자신을 두지 않을까?

분명히 우울한 사람들은 자아비판으로 가득차서 미래에 관해 비관적이고, 성공 대신에 실패를 기대한다. 칭찬도 부정적인 면으로 이해한다. 자신들의 부정적 자아 이미지를 확증하기 위해 부정적 정보를 추가로 찾고 있다. 자신의 느낌으로부터 자신을 고립시키는 사람들이 있다. 컴퓨터처럼 행동한다면 전 세계가 컴퓨터처럼 보일 거라고 생각한다. 그 경우에 몰과 가깝게 살았던 제임스 조이스James Joyce의 더피씨 처럼 삶을 바라본다. 이것이 바로 이성적으로 기능하고 컴퓨터 같은 삶을 살아가는 부류의 사람이다. 그러나 컴퓨터를 감성적으로 영리하며 지능적이라고 말하는 사람은 아무도 없다.

세일즈, 취업 인터뷰나 프레젠테이션에서 자존감의 영향을 나타내는 연구가 있다. 시험을 볼 때 그 영향력은 과대평가 되어서는 안되지만 어느 정도는 도움이 될 수 있다. 분명 심리학 시험결과에 관해 남학생들이 여학생들보다 더 자신감이 있었다. 그러나 실제로는 여학생들이 더 좋은 결과를 가졌다.[29] 어쨌든 남학생들이 더 많이 시험을 즐겼고 그 결과에 관해 부정적 생각을 품은 것으로 다음 시험에 영향을 받지 않았다. 바로 그 때문에 매우 어려운 고객부터 시작하라고 조언하는 세일즈 교육도 있다. 실패한다면 좋아질 수 있을 뿐이다. 그리고 성공한다면 하루를 망치는 것은 더 이상 없다. 모든 두려움을 모아서 기쁨으로 대체하라.

언제나 쾌활하고 좋은 상태에 있으려고 하는 사람들이 있는 반면에, 스스로 동기부여를 잘 하는 사람들도 있다. 기분전환이나 위안을 찾도록 자신을 격려한다. 그런데 무엇 때문에 장미빛으로 보지 못할까? 더 나은 판단을 반대하지 말고 긍정적으로 전념하여 시도해보라: 호랑이 굴에 들어가야 호랑이를 잡는다.

그러나 조심해야 한다. 뉴 에이지New Age코스에서 감성적 일치와 세일즈

---

29) 심리보고서(Psychological Repsrts):81권, 76 ~ 78쪽, 1997

코스에서 격려의 말은 열광적인 감정의 소용돌이를 일으킬 수 있다. 이것이 지속될까? 효과적일까?

감정을 갖는 것은 선택이다. 자신의 낙천적 상태에 관해 혼자서 결정한다. 여러 상태의 최상 요소들을 결합하여 자신의 감정 칵테일을 고안한다. 어떤 기분을 좋아하는가? 그 힘과 강도를 두 배로 한다. 몸으로 그것을 느낀다. 강력하게 두 배의 기분을 느끼면 무슨 일이 생길까?

> 감정에 끌려가는 것에 관해 잘못된 것은 없다. 어쩔 수 없다.
> 단지 문제는 "어떤 감정인가" 이다.
> 메마르고, 바보처럼 보이고 두려워하는 억압 감정인가, 또는 자유롭고 건전하고 활기차고 보람 있는 흥분 감정인가?
> —1949. 조건반사요법에서 앤드류 살터Andrew Salter

사례들

감정 관리에 도움이 되는 몇 가지 기제를 경험했고, 이미 여러분의 마음 속에 몇 가지 사례를 가지고 있다. 위에서 언급한 원리들을 설명하기 위해 4가지 연구 사례를 제시한다.

case 1 주위 산만을 관리하기

무엇을 하든지 즐겨라. 미하일 칙센트미하이Mihaly Csikszentmihalyi는 '몰입 Flow'[30]에서 일상생활에 더 많은 조화와 일관성을 생기게 하면 행복이 온다고 쓰고 있다. 일단 특정 목적이 있고 달성하려고 하면, 하고 있는 것에 집중하는 것이 포인트이다. 무언가를 하면서 그것에 완전히 집중하여 하고 있는 것을 즐기도록 한다.

---

30) Csikszentmihalyi, M, 몰입(Flow): 최적 경험 심리학, 런던; Harper Collins

시끄러운 환경에서 전념해서 집중할 수 있는가? 누군가가 또는 무엇인가가 방해하면 그만두었던 곳에서 다시 시작할 수 있는가? 만약 전화벨이 울린다면 어떡할까? 이런 류의 산만함이 집중력을 잃어버리게 한다면 앵커링 테크닉으로 무언가를 할 수 있다.

무엇이든 하고 있는 일에 완전히 열중해서 몰두하고 있는 절대 집중의 순간을 상기한다. 그 경험 속으로 몰입하라. 무엇을 하고, 무엇을 보고, 듣고 있는가? 집중해 있기 위해 무슨 앵커를 사용할 수 있는가? 이미 앵커를 가지고 있다면 그것을 발사한다. 집중한 채로 있을 수 있는가? 그렇지 않다면 비슷한 집중 경험으로 몰입해서 앵커를 강하게 한다.

집중하는 순간을 좋아하는가? 그렇지 않다면 무엇을 변화해야 하는가? 예를 들어 잔디 깎기나 또는 즐겁게 설거지 하기에 집중할 수 있고 싶은가? 그것을 상상해 볼 수 있는가? 이 "즐거운 집중"을 하기 위해 앵커를 적용하라.

무언가가 방해해서 "즐거운 집중"을 잃어버리게 한다면 무슨 일이 생길까?" 간단하게 상태가 변한다. 그 과정의 첫 단계는 최적의 집중 상태로 돌아가는 것이다. 무엇보다도 가장 중요하게 할 일은 그만 두었던 곳으로 돌아가는 것이다. 그렇게 하기 위해 앵커를 가지고 있는 것이다.

다음 사례에서 공부에 동일한 원리를 적용한다.

case 2 공부하기에 감정 활용하기

완전히 마스터할 수 있다고 아직은 느끼지 못했거나 그것을 공부할 때 편안함을 느끼지 못한 교과를 상상한다. 최적의 공부하기 상태를 생기게 하기 위해 무엇을 할 수 있었나?

1step 먼저 "난 그 교과를 완전히 마스터했다"고 말할 수 있는 상황을 재현해보자. 그 경험에 몰입한다. 무엇을 완전히 마스터하고 있나? 무엇이 보이나? 무엇이 들리는가? 어떤 느낌인가?

이제 그 경험 속에 몰입한 채 "바로 그거야, 알았다!" 라고 깨달은 순간인 비약적으로 돌파한 순간을 찾아낸다. 무엇이 보이나? 무엇이 들리는가? 어떤 기분이 드는가? 반대편 손의 한 손가락으로 한쪽 팔을 가볍게 눌러서 이 순간을 앵커한다.

이러한 학습 상황을 두 개 더 찾아서 1단계를 반복한다. 어떤 상태를 앵커하고 싶을 때마다, 그 다음 손가락으로 다른 쪽 팔을 선택한다.

이제 성공적 학습상황을 경험했던 상태에 앵커 셋을 가진다.

2step 앵커가 작동했는가?

만약 아니라면: 다시 그 상황으로 몰입해서 훨씬 더 강렬하고 선명하게 경험한다. 그리고 나서 앵커를 새롭게 한다. 또는 "와, 바로 이거야!" 라는 인상을 훨씬 더 많이 준 학습상황을 찾는다

만약 그렇다면: 학습상황에 이를 때마다, 새로운 학습 원조를 얻는다. 그 후에 팔에 했던 3가지 앵커를 사용하거나 또 다른 것을 추가한다.

시도해보기: 이 원조를 사용할 수 있는 미래의 3가지경우를 생각한다. 이 미래 경험 각각에 몰입한다. 앵커를 사용한다. 무엇을 알아챘는가?

촉진된 상태를 강하게 하기 위해 바로 이 연속적 앵커 테크닉을 사용했던 세일즈맨을 만났다. 회사 사무실에서 상품을 보이며 선전해야 했을 때, 사무실에서 전시실까지 걸어 다녔다. 월요일 아침이든, 금요일 저녁이든 그는 언제나 거기에 도착했을 때까지는 프레젠테이션을 할 최적 상태가 되어 있었다.

그는 무엇을 했나? 각 단계에서 그가 했던 다른 성공적 설명회에 대해 의식적으로 생각했다. 실제로 각 단계는 자원상태의 앵커였다. 그 사람처럼 여러분도 수많은 앵커링 방법을 찾아낼 수 있다.

조언: 연속적 앵커를 사용하여 좋은 자원상태를 구축할 수 있는 3

가지 상황에 대해 생각하라. 이 상황들이 여러 강도라면, 가장 강도가 낮은 것을 자신에게서 가장 멀리 떨어져서 가장 강한 것은 가장 가까이에 둔다. 이런 식으로 한 번에 하나씩 앵커를 발사하면, 각 앵커로 강도를 증가시키면서 그 상태가 자신 안에 구축된 느낌을 가질 것이다.

case 3 월트 디즈니(Walt Disney) 창의성 전략

창의성 전략은 성공적 전략을 연구하기 위해 신경언어학 모델을 적용한 훌륭한 사례이다. 게다가 일석이조 전략을 설명함으로써 한편으로는 자원 상태의 감성적인 면을 사용하기 때문에 감성 지능이 증가한다.

창의성 전략은 로버트 딜츠Robert Dilts[31]의 모델링 프로젝트에 기초해 있다. 디즈니는 동생, 팀과 함께 믿을 수 없는 만큼 놀라운 만화 시리즈를 창조했고 디즈니 놀이 공원까지도 설립한 것으로 유명한 천재 월트 디즈니 속에서 그의 영감을 찾아냈다.

딜츠는 창의적 과정에서 3 국면을 구별했다.

1. "모든 것이 가능하다"는 태도에서 시작하는 몽상가dreamer는 전체적인 비전을 발달시킨다: 긍정적인 말로 목표가 무엇이냐? 결과는 보통 어떻게 보이나? 가장 중요한 이득은 무언가? 아이디어는 일반적이지만 개관, 종합을 통해 주제에 접근한다.

2. 이 꿈이 실현될 수 있다는 관점에서 현실가는 행동계획을 개발한다. 이 비전이 실현시키는데 어떤 행동이 필요한지 결정한다. 어떻게 목표를 달성할까? 무엇을 할까? 어떤 단계를 취할까?

3. 비판적 기분에 빠져있을 때 결정을 하기 위해서, 그 프로젝트에서 멀리 떨어져서 신중한 분석에 그것을 맡긴다. 비평가critic는 있을 수 있는 문제

---

31) 신경언어학 분야의 뛰어난 개발자 & 저자. 이 모델링 프로젝트에 대한 완전한 설명이 딜츠의 "천재전략 1권"에서 찾을 수 있다.

들, 함정과 단점들을 피하기 위해 논리와 분석을 사용한다. 현실가의 일이 완벽한지 어떤지, 고안해낸 기준을 충족시키는지 어떤지, 위험에 빠뜨렸는지 어떤지 등을 점검한다. 왜 이 프로젝트에 참여하는가? 왜 이 일을 하는가? X 상황이라면 어떨까? 비판이 건설적이면 몽상가와 현실가에게 그들의 일을 계속하게 한다. 비판을 질문으로 만들면 몽상가와 현실가가 답변을 찾을 것이다.

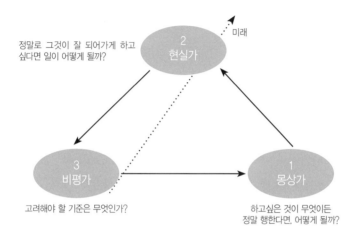

창의적 과정은 이런 국면들이 결합되어 구성된다. 몽상가는 현실가에게 아이디어를 주고, 현실가는 그것들을 본보기로 개발한다. 비평가는 그 결과 등을 평가한다. 세 번째 국면인 비평가에 와서 그 결과에 만족하지 않으면, 그때 몽상가에게 비전을 적합하게 하거나 현실가에게 세부사항을 끝내게 한다. 결과에 만족할 때까지 이 사이클을 경험한다.

월트 디즈니 회사가 하고 있는 일의 실제 배후에 있는 것이기 때문에 창의성, 꿈과 픽션, 언행일치와 세부사항에 열광하는 눈, 비꼬지 않는다는 핵심 가치 속에 표현된 이 모델을 찾아낼 것이다.

6 단계 월트 디즈니 창의성 전략

1step 준비. 그림 1.5에 제시된 바와 같이 삼각형에 3위치를 선택한다. 3자원들/ "자원상태"/능력들 각각을 아마 종이를 활용하여 3위치 중 하나에 앵커한다. 매번 하나의 경험에 몰입한다.

1. 몽상가 : 상상을 무제한으로 했던 경험을 기억한다. 자신의 이미지를 구상한다.(시각적 구상) 과거 경험, 다른 모델들, 영화 속 이미지 등이 마음에 와 닿을 수 있다. 전체뿐만 아니라 부분도 선택한다. 적절한 신체자세를 취한다.

2. 현실가 : 완전하게 계획을 짜고 실행할 수 있었던 경험을 기억한다. 시각적 구상을 외부 시각적 정보에 연결시킨다. 알맞은 신체 자세를 취한다. 그것이 작동할지 어떤지 보기 위해 자신의 기분을 점검한다.

3. 비평가 : 아마 아이디어와 계획의 가치를 신중하게 판단하고, 있을 수 있는 방해물을 찾을 수 있었던 경험을 기억한다. 시각적 기억을 활용하여 자신과 대화한다. 알맞은 신체자세를 취한다.

2step 목적. 3 위치에서 좀 떨어져 있는다. 이 각각 위치들 속에서 자신이 어떻게 모습인지 상상한다. 달성하고 싶은 것을 결정한다. 목적이 명확히 규정되어 있는지 확인한다

3step 몽상가 위치로 들어간다. 하고 싶은 것을 한다면 어떨지 상상한다. 자신이 목적을 실현하고 있는 것을 시각화한다. 하고 싶은 것을 하고 있는 자신을 본다.

4step 현실가 위치로 들어간다. 목적을 성취하고 싶은 구체적 상황을 찾는다. 이 행동을 실천하는 것이 어떤 기분인지 느껴본다

5step 비평가 위치로 들어간다. 행동을 평가한다. OK인가? 자신이 세운 기준을 충족시키는가? 무언가를 추가하거나 변화시켜야 하는가? 이것을 한 결과가 긍정적이든 부정적이든 무엇일까? 함정을 피하기 위해 어떤 제안을

할 수 있을까?

반복 : 몽상가 위치로 되돌아간다. 얻은 정보에 따라 꿈을 변화시킨다. 필요하다면 이 사이클을 여러 번 경험한다. 비평가가 그 계획에 만족하면 반복을 중단해도 좋다.

6step 해결책을 기록한다.

집단에서 창의성 관리하기

몽상가, 현실가, 그리고 비평가의 스킬이 언제나 똑같이 잘 발달되어 있지는 않다. 다소 비판적인 사람들이 있는 반면에 다소 몽상가적 사람들도 있다. 조금 과장해서 다음의 커리커처를 그릴 수 있다. 비평가들은 몽상가들을 미래 속으로 도망치고, 꿈꾸며, 공중에 떠 있듯이 현실적이기를 거부한다고 비난한다. 몽상가들은 비평가들이 매우 비관적이어서 그 사람들과는 할 일이 없기 때문에 협동하기를 거부한다. 현실가는 싸우는 두 파를 떼어 놓고 비평가에게 필요한 적합성만 있다면 몽상가의 아이디어도 유용할 수 있음을 보여주어야 한다.

그럼에도 불구하고 몽상가들이 창의성, 일을 상상하는 능력을 활용하는 경향이 있다 할지라도 비평가들은 뭔가 잘못되어갈 수 있는 이유를 찾아내는 데 창의적이다. 반면에 몽상가에게는 자신들에 대한 비평이 주로 다른 사람들이 부족한 창의성을 가이드 했지만 비판적일 수 있다.

감성 지능적인 해결책은 당연한 순서에 따라 몽상가, 현실가와 비평가의 3전략요소를 갖고서 종합적인 창의성 전략기회를 갖기 위해서 적절한 방향으로 창의성과 비판을 이끌어내는 데에 있다. 이것은 1960년대 이후로 특히 완전한 품질관리TQM내에서 인정을 받았는데, 거기에서 브레인스토밍과 문제 해결의 단계가 창의성과 비판을 구별하는데 사용된다.

월트 디즈니 전략을 사용하여 어떤 집단에서 똑같은 효과를 달성할 수 있다. 여기서 몽상가와 비평가 사이의 방패 역할자로서 실용적이고 세상 물정에 밝은 현실가를 추가하는 것이 위 모델을 어떻게 의미있는 가치를 높여주는지 주목한다. 먼저 작업집단의 목적을 명확히 하고 그것에 합의하면 즉시 시작할 수 있다.

1. 첫 번째 국면에서는 집단적으로 창의성이다. 아이디어를 만들어 내기 위해 브레인스토밍을 활용한다.
2. 그리고 나서 집단적으로 현실적 상태로 변화한다. 창의성 상태의 결과에 기초해서 첫 번째 국면에 예정된 과업을 구분한다.
3. 끝으로 비평가가 된다. 함께 토의하고 결과를 평가한다. 집단이 모두 동의할 수 있는 해결책을 찾았을 때까지 이 3 단계를 반복한다.

회의에서 여러 창의성 상태의 모의 훈련(Simulation)
최소 4 명 반드시 모든 참여자가 모든 역할을 하게 된다.
A는 실현하고 싶은 프로젝트를 상세하게 설명한다.
B는 몽상가 역할, C는 현실가 역할, D는 비평가 역할을 한다.

1. A는 프로젝트를 제시한다.
2. 질문하기: 차례로 B C D 는 그들이 맡은 역할의 시각과 관점대로 반응하면서 질문한다. A는 질문에 답변한다.
3. 끝에는 B, C, D는 자신들의 역할 속에서 그것을 이해한대로 프로젝트의 밑그림을 만든다.
4. 자신들의 스케치를 A 에게 설명한다.

case 4 명석한 연사들의 비결
왜 어떤 연사들은 매우 매력적인지 궁금한 적이 있는가? 반면에 다른 연사들은 청중을 졸리게 하는 능력을 가지고 있는가? 대답은 간단하다. 유능한 연사는 감정 조작하기의 대가이다.

그러면 탁월한 연사가 되기 위해 적용할 가장 중요한 테크닉은 무얼까? 가장 중요한 비결은 탁월한 연사는 자신의 경험에 몰입한다는 것이다. 토의하고 싶은 주제가 무엇이든 간에 연설을 정신적으로 준비하는 동안 매혹시키는 주제에서 포인트를 찾아야 한다. 말하는 동안 얼마나 마음을 빼앗길지 이미 상상할 수 있다. 연설할 때 이러한 개인적 유대를 회복하고 말 것이다. 신체언어를 더 많이 사용할 것이고 목소리는 더 감정이 풍부하고 더 생기 있고 더 온화하다. 대중은 아무 문제없이 그 주제에 말려들 것이다. 왜냐하면 자신도 그 주제에 말려들었기 때문이다.

둘째로 훌륭한 연사는 뻔뻔스럽게 대중을 조작한다. 외부에 주의 집중을 하고 무슨 말을 할 것인지에 관해 너무 많이 걱정하지 않는다. 청중의 반응을 본다. 군중 오른편에서 웅성거리는 소리가 들린다면, 그 사람들에게 더 주의력을 집중시키고, 말하는 내용이 특히 그 사람들에게 적절한 것처럼 말한다. 만약 전체적으로 피곤하거나 자장가 부류로 지각한다면 가끔씩 박수를 치거나 약간의 음향 효과를 만들면서 목소리에 변화를 더 많이 만든다. 그렇게 할 때, 자신의 에너지가 청중들에게 전달되므로 자신이 말하는 것에 청중들이 기운을 되찾고 더 많은 감응한다. 바꾸어 말하면 청중들은 연사가 관심을 더해서 시스템에 막 쏟아 넣었던 에너지를 되돌려 줄 것이다.

셋째로 대중의 흥미와 특히 그들이 정보를 받아들이는 방식에 맞춘다. 예를 들어 엔지니어들에게 이야기할 때 여러분은 짧은 문장 많은 그림 시각적인 용어 등을 사용하고 싶을 것이다. 아이들에게 스토리를 이야기할 때 독특하고 과장된 얼굴 표정과 감각적 세부사항을 많이 활용한다. 실은 재미 있는 방식으로 감정적 사건을 제시하는 것은 전혀 어렵지 않다.

이 장의 연습

연습 1.1 일반적 과업

이 장은 이미 여러 과정을 포함한다. 이 장을 다시 경험하고 일상생활에서 이것들을 어떻게 적용할 수 있는지를 본다.

연습 1.2 몰입과 앵커의 파워

A. "나는 뭐든 할 수 있어" 기분을 가졌던 순간을 기억하고 이 경험을 회상해서 앵커를 선택한다. 하루 동안 이 감정을 지니는 것이 목적이다. 만약 그 상태를 잃으면 앵커를 다시 활성화시킨다.

B. 정말로 활력이 넘쳤던 순간을 기억하고 그 경험을 회상해서 하루 동안 그 감정을 지닌다.

C. 자기 인생에서 또 다른 자원상태에 관련된 강렬한 긍정적 경험을 찾아서 이 상태에 몰입하여 하루 동안 이 감정을 지닌다.

연습 1.3 자원상태

A. 자기 인생에서 너무 심각하게 상황을 바라본 7 영역을 찾아낸다. 유머러스한 방법으로 그것들을 바라본다면 무엇이 변화할까?

B. 보수적으로 느끼던 7 영역을 찾아낸다. 창의적이고 꿈꾸는 상태로 그것들을 바라본다면 무엇이 변화할까?

C. 화, 좌절이나 무기력을 느끼는 7 영역을 찾아낸다. 사랑의 감정을 가지고 그것들을 탐색한다면 무엇이 변화할까?

연습 1.4 외부 주의력 향상시키기

이 연습에서는 상황에 대한 감각적 지각을 최대화하려고 노력한다. 최초의 국면에서 한 번에 하나의 감각을 이렇게 한다. 아무도 방해하지 않고 전망이 넓은 바다가 바라보이는 언덕, 조용한 날의 숲, 파노라마 같은 전망을 갖춘 아파트지구 같은 장소에서 최상으로 할 수 있다.

> 자신의 환경을 둘러보고 가까운 데서 먼 거리까지 파노라마 같이
> 그리고 초점을 맞추어 전망을 바꿔본다. 색깔, 선명도 범위, 명암
> 이 대조를 주목한다. 여러 가지로 이것을 해본다.
> 음조, 피치, 속도 등을 들으면서 소리에 귀 기울인다.
> 사물을 만지고 그 감촉, 습기, 온도 등을 느낀다.
> 공기 냄새를 맡는다.
> 이 상황에서 맛볼 수 있는 것은 무엇이든 맛을 본다.

감도가 다양하고 자신이 가감하며 조절화할 수 있는 앵커를 선택한다(예. 주먹을 쥐기, 두 팔을 벌리기 …… 등). 가감조절은 한 번에 한 손가락씩 주먹을 펴기, 또는 점차로 두 팔을 벌리기에서 나온다. 각 감각 채널 활성화로 앵커를 다양하게 한다. 모든 채널이 동시에 열리면 연습이 끝난다.

예: 주먹을 꽉 쥐고 시작해서 이미지에 집중하고 한 손가락을 펴면서 손을 조금 푼다. 그리고 나서 다음 손가락을 풀면서 소리를 추가하는 동안 좀더 손을 푼다. 마지막에는 모든 채널들이 함께할 때 손을 활짝 편다.

연습 1.5 의도를 프로그래밍 하기

두 사람에게: A는 질문해서 B가 단계를 경험하도록 한다.

1. 편안히 릴랙스된 상태에 들어가기.

- 매우 편안하게 릴랙스한 과거의 한 순간을 찾는다. 이 순간을 회상하고 무엇이 들렸는가, 무엇이 보였고, 느껴졌는가? 이 상태를 앵커한다.

2. 잘 규정된 결과outcome를 선택한다.

- 원하는 것을 결정한다. 가능한 한 상세하게 이 목표를 기록한다.
- 정말 그것을 원하는지 어떤지 점검한다. 만약 감정이 혼합되어 있다면, 그 목적을 자신이 완전히 지지할 수 있는지, 그리고 모든 관련된 것들이 자신이 아니라 그것에서 무언가를 얻어내는지 확인하는 데에 자신의 목적을 맞춘다.

3. 자신의 결과outcome에 릴랙스된 상태를 결합시킨다.

- 릴랙스된 상태로 돌아가라. 무의식에서 목적 달성을 도와주라고 부탁한다. 어떻게 그것을 달성할 것인지 상상한다. 이 표상을 앵커한다. 목적을 놓아버리고 그 협조에 대해 자신의 무의식에 감사한다.

4. 결과outcome에 사용했던 앵커를 기록한다.

- 통상적으로 다시 돌아오기 위한 기념품으로서 이것을 간직하고 싶어 할 것이다. 잠자리에 들기 전에 그것에 관해 생각할 수 있도록 침실 같은 곳에 그것을 놓아둔다.

연습 1.6 포맷 편집하기

1step 선택권이 제한된 상황을 선정한다.

2step 최적의 신체 상태를 활성화시킨다.

ⓔⓧ ―적절한 걸음걸이

　　―명상에 잠겨 초점이 흐린 부드러운 태도

이 상태를 어떻게 향상시킬 수 있나? 예를 들어 걷기를 선택하면 자신의 걷는 방식을 가장 효과적으로 하거나 파트너에게 도움을 청할 수 있다. 예를 들어 발 소리가 얼마나 힘찬가, 또는 경쾌한가? 얼마나 빨리 걷는가? 똑바로 편안한 어깨를 하고 있는가? 등 이 가장 적합한 상태를 앵커한다.

3step 문제상황을 생각해서 문제요소를 창안한다. 문제요소를 추가하면서 자원상태를 유지한다. 마지막에 문제 상황을 경험하고 여전히 자원 상태에 있어야 한다.

연습 1.7 탁월성의 원(Circle of excellence)

1. 자신이 걸어 들어갈 만큼 크게, 자기 앞의 바닥에 원이 있다고 상상한다. 자기 기분을 최상으로 만드는 좋아하는 색깔로 그 원을 채운다.

2. 그 안으로 들어가서 자신이 특히 멋지고 재치 있고 총명하고 자신감 있고 유능한 때, 그리고 자신이 가진 탁월성의 모든 자질을 나타난 때를 회상한다. 개인적으로 탁월성을 가진 기억이 없다 할지라도 자신이 갖고 싶은 탁월성 자질을 나타내는 실제 사람들이나 상상속의 사람들을 활용하여 자신이 그 탁월성을 가진 척 한다.

3. 그 탁월성 상태를 나타내고 있는 원 안에 자신의 홀로 그래픽 표상을 발달시킨다.

- 자신이 매우 훌륭하고 그러한 놀랄만한 자질을 드러낸다고 보기.
- 자신이 재치 있게 반응하고 확신을 갖고 말하는 것을 듣기.
- 그런 명백한 탁월성 상태에서 긍지를 뽑어낸다고 느끼기.

4. 자신에 대해 그러한 표상 속으로 들어가서 그 자세와 생리현상을 취하면서 탁월성의 원안으로 들어간다. 그 상태에서 충분히 그리고 완전하게 자신이 본 것을 보고, 들은 것을 듣고, 느낀 것을 느낀다. 그것을 두배로 하고, 정말 절정에 이를 때까지 3 배로 하면서 그것을 한층 더 강하게 한다. 그리고 나서 어느 때나 필요할 때 그것을 꺼낼 수 있도록 지원 앵커로 이 상태를 앵커한다. 그리고 나서 그 상태를 갖고서 원 밖으로 나온다.

연습 1.8 감정적 강점 증진

이 연습은 진 세갈Jeanne Segal의 저서 "감성 지능 높이기"에 나온 유사한 연습에 영감을 받은 것이다. 진은 신체에 패턴이 통합되는데 충분한 시간인 28일[32] 동안 하루 20분[33] 연습을 하라고 권한다. 이 책의 문맥에서 이 연습

---

32) 어떤 이들은 더 빨리 그것을 할 수 있다. 예를 들어 1, 2주 후에 아무 문제없이 10분 동안 어떤 감정을 알아차리고 지닐 수 있다는 것을 눈치챘다면, 이 연습을 성공이라 할 수 있다. 그것을 편안하게 느낄 때까지 연습을 계속한다.

33) Jeanne Segal. (1997), Raising Your Emotional Intelligence, Henry Holt. 우리가 제시한 양보다 이 연습에 더 많은 시간을 써도 소용없다. 연습 동안 시간을 놓칠까 봐 두렵다면 Jeanne은 요리타이머 시계 사용을 권한다.

목적은 주로 사람들에게 어떤 상태를 활성화시키고 더 쉽게 그것을 알아차리고 지니게 하는 것이다. 이것은 감정을 갖고 사는 것을 배우는 워밍업 연습이다.

단계

1. 준비 : 반드시 릴랙스 할 수 있는 환경에서 방해 받지 않고 연습한다. 약 20분 동안 지속할 수 있는 편안한 위치에 앉는다.

2. 릴랙스하고 주의력 관리(약 5분) : 호흡에 집중하면서 연습을 시작한다. 깊이 숨을 들이마시면 공기가 폐에 채워지는 것을 즐길 수 있다. 천천히 내쉰다. 그렇게 하면서 평화로움을 가진다. 신체의 모든 부분, 머리에서 발끝까지 집중한다. 숨을 내쉴 때 마다 서서히 긴장이 사라져가는 것을 느낀다. 동시에 모든 생각들이 서서히 사라져 가서 진정으로 차분해진다.

3. 감정 선택하기(약 5분) : 신체의 여러 부분에 주의를 집중한다. 현재 나타난 지각[34]과 감정에 조화하기, 그리고 마음 속 어디에서 그것들을 경험하는지 알아차린다. 어떤 기분과 마주칠 때마다 그것에 주의를 기울인다. 느낌을 강하게 해서 그것에 이름을 붙인다.

4. 잠시 느낌을 주기(5~10분) : 연구하고 싶은 느낌─가장 강한 느낌─을 선택한다. 이 느낌이 위치해 있는 신체부분에 호흡을 집중한다. 마음 속에서 어떤 경험이 그 느낌에 연관되어 있는지 알아내면서 이 느낌에 집중한다. 일단 경험을 알아냈으면 다음 질문을 자신에게 묻는다. "무슨 일이 일어났지? 무엇이 보이지? 무엇이 들리지? 뭘 생각하니? 무슨 냄새가 나니? 어떤 냄새가 내 마음 속으로 들어오지? 무슨 맛이니? 어떤 맛이 내 마음 속으로 들어오지?" 그 느낌에 다시 주의를 집중한다.

5. 연습 끝내기 : 그것에 주의를 기울일 수 있었던 것에 대한 느낌을 감사한다. 일어나서 방안을 두루 돌아 다닌다. 그리고 다음의 기획된 행동을 시

---

34) 이것이 처음에는 어려운 것처럼 보인다면 신체 여러 곳들 사이에 차이를 알아차릴 때까지 참을성을 갖고 신체 여러 곳을 조심스럽게 조사한다. 진은 어떤 사람이 3주가 필요했다는 이야기를 하고 나서 그의 느낌에게 그 자체를 명확히 할 공간을 충분하게 줄 수 있었다.

작한다. 그리고 나서 그 다음 계획된 활동을 시작한다

6. 변형: 집중 과정 : 어떤 문제가 오늘 성가시다면 신체에 주의 집중하지 않고 문제가 내면에서 자아내는 느낌에 집중을 맞춘다

제2장

경험의 수준과 의사소통

"우리는 일반론으로 생각하고 상세하게 산다"
—A. N. Whitehead

이 장의 목표

- 구체적 질문을 활용하여 자신의 감정과 다른 사람들의 감정을 더 잘 이해하는 법을 배운다.
- "신경논리적 수준" 모델로 행동과 가치 간의 관계를 나타내는 법을 배운다.
- 그러한 수준에서 자기계발 목표를 설정한다.
- 내적 논리를 나타내기 위해 자신의 사고와 다른 사람들의 사고에 신경논리적 수준 모델을 관련시킨다.
- 신념이 자신을 위해 작용하도록 감정적 방법으로 신념을 활용하는 법을 배운다.

이 장의 신경언어학적 가정

- 감정은 정말 긍정적 의도를 갖고 있으며 긍정적 목적을 충족시킨다.
- 무슨 목표든 달성하는데 필요한 자원을 자신 안에 가지고 있다.
- 다른 사람들이 할 수 있고 성공한다면 우리도 할 수 있다. 구조적으로 행동을 나타낼 수 있다. 성공과 행복은 습득할 수 있는 기술이다. 인간 행동은 계획하고 요약할 수 있는 그 자체의 논리를 가지고 있다.
- 개인이 하는 일은 그 사람이 누구라는 신분은 아니다. 그 사람이 하는 일을 싫어할 수는 있지만 인권을 가진 인간 존재로서 존중해야 한다.

1. 자신과 타인의 마음 구조를 나타내고 신경논리적 수준 모델을 활용하여 더 많이 이해해서, 행동을 동기 부여하는 가치를 확인한다.

2. 신경논리적 수준 모델은 개인적 발달에 도움이 된다.

   ▪ 자신이 누구인지, 자신에게 가장 중요한 것이 무엇인지를 깨달아서 다른 사람들과 세상에 보다 적절하게 반응하도록 내면과정을 조화시키는 것을 배운다.

   ▪ 주어진 상황에 따라 변화하고 작용해야 하는 논리적 수준을 이해하게 된다.

   ▪ 자신의 정체성과 삶의 사명을 깨닫고, 때가 되면 이것들을 성취할 수 있다.

3. 신경논리적 수준 모델은 다른 사람들과의 상호작용을 향상시킨다.

   ▪ 적절한 신경논리적 수준에 맞추어가면서 의사소통하는 사람들의 감정상태에 보조를 맞추고 상대에게 관심을 표현하는 법을 배울 수 있다.

   ▪ 사람의 행동과 가치의 관계를 이해해서 상대와의 래포를 더 잘 형성한다. 토의나 세일즈 판촉 선전에서 상대의 가치에 자신의 주장을 맞춘다.

서론: 기능하는 수준

감정은 그냥 존재하는 것이 아니라 우리가 기능할 때 역할을 한다. 원하는 방식으로 감정을 관리하기 위한 첫 단계는 자아인식을 증진시키는 것이다. 즐겁거나 불쾌한 감정을 느낄 때 "이 감정을 왜 느끼지?" "이 감정이 내게 무엇을 해주지?"하고 자문하라. 예를 들어 사랑에 빠져있다고 느끼거나 열심히 일하는 것에 열정을 느낄 수 있다. 반대로 자신감이나 자원이 넘치는 기분을 느끼지 못하는 몇 가지 상황들도 있을 것이다. 그 이유를 아는가? 왜 그런 감정을 가졌는지 이유를 실제로 알지 못한 채 감정을 느꼈던 적이 몇 번이나 있는가?

자신과 그리고 함께 이야기하고 있는 사람이 상반되는 의도를 갖고 있다는 인상을 받은 적이 몇 번인가? 다소 순진한 주제에 관한 토의가 심한 논쟁으로 어떻게 확대되었는지를 몇 번이나 경험했는가? 주어진 어떤 감정의 목적, 기능은 무엇인가? 그것이 자신에게 무엇을 해주는가?

자신의 성과에서 자기 감정의 기능과 다른 사람들의 기능을 이해하는 데에 몇 가지 테크닉을 적용하면 감성 지능은 극적으로 증진될 것이다. 신경논리적 수준 모델은 감정의 의미를 이해하고 커뮤니케이션의 얽힌 매듭을 푸는데 도움이 될 것이다.

경험에 대한 기본적 신경논리적 수준 모델

1980년대에 로버트 딜츠Robert Dilts는 어떤 시기에든 자신의 언어와 다른 사람들의 언어에서 구별할 수 있는 수준을 확인하는 신경논리적 수준 모델을 개발했다. 이는 민속학자, 철학자, 체계이론가인 그레고리 베이트슨이 1980년대에 개발한 일반적인 논리적 수준 모형에 영감을 받은 것이다. 논리적 수준의 기본 원리에 따르면 더 낮은 수준의 개념과 작용 방식은 더 높은 수준의 개념 속에 묻혀서 조절된다. 영향력이 내려가는 순서로, 딜츠는 논리적 수준들을 구별한다.

	수준	전형적 개념/관심	기능
6	영성/유대	어떻게 나의 문화와 사회에 관계되어 있는가? 우리 사회는 무엇을 향하고 있나?	비전과 해석
5	정체성	나는 누구인가? 왜 나는 여기에 있는가?	역할과 사명
4	가치/신념/확신	내게 중요한 것은 무엇인가? 내 신념은 무엇인가? 왜?	동기부여와 허용
3	역량/능력/스킬	내가 어떻게 일을 하는가? 무엇을 할 수 있나?	지각과 방향
2	행동	나는 무엇을 하나?	행동과 반응
1	환경	어디서? 언제?	한계와 기회

위의 표를 보면, 보다 낮은 신경논리적 수준은 보다 높은 수준 속에 묻혀있다. 예를 들어 어떤 사람의 행동은 모든 환경을 포함하고, 정체성은 가치 등을 모두 포함하고 있다. 이제 여러 논리적 수준에 대한 토의를 시작하고 순서대로 그것들을 어떻게 실제 활용할 수 있는지를 제시할 것이다.

공간과 시간의 관점에서 외적 환경/상황

자신을 둘러싸고 있는 것은 무엇인가?

장소 그 자체와 거기서 상호작용하는 사람들, 즉 동료들, 가족, 친구들 그리고 자신이 속한 나라 보다, 넓은 배경의 관점에서 자신이 살고 일하는 곳. 또한 환경은 예를 들면 시간이 지나면서 주위 환경이 어떻게 발전하는가와 같이 시간의 관점에서 표현할 수 있다. 문자 그대로 자신이 살고 있는 시대인 현재의 경제적 풍토도 포함하고 있다. 이러한 환경이 자신에게 어떻게 영향을 미치는지 자문해보라. 예를 들어 나라 밖에서 무슨 일이 일어나고 있는지 관심이 있는가? 자기 나라의 정치적 문제에 관해 어느 정도 관련된 느낌인가? 인터넷 혁명이 자신의 삶에 어떻게 영향을 미쳤는가?

행동

무엇을 하는가?

이야기하고, 보고, 걷는 것과 같은 행동…. 다른 사람들이 당신의 머리 속에서 진행되는 것을 알지 못하기 때문에 이것이 어떻게 외부 세상에 보여지는 신경논리적 수준인지를 인식하라. 행동은 스킬, 가치, 신념들과 정체성에 의해 무의식적으로 조정된다. 새로운 행동은 쉽게 습득된다.

능력

어떻게 하고 있는가? 그것을 어떻게 할 수 있는가?

무슨 스킬을 가지고 있는가? 핵심 역량은 무엇인가? 자신이 익숙하게 하는 것이 스킬이 된다. 그 예로 바퀴 돌리기, 속도 높이기, 도로 주시하기, 기어 바꾸기 등과 같이 몰입하는 연속 행동인 운전 기술을 들 수 있다. 우선 첫째로 이러한 개개의 행동을 따로따로 배워야 했고 나중에는 그것들을 계속해서 결합하고 운전 면허를 딸 만큼 잘 할 때까지 순서대로 활용하는 법을 배웠다. 연습 기회가 충분하다면 스킬이 향상 된다. 의사소통 훈련도 주로 이 스킬 수준에 있다. : 세일즈 과정, 회의 테크닉에 관한 과정, 위임하는 방법, 주장 훈련 등

가치와 신념
자신에게 중요한 것은 무엇인가? 왜 중요한가?

상황이 어찌 되어 가는지, 어떻게 되어 가야 하는지에 관한 견해는 무엇인가? 가치와 신념은 기술을 습득할지 어떨지 또는 이런 식으로 행동할지 저런 식으로 행동할지를 조절한다. 가치의 예는 다정함, 자유, 창의성, 사회적 신분, 자격, 성공 등이다. 신념은 의미에 연결해서 "내가 어린애처럼 자유롭게 반응한다면, 나는 나쁘다. 또는 내가 솔선수범한다면 감사받을 것이다"와 같이 종종 "만약……이라면 그때" 또는 "아무튼 A = B"로 표현된다. 예를 들어, 어떤 사람이 "나는 관리직 여성들이 남자들보다 더 유능하다고 생각한다"고 말하면, 그 때 공식은 "여성이 관리한다면, 그때 그 여자는 남자들보다 더 유능하다"이다.

그러한 가치와 신념은 명백히 삶의 방향에 막대한 영향을 미친다. 그것이 명확하게 잘 나타난 것인지, 아니면 "잘 만들어진 것"인지는 자신과 주위 사람들의 생태에 얼마나 도움이 되는지 어떤지의 여하에 달려 있다. 어떤 사람의 신념을 변화시키고 신념을 쉽게 강요할 수 있다는 것은 근거 없는 통념이다. 좀처럼 의식적으로 하지는 않지만, 신념을 바꾸거나 새 신념을 채택하기로 선택하고 또는 적어도 그것을 거부하지 않는 사람은 바로 그 개인이다. 여하튼 이미 기존의 신념과 가치와 조화할 수 있을 때만 새 행동이나 신념을 습득할 수 있다. 새 가치와 신념이 지금 완전히 기존 가치체계

에 적합하도록 재적응하지 않으면, 조화할 수 없는 신념은 충실히 지켜지지 않을 것이다.

신념을 바꾸기 어렵다는 이론을 옹호하는 사람들에 의하면, 21세 이전에 가장 강한 가치와 신념이 형성된다. 많은 신념과 확신은 심지어 각인 단계에서 모습을 갖춘다. 자신에게 영향을 미치는 사건에 기초하여 결론을 끌어낸다. 감동적인 사건일수록 영향력이 더 강하며, 그 신념이나 확신을 바꾸기가 더 어렵다. 예를 들어 어린이는 매우 어린 나이에 솔선 수범하는 것이 감사와 주목을 받게한다는 것을 배웠을 것이다.

신념이 도움이 되기 때문에 바꾸고 싶어하지 않을 수도 있다. 그러나 특정 시기에 습득한 다른 가치나 신념은 자신이 성취하려는 것을 제한하거나 많은 부작용이 있으므로 수정해야 한다. 지금 가지고 있는 생각과 느낌을 갖지 못했던 때인 어린 아동기에 가장 흔하게 습득한 신념과 가치는 원래 의도했던 것과는 정반대로 해버릴 수도 있다. 그 어릴 때의 결과가 다시 나타날 수 있으므로 거의 모두 버리거나 의미 있게 업그레이드할 필요가 있다. 실생활 사례로, 언젠가 "저는 모든 것이 바르게 되어야만 합니다"라고 말했던 클라이언트에 관한 이야기가 있다.[35] 그런 생각 이면에 무엇이 있는지 물었을 때 그는 "그렇게 안하면 벌 받을 겁니다"라고 말했다. 그 긍정적 의도가 "벌 받지 않기 위한 것"인지 어떤지 물었을 때 그는 '예'라고 답했다.

q "벌 받지 않으려는 것" 이면에 있는 긍정적인 것은 무엇입니까?

a 나를 안전하게 하는 것

q "나를 안전하게 하는 것" 이면에 있는 긍정적인 것은 무엇입니까?

a 안심

q "안심" 이면에 있는 긍정적인 것은 무엇인가?

---

35) 서술된 과정은 코니래 안드레아스(Connirae Andreas)가 저서 Core Transformation, Real People Press,1994 에서 상술했던 과정의 신경의미학적 적용이다.

ⓐ 편안하게 릴랙스하는 것

ⓠ "편안하게 릴랙스하는 것" 이면에 있는 긍정적인 것은 무엇인가?

ⓐ "개방적으로 되는 것"

ⓠ "개방적으로 되는 것" 이면에 있는 긍정적인 것은 무엇인가?

ⓐ "자유로워지는 것"

ⓠ "자유로워지는 것" 이면에 있는 긍정적인 것은 무엇인가?

ⓐ 행복해지는 것

이런 것들이 있는 것조차 몰랐던 마음 속 심리논리적 회로를 자각하도록 그에게 권했다.

Q: 모든 것이 바르게 되어야 한다는 것이 당신을 행복하게 하는 겁니까?	A: 물론 아닙니다.
Q: 이것을 깨달으니 기분이 어떠십니까?	A: 좋지는 않아요
Q: 이에 관한 것을 하고 싶습니까?	A: 예
Q: 그렇게 생각하기 시작한 것이 몇 살 이었습니까?	A: 세 살. 하지만 그게 어디서 나온 건지 모릅니다.

어린이는 성인의 추론 능력을 갖지 않았고 비논리적인 경향이라고 한다. 행복해지기 위해서는 마음이 시키는대로 해야 한다. 그 결과 행복을 그다지 많이, 자주 경험할 수 없다. 그 때, 그에게 우선 먼저 행복해지는 것을 경험함으로써 완전 반대로 시작해서 이 회로를 거꾸로 하라고 권유했다. 우선 첫째로 행복에 관한 일을 하거나 노력도 하지 않고 행복 상태에 이미 빠져 있다고 상상하라고 권유했다. 자세, 호흡 등에서 큰 변화가 있었다. 그 행복한 상태에 들어갔을 때 어떤지 물었다. 그는 몇 분이 지나도록 그게 어떤지, 무엇을 보고 듣고 느꼈는지를 설명하고, 그 후에 그의 내면에 그 상태를 앵커했다. 그리고 나서 그 회로를 거꾸로 하기 시작했고, 행복에 관한 일을 하거나 노력도 하지 않고 이미 행복한 기분이 어떻게 바뀌고, 변화했

으며 풍부해지거나 자유로워지는지 물었을 때, 그는 "훨씬 더 자유로워질 수 있어요"라고 대답했다. 그것을 깨달은 느낌이 어떠냐고 묻자, "원더풀" 이라고 대답했다.

q 이런 식으로 그냥 존재하는 방식인 행복하다는 것이 '개방적인 것'에 어떤 변화를 줍니까?

a "편안해져요"

그걸 깨달은 느낌이 어떤지 묻자, 그는 큰 안도의 한숨을 쉬었다.

q 이런 식으로 이미 행복한 것은 "릴랙스하고 편안해지는 것"에 어떤 변화를 줍니까?

a "애쓰지 않아도 손쉽게 됩니다"

깨달은 느낌이 어떤지 묻자, 그는 "원더풀"이라고 말했다.

q 이런 식으로 이미 행복한 것이 "안심"에 어떤 변화를 줍니까?

a "안심이 됩니다"

그걸 깨닫고 어떤 느낌이 들었는지 물었을 때 그는 "정말 놀라워요"라고 말했다.

하나 하나 깨닫고 한층 더 확립되고 강화된 행복이 미치는 영향에 대해, "잘못했을 때 행복의 원천이겠지요"

q 이런 식으로 이미 행복한 것이 "나를 안전하게 지키기"에 어떤 변화를 줍니까?

a "안전하다는 겁니다."

그걸 깨달은 느낌이 어떠냐고 물었을 때, "자유롭게 해주죠"라고 말했다. 행복에 미치는 영향에 대해 질문했을 때 "안정적이고 활기 있게 해줍니다."

q 이런 식으로 이미 행복한 것이 "벌 받지 않는 것"에 어떻게 영향을 줍니까?

a "나는 더 이상 벌로 피드백을 받지 않지요."

이것이 만든 영향을 깨달은 것에 관해 물었을 때 그는 "크나큰 차이죠?" 라고 대답했다. 그것이 행복에 미치는 영향에 대해 물었을 때, 그는 "지금 그건 진짜 행복이죠"

🇶 "과거에 모든 것은 바르게 되어야 하는 것"이 필요한 미래의 일상생활에서 이런 식으로 이미 행복한 것이 어떤 영향을 미쳤을까?

🅐 웃음소리를 내어 웃으며, "저는 지금 실수에서 배울 수 있기 때문에 실수하는 것은 괜찮습니다. 그리고 어쨌든 우선 먼저 이런 마음 구조로 일할 때, 더 릴랙스 되어 편안해지기 때문에 더욱 더 실수를 안 하게 될 겁니다." 이 깨달음이 주는 영향에 관해 물었을 때, 그는 "무슨 일이 일어나든, 저 자신에게 행복할 권리를 주기 때문에 행복할 수 있습니다"

그는 이에 대한 "최악의 가능성"까지도 시나리오로 검증했고, 매번 자원이 풍부한 답변을 떠올렸다. 무슨 일이 일어나든 책임지고 처리할 수 있을 거라고 말했다. 혼자서 그리고 다른 사람들에게 이 새로운 방법을 적용할 때 있을 수 있는 뜻하지 않은 결과에 관해 물었을 때, 그는 "아니오, 사실은 다른 사람들이 내 주변에서 실수할 때, 내가 더 지지를 해주어서, 그들도 실수에서 배울 수 있게 할 겁니다."

그가 이렇게 생각하고 느끼기 때문에 예전의 방식으로 되돌아 갈 수 있는지 없는지를 묻자, 그는 "물론 분명히 할 수 없지요. 지금부터 저에게는 바로 이것이랍니다" 또 한번 클라이언트는 만족했다. 결과 고리를 거꾸로 해서 처음의 긍정적 의도에 연결시켰고 일상생활에서 그것들을 분명히 나타내게 했다. 그 방식대로 그는 예전 신념보다 훨씬 더 도움이 되는 새로운 신념을 제시했다.

이제 이 상호작용을 표로 제시한다. 자원이 없는 생각회로에 대한 탐색을 나타내는 왼쪽 줄 맨 밑에서부터 맨 위에까지 읽어야 한다. 그리고 만들어진 것처럼 가운데 줄은 새로운 자원이 풍부한 회로를 나타내며, 새 회로를 비치한 오른쪽 줄은 맨 위에서부터 밑으로 읽어야 한다.

행복		새 회로를 장치한 새로운 신념과 가치 실현에 따르는 신념가치와 상태
↑ 자유로움	↓ 훨씬 더 자유로울 수 있다	원더풀 ↓ 더 행복한
↑ 개방적	↓ 개방하기가 편해짐	안도의 한숨 ↓ 훨씬 더 행복한
↑ 릴랙스하고 편안함	↓ 애쓰지 않아도 손쉽게 릴랙스된다.	원더풀 ↓ 훨씬 더 행복한
↑ 안심	↓ 안심한다	놀라운 ↓ 행복의 근거가 된다
↑ 나를 안전하게 하기	↓ 안심한다	자유롭게 해주는 ↓ 행복을 안정적이고 활기있게 해주기
↑ 벌받지 않는 것	↓ 나는 더 이상 벌을 피드백으로 받아들이지 않을 것이다	크나큰 차이 ↓ 행복을 참되게 해준다
↑ 나는 모든 것이 바르게 되어야 한다.	실수에서 배울 수 있기 때문에 실수하는 것도 괜찮다. 그리고 이런 마음 구조로 일할 때 더 릴랙스하고 일을 더 편안히 받아 들이기 때문에 어쨌든 실수를 더욱 더 안 하게 될 것이다	무슨 일이 일어나든 나는 나 자신이 행복할 권리를 주기 때문에 행복할 수 있다 ↓ 행복은 나의 존재 방식
	나는 다른 사람이 내 주위에서 실수를 할 때 더 지지적이 되고, 그들의 실수에서 그들도 배울 수 있을 것이다	나는 자랑스럽게 서 있을 수 있다 ↓ 내 행복을 보여주는 것도 괜찮다
	↓ 무슨 일이 일어나든 내 책임을 처리할 수 있다	나는 더 좋은 사람이 될 수 있다 ↓ 나는 다른 사람들도 행복해 질 수 있도록 그들과 함께 나의 행복을 나눌 수 있다
제한하는 신념과 가치 회로	자원이 풍부한 신념과 가치회로	새 회로를 장치한 새로운 신념과 가치 실현에 따르는 신념, 가치와 상태

마법의 질문: 데니스 브리더(Denis Bridoux)의 일화

오래 전에 클라이언트를 대상으로 문제를 연구한 적이 있다. 가끔 다음 세션에 그들이 왔을 때 지난 번 이후로 상황이 어찌 되었는지 물으면, "오, 끔찍해요. 이런 일 저런 일, 별별 일이 다 일어났습니다"라는 답변을 들으면 효과가 없었다고 걱정하면서 마음 속으로 자신을 혹평하곤 했다.

그런데 어느 날 그런 일이 일어났고, 나는 속상한 것이 아니라 이전 세션이 정말 성공했던 것처럼 보였기 때문에 놀랐다. 그 때 클라이언트는 많은 문제를 해결했고 새로운 자원을 많이 습득해서, 만족스러워서 발걸음 가볍게 미소를 지으며 떠났었다. 그러면 중간에 이 모든 것이 해결되는 무슨 일이 일어났는지 또는 무언가가 실제로 이것을 완전히 해결 했는지 궁금했다.

클라이언트가 말했던 것을 인용하고 내 메모를 활용하여 지난 번에 클라이언트들이 이룬 변화와 습득한 자원들과 클라이언트 자신을 다시 연결하도록 권유했고 "그럼 이 모든 것을 해본 것이 어떻게 변화했으며, 지난 번 이후로 상황이 어떻게 달라졌습니까?"라고 질문했다. 클라이언트는 깜짝 놀라면서 생각하기 시작했다. "으음, 선생님이 말씀 하시니까 말인데요. 기대 이상으로 일이 일어났고, 이전의 방식이 나를 속상하게 하지 않았습니다. 그리고 직장에서 누군가가 빈정대는 말을 했을 때도 매우 다르게 대응했답니다." 그래서 나는 자연스럽게 그에게 "이걸 깨달으니 어떤 느낌이 듭니까?"라고 물었다. 클라이언트는 곰곰 생각하더니 그의 생리현상 전체를 바꾸면서, "글쎄요, 무엇보다도 그렇게 나쁜 한 주는 아니었어요!"라고 대답했다.

알다시피 우리는 늘 변화하기에 마음과 몸이 변화를 안 할 수 없지만, 대부분 발생한 변화를 눈치채지 못한다. 그 결과 마치 처음에는 변화가 일어나지 않았던 것처럼 행동한다. 결과적으로 이 변화들을 의식에서 지워 없애고, 그것 때문에 가끔 이전에 다룬 문제를 다시 가지고 있다.

우리는 기억해내는 것으로 배웠다고 깨달을 뿐이지만, 언제나 학습하는 것과 똑같은 방식으로 "그것이 어떻게 상황을 변화시키고 또는 상황을 다르게 만들었습니까?" 와 "이것을 깨닫고 어떤 느낌이 듭니까?"라는 질문은 변화가 일어났다는 것을 그 사람에게 자각하게 해 준다. 클라이언트가 예전의, 자원이 없는 방식으로 돌아가지 못하게 하는 '마음 속 탈출효과─한 방향으로만 돌게 하는 시계장치 같은 효과'를 만든다.

클라이언트가 변화를 하거나 새로운 자원을 확인할 때마다, 이 변화가 일어났다거나 또는 이 자원을 지금 이용할 수 있다는 것을 깨닫고 어떤 느낌이 드는지 체계적으로 물으면, 클라이언트들도 변화가 일어났다는 것을 알게 된다.

믿고 중시 하는 것을 선택하라!

가치와 신념은 변화하지 않는다고 보는 사람들이 있다. 반면에 사람들이 지니고 있는 신념의 다양성 뿐만 아니라 이 신념들의 역동적 특성까지도 강조하고 싶은 사람들이 있다. 현재의 후기 현대 사회에서, 아마 개인은 자신의 가치와 신념들을 가지고 있지만, 단지 모든 사람이 어떤 신념과 가치를 지녀야 하는지에 관해서는 의견을 일치하기 어렵다는 것을 알고 있다. 적절한 정치적 주장에 의하면 모든 신념과 가치들을 "평등주의" 방식으로 고려해야 한다. 윤리적 관점에서는 "살인하지 말지어다"와 기본적 인간의 권리 존중처럼 모든 사람이 지켜주길 바라는 최소한의 가치와 규칙이 있다. 그러나 우리는 2일 밤 동안 저녁 뉴스를 보기만 해도 그것이 무리인 것처럼 보이는 사람들이 있다고 결론 내릴 수 있다.

니체Nietzsche는 최초로 믿는 것이 "무엇"인지를 아는 것만큼 "왜" 믿는지도 중요하다고 지적한 사람이다. 그는 일정한 이념적 또는 종교적 구조를 분별없이 채택하지는 말라고 경고한다. 예를 들어 종교의 가치나 사회주의나 자본주의의 이념, 또는 회의적인 과학적 접근을 강렬하게 믿을지도 모른다. 니체는 "무엇때문에 당신은 신념을 믿는가? 이는 의식적인 선택이었는가 또는 교육의 역할 때문이었는가 또는 가족이나 친구들이 중요하다고 여기는 가치들이었기 때문인가?"를 스스로 물어보라고 권한다. 니체는 그 신념이 최신의 것인지 아닌지 검증하기 위해 고수하기로 한 가치를 계속 재고해야 한다고 말한다.

신념은 사람마다 다를 뿐만 아니라, 시간이 지나면서 발전한다. 이는 피아제Piaget의 도덕적 단계, 머슬로우Maslow의 욕구 위계, 티모시 리어리Timothy Leary의 신경유전학적 각인, 또는 켄 윌버Ken Wilber가 주장했던 통합적 사고 방식과 의식의 수준과 같은 현존하는 이론과 일치한다.
많은 다른 사람들 이외에도 이 연구자들이 모두 발견한 것은, 각 개인을 개별적인 "사례"로 취급하는 것이 종종 유용할 수 있지만, 혼돈스런 지각 속에도 어떤 구조가 있을 거라고 알면 도움이 된다는 것이다.

가치체계의 구조

가치는 고립되어 존재하지 않는다. 가치가 작동하기 위해서는 네트워크의 일부가 되어야 한다. 가치의 위계는 이 네트워크의 일부를 형성하지만 일정한 문제에 상황적 또는 구체적인 가치들이 더욱 많이 있을 수 있다. 우리는 단지 이것이 언제 나타나는지를 의식할 뿐이다.
클레어 그레이브스 박사Dr. Clare Graves 같은 연구자들은 다른 가치들과 더 조화하는 것처럼 보이고, "가치 체계Value System"로 분류할 수 있는 가치들이 있다고 했다.

그레이브스는 발전하는 세계관, 그의 용어로 "인간 존재의 수준"[36]을 다루

---

36) 살아가면서 발전할 뿐만 아니라 전체로서의 사회도 또한 발전한다. 사회가 발전하는 방식은 생물학적 요소뿐만 아니라. 삶의 경험도 역할을 하는 쟝 밥티스트 라마르크(Jean—BaPtiste de Lamark)의 진화 이론과 일치할 수도 있다. 현재의 후성적 이론(생물 발생은 점차적 문화에 의한다는 이론)은 이 방향을 이해한다.

기 위해 사람들은 더 복잡하고 진보된 가치체계를 발전시키고 채택하려 한다는 것을 발견했다. 그레이브스 박사Dr. Clare Graves에 따르면, 인간 본성은 한 평형 상태에서 다음으로 가는 발달 경로를 따라 나타난다는 것이다.

이러한 세계관에서 각 수준은 이전에 있었던 모든 것에 새 요소를 추가하는 단계이며, 올 수도, 또는 오지 않을 수도 있는 다음 국면의 준비 상태에 있다고 생각할 수 있다. 삶의 여정 동안, 우리는 몇몇 또는 그 전부를 지나는 이동을 할 수 있다. 그러므로 모든 "인간존재 수준"은 현실을 보는 특정 관점을 제공하는 독특한 지각 필터라고 정리할 수 있다.

현실에 대한 이러한 다양한 관점 때문에 비즈니스 원리, 경제적 그리고 정치적 모델들, 적절하고 효과적인 생활 수단들에 대한 생각을 조직하고 있는 의사결정 방법도 매우 다르다.

사람들은 지니고 있는 세상지도에 따라 다른 방식으로 생각하고 느끼고 행동한다. 이 과정은 회로를 이루어 움직이는 원인→결과 과정과 비슷하다. 따라서

1. 소정의 존재 문제는 신경논리적 과정 영역을 활성화시키는 반응을 이끌어 낸다.
2. 다음에는 이 신경논리적 과정을 활성화하면 사람들이 여러 다른 방식들로 생각한다.
3. 사람들이 여러 다른 방식들로 생각하면, 여러 다른 것들을 중요시하게 된다.
4. 여러 다른 것들을 중시하면, 알게 될 여러 문제들에 영향을 미친다.
5. 등등

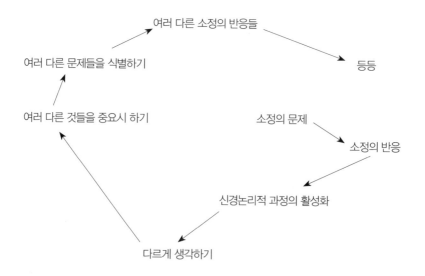

그레이브스Graves가 구분했던 가치 체계 하나 하나를 상세하게 설명하기에는 너무 오래 걸리지만 그의 제자인 돈 백Don BeaK과 크리스토퍼 코완 Christopher Cowan이 1996년에 쓴 책 "나선형 역동성Spiral Dynamics"에서 색깔로 코드화시켜 구별했던 여러 다른 상황들[37]의 가치체계를 볼 수 있다.

생존 수준(The Survival Level) 이 첫 번째 수준에서는 생존하기 위해 빠듯한 필수품에 집중되어 있다. 식량과 피난처를 찾으려는 생각이 떠오른다. 다른 사람들에게 거의 배려가 없다. 오직 본능에 의존하여 혼자서 밖에 나가고, 분노, 두려움, 혐오, 슬픔과 감사라는 기본 감정을 나타낼 여지가 있을 뿐이다. 이 수준은 우리 모두의 마음 속에 존재하지만 일반적으로 더 높은 수준에서 일한다.

—색깔 코드: 베이지

---

37) 사람들이 "더 높은" 가치 체계를 더 좋다고 여기지 않도록 하기 위해서 크리스토퍼 코완 (Christopher Cowan)은 숫자 대신에 가치 체계 색깔 코드를 부여하기로 했지만 몇몇 색깔들을 다른 것들보다 더 좋은 것으로 보지 못하게 할 수 없다.

안전 수준(The Safety Level)　이 수준은 예측할 수 없고 불완전한 것으로 보이는 세계에서 안전한 생활방식을 찾는 것과 관계가 있다. 이 가치 체계가 활개치면, 사람들은 자신의 문화 속에서 폐쇄된 집단을 형성하고 제례의식적으로 행동한다. 그러한 예식을 보존하는 것을 중요하다고 본다. 전통, 미신, 상징, 예식들은 종종 이 수준에서 시작된다.

—색깔 코드: 자주

힘 수준(The Power Level)　이것은 어떤 희생을 치르더라도 기어코 자신을 표현하려는 수준이다. 힘과 영광을 중시하는 전사가 그 전형이며, 영웅적 지위를 탐색 중이다. 오늘날 서양 사회에서 이 색깔은 갱단들에서 뿐만 아니라 극도로 무자비한 교전상태에 존재한다. 공동테마를 갖고 생존하는 조직문화가 이에 적합하다.

—색깔 코드: 빨강

복종수준(The Obedience Level)　이는 세계질서와 영원한 평화를 찾는 훈육과 법에 관한 것이다. 이 수준과 관련해서 성스러운 문서 형태로 성경The Bible, 코란The Koran 또는 사람들 집단이 "진실"하다고 여길 수 있는 성스러운 책이라면 무엇이든지 진리가 나타난다. 그러나 문제점이 있다. 그 사고 방식은 절대자의 것이다. 단 하나의 진리만 있으며, 모든 사람이 그러한 진리를 고수한다는 것을 확인해야 하는 것처럼 보인다. 이런 문화에는 상사에게 복종해야 하는 엄격한 계급이 있다. 많은 파벌들이 그러한 가치 체계를 고수한다.

—색깔 코드: 파랑

성공 수준(The Success Level)　이는 보다 세련된 방식이지만 '지금 그리고 여기'서 물질적 성취에 집중하고 다른 사람들이 노여움을 사지 않도록 하는 과학적 물질주의적 가치 체계에 관한 것이다. 이 수준은 또한 경쟁이 매우 많다. 이는 종종 기업정신과 과학적 도전으로 변한다. 문제는 사회적 지위가 비슷한 사람들에게 뒤지지 않고 지위에 도달할 때 "현재의 삶을 성공한 것"으로 본다는 점이다. 훈육과 법 대신에 세상을 정말 지배하는 것은 돈이다.

—색깔 코드: 오렌지

동지 수준(The Friends Level) 이는 다원론적, 평등주의의 상대론적, 그리고 주관론적 세계관에 관한 것이다. 개인적 성취를 찾으며 자신의 내면 자아와 화합하고, 다른 사람들을 받아들이면서, 사회 중심적이 된다. 이는 1960년대에 시작된 "연애 혁명Love revolution"에 반영되어 있으며 물질주의를 벗어 던지고 싶어한다. 여기서 전진과 이익을 잘 관리하지 않으면 집단적 행복을 잠재적으로 위협을 하는 것이다. 인간의 화합, 평등과 사회적 수용이 핵심 가치이며, 또한 자아실현이다. 부정적인 면은 사회적 거부를 두려워한다는 것이다.

—색깔 코드: 초록

기능 수준(The Function Level) 이는 체계적 사고에 관한 것이다. 자신의 욕구와 다른 사람들의 욕구의 균형을 찾으려 하면서 통합적 삶을 추구한다. 개인은 역량의 관점에서 사고하며 권위를 전문적 지식에 기초한 맥락관계로 본다. 세계는 지식과 정보를 근거로 하는 사회이며, 상황에 적응하는 유연성과 아울러 개인 역량이 삶의 질을 결정한다. 어느 때든 어떤 원천에서든 학습에 개방적이다. 자유와 자율이 중요하며 규제와 구조는 개인의 선택을 제한한다. 부를 창조하고 승승win-win 파트너십을 달성하는 것이 새로운 생활방식이다.

—색깔 코드: 노랑

지구촌 수준(The Global Village Level) 이는 패러다임을 통합하고 초월해서 서로 다른 패러다임 간의 차별적이고 전체적인 사고를 달성하는 것에 관련있다. 모든 것이 그외 다른 모든 것과 연결되어 있는 생존 체계에 집중한다. 새로운 지식은 보다 큰 전체에 부분을 연결하는 역동성과 혼돈에 기초한 패턴을 이해하는데 도움이 된다.

—색깔 코드: 청록색(터키색)

이론상 이 체계는 상황에 따라 변경, 수정할 수 있다. 지금까지로 보아선 전혀 알지 못하는 새로운 수준이 나타날 수도 있다.

그레이브스 수준 각각은 다음 수준에 포함된다는 의미에서, 이러한 가치 체계는 러시아의 마트료시카 인형처럼 작용한다. 이것은 사람의 유형뿐만 아니라 어떤 것이든 적용할 수 있는 사고방식이기 때문에 여러 가지 또는 모든 조직과 공동체 외에도 개인 내에서 점차적 변화나 혼합 속에 공존할 수 있다. 그것들을 적용하는 상황에 따라서 가치 체계 수준이 달라질 수도 있다.

예를 들어 어떤 사람은 보통 기업 상황에서 "노랑"수준에서 일하며 역량 수준에 따라 보수를 받고 싶은 전문가로서 자신의 위치를 정한다. 동시에 테니스하면서 경쟁 정신을 더 가질 때는 아마 "오렌지" 수준을 생각할 것이다. 자녀 교육에 관해 말할 때는 아마 "파랑" 수준이어서 아이들에게 세워놓은대로의 규칙을 받아들이게 하려고 노력할 것이다.

반면에 어떤 사람은 가정 상황에서는 화합하여 참여하는 "녹색" 수준이지만 직장상황에서 "골육상쟁"의 마음가짐으로 필사적으로 격렬한 "빨강" 수준에 남아 있을 수 있다.

이러한 것이 개인적 일관성에 미칠 수 있는 영향에 주목하라. 상황이 똑같다면, 완전히 일관성을 가질 수 있는 사람이 있다. 만약 상황이 뒤섞이거나 흐릿하다면, 개인적인 것 그리고 직업적인 것을 혼합하거나 또는 동료와 감정적으로 친한 관계를 맺게 될 때처럼 삶에서 매우 중요한 불일치를 가질 수도 있다.

감성 지능 관점에서 문제는 개인이 작동하는 가치 수준이 주어진 상황에 적절한가이다. 예를 들어 경찰이 연쇄 노상강도를 저지른 극히 폭력적인 갱단과 대결할 때 "빨강"을 생각하고, 필요한 곳에 힘을 사용하여 어떻게 갱단과 맞서고 그들을 감옥에 넣을 것인지를 생각하게 할 수도 있다. 또는 관리자가 가난한 사람들을 돌보는 봉사 지향적인 병원 체제에서 일할 때, "녹색"을 생각하는 편이 현명하며 개별 보너스로 내부 경쟁을 증진시키기보다 오히려 팀을 동기 부여하는 보상 기제를 세우는 것이 나을 것이다.

스트레스나 고통의 시기에 사람들이 초기 수준으로 되돌아가는 것 또한 흔히 볼 수 있다. 이는 그런 상황에서 사람들이 특징 없이 행동하는 이유를 설명해 줄 수도 있다.

강제 수용소에서는 생존하기 위해 서로에게 끔찍한 일을 했던 사람들이 있다. 그러나 가장 잘 생존했던 사람들은 자신의 내면 속에서 다른 체계들을 조정하고 최고의 가치 체계에서 받은 내면의 영향을 찾을 수 있었다.

그레이브스의 방식과 나선형 역동성(Spiral Dynamics)

수준	가치 체계 MEMEs	신념 체계		성공적 삶의 준거와 목적	대처하는 체계
		만약 세상이 ~하다면	그때 나는 ~할 것이다		
생존	생물학적 욕구/충동에 기초: 신체감각의 존재 상태에 영향을 끼친다	험하고 어렵고 위험하다면	위험에도 불구하고 살기 위해 싸울 것이다.	생존. 생명 유지에 불가결한 욕구 만족 번식	선천적 본능으로서 직접적 반사작용, 자동적 존재
안전	위협하기, 달래주고 만족시켜야하는 신비함과 영적 존재로 충만 됨	불확실한 신령 규칙	다른사람들과 동맹하여 신령에게 복종한다.	안전/안심 상태로 부터 보호, 가족유대	전통 따르기 집단예식방법 부족 영혼 신앙적
힘	억세고 강한 사람 들이 활개치는 정글과 비슷. 반면에 약한 사람들은 시중든다. 자연은 악마다.	정글	동물처럼 행동	힘/행동: 남들을 지배하기 위해 자기 주장하기 통제	지배 정복을 위해 자기 주장하기 함 영웅적 행위 자아중심적
복종	악을 체벌하고 착한 일과 권리에 보상을 주는 보다 높은 수준의 힘이 통제하는 삶	신의 명령처럼 복종	나의 합법적인 리더와 신에게 복종	안전성/질서: 나중의 보상을 얻기 위해 복종 의미	더 높은 수준의 권위와 규칙이 지시하는 대로 복종적 절대론자 순응
성공	개발한 자원과 상황을 더 낫게 하고 번영을 가져 오는 기회로 충만 됨	많은 선택권으로 가 득 찬	성취하는 것이 가장 중요하다는 것을 안다.	기회/성공: 결과를 얻기 위해 경쟁 영향력미치기	실용적으로 결과 달성하고 앞서가기: 다수의 성취가

동지	인간애 속에서 친화하는, 소속과 함께 하기를 통해 사랑과 목적을 찾을 수 있는 환경	모든 사람의 안식처	다른 사람들과 결합하기	화합/사랑: 상호 성장 위해 함께 합류, 자각	인간 욕구에 반응 친화적, 상대적, 상황적
기능	변화가 기준인 혼돈 유기체, 불확실성 존재에 대해 수용할 수 있는 상태	대변동 상태에서	개인적 화합을 계발하기	독립/자기 가치, 생존계에 적응하기 알기	선택한 것을 할 기능적 틈새 구축, 실존적, 체계적
지구촌	인간애에 의해 위험에 빠져 서로 맞물려 있는 힘들에 대한 균형된 시스템	생태계	전 세계의 화합을 위해 일한다.	전 세계 공동체/생명력 지구의 생존: 의식	경험적, 사색가들과 같은, 타인과 함께 합류하기: 전체적, 초인적인

정체성

나 자신은 누구인가?

사람들이 대답하기 어렵다고 할 수 있지만 편하게 묻는 이 질문으로, 개인의 역할 정체성role identity과 핵심 정체성core identity을 구별해본다.

역할 정체성은 주어진 상황과 관련하여 나 자신이 누구인지, 사회 안에서 자신이 하고 있는 역할을 가리킨다. 개인적, 직업적, 사회적 등 역할정체성은 "집안에서 당신은 누구입니까?", "사는 지역에서는 당신을 누구라고 인식하고 있습니까?" 또는 "판매원으로서 당신은 누구인가?"와 같은 질문에 답변하는 것에서 나타난다. 결국은 한 때에 자신들이 쓰고 있는 모자 또는 가면이다. 덧붙여 말하자면 바로 "퍼스널리티"란 단어는 "페르소나"를 말하는데 고대 풍습에서 배우들이 썼던 가면의 이름이다.

핵심 정체성core identity은 주어진 역할이나 타이틀과는 별도로 자신이 누구인지를 말한다. 역할과 타이틀을 없앤다면 자신에게 무엇이 남는가? "그 모든 역할에서 공통적인 것이 무엇인가?" 자신을 보는 방식인 정체성 경험은 평생에 걸쳐 바뀌고 진화한다. 사람들은 대개 핵심 정체성에 관한 질문에서 보통 10대처럼 자신에게 주어진 답변에 만족하지 않으며, 그 결과 "중년의 위기"를 경험한다.

자신의 핵심 정체성과 역할 정체성을 혼동할 때 많은 문제들이 생겨난다. 은퇴문제는 보통 역할 정체성과 핵심 정체성을 혼동한 결과 생긴다. "직업적 역할을 없애면 누가 남는가?" 정반대로 핵심 정체성은 한 역할 안에서 자신이 생각하는 정체성에 맞지 않을 수도 있고 또는 심지어 충돌할 수도 있다. 개인적으로 직업 속에서 본래의 자신이 아니라는 매우 숙련되고 동기 부여된 직원들을 만난 적이 있다. 역할 정체성과 핵심 정체성이 이렇게 정렬되지 않으면 흔히 많은 스트레스의 근원이며 심각한 건강 문제를 초래한다.

정체성은 "의미 있는 삶"이라고 하는 것에 대한 질문과 강하게 관련되어 있다. 또한 "도대체 여기에 내가 존재하는 이유가 뭘까?" 또는 "인생에서 나의 사명mission, 나의 목적은 무엇인가?"와 같은 인생의 목적을 끌어내어 분명히 해주는 질문을 야기한다. 자기가 본래의 자신이 아니라는 상황에 있기 위해서 많은 사람들은 종종 자신의 사명을 분리시킬 필요가 있다. 무엇보다도 그런 질문은 행동의 원천이 있다면 가치를 정렬시키고 중요한 삶의 선택을 해야 하는 문제에 직면했다는 것을 알게 해준다. 예를 들어 한 손에는 스트레스가 많은 직업을 갖고 싶지 않거나 시간제로 일하고 싶지도 않은 자신이 있고, 다른 한 손에는 많은 돈을 벌고 싶어 하는 자신이 있다. 이 가치들은 어떻게 서로 관계를 가질까? 선택을 해야 할 것이다. 어느 손이 이길까? 덧붙여 말한다면 강제수용소의 생존자들은 종종 추진력 있는 미래지향적 사명을 가장 중요한 생존이유로 언급한다는 것을 알고 있었는가?

영성/유대

영성 수준은 다시 한번 자신과 주위 환경 간의 연결을 형성하고 있다. 사회적 존재인 인간은 주위 사람들, 동료들, 자연과 우주에 자신을 연결시키는 연결 네트워크의 핵심에 있다 이 수준에서 다음 질문이 나타난다. "우리 사회가 5년 지나면 어떻게 보일까?" "우리는 왜 살까?" "인류는 어떻게 진화할까?"

주목할 점

1. 사람들의 논리적 수준을 간파하기

사람들이 어떤 논리적 수준에서 작용하는지를 알아차리는 것은 단 하나의 문장에 근거해서는 언제나 명확하지 않다. 다음 예를 보자.

"나는 여기서 그것을 해낼 수 없어요"

나 = 정체성

할 수 없어요. = 신념

해내다 = 능력

그것을 = 행동―하고 있는 일, 활동

여기서 = 환경

어떤 사람이 작용하는 수준을 식별하는 유일한 방법은 음성 표현이든 신체 표현이든 문장에서 강조하는 단어에 귀기울이는 것이다. 실제 목적을 위해 토의에서 그런 강조점을 귀 기울여 듣고 제스처를 관찰함으로써 주된 논리적 수준을 찾아 보라.

2. 신념과 편견

매체는 우리가 신념과 가치를 갖기를 바라면서 신념과 가치를 쏟아 붓는다. 특정한 신념, 선입견으로 알려진 편견은 의사소통의 상대방들에게서 쉽게 습득될 수 있다. 편견은 자기 경험의 일반화이고, 편견을 적용하는 것은 다른 사람이나 심지어 자신들에게도 쉽게 해를 끼칠 수 있다. 편견을 가진 입장에서 시작하면 자신의 사고 방식에 대해 의심하는 것을 망각한다.

통상적 의사소통에서 선입견을 피하기 위해 스스로에게 할 수 있는 질문은 "이 말을 의미있게 하려면 무엇이 진실이어야 하나?"

3. 정직, 안전, 우정, 자유, 평화, 부유함은 명확하지 않은 단어들이다

그것들이 누군가에게 진정으로 의미하는 것을 어떻게 아는가? 그러나 그러한 가치와 신념이 실린 표현은 사람들의 행동에 반영된다. 누구나 자신의 신념을 공유하는지 안하는지를 결정하기 전에 많은 관찰을 하고 싶을 것이다. 정기적으로 한 사람을 관찰하면 그가 특별한 스킬을 가졌는지 여부를 확인할 수 있다는 것도 알고 있다. 관련된 과업의 성공 여부에 의해 실제로 이 스킬을 가지고 있는지 없는지를 추론할 수 있으며, 분명치는 않지만 신념과 가치를 식별하기 위해 이 스킬을 행할 수 있다. 이렇게 하기 위해 신념을 받쳐주는 스킬과 행동을 찾아야 하거나 또는 이런 행동을 떠받쳐주는 신념이 무엇이냐고 질문함으로써 다른 방식으로 시도할 수도 있다.

세계적으로 유명한 신경언어학자인 존 그린더John Grinder가 종종 반복하듯이 "한 가지 행동의 관찰은 가설을 가져오며, 1가지 패턴을 보기 위해 3가지 예시가 필요하다." 일단 3가지 행동을 보았으면, 능력 수준에서 그 패턴이 일어나고 있다는 것을 추측할 수 있다. 이와 유사하게 일단 3가지 능력을 가지면, 다시 베이트슨 학파의 전통으로 돌아가 "그것들과 관계 있는 패턴은 무엇일까?"를 스스로 물어볼 수도 있다. 이 세 가지 능력으로 받들고 있는 신념을 끌어낼 수 있다.

ⓔⓧ 행동 : 뉴스를 많이 듣고 모든 종류의 일에 관해 책과 논문을 읽으며, 강연을 하고, 적절한 질문을 하는 사람이 있다. 또한 그는 많은 논문을 출판했고, 타인들에게 독서 지침을 주고, 지금은 책을 쓰고 있다.

능력 : 시사적인 일에 관한 담화에 참여할 수 있고 트렌드와 뉴스에 관해

정통하며 다른 연구분야들에도 유대를 맺을 수 있다.

신념 : 아는 것이 힘이다. 그 사람이 정말 특정한 신념을 가지고 있는지 여부를 알기 위해서 사실 많아야 9번의 관찰행동을 해야 한다. 그러나 실제로 종종 우리는 소수의 사례에 근거해서 이것이 수반하는 모든 결과를 가지고 훨씬 더 빨리 일반화한다.

4. 강점, 약점, 기회, 위협

이 단어의 첫 글자로 나타내는 SWOT 분석으로 알려진 자기 분석체계를 잘 알고 있다면, 다른 모든 수준들이 내면의 장점과 약점에 관계하는 반면에, 환경수준이 어떻게 외부의 기회와 위협에 관련되어 있는지 인식할 것이다. 아래에 나타낸 SWOT분석 모델을 채택할 것을 제안한다.

문제 상태에서 해결상태로 움직이도록 긍정적인 말로 심사 숙고해서 모든 질문을 어떻게 표현했는지 주목한다.

SWOT 분석				
		강점	약점	
	수준	능숙하게 잘 하는 것은 무엇인가?	무엇을 더 잘할 수 있을까?	어떻게 이것을 달성할 수 있을까?
내면	영성/유대			
	정체성			
	신념, 가치			
	능력,스킬			
	행동과활동			
		기회	위협	
외부	수준	목적을 달성하도록 뒷받침해 주는 것은 무엇인가?	목적 달성을 하지 못하게 하는 것은 무엇일까?	그것이 더 이상 방해 하지 않도록 이것을 어떻게 고칠 수 있을까?
	환경과 상황			

5. 자신이 지니고 있는 가치

이 중에는 근본적인 것도 있지만 다소 부차적인 것도 있다. 근본적 가치는 정체성과 밀접하게 연관되어 있다. 핵심 가치를 식별하는 한 방법은 "하는 일과 관계없이 인생에서 중요하게 여기는 것은 무엇인가?" 또는 "그것을 위해 죽을 만한 가치가 있는 신념은 무엇인가?" 라는 질문을 묻는 것이다. 얻으려고 애쓰는 결과가 어떤 면에서 핵심가치를 충족시키는데 도움이 되는지 스스로에게 물어보라.

신경논리적 수준 정렬하기

사람들이나 조직이 스스로에 대해 보다 높은 수준에서 생각하는 방식은 더 낮은 수준의 작용에 영향을 미친다. 더 높은 수준에서 무언가를 변화하고 모든

> "당신이 되어 있을지도 모르는 무언가가 되기에는 결코 늦은게 아니다" 조지 엘리오트(George Eliot)

일에 언행일치하면, 이 변화는 더 낮은 수준으로 전파된다. 행동이 신념과 모순된다는 것이 밝혀진다면 내면의 갈등을 경험할 것이다. 이런 경우에 행동이 "정렬되지 않았다"거나 "잘못 정렬되었다"고 말한다. 논리적 수준을 정렬한다는 생각이 바로 여기서 일어난다. 논리적 수준을 정렬하면 내면의 갈등을 해결할 수 있고, 그 결과 다른 사람들과의 갈등도 해결할 수 있다. 조직도 또한 마치 사람처럼 반응하기 때문에 기업에서 논리적 수준을 정렬하면 그 효과가 크게 높아질 것이다.

🔵 "지도는 영토가 아니다"는 신념을 받아들이기로 선택한다. 이 신념을 채택하기로 결정한 순간, "종교는 사람들의 아편이다"에 관한 토의를 시작하는 상황에서 이 말이 참인지 거짓인지는 중요하지 않기 때문에 "예" 또는 "아니오"는 더 이상 쓰지 않는다. 어쨌든 서론의 신경언어학적 전제에 관한 부분에서 보았듯이 자신이 옳다고 믿는 사실에 대해 타인을 확신시킬 수는 없을 것이다.

가끔 사람들은 신경논리적 수준을 혼동한다. 이 때문에 수준에 따라 "건너 뛰는" 사고 패턴이 만들어진다. "나는 계약을 얻어낼만큼 능력이 충분치 않아서 쓸모 없는 반편이다"와 같은 말을 예로 들수 있다. 위의 예는 능력과 정체성 수준이 결합되었다. 능력을 말하는 한 상황에서 정체성에 관한 결론을 끌어낸 것이다. 논리적 수준을 혼동한다고 하는 것은 바로 이때이다.

ex 한 어린이가 집에 와서 "내가 입을 다물지 않았기 때문에 선생님이 나에게 미련하다고 말했어요"라고 말한다. 이 경우에 교사는 행동―입을 다물지 않은 것―과 정체성―미련함―을 혼동하고 있다. 두 가지 예시 모두 "논리적 규칙"―A라면 B다―인 것처럼 보이지만 B 말의 수준과는 A 말의 수준이 다르기 때문에, 첫 번째 표현과 교사의 진술 둘 다 비논리적이다. 다시 말하면 논리적이며 보다 자원이 풍부한 방식은 "나는 계약을 얻어낼만한 충분한 능력이 없었다. 다음 번에 계약을 얻을 기회를 향상시키기 위해 새로운 스킬이나 자격을 습득해야 한다", "남의 말을 들을 때 입을 다물지 않은 것은 미련한 짓이야. 다음 번에는 조용히 해라"일 것이다.

피드백에서 논리적 수준의 역할

피드백은 보통 두 가지 형태, 비판과 평가로 된다. 피드백을 받는 방식은 자존감과 직접 관련되어 있다. 이것을 어떻게 받아들이는가?

1. 누군가가 당신에게 한 마디 비판을 한다면, 어떻게 생각합니까?

   ⓐ 나는 유능하지 않다. 또는 ⓑ 다음 번에는 이것을 더 잘해야 한다.

2. 당신은:

   ⓐ 비판을 있는 그대로 받아들여서 그것 때문에 깊이 상처받는 느낌을 갖는다.

   ⓑ 감정에 지배되지 않고 공평 무사하게 보면서 그 타당성을 평가한다.

3. 반면에 누군가가 당신에게 칭찬을 한다면 당신은? :

ⓐ 마이동풍 식으로 그냥 어깨를 움츠리는 시늉을 하며 무시하고, "아, 됐고 ……"라고 말한다

ⓑ 기분 좋게 직접 칭찬으로 답변한다.

4. 당신은?

ⓐ 의심하면서 그것을 받아들이고 멀리한다.

ⓑ 진심으로 받아들이고 영혼을 살찌우는 것이라 생각한다.

1번과 3번에 ⓐ라고 대답한다면 자존감이 낮을 가능성이 있다. 습관적으로 정체성 수준에서 비판을, 행동 수준에서 칭찬을 받아들인다. 이것을 깨달으면 자기존중이 있는 그대로라는 것이 놀랄 일일까? 이 사람은 아마 2와 4번 질문에 ⓐ라고 답변했을 것이다. 비판에 몰입하고 칭찬에는 관조하고 있음을 보여주는, 이런 사람은 마치 상처를 입을수 있는 것에 스며들 수 있고, 영양분을 줄 수 있는 것에 스며들지 않는 것과 같다.

이 상황을 고치기 위해 자기 앞에 선반세트처럼 논리적 수준을 나타낸다. 그리고 정체성 수준에서 비판을, 행동수준에서 칭찬을 어떻게 받아들이고 있었는지 주목한다.

1. 이제 눈을 감고 한 손으로 칭찬 폴더를, 다른 손으로 비판 폴더를 마치 실제인 것처럼 쥔다.

2. 누군가가 다음 번에 자신을 비판할 때, 행동 수준에서 비판을 받고, 누군가가 자신을 칭찬할 때 정체성 수준에서 그것을 받아들이려고 그것을 신체적인 면에서 바꾸어 본다. 이 변화가 어떤 기분이 되는지 알아차린다.

3. 미래에 누군가가 비판하는 상황을 상상한다. 행동 수준에서 그것을 받아들이면 어떤 기분인가?

4. 누군가가 칭찬하는 상황을 상상한다. 정체성 수준에서 그것을 받아들이면 어떤 기분인가?

이 수준을 반대로 바꾸는 것은 몰입/관조 또한 반대로 바꿀 가능성이 있다. 그래서 냉정하게 평가하기 위해 멀리 떨어져서 비판할 수 있고, 비판을 통해 성과를 향상시키는 법을 배울 수 있으며 칭찬을 진심으로 받아들여 정신을 풍요롭게 해줄 수 있다. 혹시 불쾌감이 든다면 마치 실제처럼 친절하게 의도한 것으로 받아들여서 거짓 칭찬까지 적용할 수 있을 것이다.

숨겨진 가시를 느끼고, 상처 받지만, 더 나아가 사실이었던 것처럼 받아들여 솔직하게 서로 주고 받을 거라고 기대하면서 남에게 거짓 칭찬을 하는 것은 가장 악의적이다. 진짜 감성 지능은 바로 그것이 아닐까?

논리적 수준을 명료화하고 구별하는 것은 토의나 치료에서 모두 매우 가치 있다고 판명되었다. 적절한 수준에 대한 표현을 할 줄 알면 자유로움을 느껴서 자기 감정을 보다 더 잘 통제하고 더 훌륭한 인생의 선택을 할 수 있다.

감정은 이 모델 내에서 어디에 적합한가

감정은 이른바 신체적 감각인 내면 행동과 중요한 가치, 둘 다에 관련되어 있다. 신경논리적 수준 모델에서 감정은 행동 수준에서 생기고 이 감정의 의미는 가치 수준에서 나타난다.

감정은 자신이 통제할 수 있는 것으로 사람들은 감정을 경험하고 인정할 수 있다. 감정을 가지면 그것은 여전히 행동 수준의 신체적 느낌이다. 많은 감정의 영향은 제한되거나 전달되고 자원으로서 사용된다. 그러나 감정이 억제되지 않고 사람을 지배한다면, 감정이란 것이 핵심 성격에 직접적으로 연관된 중요한 무언가가 일어난다는 표시이다. 그런 감정은 가치, 신념, 정체성까지 높은 논리적 수준에 직접 관계되어 있다. 말하자면 그것들은 자신의 완전한 경험에 침투되어 있다.

예를 들어 어떤 사람이 몸 안에서 구체적 행동으로서 "실패할까봐 두렵다"라는 감정을 경험한다. 문자 그대로 감정은 특정 호르몬과 근육의 수축이

나 이완을 유도하는 신경 전달 물질이 동요한 결과
이다. 의미 그 자체는 신념 수준에서 생긴다. 무의
식적일 뿐이라 해도 신념은 경험에 직접 존재한다.
그런데 신념은 신중하게 질문을 받은 후에만 언어
학적 용어로 표현될까? 어떤 사람에게 "이 감정을 가지는 것은 당신에게 무
엇을 의미하는가?"라는 그것을 질문해 물어보자. 아마 예를 들어 "실패한
다면 나는 살 가치가 없다"는 답변을 얻게 될지도 모른다.

사람들은 종종 토의나 갈등에서 감정적으로 반응한다. 왜 그럴까? 무엇보
다도 말의 문제일까? 그러나 그러한 토의는 우리에게 깊이 영향을 미친다.
우리는 특정가치와 신념을 식별하기 때문에, 질문을 받으면 신체는 아드레
날린, 테스토스테론이나 코티솔을 방출한다. 심지어 자신의 가치와 사명을
고수하기 위해 철저히 자신의 삶을 개편할 것이다. 많은 전쟁은 견해와 신
념이 달라서 일어났다.

감정과 핵심 정체성은 직접적 상관이 있다. 어떤 사람은 수 년 동안 상사를
위해 일해오면서 그 상사가 자신의 일에 감사하지 않으면 우울해한다. 우
리는 격렬하게 자신의 견해를 옹호한다. 감정은 일상의 행동에 영향을 준
다. 다시 사랑에 빠지면 무슨 일이 일어날까? 갑자기 더 자신감이 있고 무
슨 일에나 달려들 수 있으며 좋아서 어쩔 줄 모를 것이다.

감정의 의미

자신과 타인들은 알기 위해서 연역법과 귀납법, 이 두 가지 원리를 적용한
다. 행동과 상황을 관찰해서 결론을 끌어낼 때 귀납법을 사용한다. 반면에
일반화나 패턴들에 근거하여 결론을 끌어낼 때에는 연역법을 사용한다. 다
른 사람들과 매일 상호작용하면서 주어진 상황에서 그 사람이 어떤지, 어

떻게 행동할지에 관해 자연스럽게 결론을 끌어낼 때 연역법과 귀납법 둘 다를 사용한다. 우리의 지각 속에서 해석 기제는 극히 자동화되어 있지만, 그러한 과정에는 반드시 위험 요소가 있다. 일례로 디지털 반응이라 부르는 양극의 극단적 형태―많은 사람들이 단지 좋아하는 사람들과 전혀 좋아하지 않는 사람들―를 구별하는 위험성이 있다. 보다 감성 지능적인 사람은 어떤 사람 또는 무엇인가를 묘사하기 위해 광범한 범주를 사용한다. 무엇보다도 세상은 흑백이 아니며 그 사이의 회색그림자도 아닌 완전한 선명한 색깔이다. 그리고 적외선, 마이크로웨이브나 X―레이처럼 우리의 시각 범위 아래를 탐지할 수 없는 색깔은 어떤가? 흑백에 제한시키면 매우 제한된 곳으로 자신을 감금한다. 4장에서 이런 사례를 제시할 것이다.

그러한 자동적 결론을 피하려면 무엇을 할 수 있을까? 감성 지능적 사람은 기꺼이 자신의 해석에 끊임없이 의문을 제기할 것이다. 쉽게 "이 사람은 신뢰할 수 없다"고 생각한다면 스스로에게 "어떤 관찰이나 느낌에 기초하여 결론을 내렸을까?"와 같은 귀납적 질문을 물어본다. 그리고 "난 이 사람에게 부탁하지 않을 것이며, 그는 어쨌든 거절할거다"라고 생각하면 "이 사람이 거절할 거라는 걸 어떻게 알았지?"라고 자문해본다.

다시 말하면 감성 지능적인 사람은 다른 사람들과 자신을 알기 위해 검사 도구를 이용한다. 여기서는 이 검사 테크닉들을 세밀하게 연구했는데, 처음 3가지 질문은 귀납적이고 높은 쪽으로, 구체적인 것에서 더 추상적으로, 외부에서 내부로 향한다. 마지막 질문은 연역적인 것이며 다른 방향으로 간다. 그래서 감정의 의미에 관해 두꺼운 책을 쓰고 일반화로 부풀리는 대신에, 개인적으로 각자에게 적절한 질문을 물어 보아서 각자의 감정이 지닌 구체적 의미를 조사하는 것이 좋다. 그 의미는 경험에 연결되어 있기 때문에, 각 개인마다 다른 의미를 찾아내서 그에 따라 자신의 반응을 맞출 수 있을 것이다.

어떤 사람이 기능 방식에서 감정의 역할을 확인하기 위해서는 우선 첫째로 모든 것은 이성적 그리고 감성적 요소를 둘 다 가지고 있음을 인정해야 한다. 자신 또는 다른 사람과 래포를 형성하는 것은 성공적 커뮤니케이션에 필수적이다. 래포가 없으면 더 이상 진전될 수 없다. 개인의 신체 언어와 말하는 것이 일치하면 올바르게 하고 있다는 것을 알게 된다. 예를 들어, 무언가를 숨기거나 상대를 기쁘게 하는 척 하지 않고, 의사소통하고 있는 상대는 실제로 그 자신의 말이 일관된다는 것을 상대의 반응에서 추론할 수 있다. 이 내적 하모니를 "일관성Congruence"이라고 한다. 사람들의 반응이 핵심 정체성에 더 가깝게 관계할수록, 그 반응은 더욱 더 감성적으로 될 것이다.

예를 들어 어떤 사람이 "실패 할까봐 두려워요. 왜 그럴까요?"라고 묻는다고 하자. 많은 책 속에서 그 이유를 찾아낼 수 있다. 전문가이기 때문에 질문 받는 것에 우쭐함을 느끼며 그런 책들에서 배웠던 것을 이야기한다. 그러나 자신의 경험에 관련시킬 수 없다면 이런 부류의 답변이 유용할까? 지적인 답변은 설명의 늪 속에 빠져 익사한 것처럼 보이므로 경험에 따르면 인지적 수준에서 작용하지 말고 그 사람과 직접 일을 시작하는 것이 훨씬 더 효과적이다. "왜"라는 질문은 합리화시키기 때문에 그 사용을 피해야 한다.

"왜 실패를 두려워하니?"라고 묻는다고 상상하라. 그러면 어떤 사람은 "과거에 아버지가 내게 너무 엄했기 때문입니다"라고 말할 수 있을 것이다. 그러면, 그에 관해 무엇을 할 수 있을까? 가끔 합리화는 매우 도전적이어서 그 사람은 자기 안에 갇혀 꼼짝 못하게 된다. 그러한 경우에 감정을 바꾸기 전에 합리화를 바꾸어야 한다. 언젠가 "무엇보다도 나는 천성적으로 충동적이다. 결국 난 궁수자리야"가 떠올랐다. 이것은 정체성 수준에서 하는 합리화이다. 궁수자리가 정말 궁수자리에 머물고 싶어한다면 궁수자리의 충동성을 어떻게 변화시킬까? 무슨 일을 하고 있든 이 별자리 아래에서 태어났을 것이다. 그러나 충동적이지 않은 궁수자리 사람들에 대해 생각해보라. 그 사람들은 충동성은 정체성 문제가 아니라 아마 행동처럼 더 낮은 논리적 수준에 속하는 문제라고 깨달은 것이다.

어떤 사람의 말에서 질적인 답변도 식별할 수 있다. 그 사람이 대답하는 것을 떠올려보라. "성공이 매우 중요하다 생각하기 때문에 실패할까봐 두려워한다고 생각해! 그게 이유가 될까?" 이것은 질적 답변이 아니라 지적인 답변이다. "~라고 생각해" "아마" "~일까" "~인 것 같다"가 너무 많다. 자기 감정의 의미와 실제로 접촉하는 사람은 부드럽게 집중하여 찾아내고 무엇보다도 신중하게 이야기하며 우선적으로 자기 경험에 몰입할 것이다.

질문하기

1. 첫 번째 질문들은 감정과 그 이면에 숨어있는 가치를 탐색하는데 도움이 될 것이다.

당신에게 중요한 것은 무엇인가?

이렇게 느끼거나 행동하면 어떤 가치를 충족시키는가?

가능한 답변들 :

—밤에 거리에서 홀로 걷는 것이 두렵다 : 이래서 나는 위험한 상황을 피한다. 안전

—시간제 일에 대해 생각하면 불안하다 : 내 인생에서 혼자 힘으로 출세하지 못했던 것이 아쉽다. 성공

—나는 사랑에 빠졌다. 나는 인생을 즐기고 싶다 : 즐기기. 사는 것.

2. 두 번째 질문들은 감정과 그 이면에 숨어 있는 신념 사이의 관계를 탐색할 수 있게 해줄 것이다.

무엇 때문에/ 이렇게 느끼는가?

왜 이런 감정을 갖는가?

가능한 답변들 :

—마감 시한 전에 스트레스를 느끼면 나 스스로를 동기 부여할 수 있다.

—화가 날 때 나는 성가시게 하는 것을 실제로 말할 만큼 공격적인 기분
이다.

—집단에서 수줍고 소심한 기분이 되어서 얼굴이 붉어지면 가능한 비판
에 대항해서 자신을 보호하고 있는 것이다.

3. 감정과 정체성 간의 관계를 찾도록 하기 위해, 세 번째 질문을 할 수 있다.

이런 느낌이 자신에 관해 무슨 말을 해주는가?

이런 느낌이 어떻게 당신다운 특이한 면인가?

이런 감정을 가지고 있는 당신은 누구인가?

가능한 답변들 :

—이런 좌절감은 전형적인 나답다 : 나는 세상을 구하고 싶다.

—충동적인 것이 나의 사랑 방식이다 : 나는 궁수자리이다

—나는 우울하고 고독하다.

4. 다음 질문들은 정체성 표현들(나는 ~이다)과 특정 수준들 간의 관계를 식별
하게 해줄 것이다.

당신이 ~임을 어떻게 아는가?

왜 ~ 이라고 추론하는가?

어떻게 ~라는 결론에 이르렀는가?

가능한 답변들 :

—비판은 종종 나를 아프게 한다 : 나는 예민한 부류이다.

—나는 낭만적인 타입이다 : 도망쳐서 멍하니 꿈결같이 보낼 일을 계속
찾고 있다.

—나는 내 안에서 힘과 지혜를 느끼기 때문에 타고난 리더이다.

감정의 긍정적 의도

가끔 감정은 성과를 방해하는 것 같아서 환영받지 못한다. 그러나 아무 감정이 없는 것이 완전 부정적이며, 감정을 갖는 것은 자신을 위한 긍정적 의도를 가지고 있다. 감정은 목적에 도움이 되며 기능을 가지고 있다. 감정은 자신을 위한 일을 하며 또는 적어도 그렇게 하는 것을 목적으로 한다.

가끔 사람들은 특정 감정에 관해 걱정한다. 그런 경우에 마치 특정 감정이 불청객처럼 느끼고 이런 감정이 사라지기를 원한다. 그러나 이런 감정 반응은 존재하고 수 년 동안 존재해 있었다. 감정적 반응은 무엇을 하나? 바로 감정의 긍정적 의도와 부차적 이득을 구별하는 지점이다.

— 긍정적 의도는 이 감정이 행동 속에 가진 기능이다. 슬픈 기분에 대해 자신이나 다른 사람들이 결과는 부정적일 수 있지만 의도는 좋다. 예를 들면 이 슬픔의 긍정적 의도는 더 이상 존재하지 않는 것과 관계를 맺은 채로 있게 될 것이다. 우울의 긍정적 의도는 고통의 회피일 것이다. 긍정적 의도는 내면에 가진 이유이며, 이 감정이 존재하는 이유를 설명해준다. 감정은 자신을 위해 무언가를 하고 있다.

— 부차적 이득은 당신이 어떤 감정을 경험한 후에 끝내 어떻게 되는가이다. 예를 들어 슬픔을 느낀다면 주변 사람들은 당신을 위로하는 반응을 할 것이다. 사람들이 특정 방식으로 당신에게 반응한다는 것은 슬픔의 결과이다. 그 이점은 반응 그 자체에 부차적이다.

감정은 뜻하지 않게 생기지 않고 그 뜻하지 않은 결과가 무엇이든 간에 어떤 이유로 감정을 가진다. 이 기본 가정을 받아들이고 그 이유를 탐색할 때만 삶의 모든 것이 기능함을 알고, 변화와 학습의 출발점이 될 것이다.

이제 원하는 측면과 원치 않은 측면으로 구분하여 감정들의 긍정적 의도에 대한 사례들을 제시한다.

감정	원치 않은 측면	원하는 측면
의심	오랫동안 의심해서 결정력에 영향을 미친 다면"왜 계속 의심하고 있지? 왜 그냥 결 정하지 않지?"와 같은 질문이 생긴다. 약간 자기 성찰 후에 "내가 아무 결정도 하지 않 으면, 실수하지 않을 거야. 아무 것도 하지 않으면 벌 받을 위험이 없다. 위험을 무릅 쓰지 않는 것이 나 자신을 보호하는 한 방 법이다"와 같은 부류의 답변이 종종 이어 진다.	결정하기 전에 의심하는 사람 이 있다. 긍정적 의도는 안정 을 구축하고 손해보지 않기 위해 양다리를 걸치고 싶어 한다는 것이다.
스트레스와 실패의 두려움	실패의 두려움 때문에 무력해지면, 실제로 일을 끝내기도 전에 하는 일을 중단할 수 도 있다. 시험을 치르지 않거나 아파 버릴 수도 있다. 이렇게 함으로써 성공하지 못할 거라는 사실에 직면하기를 피한다. 그 사람 은 결과에 대해 책임을 진다.	스트레스와 실패의 두려움은 직무를 다할 수 있는 정신적 신체적 능력을 활성화시킬 수 도 있다. 실패의 두려움은 종 종 일을 매우 잘 하도록 동기 부여를 해준다. 많은 배우들 은 실제로 자신들의 무대 공 포증을 좋아한다.
허탈감과 기진맥진	장기적 나태함을 일으키는 우울한 감정은 종종 자기 보호 욕구와 좌절감. 고통 회피 욕구 때문에 생긴다. 북극 곰이 동굴 속에 서 편안하게 겨울 잠을 자는 것과 비슷하 다. 너무 힘든 세상이다. 문제는 곰은 봄이 왔다는 것을 어떻게 아는가이다.	허탈감과 기진맥진은 일을 열 심히 했을 때 익숙한 감정이 다. 신체가 회복하고 정말 즐 겁게 누워 있으려고 하기 때문 에 병이 나는 사람들이 있다. 시험기간 후나 일요일과 휴일 에 허탈감은 신체가 회복하고 있는 유사한 징후가 있다.
고독감	원치 않는 외로움은 남들과의 접촉을 그리 워할 때 실망감을 생기게 할 수 있다. 친교 욕구를 나타낼 수 있다. 현재 고독감이 든 다면 어떤 다른 이유 때문에 친교를 즐기 지 못하는지 자문해볼 수 있다.	외로움은 자유공간 갖기를 즐 거워할 때 긍정적일 수 있다. 다른 사람들과 접촉하고 만나 도록 동기 부여할 수 있다.
분노, 공격성, 지배성	공격은 더 이상 통제할 수 없을 때 문제가 된다. 충동이 자신임을 알 수 있는 유일한 방법일 수 있다. 어떤 관계에서도 그 사람 은 이해되지 못한다. 통제 받고 있다는 두 려움을 포함한다.	화는 솔직하도록 격려하거나 무엇을 할 만한 자격이 있음 을 주장할 에너지를 줄 수 있 다. 또한 자신과 자신의 가치 를 보호하기 위해 사용할 수 있다.
슬픔, 비탄	슬픔에 틀어박혀 있는 것은 병적인 슬픔이 원인일 수 있다. 슬픔이 지속되는 것도 다 른 것에 매달려 집착하고, 그리고 이것이 접촉을 유지하고 통제하는 유일한 방법이 라고 생각하는 것이 원인일 수 있다.	슬픔은 더 이상 존재하지 않 는 것과 접촉할 수 있게 해줄 것이다.

수치심과 죄의식	수치와 죄의식은 주변에서 일어나는 일을 통제하는 방법 중 하나이다. 죄의식은 환경 에서 일어나는 것과 인과관계를 의미한다.	수치와 죄의식은 자신을 보호 하는 것이며 환경의 적응 여 부를 평가해줄 수도 있다.
사랑에 빠짐	이것은 사람과 사물을 소유하려는 무의식 적 충동일 수도 있다. 사랑에 빠지는 것은 자신에게 활력을 주는 방법이다.	누군가와 유대관계를 맺을 수 있게 해주는 내면의 기제이다.
질투	질투는 상처받지 않기 위해 다른 것을 소 유하려는 무의식적 충동이다. 자존감을 관 리하는데 사용할 수 있다.	질투는 자신의 사랑을 표현하 고 또 다른 사람에게 자신을 붙들어 매는 건전한 방법이다.

고급연구: 감정의 긍정적 의도 찾기 제안

머슬로우Abrahm Maslow에 의하면, 자아실현[38]은 근본적인 동기 유발요인이
다. 그러나 많은 감성적인 사람들은 다른 사람들이 실현하도록 돕는 것을
포함한 활동을 자신의 자아실현 달성에 연관시킨다. 그러므로 다른 사람들
을 도우면서 마찬가지로 자신에게 도움이 되는 아이디어들을 다음과 같이
포함시킨다.

원리: 한 개인이 어떤 행동이나 감정 이면에 있는 긍정적 의도를 찾을 수 없
다면, 사건을 억압하는 것이 아니라 질문이 자신들을 한층 더 발달시키는
방법을 제시한다고 설명하라. 개인에게 기꺼이 문제를 생각하게 하려면 래
포가 중요하다. 그가 답변을 만드느라 침묵하고 있는 동안 참고 있으면 그
사람은 생각할 시간을 갖는다.

상대방이 긍정적 의도가 있다는 것을 받아들이지 않는다면:

1. 긍정적 의도가 있다는 신념을 첫 번째 하위 목적으로 바꾼다. 긍정적 의
   도가 어떻게 지각에 관계가 있는지 묻는다—예: 어떤 사람이 "이것은 내

---

38) 자아실현에 대한 상세한 토의를 위해, 머슬로우 책 "존재의 심리학(Towards a psychology
of Being, John Wiley & Sons, 1961)"을 말하고 싶다. 이 원리들은 1998년 경영에 대해 재발간된
"Eupsychian Management"라는 책에서 사람들에게 사용하기 위해 개발된 것이다.

감정이 아니다. 그게 사라지기를 바래"라고 말할 때 이 단계를 적용한다.

2. 이 감정에 대한 긍정적 의도 신념을 진행상태로 바꾸라. "당신이 이 감정이 의미가 있다고 받아들이지 않는다면, 신체 일부를 절단할 수 있는 외과의사가 아니기 때문에 우리는 계속할 수 없다"고 말할 수 있다.

3. 준거 경험을 찾는다. 클라이언트들이 끝마친 일이 자신들을 위한 긍정적 의도를 가진 가능한 상황을 찾도록 권유한다. 긍정적 행동으로 시작해서 그것이 요구나 목적에 어떤 관계가 있는지 클라이언트들로 하여금 깨닫게 한다. 왜 그런 식으로 행동했는지 깨달은 후에 자신들의 행동을 바꿀 시간을 찾도록 권유한다—예: 나는 서 있고 싶었기 때문에 화가 나 있었다—클라이언트들에게 자기 행동 이면에 있는 긍정적 의도를 깨달은 후에 다른 누군가의 행동에 관한 자신의 견해를 바꾸었던 때를 생각해 보게 한다—예: "그는 무력감을 느꼈기 때문에 그 일을 하고 있다는 것을 깨달았을 때 더 이상 화가 나지 않았다"

4. 원치 않는 행동의 긍정적 의도를 깨닫고서 이 행동에 대한 관계를 어떻게 변화시켰는지 개인적 사례를 제공한다.

5. "이것을 행하고 느끼는 것에 대한 긍정적 의도를 깨닫지 못할 수도 있지만, 만약 있다면 그것이 무엇인가? 알고 있다면, 뭐라고 말하겠습니까?" 라고 질문해서 그것이 무엇일지 상상하도록 허용하라.

6. 제안; "당신이 행하고/느낀 것 이면에 긍정적 의도가 있다고 믿지 않을 수도 있지만 그게 있었다는 것을 알면 어떤 기분일까? 긍정적 의도가 있었던 것처럼 그냥 가장할 수 있다면 어떤 기분 일까?"

7. 마음 속에 사랑을 담고, 눈을 반짝이면서 유머를 사용하고 웃으며 선동한다. 정말 일의 경중을 모르고 그것을 자랑한다. 예를 들어 알려지가 있는 어떤 사람에게 "뭐! 그게 너와 아무 관계가 없는 것 같지? 그게 너와 모든 관계가 있단다! 너는 대단한 알려지 덩어리야!" 사람들을 웃긴다.

상대방이 긍정적 의도를 찾지 못한다면 :

1. 그 문제에 대해 다른 것들을 계속 질문한다. 예: "이렇게 행동하지 않은 결과는 무엇일까? 자신이 이렇게 행동하지 않는다고 상상해라."

2. 아래 표에 나타난 바와 같이 소위 데카르트의 논리를 활용하여 4가지 가능성으로 가볍게 다루어라. 문제의 모든 선택권을 탐색하고 결정의 생태학적 결과를 강조하는 데에 좋다.

- 이것을 한다면 무슨 일이 일어날까?
- 이것을 한다면 무슨 일이 안 일어날까?
- 이것을 하지 않으면 무슨 일이 일어날까?
- 이것을 하지 않으면 무슨 일이 안 일어날까?

무슨 일이/ 만약 내가	이것을 안 한다.	이것을 한다
일어나지 않는다	― ―	― ＋
일어난다	＋ ―	＋ ＋

3. 그 사람에게 극히 구체적인 경험과 연관짓게 하라.

4. 그 사람에게 많은 경험을 달라고 해서 공통 요소들에 대해 질문한다. 예: "이 3가지 경우에 고압적인 방법으로 나를 보고 있는 사람에 대한 감정을 가지고 있다."

5. 예를 들고 감정의 구성을 분석하라. 감정 바로 전에 무엇이 있는지 보라. 예: "내 두려움 바로 전에 '난 이걸 할 수 없어'라고 말한 내면의 목소리가 있었다."

6. 그 행동이 그 상황을 다루는 최상의 방법이었다고 생각하면서 처음으로 그 사람이 바람직하지 않게 행동했던 순간을 찾아라. 아마 시간선[39]을 사

---

39) 시간선을 연구한 많은 정보를 위해 Tad James와 Wyatt Woodsmall이 쓴 "시간선 요법과 성격의 기초"와 같은 책을 찾아보고 싶을 것이다.

용하고 싶을 수도 있다.

7. 가이드로서 2차 입장 위치에 자신을 두고 긍정적 의도를 직접 찾아라. 자신의 견해를 말하고 그 사람이 인정하는지 안하는지를 점검한다. 결국 가이드가 틀렸다면, 그 사람이 이야기할 것이다.

감정들 간의 관계: 감정의 순서

어떤 감정의 긍정적 의도는 흔히 또 다른 것에 있다. 어떤 상황을 경험할 때 이 경험에 따른 대처과정에서 많은 감정들이 신속히 연속적으로 온다. 긍정적 의도를 찾으려면 근본적 원인을 찾기 시작해야 한다. 예를 들어 화는 실망을 전달하는 방법일 것이다. 이 실망은 어떤 사람이 상처받았음을 깨닫는 방법일 것이다. 상처 받은 느낌은 아마 강한 바람의 결과일 것이다. 그 때나 그 후에라도 가장 즉각적 감정일 뿐임을 의식할 것이다.

$$분노 \rightarrow 실망 \rightarrow 상처 \rightarrow 욕망$$

감정적 신념의 파워

감정과 의미 사이에는 관계가 있다. 단 하나의 경험 속에 동전의 양면처럼 2가지를 고려할 수 있다. 명백한 의미 없는 감정은 국속에 있는 머리카락이라는 속담 표현처럼 우리 행동과는 전혀 맞지 않는다고 지각할 수 있다. 이 장의 앞 부분에서 가치에 대한 감정으로 성찰을 논의했다.

반면에 지식과 신념은 추상적이며 생활과 동떨어진 것 같다. 예를 들면 대부분의 사람들은 수학이나 물리학 주제들은 감정이 부족하며 우리를 썰렁하게 한다고 생각한다. "중력이 우리를 지탱하고 있다고 믿는 것은 어떤 느낌일까?"라고 물었을 때 "전혀 재미없어요"가 일상적 답변이다. 그래서 많은 사람들이 물리학과 수학에 관해 감정을 경험하는 이유를 조사하는 것도 가치 있을 것이다.

감정의 의미를 이해하는 것처럼 어떤 신념이라도 경험에 연결시키면 더 생동감 있게 만들 수 있으며, 신념을 감정적이 되게 하는 것을 찾아서 다른 방향으로 일한다. 그럼, 어떻게 지적인 신념을 감정적 신념으로 바꿀 수 있을까? 되도록이면 가고 싶은 방향으로 시동시키는 감정적인 것으로 생활 속에 매치하여 어떻게 신념을 구체화 할 수 있을까?

예를 들어 긍정적 사고라는 주제를 선택해 보자. 많은 사람들은 그 개념에 고무되어 다음의 과정을 경험했다. 먼저 멋진 아이디어로 가득 찬 책[40]을 읽는다. 그리고 감정적 반응 관리와 개인적 능력 강화 달성에 필요한 파워 계발을 희망하면서 확언(매일 자신에게 긍정적 말을 반복하는 것)을 사용할 것이다. 그러나 이러한 확언으로 목적 달성을 못하는 사람도 많다. 이유는?

여기에는 두 가지 답변이 있다.

경험하는 감정은 신경—심리학적 단계의 순서이다. 이 순서를 어길 필요가 있다. 이렇게 하기 위해 1장에서 분리dissociation 테크닉을 토의했다. 긍정적인 말과 신념의 반복 그 자체가 이 신념들을 구체화해 주거나 감정적 표현을 보증해주지 않는다. 다음에 보다 효과적 테크닉이 있다.

테크닉: 감정적으로 표현한 신념들

1step 신념을 명확하게 나타내라. 마음 속에 떠오르거나 생각나는 신념을 읽거나 듣는다. "이것이 나의 삶, 감정과 마음상태를 바꿀 수 있는 비전이다." 우선 가지고 싶은 신념을 기록한다. 긍정적인 사고 과정이 제시하는 것처럼 그것들을 벽에 붙여 놓고 매일 읽는다.

2step 행동수준의 결과로 신념을 채우라. 자신, 타인들, 조직, 공동체, 세계를 위해 그 긍정적 결과를 확인하여 이 신념에 의미를 부여한다. 신념을 필터로 사용하는 것이 목표가 되므로 반드시 모든 수준에서 긍정적 결과만을

---

40) 긍정적 사고에 관한 책, 예시 Dyer의 "하늘의 한계(The sky's the Limit), Harper Collins 1982 노만 빈센트 필(Norman Vincent Peale)", 할 수 있다고 생각하면 할 수 있다. Simon & Schuster, 1991

갖는다. 믿고 있는 신념을 겪을 수 있는 새로운 경험들이 있을까? 이를 실현하는 것은 어떤 느낌일까? 다음 주에 관해 생각하고 자신에게 물어본다. "이 신념을 믿는 것이 미래의 내 행동 방식에 어떤 영향을 미칠까?" "이 신념을 작동하기 위해서 어떻게 행동해야 할까?" "신념이 내게 사실이라면 그 사건을 다르게 해석할까 그리고 그것은 어떻게 할까?"

3step 신념을 목적으로 채우라. 이 신념을 지지하는 추가적 주장, 증거 요소를 찾는다. 이 적절한 신념을 갖고 자신, 다른 사람들, 인류 세계 그리고 이것들에 대한 자신의 관계를 어떻게 나타낼까? 인생에 대한 관점은 무엇인가? 이 비전의 실현을 보장해주는 것은 사실상 무엇일까? 이 신념을 내포한 가치는 무엇이며, 가치 위계에서 이를 어디에 둘까?

4step 신념을 감정으로 채우라. 앞 장에서 이 과정을 이미 제시했다. 이 준거 경험은 상태나 신념이 이미 작동 중이었으며 이 신념을 믿고 경험했던 삶의 사건이다. 그 때에 경험했던 대로 마음 속으로 다시 가서 준거 경험을 찾고 그것을 관조한다. 이 신념이 신체적 경험으로 이미 어느 정도 나타나 있는지, 이 신념을 경험한 것이 그때는 어떤 느낌이었는지 느껴본다. 이 신념이 마음 속에서 공명하는 것을 들어본다. 신념은 가정으로서 기능하고 있었다. 이 신념 속으로 몰입하면 신념이 순전히 지적인 표현이 아니라 다시 경험한 현실이 된다.

5step 가장 적절한 방법으로 자신 안에 이 신념을 앵커하라. 앞 단계들을 적절하게 했다면 언제든지 자신의 신념에 접근할 수 있어야 한다. 그러나 이 신념이 자원이 풍부하다면, 생각하지도 않고 갖고 싶어 할 것이다. 어떤 환경에서도 신념에 따라 살고, 숨쉬고, 행동과 활동마다 신념을 드러내고 싶어 한다. 그러면 생각도 하지 않고 숨쉬는 것이나 심장박동처럼 자동적으로 하는 것에 이 신념을 연결한다. 무엇보다도 이것은 잠들어 있을 때도 계속된다.

감성 지능을 높이기 위해 논리적 수준 적용하기

신경논리적 수준이 어떻게 구성되어 있는지 그리고 감정이 그 수준들에 어떻게 연결되어 있는지 알기 위해서, 논리적 수준을 변화시킬 수 있었다. 그렇게 함으로써 실제로 감정을 관리하기 위해서, 상위의 논리적 수준(비전, 미션과 신념)이 자기 동기부여의 열쇠가 되도록 자신과 어떻게 관련되는지도 이미 보여주었다.

다른 사람들 속에서 심지어 조직에서도 신경논리적 수준을 확인할 수 있다. 그러한 관찰은 상호작용하는 사람들을 다루는데 유용하다. 예를 들어 대화에서 논리적 수준들을 찾아내거나 또는 타인의 핵심가치를 자기와의 감정적 유대를 강화하기 위해 사용한다. 그런 가치들이 자신에게 얼마나 중요한지 보여줄 수 있고 언제 남들에게 무언가를 설명하거나 얼마나 질문하고 싶은지 고려할 수도 있다.

예시	존의 핵심가치는 평화	피터의 핵심가치는 행복
도움 요청하기	지금 나를 도와준다면, 당신을 평화롭게 둘께요.	네가 나를 도와주면 나를 얼마나 행복하게 하는지 모를 거야.
아덴스에 있는 집을 임대하기	저 건너가 정말 평화롭다.	당신의 가족은 모두 거기서 행복할 수 있을 거야.

예를 들어 개인들에게, 기업과 집단뿐만 아니라 직업 상황에서도 신경논리적 수준 모델을 사용할 수 있다.

정체성

사명 진술은 조직의 정체성을 표현한다. 무슨 기업인지, 조직 내 사람들을 단결시키는 것이 무엇인지 서술하는 것이 좋다.

ⓔⓧ "더 나은 삶을 위한 더 좋은 일들, 우리는 일상생활에 영향을 미치는 상품을 만드는 과학과 기술에 기초한 글로벌 회사의 사람들이다."[41]

가치와 신념

조직은 또한 전 직원이 공유하고, 조직의 결정을 이끌어가는 명확한 가치와 신념을 가질 필요가 있다.

조직에서의 **중요한 가치** : 우리 기업에 집중하기

환경에 참여

사람들에게 권한 주기.

조직의 정체성과 가치는 종종 연례보고서에 제시된다. 그러나 백문이 불여일견이다! 이 진술들을 어떻게 실행하는지 점검하라. 조직의 스킬과 행동은 그 미션, 가치와 신념에 부합할까? 조직은 가치와 신념 적용에 모순되지 않고 일치할까? 그들은 몇 년이 지나서 연례보고서에 무엇을 넣을까? 이사회의 결정은 그들의 가치와 신념에 일치할까?

개인적 사용

ⓔⓧ 세일즈 맨

—환경: 이 지역은 내 상품을 팔기에 완벽한 시장이다.

—행동: 구매 권유할 때 나는 많은 질문을 하고, 설명하고……

—능력: 나는 모든 테크닉을 마스터했다.

—신념: 더 많이 팔면, 내 월급이 올라갈 것이다.

—정체성: 나는 사람들이 필요한 해결책을 보여주는 나침반이다.

—영성/유대: 컴퓨터 판매 때문에 앞으로 5년 동안 세계가 많이 변화할거라 기대한다.

---

41) 국제적 회사인 듀폰사의 슬로건과 사명진술. 1997. 12월에 홈페이지 머리말에 있음. 듀폰사는 거의 200년 된 회사이다. 명확하지는 않지만 비슷한 진술은 1992년 연례보고서에서 볼 수 있다.

조직 내에 있는 개인들

끝으로 조직과 개인의 논리적 수준이 서로에게 어떻게 관련되는지 점검할 수 있다. 개인의 정체성은 조직의 사명과 함께 정렬되어 있는가? 개인의 가치와 신념은 조직의 것과 일치하는가?

예를 들면, 조직이 고객만족과 장기적인 고객관계를 목적으로 할 때, 매상고를 가능한 한 크게 할 목적인 공격적 영업맨을 갖는 것이 유용할지 어떨지 질문할 수 있다. 조직이 그 가치에 관해 완전히 정직하지 않거나 또는 조만간 세일즈맨과 조직이 충돌하든지 둘 중 하나이다. 직원으로서 조직과 자신이 어울리는 짝인지 아닌지 자문해 보는 것이 더 나을 것이다.

기업 합병과 기업 문화

기업 합병은 해당 회사들로부터 좋은 직원들을 훔칠 인재 스카우트 담당자들(헤드 헌터)에게 최고의 순간이다. 에를 들어 벨기에에서 1998년에 CERA와 Krediet bank를 KBC로 합병했던 사례가 있다. 가끔 직원들은 다른 도시 —예를 들면 루뱅 대신 브뤼셀—에서 일하라는 요청을 받기 때문에 조직을 떠난다. 또는 합병 때문에 불안정 상태가 많아진다. 조직 내의 분위기가 발달될지, 그리고 어떻게 발달될지에 관해 문제가 생긴다.

회사들 간의 중요한 합병은 놀랍지도 않은 규칙성 때문에 실패한다. 한 예로 1998년 10월에 American Home Products와 Monsanto간의 합병 취소를 발표했다. 그 원인은 각자의 기업문화가 조화되지 않는다는 것이었다. 전에 똑같은 일이 Glaxo—Wellcome과 Smith Kline Beecham간에도 일어났던 적이 있었다. Glaxo의 기업문화는 새 파트너에게 너무 공격적이었다. 경영 팀에서 약간의 변화를 하고 나서 약 28개월 후에 합병을 다시 재개할 수 있었다. 그리고 1997년에 KPMG와 Ernst & Young사이에 합병이 발표되었을 때 다른 기업 문화 때문에 많은 직원들은 문제를 예상했다. 결국 합병은 공식적으로 정부 반대 때문에 실패했다.

합병이 기술적으로 성취된다해도 성공 여부를 알려면 시간이 걸린다. 새로운 통일체를 형성하기 위해서 미래에 대한 새로운 공동 비전, 새 조직에 맞춘 사명을 발달시켜야 한다. 결국 합병은 새로운 조직문화에 직원들이 적응할 수 있을 때만 성취된다.

생각해야 할 신념들

1960년대에 머슬로우Abraham Maslow와 맥그리거Douglas McGregor는 조직을 위해 6가지 중요한 가정을 공식적으로 나타냈다.[42] 이것은 부분적으로는 "관리를 위한 Y이론"으로 알려져 있다.

1. 동료들은 신뢰할만 하다.
2. 그들은 책임을 찾아서 진다.
3. 그들은 유용한 일을 원한다.
4. 그들은 학습을 원한다.
5. 그들은 변화에 반대하는 것이 아니라 변화되기를 거절한다.
6. 그들은 아무것도 하지 않는 것이 아니라 일하기를 선호한다.

오늘날까지도 그런 원리들을 적용하는 것은 종종 급진적으로 보인다. 그러나 인간을 먼저 생각한다는 바로 그 아이디어가 감정적 관심을 일으킨다. 그의 슬로건은 전 자본이 모든 직원들에게 분배된 런던의 광고 대행사인 ST. Luke's에서 유래되었다. 광고계에서 주당 60시간 일하는 것이 보통이지만, 대행사에 따라서는 현실적으로 간부 직원은 주당 40~50시간 일한다. 게다가 그들은 생활을 위해 사람을 고용한다는 원칙을 공헌하고 있다.

주의: 품질관리에서의 논리적 수준

신경논리적 수준 모델 외에도 베이트슨Bateson이 서술한 원리에 따라서 작

---

42) 이는 1998년 John Wiley & Sons에서 재 발간된 경영에 관한 머슬로우(Maslow on Management)에 서술되었다. 그의 책에서 머슬로우는 "계몽된(enlightened)" 회사에 유용한 가정들을 암시했다.

용하는 여러 모델들이 많다.[43] 예를 들어 고객의 요구는 기술적 발전과는
별도로 실제 요구에서 시작하기 때문에 해결책에서 분리된 품질기능계발
Quality Function Development. QFD모형이 있다.

적용2: 신경논리적 수준과 변화작업

신경논리적 수준 모델은 본래 조정 전략이라기보다는 오히려 기본적으로
원하는 상황을 그리는 분석 도구이다. 그럼에도 불구하고 변화에 관해 많
은 재미있는 원리를 제공한다.

1. 문제는 어느 수준에 위치해 있는가?

"난 우울해요"라고 말하는 사람이 있다. 이것이 "나는 우울증이 있습니다 "
또는 훨씬 더 좋게 "해고된 이후로 우울한 기분을 갖고 있었어요"라고 말
하는 사람과 어떻게 다른지 주목한다. 첫 번째 경우에 그 사람은 정체성 수
준에서 감정을 경험한다. 그 경우에 사람들은 바로 그것이 "나라는 사람이
야."라고 말한다.

이와 같은 말은 더 낮은 수준의 감정에 있을 때, 자기통제와 변화 가능성이
더 없다. 감정을 다루는 최상의 방법은 특정 시기에 특정 상황에서 일어나
는 자신의 분야들로 여기는 것이다. 예를 들어 "힘든 일과 후 밤에 집에 돌
아오면 허전하고 외로운 기분이다." 다음 장에서 이것과 관계있는 것을 볼
것이다.

ex 힘든 결혼

각 수준에 알아낸 사실을 써넣으면 전체적인 실제 상황을 종합적으로 개관
할 수 있다.

—환경: 10년 동안 남편과 함께 살았습니다.

---

43) 베이트슨(Bateson Gregory), Steps to an Ecology of Mind, New York, Chandler Publishing
Campany,(2000년에 university of Chicago에서 재 출판됨)

—행동: 그가 하는 일마다 뒷바라지하면서 10년 동안 그를 추종했습니다.

—스킬: 우리는 결코 이야기를 잘 할 수가 없었어요.

—신념과 가치: 우리가 서로 감정을 함께 나누었더라면, 그와 더 유대감을 더 많이 느꼈을 텐데요. 그렇게 하지 않았기 때문에 지금 소외감을 느낍니다. 그래서 이혼하고 싶어요. 나는 언제나 친한 관계가 그리웠어요.

—정체성: 부부관계에서 나는 실패자입니다. 내가 아이들 생각을 안 하기 때문에 다른 사람들에게는 내가 이기적이겠죠.

—영성: 더 자유롭게 함께 사는 새로운 방식이 있을 거라고 기대합니다. 이것 때문에 힘이 나요.

이 정보들을 이끌어낸다면 다음 질문을 할수있다.

—10년 동안 살았군요. 그러면 당신은 추종자입니까?

—추종자가 아니라면 뭐죠?

—당신에게 중요한 가치는 무엇이며, 앞으로 친한 관계의 기준으로서 이 가치를 어떻게 사용할 것입니까?

—왜 전혀 이야기를 잘 나눌 수 없었습니까?

—왜 추종했습니까? 그 때는 어떤 가치가 가장 중요했습니까?

2. 문제를 해결하려면 변화는 어느 수준에서 일어나야 하는가?

특정 수준에 있는 문제를 해결하려면 더 높은 수준에서 변화가 일어나야 한다. 아인슈타인이 말했던 것처럼, 우리가 문제를 만들어냈을 때 사용했던 것과 똑같은 부류의 사고방식을 사용하면 문제를 해결할 수 없다.

ex —자기 주장 과정을 수강했고 교육 훈련에서 "아니오"라고 말할 수 있는 사람이 상사에게 반드시 "아니오"라고 말할 수 있는 것은 아니다. 왜 할 수 없을까? 왜냐하면 문제가 "아니오"를 말하는 데 있지 않고, "아니오"라고 말해도 여전히 다른 사람들이 인정한다는 신념에 있기 때문이다. 어떤 사람이 음악적 재능이 있다는 것을 믿지 않고 확신할 수 없다면 그를 음악학교에 보내는 것은 소용없다.

—자신의 조직이 사회에 대해 책임감이 있다고 고용주가 느끼지 못한다면, 필요 이상의 교육을 전 직원들에게 제공하려 하지 않을 것이다.

모델 이면의 이론

딜츠의 모델은 베이트슨Gregory Bateson이 1960년대에 개발한 "학습의 논리적 수준" 모델에 영감을 받았다. 베이트슨의 모델은 러셀Betrand Russell 의 논리적 유형에 근거했다. 논리적 유형이 부딪치는 규칙을 아래에서 찾아보자.

—한편으로는 한 종류의 사물이 그 자체의 멤버가 될 수 없다. 무하마드 알리Muhammad Ali는 권투선수류의 일원이지만 권투선수라는 종류가 그 자체의 멤버는 아니다.
—다른 한편으로는 사물의 이름은 사물 그 자체와 일치하지 않는다. 예를 들어 무하마드 알리라는 이름은 그 사물—이 이름을 가진 사람—에 일치하지 않다. 얼굴은 복서를 떠올릴 수 있지만 문자 그대로의 이름은 떠올릴 수 없다. 다시 한번 지도는 영토가 아니다.
—논리적 수준의 경우에 더 낮은 수준의 개념은 더 높은 수준의 개념으로 넣어진다. 예를 들어
  ▪ 권투선수 계층은 무하마드 알리보다 더 높은 논리적 수준이 있다.
  ▪ 스포츠인 계층은 권투선수들 계층보다 더 높은 논리적 수준에 있다.
  ▪ 사람 계층은 스포츠인 계층보다 더 높은 논리적 수준에 있다.

감정의 수준

위에 언급된 감정원리를 적용해보자.
내 주위에서 일어나고 있는 일에 관해 감정을 가질 수 있다(일상적 감정).

예를 들어 아무도 반대편에서 오지 않을 때 빨간 신호등에서 기다려야 하면 화가 날 수 있다. 그러나 또한 내 감정에 대한 감정을 가질 수도 있다.(메타 감정) 예를 들어 빨간 신호등에서 참을성 있게 기다릴 수 없기 때문에 나 자신에게 화가 날 수 있다.

학습의 수준

사람들은 여러 수준에서 배울 수 있는 영리한 존재이다. 이는 전통적으로 감성 지능이 계속 성장하고 있는 방식인 것이다. 구체적으로 무엇이 변화하고 있는지 말하기는 매우 어렵지만 학습의 정의는 변화를 의미한다. 이러한 변화에 근거하여 베이트슨Bateson은 학습의 순차적 수준들을 구별했다.

학습 0 : 자극에 대한 반응 변화 즉, 특정 자극에 대한 특정 반응을 학습하지 않거나 학습에 대한 행동주의자들의 생각

ⓔ⊗ 학교 종은 내게 수업이 끝났음을 가르쳐 준다. 나는 주의 집중하기를 그만둔다.

학습 I : 학습 0에서의 변화: 그 주제는 행동 유연성을 학습한다.

상황에 따라 똑같은 자극에 다르게 반응할 것이다. 이렇게 하기 위해서 상황에서 끌어낸 정보를 활용한다. 이 정보가 어떻게 유래되었는지 언제나 명확하지는 않다.

ⓔ⊗ ─학교 종이 울린다. 나는 교실 밖으로 나와서 다음 수업이 시작될 때까지 기다릴 수 있다. 하루 일과가 끝나면 첫 번째 전략을 선택할 것이다. 다른 선생님이 곧 들어올 거라는 것을 알면 나는 두 번째 것을 선택할 것이다.

─역에 가는데 어느 길을 택할지는 내 기분에 달려 있다.

학습 II : 학습 I의 변화 또는 학습하기를 배우기: 학습과정의 변화

ⓔ⊗ ─학습 I의 많은 경험에서(학교 종, 시간표 조직, 군 입대 ……) 다음 번 신호에 어떻게 반응할지를 배우는 최상의 방법에 관해 결정한다.

―여러 시험에서의 경험에서 가장 효율적인 공부 방법에 관해 결정한다.

학습 Ⅲ : 학습Ⅱ의 변화: 여러 학습 시스템들은 어떤 것들인가? 이 시스템들로 무엇을 학습할 수 있는가?

🄔🄧―전문가로부터 정보를 얻는 데 있어서, 예를 들어 기획제도나 학점 분석을 구축하기 위해, 전문가가 어떤 부류의 지식을 사용하는지 먼저 점검한다. 비판적 지식 유형에 따라서 적용하기에 가장 좋은 학습전략이 무엇일지 결정한다.

―회사 내에서 학습 조직의 개념을 발달시킬 때 학습에 중요한 핵심 관련 요소들에 관해 생각한다. 인적 자원 관리자는 반드시 유형 학습을 할 수 있도록 이 요소들을 자극한다.

연습 2.1 "직업 상황에서의 역할" 질문지

개인: 이 질문지를 써 넣으라

1. 어떤 부류의 기업(회사, 학교 ……)에서 일하고 있는가? 정확히 어떤 부류의
조직인가?

2. 그 조직 내에서 자신은 어떤 기능을 하는가?

3. 가장 광범한 의미에서—조직 환경이 5년 이내에 사회적으로 경제적으로
어떤 모습일 거라고 생각하는가?

4. 당신 조직은 지금부터 5년 후에, 그 역할이 어떠할 거라고 생각하는가? 미
래 환경에 상호영향을 미치기 위해 사용할 조직의 기획 전략은 무엇인가?

5. 조직 내에서 자신은 누구인가? 그 외 다른 곳에서 당신은 누구인가? 직
업 생활에서 개인적 사명은 무엇인가?

6. 만약 현재 고용주와 함께하는 일에 지원한다면, 고용주의 신념을 알고
있기에 자신이 강조하는 신념은 무엇인가?

7. 완전히 조화할 수 없는 신념이기 때문에 차라리 이야기하지 않는 신념

은 무엇인가?

8. 하고 있는 일에서 중요한 것은 무엇인가? 왜 중요한가?

9. 조직의 핵심 스킬은 무엇인가? 이것 중 어떤 핵심 스킬이 자신의 핵심
스킬과 조화되는가? 어느 것을 계발해야 하는가?

연습 2.2 신경논리적 수준 찾기
이 말은 어떤 신경 논리적 수준 상에 있는가?

	말	신경 논리적 수준
1	신문은 기사 모음 그 이상이다.	신념
2	나는 방해하는 것이 있지만 그것을 하고 싶다.	
3	나는 평범한 세일즈맨이다.	
4	나는 인간 관계를 유지할 수가 없다.	
5	내가 사회에 공헌한다면 내 인생을 살만한 가치가 있는 거야.	
6	그것을 해결하려고 너는 뭘 할거니?	
7	욕실은 어디죠?	
8	난 고민에 빠져 있어 어떻게 빠져 나갈까?	
9	난 실직했어	
10	난 언젠가 관리할 것임을 알고 있어	
11	이해하기 어려워요	
12	우리는 많은 편의 시설을 받았어	
13	우리는 회의하는 데 능숙하다	

14	누구나 참고 열심히 노력한다
15	인간관계가 없을 때 나는 하찮은 기분이 들어
16	우리는 완벽한 팀이야
17	오늘 날 여러분은 스스로를 보호해야 한다. 그렇지 않으면 당신에게서 모든 것을 빼앗아 갈 것이다.
18	나는 세상을 개선하는데 공헌하겠다는 아이디어에서 힘을 얻는다.
19	이 방은 이 훈련에는 적합하지 않다.
20	이 연습은 쉬운 거라고 생각해

연습 2.3 정체성이 행동에 어떻게 반영되는가?

잘 할 수 있는 3가지를 요약하라. 코치나 가이드는 다음 질문을 묻는다 이것들이 왜 중요한가? "그것들이 당신에게 무엇을 해주는가?" 정체성 수준에서의 대답을 얻을 때까지 계속 질문한다

정체성

신념   ↑

스킬   ↑

(내가 잘 하는 것은 ……)

연습 2.4 다른 사람들의 행동에 근거가 되는 가치관

이해되지 않는 남의 행동 사례들을 찾는다(예: 피어싱, 캠핑, 도박, 수집) 어떠한 개인적 특성과 가치가 이것들을 떠받치는지 알아낸다. 이를 이해하면, 타인의 행동을 받아들이기가 더 쉬워질까?

연습 2.5 핵심 가치는 무엇인가?

중요한 10가지 가치를 요약해서 순서대로 써라.

가치	순서

생존하기 위해 하나씩 하나씩 이 가치들을 포기해야 한다고 상상하라. 어느 것을 먼저 포기하고 어느 것을 결코 포기하지 않을 것인가? 순서대로 그것들을 놓기 위해 마음 속에서 둘씩 비교하고 평가해보자. 선택된 순서로 가치에 숫자를 쓴다. 이것을 끝낸 후, 자신의 선택에 대해 기분이 어떤가? 순서에 만족하지 않는다면, 그것들을 재정돈해서 선택할 수 있다. 그렇게 한다면, 자신과 타인들 그리고 세상을 지각하는 방식에 어떤 도움이 될까?

연습 2.6 "나는 ······이다." 또는 "나는 ~ 한 사람이다" 형태의 3가지 표현을 써 본다.

코치가 "이를 어떻게 압니까?"라고 묻는다. 클라이언트는 이러한 정체성 표현에 근거가 되는 행동과 신념을 찾는다.

어느 수준에서 정체성이 부여되는가?

정체성

(나는 ~ 이다)

(나는 ~한 사람이다)   ↓

신념
_____ ↓
가치
_____ ↓
행동
_____

연습 2.7 비판 수준

한 개인에 관해 비판을 나타내고, 여러 수준에서 써 본다.

연습 2.8 개인적 실패 분석하기

자신의 실패—달성하지 못한 목적—를 하나 선택한다.

자신의 실패에 대한 자동적 표현은 어느 수준에 있는가?

다른 수준들도 완성하라.

연습 2.9 사업 분석

자신이 일하고 있는 조직을 한 번 보라. 각 신경논리적 수준에 대한 많은 뚜렷한 사실을 나타낸다. 자신의 환경으로 시작해서 조직의 정체성과 사명 설명을 할 때까지 계속한다.

연습 2.10 원치 않는 상황의 부수적 이득

1. 원치 않는 행동이나 문제를 고른다. 원치 않는다 해도 무엇을 하고 있는가?

2. 무엇 때문에 이 일을 하는가? 원치 않는 행동을 야기하는 부분의 긍정적 의도는 무엇인가?

3. 코치는 이득에 관해 묻는다. "당신이 이것을 달성했다면, 그것이 당신에게 무엇을 주었을까?" 코치는 클라이언트가 중요한 가치를 발견할 때까지 계속한다.

4. 중요한 가치에 몰입해서 강렬하게 그것을 가지고 있는 경험을 한다. 가치를 명확히 하는 적절한 자세, 호흡을 다시 집중해서 해 본다. 경험을 말, 태도, 이미지, 소리와 느낌에 관련시켜 고친다. 경험 속에서 어떤 것도 하지 않아도 된다는 것을 깨닫는다. 경험은 이미 그 순간에 바로 거기에 있다.

5. 경험 속에 머물며, 문제에 대해 다시 생각한다. 경험은 문제를 어떤 방식으로 변화시킬 수 있을까?

연습 2.11 가치와 기준의 위계

1. 직업, 생활, 인간관계에서 나는 무엇을 성취하려고 애쓰고 있는가? 무엇을 피하려고 하는가?

2. 각각 한 가지씩, 두 가지 가치를 끌어내어 중요성에 따라 순서를 정한다.

3. 위계 검증

   a. ~보다 더 중요한 것은 ……

   b. A 가치와 B 가치 사이에서 선택해야 한다면, 어느 것이 더 중요한가?

   c. 성취할 가치와 피해야 할 가치를 비교한다. 가치를 수용하기 위해서는 무슨 일이 일어나야 하는가?

4. 위계가 정확히 배열되면, 다음 질문에 답변한다. "현재 위계가 미래에 내가 하고 싶은 선택으로 안내해 주는가? 이 선택을 달성하기 위한 위계에서 변해야 하는 것은 무엇인가?

5. 생태 검증, X 와 Y를 바꾸면 무엇이 잘못될 수 있을까?

6. 변화가 필요한 것처럼 보이면 세부감각 양식을 변화시키고, 세부감각 양식 바꾸기나 신념패턴 바꾸기를 사용하여 이루어낼 수 있다(4장).

연습 2.12 직업이나 친구에 대한 기준

두 사람이 흥미있는 직업에 대해 기준을 찾으려 한다.

A는 B 에게 처음에는 A의 개인적 기준을 활용해서 두 번째로는, B 의 기준

을 활용하여 공석을 채우라고 권하며, 차이에 집중하여 관찰한다.

ex A의 기준: "너는 이것이 흥미로운 일임을 알 거라고 생각해, 그건 해볼
만하고 너는 많은 것을 배울 거야"

B의 기준: "이건 너에게 흥미 있는 일인 것 같다. 능력 있는 경영을 하
는 회사에서 오래 지속되는 일이야"

―역할을 바꾸어서 친구의 기준을 활용한다.

제3장
성공을 위한 계획 수립

"가고 싶은 곳을 모르는 사람에게 순조로운 바람은 없다"
―세네카

이 장의 목표

- 현재 상태와 원하는 상태의 차이를 명확히 이해할 수 있는 구조를 확립한다.
- 목표 달성을 확신하기 위해 증거 만들기를 포함하여, 잘 만든 목표를 명확하게 진술하고 작업할 줄 안다.
- 있을 수 있는 장애물에 대해 알아내서 그 극복에 도움이 될 자료 얻기
- 자신과 타인들 모두, 원하는 변화를 초래할 적절한 태도를 창조하라.

이 장의 신경언어학적 가정

- 학습 과정에서 실패란 없다. 모든 결과는 피드백일 뿐이다.
- 어떤 시기에 자신이 하는 일은 그 때의 최상의 선택이다. 그러므로 선택을 제거하지 말고 더 많은 선택을 추가한다.
- 가장 유연한 행동을 하는 사람은 원하는 결과를 달성할 최상의 가능성이 있다.

이 장의 개요

- 감성 지능에 대한 정의에서, 자신의 마음 속을 다루는 것 외에도 집중하는 부분은 환경에서 그리고 대인 관계에서 해결책을 얻는 것을 지향하고 있음을 실감한다. 잘 만든 변화모델Well Formed Change Model과 특히

TOTE모델을 통해 일을 시작하는 방법을 이해 한다.

- 많은 사람들은 차라리 제거하고 싶은 "원치 않은" 감정 때문에 고생한다. 원하는 감정을 얻는데 많은 투자를 했지만, 원치 않은 감정들은 집요하게 계속 일어난다. 적절한 "수단—목적" 구조로 일하면 유능성이 향상될 것이다. 변화 작업은 많은 '적격' 원리를 충족시켜야 한다. 이를 중시하면 의미 심장하게 감정 관리에 유능해질 것이다.

이 장의 접근은 두 부분이다. 한편으로는 계획된 의도적 접근 구조 내에서 감정을 대상으로 한 연구를 배우고, 또 한편으로는 조건 반응과 감정을 변화시키는 더 광범위한 방법을 찾게 될 것이다. 원치 않는 감정을 다루는 데에 적용할 수 있는 단계적 계획을 제시한다.

서론: 유능성 모델

감성 지능은 계획 달성에 필요하다. 아직 이를 깨닫지 못했다면, 면접하러 가거나 시험보러 갔을 때, 잘 알고 있어도 스트레스를 받아서 좌절하거나 평균 이하의 성과를 얻는 사람들을 생각해보라. 음향 엔지니어는 언젠가 우리가 가질 수 있는 최고의 음향 시스템은 우리가 접속했던 스피커나 다름 없다고 했다. 무언가를 달성할 지적 원천이나 자격을 가질 수도 있지만 낙심한 감정이라면 그것들이 무슨 소용이 있을까? 출력물은 계획했던 것에 달려 있지는 않다.

인생에서 우리는 많은 계획을 한다. 실제로 계획 과정에 무엇이 들어 있는가? 지난 6개월 동안 관여했던 5가지 프로젝트—크든 작든 직업적, 개인적, 취미, 휴일, 자기계발 등—를 혼자서 목록을 작성하라. 이 모든 것이 똑같이 성공적이었을까? 만약 아니라면, 자신이 성공했다고 여기는 사람들과 그렇지 않은 다른 사람들은 무슨 차이가 있을까?

자신이 성취한 것에 관해 "내가 어떻게 그걸 해냈지?"라고 자문해보라. 성공하지 못한 것에 관해 "왜 내 계획이 실패했지?"라고 자문하라. 어쩌면 이러지 않았을까?

- 아마 정말로 목적이 무엇인지 확실히 알고 있지 않았거나 자신의 능력으로 할 수 없었을 것이다.
- 아마 목표가 매우 멀리 있는 것처럼 보여서 목표 달성에 필요한 중간 단계를 마음 속으로 표현할 수가 없었을 것이다.
- 아마 목표를 달성하는데 어떤 행동이 가장 적절한지 알지 못했거나 또는 단순히 필요한 행위도 취할 수 없었을 것이다.
- 아마 계획했던 방법이 있을 수 있는 상황 변화를 고려하지 못했을 것이다.
- 아마 목표를 달성을 하고 싶었지만, 마키아벨리와 대조적으로, 목표가 필요한 수단을 정당화하지 못해서 그것을 할 가치가 없다는 것을 알았을 것이다.
- 아마 목표가 이전에 설정했던 다른 목표나 놓여진 환경 요건과 양립할 수 없었을 것이다.
- 아마 여기서 아직 언급하지 않았던 다른 무언가가 있었을 것이다.

이 장의 주제는 계획의 성공 가능성을 최적화하는 것이다. 성공 계획 수립에 첫 번째 필요조건은 목표가 무엇인지를 아는 것이다. 실제로 무엇을 성취하고 싶은가? '이상한 나라의 앨리스'에 나오는 고양이에게서 영감을 얻어보자.

> 엘리스: 내가 어느 길로 가야 할 지 네가 말해줄 수 있니?
> 고양이: 그건 네가 어디로 가고 싶은가에 달려있지
> 엘리스: 난 모르겠어
> 고양이: 그럼 네가 어느 길을 택하느냐는 것은 중요하지 않아

다시 말하면, 목적없이 방황하고 싶지 않다면 자기 당신이 어디로 가고 있는지를 모른다. 그곳에 도달한 것을 어떻게 알까?
스스로 목표를 설정하라. 마음 속에 목표를 갖고 목
표를 향해 행동한다면, 다른 것을 향해 행동했을 때
보다 더 멀리 앞서간다. 그러나 걸어가는 방향은 현재 서 있는 곳과 집중을
하는 곳에 달려있다. 시작점과 마무리 점을 확인하는 것처럼 이렇게 하면 가
야 할 경로를 명확히 해준다. 즉 영국인이 런던에서 브뤼셀까지 가고 싶다면
파리에서 출발하는 프랑스 사람과는 다른 방향에서 여행하게 될 것이다.

일단 현재 자신이 서 있는 곳—현재 상태—과 가고 당신이 아무데도 가지 않을 거라면 아무런 장애물도 없다.
싶은 곳—목표나 원하는 상태—을 알면, 목표 달성
을 위해 취해야 하는 행위를 결정해야 한다. 목표를 향해 가는 도중이라면
자신의 행동이 올바른 방향으로 가고 있는지 모니터 할 수 있어야 한다. 만
약 가고 있지 않다면, 행동을 올바른 방향으로 맞추어야 한다. 끊임없이 계
획을 맞추어 가면서 "계획은 쓸모 없지만, 계획 수립은 필수적이다." 라는
유명한 아이젠하워Dwight Eisenhower의 말을 고려하자. 계획이 현재 상태에
서 원하는 상태까지 따르고 싶은 길을 서술한 것인 반면, 계획 수립은 결국
계획되는 것을 경험하는 과정이다.

끝으로 자신과 다른 사람들 마음 속에는 계획 때문에 생겨난 저항, 타성이
있다. 혼자서 면밀하게 계획한 경로를 실제로 받아들일 수 있을까? 주변 사
람들은 그것에 관해 어떻게 생각을 할까? 그들이 받아들일 수 있을까? 합
리적 설명을 듣고 무의식적으로 동의할까? 또는 능동적이든 수동적이든
저항에 부딪히는가? 적어도 자신이 대항하는 것을 알고 있으므로 대개 후
자보다 전자가 더 낫다.

영국의 코미디 시리즈인 "예, 장관님Yes, Minister"에서 사람좋은 국왕의 장관
은 기어코 "구관이 명관"이라는 현상 유지를 보존하려는 관료주의자 공무

원의 타성에 직면하여 완벽하게 저항 스타일을 나타낸다. 기업계와 다른 곳에서 사람들이 합의할 때 종종 머리를 끄덕이고도 실제로는 정말로 그 반대로 행하는 것을 볼 것이다.

TOTE 모델: 융통성 있는 계획구조

누군가가 당신에게 한 손을 내민다면 악수를 하거나 손잡기를 거부하는 선택을 한다. 전통적인 엄격한 행동주의적 자극—반응 모형은 너무 제한되어서 이러한 행동 선택에 대해 설명할 수는 없다. 이 이론에 의하면 우리는 한결 같은 방식—학습된 반응—으로 내민 손—자극—에 반응해야 한다. 실제로 우리는 자극과 반응 사이에 포함된 중간 단계를 거의 의식하지 못하지만 적어도 우리의 반응 방식에는 선택을 한다는 것을 알고 있다.

밀러Miller, 갈란터Galanter와 프리브람Pribram이 1956년에 상세하게 설명했던 TOTE 모델은 피드백 회로에 기초하여 만들어진 선택을 추가해서 자극 반응모델을 더욱 상세하게 이야기한다. T. O. T. E 는 시험Test① 작동 Operation—시험Test②—출구Exit의 첫 글자를 나타낸다.

"TOTE는 본질적으로 보통 의식의 문턱 아래서 실행하는 행동의 기능 단위로 정리된 감각 표상체계의 활동 순서이다."[44]

피드백 회로 개념은 공학에서 수 년 동안 사용되었지만, 처음으로 그들이 인간의 사고 패턴에 유사한 모델을 적용했다. 행동주의적 모델에 피드백 고리의 원리를 추가했기 때문에 과업을 실행할 때 이전 행위의 결과를 고려한다. 자동온도 조절장치에서 똑같은 원리를 관찰할 수 있다. 원하는 결과에서 벗어나 있는지 검사하고, 이 결과에 따라 이른바 난방을 켜거나 끄는 시

---

44) 밀러, 갈란터, 프리브람(1960) The TOTE Model: Plans and the Structure of Behavior, Henry Holt and Co.

간을 바꾸며, 필요할 때 이를 반복해서 집안 온도를 조절한다.

TOTE 모델의 큰 장점은 그 체계적 특성이다. 그 TOTE 모델 때문에 행동을 취할 때 모든 주변 사건을 고려하고, 또한 이전 행동 결과도 고려할 수 있다.

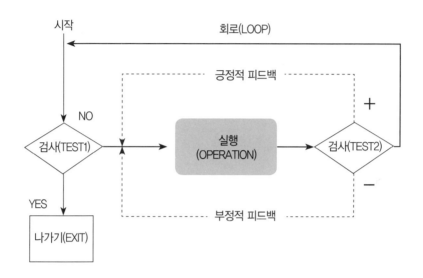

그림 3.1:피드백 회로로서의 TOTE 모델

시작: 계획 주제: 런던에서 브뤼셀까지 여행하고 싶다.

Test 1 **벌써 브뤼셀이야?**

대답: 아니다

Operation: 여행 출발.

Test 2 **브뤼셀 근처에 왔어?**

대답: 아니다

Operation:(피드백에 기초하여) 새로운 행동: 다른 방향으로 여행

모든 여행은 로마로 통하지만, 다른 사람들보다 더 오래 걸리는 사람들이 있다.

Test 1 **벌써 브뤼셀이야?**

대답: 아니다

Test 2 **브뤼셀 근처에 왔어?**

　　대답: 응(긍정적 피드백)

　　Operation: 피드백에 근거하여—똑같은 행동:

　　다소 더 빨리 여행 또는 속도제한에 따라 더 느리게

천천히 해, Jean
나 급하다.
Talleyrand, 그의 이발사에게

Test 1 **브뤼셀에 다 왔어?**

　　대답: 그래

Exit 다 왔다, 내리자.

지금 이 사례를 일반적 정의로 넓혀보자.

0 단계: **준비**(잘 만든 목표를 명확히 나타낸다)

1 단계: 피드백 회로를 경험한다.

- Test 1: 현재상태와 원하는 상태 사이의 차이 측정
- Operation: 목표 달성 또는 목표에 가까이 가기 위해 실행한 행동이나 활동, 조치 그리고 자신의 작용을 결정하기 위해 이전의 작용에서 얻었던 정보들(피드백)을 활용한다. "실패란 없고, 오직 피드백만 있을 뿐이다."라는 신경언어학적 가정을 기억하라.
- Test 2: '작용' 후에 설정된 행동이 목표로 통하는지 어떤지 시험을 한다. 적절하다면 다음에 할 작용에서 이 정보를 활용한다. 목표가 달성될 때까지 1단계를 반복한다.
- Exit: Test 1에서 현재상태와 원하는 상태 사이에 더 이상 아무런 차이가 없다면 중지한다.

이제 정의한 구성요소들을 보다 철저히 검토해보자.

잘 만든 목표(Well—formed goal)를 명확히 나타내기

위의 모델은 이미 결과outcome를 명확히 나타냈으며 일생의 여정은 한 걸음부터 시작한다.
계획 실행을 하기 전에 그 결과 달성 방법을 알고 있

다는 출발점을 전제한다. 그러나 실제로는 성공가능성을 최적화하는 방식
으로 목표를 명확히 나타내는 것은 쉽지는 않다. 그러나 잘 만든 목표를 나
타내도록 다음 5가지 기준을 추천한다.

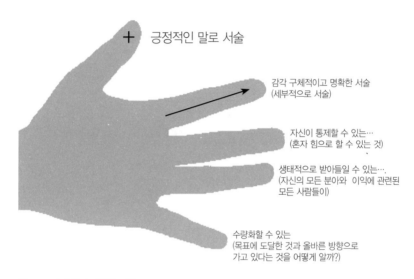

긍정적인 말로 서술

감각 구체적이고 명확한 서술
(세부적으로 서술)

자신이 통제할 수 있는…
(혼자 힘으로 할 수 있는 것)

생태적으로 받아들일 수 있는….
(자신의 모든 분야와 이익에 관련된
모든 사람들이)

수량화할 수 있는
(목표에 도달한 것과 올바른 방향으로
가고 있다는 것을 어떻게 알까?)

그림 3.2: 5가지 결과 적합성 기준

예시와 반대 예시들을 제공해서 그림에 제시된 잘 만든 목표의 5가지 기준
을 다음 표에 더욱 상세하게 써 놓았다. 또한 목표를 잘 만들기 위해 물어
볼 질문을 나타내고 있다. 다음 기준을 충족시키지 않으면 계획을 잘 작동
시킬 수 없다. 반면에 그 기준들을 충족시키면서, 변화하고, 성장하여, 전
진할 수 있는 파워가 자신의 통제 능력 안에 있다는 것을 알면 매우 낙관적
동기를 줄 것이다.

기준	클라이언트 진술	코치의 질문	목표 설정
1. 긍정적으로 표현	• 저는 더 이상 우울하고 싶지 않아요. • 비판받을 때 매우 민감하게 반응하고 싶지않다. • 저는 더 이상 취직 시험에 실패하고 싶지 않아요.	그러면 원하는 것이 무엇입니까?	• 저는 생동감을 느끼고 싶어요. • 비판 받을 때 좋은 기분을 느끼고 싶어요. • 저는 취직 시험에서 자신감을 갖고 싶어요.
2. 구체적인 말로 진술	• 제 인생을 다시 시작 하고 싶습니다. • 제 팀에 훌륭한 팀 정신을 원합니다.	정확히 무엇을 달성하고싶습니까? 언제, 어디서, 누구와 함께, 그것을 달성하고 싶습니까?	• 내일부터 내 가능성에 어울리는 직업을 찾고 싶어요. • 저는 팀원들이 웃으며 하고 싶은 말을 하기를 원합니다.
3. 자신의 통제 하에서 주체적으로	• 저는 제 상사가 친절했으면 해요. • 저는 이웃들이 우리에게 평화를 주면 좋겠어요.	그걸 달성하기 위해서 당신은 무엇을 할 수 있습니까?	• 저는 친절하도록 설득하기 위해 상사와 비공식적으로 이야기를 할 겁니다. • 우리를 평화롭게 할 수 있도록 이웃들에게 이야기할 겁니다.
4. 현실적이고 달성할 수 있게	• 저는 더 많이 팔고 싶어요. • 저는 천식을 없애고 싶어요.	당신이 목표를 달성했다는 것을 어떻게 알까? 무엇을 보고 듣고 느낄까? 언제까지 현실적으로 정확히 할 것입니까?	• 저는 6월말까지 20% 판매를 늘리고 싶어요. • 저는 6포인트쯤 천식 반응을 줄이고 싶어요.
5. 생태적으로적합, 자기 대화로 점검.	• 내일 저는 실제로 심장 이식 후 업무를 다시 시작하고 싶다. • 저는 새로운 인간 관계에 똑같은 맹목적인 믿음을 원합니다.	당신이 목적을 달성을 하면 무슨 불이익이 있을까? 목적을 달성하면 무슨 이득을 잃을까? 당신이 고려해야 하는 그 밖의 일들이 있습니까?	• 저는 여전히 심장을 주의하여 업무를 어떻게 지속할 수 있는지 알아 보고 싶습니다. • 저는 똑같은 실수를 반복하지 않도록 믿음을 갖고 조심하고 싶습니다.

그 밖의 준비

시작이 반이다

- 현재 상태를 결정하라. 목표는 원하는 상태이지만 현재 상태를 서술해야 준비를 펼칠 수 있다. 계획은 어떤 기초 위에서 구축되었는가?
- 있을 수 있는 위험과 부작용은 무엇인지 결정하라.
- 그 밖에 할 수 있는 것을 결정하라—이 목록은 완전하지 않아도 된다. 그러나 할 수 있는 행동에 대한 선택이 많을수록 성공가능성도 많다는 신경언어학적 가정을 생각하라.
- 목표의 긍정적 또는 부정적 결과를 어떻게 찾아낼지 결정하라.

주목: SMART 원리

신경언어학 분야 외에서도 기준에 잘 맞는 목표 설정의 원칙을 발견할 수 있다. 앞에서 서술했던 것에 대개 부합하는 SMART 원리는 품질관리 상황에서 개발되었다.

S	구체적인(Specific)	비교 1. 긍정적인 말 2. 구체적
M	측정 가능한(Measurable)	비교 4 양적으로 표현
A	받아들일 수 있는(Acceptable)	비교 5. 생태적
R	실현 가능한(Realizable)	비교 3. 자신이 통제할 수 있는
T	시간이 정해진(Timed)	'잘 만든 목표' 원리와 비교해서 추가

"세월은 화살처럼 빨리 지나간다. 잘 활용하라"는 표현을 알고 있다. SMART 원리가 잘 만든 목표Well-formed outcome의 기준에 추가한 것은 적시성에 대한 강조이다. 산업시대 시작과 철도의 출현 이후로, 우리의 생활방식은 계속 시간에 초점을 맞추고 있다. 유럽에서 중세시대는 영원한 것, 무한한 것을 강조했다. 신은 시간 밖에 존재하고 영원히 변하지 않는 것은 없

다. 반면에 인간은 단명하고 시간에 묶여 있다.

단지 철도의 보급으로 인해 시계가 똑같이 표준화된 시간을 나타내기 시작했다는 것을 알고 있는가? 1880년에 영국 의회는 영연방의 모든 도시들이 "런던 시간"을 나타내야 한다는 시간 법Time Act을 법령으로 정했다. 그때까지 정오는 태양이 각 지역에서 하늘에서 가장 높이 있는 방식으로, 지역적으로 결정되었다. 예를 들어 브리스톨의 지역시간은 런던시간과 17분 차이가 있다. 그래서 모든 철도가 똑같은 시간을 사용하기 위해 "타임 체크Time check"가 매일 아침 9시에 전신을 통해 전달되었다. 이 표준화 덕분에 커뮤니케이션의 진보가 일어났고 실제 수 많은 사람들이 이해했던 여행안내서와 같은 시간 계획이 발전했으며, 산업계와 개인들도 미리 여행과 운송시간 계획을 수립할 수 있었다.

그러나 서구의 마감시간 강조는 얻어낼 결과의 질에 손해를 끼치는 작용을 해서 역효과를 낳아 비생산적일 수도 있다. 우리는 마감시간을 종종 비현실적으로 결정하거나 프로젝트를 지연 또는 무산시켜서 그 영향력을 평가할 수 없게 될 가능성을 고려하지 않고 설정한다. 사람들에게 시간을 절약하라고 강요하면서 마감시한을 놓친 프로젝트에 대해 무력한 벌칙을 부과하기 때문에 성공적 시작에 필수적인 안전요인을 무시할 수도 있고, 그 후에 의도를 숨기기 위해 소홀했던 계획의 여러 측면들을 그럴싸하게 둘러대어 설명한다. 최근에 경비삭감과 함께 NASA가 실행했던 화성 우주 비행계획들의 실패는 이런 타입이었음을 보여준다. 더 나은 결과 달성을 위해서 거리낌없이 뒤로 미루기를 요구하는 대안을 일반적으로 받아들일 수 없을 것 같다. 게다가 삶의 자연스런 리듬을 없애려 해서 마감시한은 사람들에게 부정적 영향을 미쳤던 것으로 나타났다. 스트레스와 많은 건강에 대한 푸념들은 종종 비현실적이거나 부적절한 마감시한 때문에 나타난 결과이다.

그러므로 완성 날짜보다는 오히려 결과를 강조하라. "측정가능한 것은 지식이다"는 정규 평가와 이것을 결합시켜라: 이러한 결합된 태도 유형은 계획된 목표 달성에 대한 추가 측정을 고려할 여지를 준다.

목표의 적절성

온종일 열심히 일하고도 저녁에는 진행을 많이 하지 못했다는 느낌을 가진 적이 있는가? 우선 순위는 올바른가? 계획이 실행되지 않으면 무슨 일이 일어날까? 이 계획은 자신이 여전히 가지고 있는 다른 계획들과 어떤 관련이 있는가?

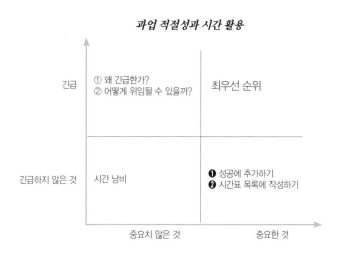

과업 적절성과 시간 활용

우리는 직관적으로 긴급해 보이는 일을 먼저 하는 경향이 있다. 흔히 그 일이 중요한지 안 한지 스스로에게 물어보는 것을 잊어 버린다. 중요하지 않지만 긴급해 보이는 듯한 일은 가끔 전혀 끝내지 않아도 된다. 열심히 하지 말고 더 영리하게 일하라! 물론 이를 알려면 상당한 감성 지능이 필요하다. 이런 긴급한 일에 다른 사람들이 관련되어 있다면 그 메시지를 이해 시키는데 추가적인 EQ가 약간 더 필요할 것이다.

일, 취미, 가정생활, 친구, 건강에 시간을 얼마나 바치는가? 모든 것이 공평하고 공정한 집중을 받도록 삶의 모든 영역에 걸쳐 시간을 분배하라. 그 중 하나가 다른 것들을 희생하여 우선시된다면, 1년 이내에 국가적 수준으로 승진되기를 원했던 경영자처럼, 실제로 그 결과 때문에 고통을 경험한다. 그 해 연말에 그 경영자는 정말로 국가적으로는 승진했지만 속도위반 때문에 잡혔고, 2번의 교통사고와 심장마비를 경험했으며, 아내와 이혼해서 아빠를 많이 보지 못한다고 불평했던 아이들을 잃게 되었다. 그 모든 것이 가치가 있었을까? 체제 이론에서 나온 신경언어학적 표현을 활용하면, 그는 진지하게 그의 생태 환경과 타협했다. 목표를 계획할 때, 최대화의 개념에서 최적화의 개념으로 바꿀 것을 고려하라. 결국 더 많은 것이 더 좋은 것은 아니다. 좋은 게 좋은 것이다!

Tip: 우선 순위를 결정하라: 당신에게 중요한 것은 무엇인가?
최대의 부가 가치 대신에 최적의 부가 가치를 어디서 내는가?

피드백 회로

일단 잘 만든 목표를 세웠으면, 그것을 실행하기에 충분한 자신감을 가져야 한다. 현재 무엇을 하고 있는지 알고 있다면, 충분한 성공가능성을 가진 사람이다. 또한 결정의 이점과 불리한 점을 알고 그 결과를 감수할 준비가 되어 있다. 그러므로 오만하거나 방어적인 태도를 가장하지 않아도 된다. "백문이 불여일견"이라는 격언이 있다. 결과를 손에 넣었을 때만 결과가 얼마나 좋은지를 안다. 피드백 회로에서 목표를 달성할 때까지 활동을 계속한다. 실행한 활동을 통해 얻은 정보를 학습 경험과 피드백의 일부로 활용하면 다음 단계를 훨씬 더 효과적으로 실행할 수 있다.

우리는 실패가 확실한 문화 속에 살고 있다. 줄곧 그랬을까? "성공은 99%의 실패"라는 격언을 기억하라. 똑같은 실수를 다시 하고 싶지 않다면, 성

공했던 상황에서보다 실패했던 상황에서 학습기회
는 훨씬 더 많다. 발전은 시행 착오에 기초해 있다.

많은 과학적 발견과 심지어 요리 레시피까지도 실패의 결과로 찾아냈다. 비난 지향적 문화는 실패가 학습과정에 필수적이라는 것을 깨닫지 못하고 실패를 허용하지 않는다. 따라서 종종 특별한 과업을 실행한 적이 없는 사람들은 처음에 100% 얻기를 기대한다. 걷기를 처음 배우는 아기가 뒤로 넘어진 후 "나는 걷기에서 실패했어, 결코 다시는 하지 않을 거야"라는 생각을 하면, 결코 걸을 수 없을 것이다. 마찬가지로 불에 타고 있는 장작을 집으려 할 때 손가락을 데었던 먼 조상이 "아야, 저 물건을 다시는 만지지 않을 거다"라고 생각했다면, 우리는 어디에 있을까? 그러므로 실수를 한다면, 그것을 실패로 여기지 말고, 실패에서 배워라!

실행할 수 있는 활동 범위가 넓을수록 유연성이 더 발달되며 성공가능성이 더 크다. "망치만 가지고 있다면 모든 문제를 못으로 지각하기 쉽다"고 머슬로우Maslow는 말했다. 선택에 관해 말하기 위해서는 최소한 3가지 가능성을 필요로 한다. 한가지 가능성으로는 분명 선택할 것이 없으며 로봇처럼 행동한다. 가능성이 두 가지 있으면 딜레마에 직면한다. 하버드의 역사학자 데이비드 랜즈David Landes[45]에 의하면, 유연성은 중세부터 19세기까지 유럽이 사회적, 기술적 그리고 경제적 발전에서 왜 앞섰는지 그 이유를 설명해준다. 동일한 시기에 중국에서는 정부 간섭이 사회에 심한 부담을 주었다. 중국 관료주의 때문에 평생이 규칙 아래서 숨막혔다. 15세기 초에 아프리카 동쪽 해안에 이르러 상업적 연결로를 수립하고 중국으로 돌아가자마자 탐험가 정화(鄭和)가 다시 여행하는 것을 금지당했을 때처럼, 모든 이탈이나 갱신은 미연에 방지되었다.

또한 조작적 가정인 "누군가가 그것을 할 수 있다면, 나도 할 수 있다"를 기

---

45) Landes, David S.(1999) The Wealth and Poverty of Nations: Why Some Are So Rich and some So Poor, W. W. Norton & Company

억하라. 이는 다른 사람들을 예시로 생각하여 전에는 전혀 해본 적 없는 일을 할 수 있는 특별한 강점과 자신감을 줄 것이다.

계획을 다루기 쉽게 만들기

"발전을 이루는 비결"은 일단 시작하는 것이다. 시작하는 비결은 복잡하고 압도적인 굉장한 일을 작게 관리할 수 있는 일로 나누고 나서 첫 번째 것을 시작

머피(Murphy))의 법칙에 대한 Knagg의 파생어 : 더 복잡하고, 웅대한 계획일수록 실패 가능성이 더 크다.

하는 것이다" 라고 마크 트웨인Mark Twain은 말한다. 몇 년 전에 이 원리를 기초한 책이 코끼리 먹기Eating the Elephant[46]라는 제목으로 나타났다. 이 책에 의하면 코끼리를 먹는 것은 쉽다. 먼저 코끼리는 작은 덩어리로 잘라서 하나씩 먹는다. 그처럼 큰 목표를 다루기 쉬운 단계로 쪼개서 각 단계 별로 별도의 TOTE를 설정한다는 뜻이다.

계획에서 배우기

시간 관리 과정에서 다른 사람들이 어떻게 계획을 하고 실행하는지 배운다. 자기 자신의 교사가 되라: 계획에서 무엇이 잘 되었는지 배워서, 새 계획을 짤 때, 이 경험을 활용하라. "무엇을 더 효율적으로 할 수 있었을까?" 또는 "어느 단계를 빠뜨릴 수 있었을까?"라고 자문하라.

구체적 결과를 얻지 못하고 구체적 과업을 계속 미루는 것 같으면, 이는 개인적 "생태Ecology"에 관한 것을 나타낸다. 그러므로 이것이 무슨 의미인지 자문해보라. 특정한 사람들에게 접촉하려고 계획했는데 하지 않는다면, "나 자신이 그리고 다른 관련자들이 목표를 정말 받아들일 수 있었는가? 이 사람들과의 관계에 대해 이것이 무엇을 나타내는가? 이성적 사고 또는 감

---

46) Rainer, Thom, S(1999) Eating the Elephant Bite—Sized Step to Achieve Long—Team Growth in Your Church Broadman & Holman

정적인 사고에 기초한 걸까? 이성적인 것과 감정적인 것의 차이를 어떻게 알고 있는가?"

자신의 무의식을 믿어라

신경언어학의 TOTE 모델로 확립한 경험은 원하는 결과를 달성하기 위해 무의식을 프로그램화해서 이러한 목표설정방법을 활용할 수 있음을 보여준다. 그 방법은 다음과 같다.

당신은 집중하는 것을 얻는다. 그래서 당신이 원하는 것에 집중하라.

- 목표가 잘 만들어진 것이고 그 방향으로 몇 가지 활동이 준비되었다는 것에 신경 쓰면서 목표를 입안하라.
- 그리고 나서 혼자서 이미 준비했던 또 다른 목표와 병행하여 이 목표를 착수하라.
- 얼마 후에 목표로 되돌아서 계획 실행에 관해서 얼마나 멀리 있는지 주목하라. 이미 얼마나 많이 성취했는지 놀랄 것이다.

이에 대한 이상적 적용은 어느 정도 장기적 관점을 위해 몇 가지 핵심적 학습 목표를 직접 설정하는 것이다. 기회가 온다면 또는 남은 시간이 좀 있다면, 학습 목표에 집중하라. 얼마 후 달성했던 모든 목록을 학습 목표에 도움이 되는 사소한 것들도 포함하여 작성하라. 기대 이상으로 훨씬 더 많다는 것을 이미 깨달았을 것이다.

좋은 일을 하는 것과 일을 잘하는 것 사이에는 차이가 있다. 충실히 계획을 실행하고 원하는 결과를 달성한다면, 일을 잘하는 것이다. 그러나 주변 세상은 가만히 있지 않는다. 그래서 기대했던 결과를 성취했음에도 불구하고 이제 계획은 부적절하거나 심지

유연한 지침
1. 예상치 않고 자연발생적 활동을 위한 시간을 두라.
2. 당신의 행동지침을 새 기회에 기꺼이 맞추라.
3. 계획하는 동안 다른 사람들을 고려하라.

어 구식인 것처럼 보인다는 것을 깨달을 것이다.

이에 대한 좋은 사례는 마이크로소프트의 'MSN' 서비스이다. 1994년에 이 서비스가 처음 계획되었을 당시, 인터넷은 그다지 알려지지 않은 채였다. 사람들은 마이크로소프트에 대해 거의 들어본 적 조차 없었다. MSN은 아메리카 온라인America Online과 컴퓨서브Compuserve에 대항하는 경쟁자로서 의도했던 폐쇄된 커뮤니케이션 네트워크를 시작했다. Windows 95를 개시할 즈음 그 계획이 실행되었을 때 그 상품은 이미 추월당한 것처럼 보였다. 마이크로소프트가 그 계획을 실행하는 동안, 세계는 인터넷을 발견했다. 다른 민간 네트워크들은 이미 통신망에서 풍부하게 행동을 개시하기 시작했다. 그 결과 MSN은 기대했던 성공을 하지 못했고, 그 개시 1년 후에 인터넷 웹사이트로서 제품의 선전 판매방법을 바꾸었다. 물리적 네트워크는 제거되었고, 미국에서 인터넷 공급자의 역할로 제한했다.

또 하나, 더 최근 사례는 이리듐Iridium 위성 전화 네트워크이다. 당시는 직접적 위성 접근에 의해 사람들을 함께 이동전화 장치에 연결시키는 프로젝트를 착상한 휴대전화 초기였다. 하지만 그 장치는 번거로웠고 유지비용도 많이 들었다. 전체적 위성 네트워크가 작동하게 되었을 때 이동전화 시장은 이리듐이 제공하려고 했던 것보다 비용, 속도, 사용이 훨씬 편리하고 폭발적이었기 때문에 1999년에 네트워크는 폐쇄되었다.

도덕성: 눈가리개를 한 채 계획을 실행하지 마라. 정기적으로 피드백 회로에서 나와서 외부 현실을 감안하면서 계획을 확인하라. 주위에서 일어날 수 있는 변화를 고려하면서 끊임 없이 관련된 질문을 스스로에게 하라.

과거는 역사이며 미래는 지어낸 이야기이지만 지금은 주어진 선물이다. 지금을 선물(The Present)이라고 하는 것은 그 이유 때문이다.

기간이 경과하면서 실행했던 행위를 반성하기 위해 정기적으로 추구하는 것에서 자신을 멀리 놓고 보자. 생활 속에서 여러 결과 영역에 관해 어떻게 시간을 할당하고 있는가? 앞으로 다가올 시기 동안 계획했던 활동을 재검토하라. 단기에 집중해서 장기적 의미를 소홀히 하고 있는가? 반면에 앞날을 미리 생각하느라 바빠서 편안히 쉬지도 못하고 그냥 현재를 즐길 수도 없는가?

검토를 하는 주간 주기를 정지시켜라. 약 15분 동안 이전 주에 했던 것을 살피고 결과를 평가하라. 발견한 것을 메모하라. 분기마다 평가날을 배정하라.(주간 메모에 기초하고 목표와 비교해서) 지난 분기 동안 어떤 결과를 달성했는가? 다음 분기 동안의 계획은 무엇인가? 메모하라.

계획과 스트레스 관리

자신의 일에서 즐거움을 얼마나 경험하는가? 일에서 전혀 즐거움을 얻지 못하는 것인가? 라고 버톨트 브레크트 Bertolt Brecht가 말한 것에 동의하는가? 우리 문화에서 일의 즐거움과 스트레스는 공존할 수 없는 것 같다. 그러나 모든 사람이 똑같이 스트레스를 겪는 것 같지는 않다. 스트레스 결과에 반하여 자신을 더 잘 보호하기 위해 식별한 방법들 중 일반적 조건―체중, 운동량 등―과 정신적 건강―그것에서 얼마나 많이 배우며, 충분한 훈련을 받고 있는가?―은 최고점에 있는 것 같다. 케리 쿠퍼Cary Cooper교수는 1988년에 그의 저서 "스트레스와 함께 살기 Living with Stress"에서 스트레스의 원인과 결과를 지적했다. 두통, 위장문제, 허리 통증 호소, 수면 문제와 같은 상당수 질병의 증상은 종종 스트레스에 관련된 것 같다. 쿠퍼와 그의 동료 리차드 라자루스Richard Lazarus에 의하면 스트레스는 예를 들어 특정 상황을 위협적이라고 여긴다면, 그 상황을 지각하는 방식과 대처하는 방식에 달려 있다. 특히 무력하고 의지할 곳 없는 느낌이 드는 상황은 스트레스의 원인으로 인정된다. 쥐에 관한 연구에서 자기 상황을 통제할 분별력이 없다면 쥐들까지도 스트레스를 발달시킨다는 것을 나타냈다. 상황에 대처하는 방법을 결코 배우지 않는 사람들이 있다. 반면에 보통의 반응 방식이 특정 문제에는 작동하지 않는다는 것을 깨닫는 사람들도 있다. 그래서 의지할 데 없이 무력해지는 것을 배운다. 극단적으로 학습된 무력감 형태가 우울증이 되는 것이다.

사람들은 실제든 아니든 상관없이 상황을 통제할 수 없다면 어찌할 바를 모르고 무력감을 느낀다. 스트레스 원천은 자신의 현실 지각인 것 같다. '자신이 통제할 수 있다는 것'은 위에 서술한 기준에 잘 맞는 원칙 중 하나이다. 질문해야 할 중요한 문제는 사람들의 실제 자기 상황 통제 여부이다. 계획의 성공 가능성에 관한 코스에서 약 60명 참여자들을 조사했다. 대부분은 결과가 자신의 통제 하에 있다고 느끼는 방식으로 계획을 다시 명확히 할 수 있다고 나타났다. 이렇게 생각하지 않는 사람들은 일반적으로 자기주장의 부족이 장애라고 지각한다. 그들은 할당된 임무를 얻고, 상호 협의하며 자신이 해낼 수 있다고 다시 명확히 말할 용기가 없다.
그러한 반응 결과를 추측할 수 있을까? 그렇다. "스트레스는 한 두명의 바보의 목을 꽉 죄는 통제할 수 없는 신체의 무의식적 충동"이라고 신경언어학자 리처드 밴들러가 제공한 정의에 알맞다.

스트레스 관리는 다음 단계를 포함한다.
1. 자신의 감정상태를 평가한다.
2. 삶에서 더 많은 즐거움을 얻을 수 있다고 결심하면, 어떻게 그것에 착수할 것인지 결정하라.
3. 실제로 행동한다고 자신에게 약속하라.
4. 자신이 전념했던 행위를 실행하라.
5. 자신이 취한 행위가 그 영향을 미치는지 평가하라.

이 5단계 각각은 구체적 스킬이 필요하다. 스트레스를 겪는 사람이라면, 위의 모델을 진단도구로 사용할 수 있다.

TOTE를 전혀 만들어 놓지 않으면 무슨 일이 일어날까?

미래의 목적을 설정하지 않고, 과거를 되돌아 볼 수 도 있다. 폴 와츨라 위크Paul Watzla wick[47]는 우리 스스로를 비참하게 할 수 있는 냉소적 방법으로 서술한 다. 몇 가지 경험칙을 여기서 요약해본다.

누구의 계획을 따르는가? 당신의 인생을 계획하라. 그렇지 않으면 당신에게 계획해 줄 것이다.

1. 전에는 모든 것이 더 좋았다고 상상하라. 이것을 그 후에 모든 것이 잘못 되어 갔던 방식에 비교하라.
2. 과거의 실패를 미래에 효과가 없는 핑계로 활용하라. 결국 다시 또 잘못 되어 갈 뿐이다.
3. 상황은 희망이 없고 기분만 나쁠 뿐 더 이상 해야 할 것이 아무 것도 없 는 자신의 과거 선택 결과임을 상기하라.
4. 어떤 것을 하는 한가지 정확한 방법이 있으며, 그것이 작동하지 않으면 오직 더 열심히 그것을 계속해야 한다는 것을 깨달아라. 물론, 자기 방법 이 단 하나의 정확한 방법임을 잠시라도 의심하지 마라.

이런 "법칙" 들은 잘 만든 목표 원리와 매우 조화되지 않는다고 개인적으로 생각한다. 하지만 사람들이 서술하는 상황들은 적어도 관찰자에게는 다소 우습거나 심지어 억지 같아 보인다.

신경언어학 분야에서 주요한 사상가중 한 사람인 마이클 홀Michael Hall은 같은 맥락에서 3P, 즉 개인적Personal, 침투적Pervasive, 지속적Permanent이라고 지각하는 문제에 관하여 사람들이 스트레스를 경험하는 방식에 대해 종종 언급한다. 그는 "이처럼 당신의 온몸이 P일 때, 스트레스를 겪는다는 것이

---

47) 그의 책 '상황은 절망적이지만 심각하지 않다', W.Norton&Company,1983

놀라운가?" 라고 말하기를 좋아한다. 반면에 자신의 문제는 자신이 누구인지가 아니라 무엇을 하는지에 관해서이며, 둘 다 공간에 맞추어지고 시간 제한이 된 것임을 깨달으면 스트레스 수준에 무슨 일이 생길까?

● X

1. 석유 값 상승에 관해 라디오 보도를 들은 사람이 있다. 그는 생활비가 얼마나 비싼지에 흥분해서 "몇 년 지나면 프랑스에서 주거용 트레일러로 휴가 여행을 할 여유도 없을 거야"라고 말한다—인플레이션과 수입 상승을 고려할 때 70년대 오일 위기 전의 비용보다 2001년 서유럽에서 석유 1리터 비용이 덜 든다.

2. 어떤 남자가 "나는 집을 더 이상 개조하고 싶지 않다. 더 이상 집에 대해 아무것도 하지 않을 거야. 저 일꾼들은 언제나 실수해. 전에 개조한 후에 수도 파이프에서 새는 곳이 있어"라고 말한다—그의 이전 수도 배관은 여전히 납 파이프였고, 아내는 플라스틱으로 대체하고 싶어했다. 플라스틱 파이프는 별로 새지 않고 게다가 납은 독성이 있고……

3. 16살 때 나는 학교를 떠나고 싶었고, 지금은 실직 중이다. 교육을 받지 못한 사람들을 더 이상 필요없다. 그러나 지금은 너무 늦었다—장기 실직자를 위한 여러 프로그램은 실제로 너무 나이 들어서 새로운 일을 배울 수 없는 것은 아니라는 것을 증명했다.

4. 남편이 설거지를 충분히 도와주지 않는다는 것을 눈치챈 한 여자는 "설거지를 함께 하는 것이 정말 좋아서……" 식기세척기를 사용하고 싶지 않았다. 남편이 TV 소파에 누워 있지 않고 그녀를 도와줄 때까지 불평을 한다—해결: 설거지 외에 '즐길만한 잡담'을 할 적당한 활동으로 무엇을 추천할 수 있을까?

자신이 자기의 선택에 따라 시간을 소비하는 방법을 결정할 것이다.

각각의 예시에서 사람들은 부정적 "생각 바이러스" 때문에 그들의 상황에서 벗어날 계획을 짜지 못한다. 그러나 이 생각 패턴들 중에 본래 성공적 계획 과정의 실제 방해물은 아무것도 없다. 혼자서 이것을 검토해보자!

조건 반사로서의 감정

감정의 근원을 더 잘 관리하기 위해서 다음의 전제를 깊이 생각해 보도록 하자.

1. 감정은 연쇄적인 정신적, 신체적 작용의 고리를 맺고 있다.
2. 우리는 이 연쇄적 고리 하나하나를 기획할 수 있다.
3. 연쇄사슬을 개선하거나 다른 연쇄사슬을 만들어 내기 위해 고리를 바꿀 수 있다.

감정들은 충동에 직접적 본능적 반응으로 일어나는 것 같다는 점에서 많은 감정 반응들은 겉보기에는 직접적 통제 범위를 넘어선 반사와 닮았다. 신경 과학에 관한 문헌을 찾아보면 그것을 어떻게 소위 파충류 두뇌라고 하는 대뇌 변연시스템의 선천적 생물학적 반사로 여겼는지를 종종 읽을 수 있다. 가장 많이 인용되는 예시는 "도망치거나 싸우기flight or fight" [48] 반응이다. 그러나 감정을 분석할 때 이러한 반사는 실제로 습득된 것임을 종종 발견한다. 무엇보다도 그것들이 선천적이라면 암벽 오르기, 번지 점프, 불꽃놀이보기와 같은 활동에 탐닉하여 즐길 수 없다. 사람마다 유사한 자극에 반응하는 방식을 비교할 때, 감정이 선천적이라면 일어나지 않을 차이들을 실제로 확인할 수 있다.

- 개인차: 동일 가정 내에서 심지어 일란성 쌍둥이조차 한 명은 두려움이나

---

48) 최후의 로마의 챔피언 호라티우스(Horatius)가 3 명의 사비니 인 챔피언을 더 잘 잡기 위해 도망쳤던 사비니 인과의 전투에서 일어났던 것처럼 싸울 필요 없이 직면하거나 또는 두려워할 필요 없이 도망치기 때문에 이것들은 더 정확히 "직면, 도망 또는 꼼짝 못하게 되기"라고 불러야 한다. 그러나 위의 표현은 지금 흔한 말이며, 그것만으로 '논쟁은 싸움이다'와 같은 메타퍼를 영속시킨다.

불안을 갖고 어려움에 반응하는 아이인 반면에 그 쌍둥이 형제는 그러한 도전을 헤쳐나가고, 심지어 도전을 찾아가려고 노력할 것이다.

■ 가족들간 차이: 언어습득 이전 단계에서부터 부모의 행동 패턴에 동화되어 있기 때문에 아이들은 보통 의심할 것도 없이 그 패턴들을 반복한다. 언제나 미소를 띠는 것과는 대조적으로 자유롭게 화를 내는 것과 같은 감정 반응은 가정 안에서 허용되고 장려되거나 억제되는 것이 무엇인지에 달려 있다.

어떤 두 가족도 동일하지 않듯이 "껴안은—격려받은—수용할 수 있는—언짢은—받아들일 수 없는—금기"라는 감정의 연속적 스펙트럼은 가족들 간에도 다르다.

■ 문화적 차이: 문화 차이도 가족마다 다른 것처럼 가정, 지역사회와 문화에 널리 퍼져 있을 것이다. 예를 들어 일본 같은 나라에서는 수치심은 훨씬 더 흔한 반면에 그런 것을 죄악으로 강조하는 유대교 문화에서는 범죄 행위 발생이 더 높다.

2장에서 의미/명칭을 붙여준 구체화된 감정이 어떻게 감정적 반응을 특징 짓는지 나타냈다. 시간이 지나면서 감정은 차츰 작아지고 사라지거나 때로는 다른 감정으로 돌연변이하면서 변화하여 몇몇은 결국 닳아져 버린다는 사실은 "탈조건화deconditioning" 과정과 관련되어 있다. 그러한 탈조건화는 종종 새로운 행동, 학습과 신념의 결과로 일어난다. 그래서 특히 이 책에 제시한 것과 같은 테크닉을 적용하고 계속 자기 관리에 노력할 때 변화할 수 있다. 자기 관리에 투자하는 정도는 개인적 결정으로 남아있다. '원치 않는' 감정 때문에 생긴 고통을 줄여서 겉으로는 우아한 품위 유지에 스스로를 제한하는 선택을 할 수도 있는 반면에, 행복, 즐거움, 자아를 조절하여 감정적 잠재력을 최적화하기 위한 일을 선호할 수도 있다.

탈조건화 과정 외에도 감정을 변화시키는 두 번째 보완적 방법은 감정들의 의미를 찾는 것과 각각의 의미가 미치는 영향을 변화시키는 것이다. 그감정이 어린 시절 동안 습득된 조건화에 관련되어 있다고 할지라도 이 책에 제시된 몇 가지 과정을 적용하면, 자신에게 주는 의미를 확인할 수 있다. 3세 아이는 지적으로 그런 의미를 표현하기 어렵지만, 신체언어로 의미를 더 잘 표현할 수 있다. 물론 이 때문에 존재의 깊은 곳에 숨겨진 조건화된 감정의 의미 찾기가 더 쉽게 되는 것은 아니다. 예를 들어 개인 초월심리학 Transpersonal psychology분야를 창설한 스타니슬라브 그로프Stanislav Grof는 불안, 격분, 노발대발과 상실감 같은 통제할 수 없는 많은 감정적 행동들이 출산 전후 기간에 생긴다고 주장한다. 일할 때 이 시기를 원시적 감정이 시작했던 때라고 클라이언트들이 일반적으로 인정하는 것은 정말 놀랍다. 아기의 생에서도 매우 초기에 생기기 때문에 언어가 순전히 행동적 용어[49]로 암호화되었을 것이다. 어린 시절에 생기는 그러한 조건화는 일련의 감정 상태 이면에 숨겨져 있을 것이다. 극단적인 예시를 위해서 몇 가지 알코올 남용의 사례를 든다.

다음 질문을 물어보라.
- 술을 마시고 싶은 긍정적 의도는 무엇인가?
- 이 욕구가 겉으로 드러날 때 정확히 무슨 일이 발생하는가?
- 이 욕구는 자신에게 무엇을 원하는가?
- 이 욕구가 겉으로 드러나기 바로 전에 무슨 일이 일어났는가?

하나의 특정 사례에서 실패에 대처하기 어려워하는 한 사람을 발견했다. 그는 무언가가 계획대로 풀리지 않을 때 즉시 어찌할 바를 몰랐다. 전에 모셨던 사장들마다 불평했고, 이 직업 저 직업으로 전전하고 다녔다. 이는 분명한 '회피 전략' 사례였다. 정말로 그는 '알코올 속으로 도망쳤다'. 음주로 그는 좌절감을 느끼지 못했기 때문이다. 사실 실패가 나타나면 즉시 음주 욕구가 일어나곤 했다. 그래서 "이 사람은 왜 고통에 빠져 있을까? 이 좌절

---

49) Grof. S.(1993), Holotropic Mind, San Francisco, Harper Collins.

감은 어디서 온 걸까?'가 문제가 되었다.

결국 의미를 찾아서 이 추론을 철저하게 조사한 후에, 그 사람의 내면 깊은 곳에서 "나는 기분 좋고 싶기 때문에, 주변 세상이 훌륭하기를 바랍니다"라고 답변했다.

마이클 홀Micheal Hall은 최근에 메타상태Meta States 또는 다른 상태에 관한 상태State about other States와 같은 그런 일련의 의미들을 식별했다. 그는 우리가 세상에 반응하여 경험하는 몇몇 상태가 있다는 것을 확인했다. 이것들은 외부로 집중되어 있으며, 그는 기본상태Primary State라고 불렀다.

그에 반해서 다른 것들은 세상에 반응해서가 아니라 우리 자신의 반응에 대응해서 일어나며, 그렇게 내적으로 집중된 상태를 메타 상태Meta States라고 했다. 그러므로 매일 경험하는 대부분의 감정 상태는 기본 상태가 아니라 메타상태이다. 이는 우리 자신과 겉보기에는 무한한 퇴행에 반영된 것을 숙고해 보는, 언어를 통해 발전된 능력 때문에 생긴다. 마이클은 신경언어학 부류의 확장인 "신경-언어의미론"[50]을 개발해서 1990년대 중반부터 메타상태를 연구했으며 패턴을 발달시켰다.[51]

그래서 정체성 수준에서 알코올을 남용했던 그 클라이언트는 부정적 자아상Self image에 대처해야 했다. 그는 좋은 기분을 가질 기회를 위협했던 위험한 곳으로 세상을 경험했다. 이는 그가 마치 살아갈 권리를 거의 갖지 않은 것과 같은 느낌이었다.

신경논리적 수준 모델을 활용함으로써 이 사례는 더 이상 가치와 신념 수준에서 긍정적 의도를 연구대상으로 한 사례는 아니지만 "인간으로서 나는

---

50) 신경언어의미론은 우리가 의미를 구성하고 사건과 경험을 평가하고 그 중요성을 할당하는 방식을 공부하고 연구하기 위해 NLP와 일반적인 언어 의미론을 합친다.
51) 마이클 홀(Micheal Hall)은 많은 책을 썼다. 그의 메타상태의 발견은 신경언어학 분야에 대변혁을 가져오고 있다. 그가 최초로 그의 새 모델을 제시했던 책은 "메타 상태: 논리적 수준의 영역, 인간의 의식상태에서의 자아반사(Self-reflexiveness), Empowerment Technologies, Grand Junction, Co, 1996"이라고 한다.

이 세상에서 받아들여질 수 없어." 라는 자아심에 관련된 심오한 정체성 위기에 직면해야 한다는 것을 이해할 것이다.

언젠가 커뮤니케이션은 두 가지 타입으로 줄여질 수 있다고 말한 사람이 있었다. 하나는 사랑의 표현이고, 또 하나는 도와달라는 외침이다. 자신의 행동과 감정은 어느 범주로 분류된다고 생각하는가?

지속적인 연구에 의하면, 대부분의 어린 시절 조건화가 부정적 자아 경험에 관련되어 있다. 일단 감정과 그 근원의 고리를 다시 확립할 시간을 가지면, 새롭고 보다 성숙한 자아상을 위한 공간을 창조한다. 업그레이드가 저절로 일어난다. 이러한 새 자아상을 더 한층 지원하고 지지하기 위해, 이전에 보여준대로 지지해주는 신념, 능력과 행동을 추가할 수 있다.

지속적 조건화로 논쟁할 필요가 있다면 필요한 곳마다 장기적 시각을 갖고, 자기 성격 범위를 인정하면서, 문제가 나타나는 영역만이 아니라 충분히 광범한 유사행동 분야에서의 작용을 권한다. 무엇보다도 우리는 체계적 존재이며, 일에 관련된 관심은 개인적이거나 건강 문제에 연관된 것 같지 않지만, 종종 이러한 다른 분야에서 생각이나 반대 생각이 존재한다. 그러한 영역 하나에만 집중하면 단기적으로 일하는 것처럼 보일 수도 있지만, 관심은 처음의 문제 영역으로 다시 옮겨갈 수 있는 다른 영역들에 남아 있을 것이다. 그래서 진정 구체화된 조건화를 해결하기 위해서 특히 혼자서 한다면, 장기간에 걸쳐 다차원적 통합적 접근을 취해야 할 것이다. 그러한 관심을 작동시키는 법을 이상적으로 알아야 할 때, 한가지 선택 대안은 함께 일하는 사람이나 신경언어학전문 치료전문가를 찾는 것이다.

결론: 감정 계발을 위한 조언들
우리가 첫 부분에서 이미 다루었던 것을 고려하여, 효과적인 감정 변화 작업에 필요한 요인들에 대한 개요를 제공한다. 다음은 우리가 할 수 있는 것들이다.

1. 감정, 생각, 행동, 스킬과 상황을 구별하기, 멀리서 자신의 감정을 바라보고, 감정과 감각 구체적 경험[52]의 연결고리를 재확립하기
2. 감정의 의미 찾기
3. 조건화 과정에서 감정의 구체적 역할을 발견하기
4. 주어진 상황에서 경험하고 싶은 여타의 감정 반응 진술하기
5. 감정을 충분히 경험한 곳에서 준거 경험을 찾기.
6. 변화과정에 관련하여 장기적 시각을 갖기. 오래된 패턴에게 혼자서 만들고 있는 새로운 패턴으로 대체할 시간을 주기

나이 들어감에 따라 사람들은 할 수 있었던 것 또는 했어야 했지만 하지 않았던 것들에 관해 점점 더 많이 이야기한다는 것을 눈치챌 것이다. 그러나 또한 했던 것들과 할 예정인 것들도 토의하기로 선택한다. 우리에게는 후자가 더 재미있는 것 같다! 하고 싶은 것들을 하기로 선택하라.

apply 1 타인들과 목적을 공유하기

혼자 힘으로 목표를 설정하고 효과적인 목표 실현 방법을 공부할 수 있기 때문에, 자신이 할 수 있는 목표로 제한하고 싶다는 것은 불리할 수도 있다. 우리는 내면에 체계를 가지고 있으며, 사회적 문화적 상황에서 작용하는 체계의 부분을 형성하는 체계적 존재이다. 그러므로 감성 지능은 그러

---

52) 이 책은 앞으로 이 목적을 달성하는 추가 테크닉을 제공할 것이다. 이 점에서 감각구체적 (Sensory—Specific)이란 보고, 듣고, 느끼고, 냄새 맡고, 맛보는 면에서 경험을 서술한다는 뜻이다. 질문하기 테크닉, 표상체계, 세부감각양식과 지각적 입장에 대한 추가적 토의를 통해 이 주제에 대한 인식이 깊어질 것이다.

한 상황에서만 이해되기 때문에 이른바 "당신은 공동 목적의 성공가능성을 어떻게 증진시킬 수 있을까? 공동 복지에 도움이 되는 목표를 확인하고 생성시키는 것이 좋지 않을까?"라는 질문을 다루어야 한다. 추구하는 목적에 있어서 다소 이기적인 사람들이 있다. 환경에 맞지 않게 행동하면서 사회나 문화의 보다 큰 행복에 도움이 될 수 있는 방식을 무시한다. 원하는 결과를 얻기 위해 공포와 의심을 사용하여 직원들을 교묘히 다루려는 경영자를 예로 들어보자. 해리 트루먼Harry Truman의 핵심적 리더십 스킬은 사람들이 하고 싶어하지 않는 일을 즐거워하는 방식으로 하게 하는 것이라는 진술은 맞는 걸까?

키케로Cicero는 다른 사람을 속여서 개인 이득을 얻을 수 있다는 믿음의 오류가 인류의 최대 실수 중 하나였다고 말했다. 여기서 다른 사람의 비용으로 실현한 계획들과 공동 합의된 목적을 만들어내려는 실제적이고 진실한 협력으로 실현된 계획의 차이를 말하고자 한다.

물론 타인들이 설정한 목표를 성취해서 성공할 수도 있다. 그러나 개인적 손해를 끼치면서 그러한 목적을 실현한다면, 조만간에 어떻게 해서든 균형을 맞추어야 할 것이다. 그러한 상황에서 관리자는 개인적 희생을 고려하고 "음, 더 이상 충분히 성과를 내지 못하는 사람이 있으면 그들을 대체시켜야 할 뿐이다"라고 생각할 것이다. 그 사람이 무능해졌다고 생각하면 그를 던져버려야 할 빈 깡통처럼 대접한다. 프러시아의 프레드릭 2세와 함께 살도록 초대를 받았던 18세기 프랑스 철학자 볼테르는 이 계몽 군주의 손에서 비슷한 행동을 경험하고, 결국 해방감을 느끼면서 프러시아를 떠났다. 볼테르는 그의 자서전에서 자신을 모든 즙을 빼내기 위해 강하게 압착되어서 껍질만 남으면 던져 버려지는 오렌지에 비유해서 자신의 환멸과 원한을 표현했다. 이 깊은 원한은 30년 후에 프랑스 혁명이 발생한 원인 중 하나가 되었을 것이다. 그래서 환경에 맞지 않는 행동은 단기적으로는 지속할 수 있지만 장기적으로 무언가 주어야 할 것이다. 직원들을 사용 후 버리는 맥주 깡통처럼 대우하는 회사는 운영비용이 더 높을 뿐 아니라 형편없는 평판을 받게 된다. 그렇게 자동화된 행동은 결국은 교정 비용이 많이 든다고 한다.

잠시 생각해보자. 자기 팀원 한 명이 몸이 불편해서 기준 이하로 일을 하거나 중요한 실수를 하면, 종종 그들을 해고하고 대체할 사람을 신규 모집하는 것은 쉬운 선택이다. 그러나 그러한 행위 속에 숨겨진 비용에 대해 깊이 생각해 본 적이 있는가? 무엇보다도 잉여인원의 해고와 모집비용에 대한 재정적인 고려 외에도, 대체물을 찾는 과정에서 그리고 그 사람이 그런대로 해 나갈 만큼 키우는데 들였던 많은 소중한 시간까지 상실하게 된다. 그러는 사이에 팀은 종종 이 때문에 생겨나는 추가적인 스트레스와 함께 빠진 멤버의 책무를 떠맡아야 한다. 이외에도 떠나는 직원은 종종 쉽게 대체되거나 양적으로 명시할 수도 없는 풍부하게 축적된 전문적 지식, 지능, 네트워킹과 고객들까지 가지고 떠나버린다. 몇 사람이나 해고해야 이를 문제로 여기게 될까? 그런 환경에 맞지 않는 행동에 대해 얼마를 지불할 것인가? 틀림없이 더 좋고 비용이 덜 드는 대안이 존재할 것이다.

정말 그렇다. 그러한 비용 일부와 훨씬 더 큰 이익을 위해서 전 세계의 선견지명이 있는 회사들은 지금 직원들을 다시 잘 해나가도록 육성하고, 동기부여와 생산성을 계속 향상시키기 위해 전문 코치들의 서비스를 사용한다. 이를 통해 직원들의 무단 결근 수준이 떨어지고 덤으로 성과를 내는 직원을 회사에 더 오래 유지할 수 있다. 직원을 존중하고 소중히 여기는 보다 유연한 접근을 채택해서 기업은 직원들을 회사의 번영에 충분히 참여시킬 수 있다. 다시 말하면 두뇌 유출을 줄이고 새로운 개시에 착수할 때 회사에 보다 중요한 좋은 평판을 만들어낼 수 있다. 이 게임에서 진 사람은 아무도 없고 모두가 승자이다.

물론 공동목적을 만들 때 충분한 피드백의 여지를 남기면서 앞서 제시했던 5가지 기준에 잘맞는 조건을 만족시켜야 한다. 다음 점검표를 보자.

☐ 당사자들 모두가 무슨 목표를 달성해야 하는지 전적으로 동의하는가? 현재 상황을 서술한 방식에 동의하는가? 어떤 전제들에 근거하여 일하는가? 공동 목표를 원한다는 것은 각 사람의 입장을 고려한다는 뜻이다. "나에게 좋은 것이 다른 사람에게도 좋을까?—그리고 그 반대로"라는 질문은 생태학적이다. 만약 의심스럽다면 목표를 수정하라!

☐ 목표를 긍정적인 말로 진술했는가? 불명확한 요소들이 있는가?—힌트: 6장에서 제시한 질문 모형은 목표를 명확히 하는데 도움이 될 것이다.

☐ 사람마다 자신들이 어떤 역할을 하도록 기대를 받고 있는지 아는가?

☐ 계획한 행동은 이 구체적인—세부—것을 달성하기로 되어 있는 사람의 통제 범위 안에 있는가?

☐ 과업을 배정받은 사람은 진정 그것을 할 수 있을까?[53]

☐ 목표와 얻은 결과에 대하여 발전을 어떻게 측정할까?

☐ 계획은 필요한 피드백 요소를 고려하는가? 이 피드백 요소에 동의하고 누군가를 비난하지도 않으며 실제 상황을 토의할 시간이 있을까? 결국 실수는 학습기회이며, 기회가 주어지면 잘했던 것보다 실수에서 훨씬 더 많이 배운다.[54]

☐ 적시성: 언제, 어떤 결과를 예정하고 있는가? 중간 결과를 언제 측정할까?

이 점검표 외에도 이 책에서는 공동 목적 달성에 관련된 여러 가지 스킬들을 제시한다. 특히 이 점검표를 월트 디즈니 창의성 전략(1장)과 메타미러(5장)에 관한 토의와 결합할 것을 권한다.

끝으로 마지막으로 권유하겠다. 원하는 것을 얻는 것은 삶의 주요 목적인 것처럼 보일 수 있다. 역시 그것을 즐겁게 할 수도 있다. 그것을 달성하기

---

53) 이는 개인이 진실로 열정적이고 목표 달성을 위해 할 수 있는 모든 일을 정말로 하고 싶기 때문이 아니라, 그렇게 하는데 필요한 스킬을 그 사람이 가지고 있다는 것이다. 다른 제한 요인들은 시간이 용성 또는 과업의 복잡성이나 필수 요건을 과소 평가 하는 것이 될 것이다.
54) 기대와는 반대로 실수에 대해 비난하고 벌한다고 해서 목표를 향해 더 멀리 갈 수는 없다. 정반대로 이런 일이 일어날 것을 안다면 실수를 인정하고 실수로부터 배우는 대신에 실수를 덮어버리기 때문에, 실제 상황에 대해 불완전한 상황 파악을 얻게 된다. 그러면 이것은 더 이상 적절하지 않은 행동이 된다.

위해 개처럼 일해야 한다면 목표가 얼마나 재미가 있을까? 그래서 목표를 달성하기 위해 일하는 동안 감정에 귀 기울이며, 감정을 사용하여 동기부여해야 한다는 것을 기억해야 한다.

apply 2 기대 그리고 행복의 구조

인생에서 기대하는 것과 실제로 얻는 것은 종종 큰 차이가 있다. 기대가 행복에 영향을 미치는 것처럼, 기대는 불행의 원천도 될 수 있다. "사랑에 빠지는 것"은 이런 과정에 대한 "이상적이고 극단적인" 예시가 떠오르는 삶의 한 영역이다. 사랑에 빠지는 것 때문에 환상이 일어나기도 하고 방종하게 된다.

사랑에 빠지면 도대체 무슨 일이 일어날까? 또는 언제 새로운 일에 열정적일까? 또는 언제 오랫동안 원했던 새 차를 얻을까? 또는 언제 열망했던 색다른 휴일을 가질 여유가 있었을까? 이 모든 경험들이 어느 정도 비슷한 구조를 어떻게 가지고 있는지 주목하라. 현실은 왜곡되고 이런 상황이 가져올 새로운 가능성은 보통 기대가 과장되어 있다. 사라진 꿈을 보충하는데 필요한 노력과 함께 종종 과장된 기대 때문에 절망과 탈진이 생긴다. 예를 들어 부부 생활에 대한 낭만적 개념은 흔히 현실에서 영위하는 일상의 생활과는 매우 다르다.

일반 언어 의미론자 알프레드 코프집스키Alfred Korzybski의 연구를 참고로 하여 마이클 홀Michael Hall은 감정은 세상과 실제 일어난 일의 경험에서 생긴 기대들 사이에 특이한 비교 결과라고 제시한다.[55]

경험이 기대와 정말 조화를 이루면 어떤 감정도 경험하지 않는다. 모든 것은 틀림없이 있어야 하는대로 있고 주목할만한 가치가 있는 것은 눈에 띄지 않는다.

---

55) Michael Hall:NLP & 일반적 언어 의미론: 모델들의 통합, 대학원 후의 전문교육으로 위탁 받은 과정, 런던, 1998~1999

그러나 경험이 기대와 다르다면, 이 차이를 지각하고 감정적 의미를 그 차이 탓으로 돌린다. 차이가 깊을수록 감정은 더욱 강렬하다. 그리하여 예상하고 기대했던 만큼 경험이 좋지 않았다면 실망, 불행 또는 완전히 비참한 기분이다. 반면에 예상했던 것보다 더 좋은 경험이라면 만족하고 의기양양하며 기쁘고 열광적이며 심지어 황홀한 기분이 든다.

다른 사람들을 포함하여, 이 현실이 어떤지에 관한 우리의 구상과 현실 경험을 비교하지 않을 수 없다. 따라서 지각적 지도와 개념적 지도, 그리고 기대, 희망, 포부, 요구, 기억 등을 일상 경험과 비교한다. 감정이 주어진 시점의 세상의 모델 상태를 반영한다는 점에서, 기이하게도 언제나 우리가 경험하는 어느 감정이든 적절하다. 그래서 어떤 상황을 겪고 그에 대한 부정적 감정의 평가를 경험한다면, 자신의 지도를 그리는 도구를 바꾸고 지도를 갱신해야 한다는 신호이므로 지도들은 현실 경험에 더 일치한다. 그래서 경험에 더 일치하게 되도록 지도를 수정하는 능력은 감성 지능의 표시이다.

반면에 기대가 생기지 않는 상태에 산다면, 무슨 일이 일어나든 큰 기쁨이다. 많은 동양 철학자들은 그러한 태도를 장려하여 상서로운 초연함과 동시에 깊이 몰입하여 세상에 소속해 있다는 두 상태를 모두 갖게 한다. 그러나 생활 스타일, 환경이 모든 종류의 스케줄과 시간 척도를 이용하는 곳은 그런 상태를 계발하는데 도움이 되지 않으며 그러한 방법을 상시에 채택해야 한다고 제안하지도 않는다. 무엇보다도 혼자서 목표를 설정하고 마찬가지로 다른 사람의 목표도 충족시켜야 하기 때문이다.

그럼에도 불구하고 자신의 기대를 따로 제쳐두고, 존재할 뿐인 하루, 한 주일, 1년 중에 어떤 지점에서 큰 기쁨을 찾기로 선택할 수 있다. 그러한 '존재'의 오아시스는 시간이 오래 걸리지 않아도 되며 우리는 오아시스들로부터 매번 상쾌해지고 생기를 회복하여 일어설 것이다.

현실과 기대를 서로 더 가깝게 할 3가지 법칙을 다음과 같이 추천하고자 한다.

1. 자신의 기대에 현실감을 추가하라.

2. 단기적 시각에서 너무 많은 것을 기대하기 보다는 오히려 장기적 기대를 가져라.

3. 자신이 원하는 만큼 상황이 완전하지 않을지라도 행복해지는 방법을 찾아라.

이 제안들 하나 하나를 상세하게 토의해보자.

1. 기대가 높으면 깊은 실망으로 끝날 수도 있다. 한 동안 사랑에 빠진 후에 갑자기 파트너에게서 부정적 태도들을 발견할 수도 있으며, 새로운 직업이 생각보다 더 많은 스트레스를 주는 것으로 증명될 수도 있고, 휴일 동안 별식을 먹어서 병이 날 수도 있다. 월트디즈니의 창의성 전략을 제시했을 때 논의했듯이 자신의 꿈에 현실 감각을 더 하면 도움이 될 것이다.

2. 행복을 더 오래 지속하기 위해서, 적절하다면 동기를 확장하여 목표를 장기간에 걸쳐 달성하라. 새 관리자를 채용하면 제한된 시간 내에 주요 업적을 달성하고 싶어서 그들은 전력을 다해 설레고 충만한 에너지로 시작할 것이다. 너무 열심히 밀어붙여서, 저항에 부딪칠 수도 있다. 그리고 끝내는 기대한 결과가 예상보다 훨씬 더 멀리 떨어져 있게 될 수도 있다. 자신에 대해 너무 많은 것을 요구하면 비슷한 결과가 나타난다. 제한적 연습만 해보고서 충분하고 완전하게 감정을 지배할 거라고 기대하는가 또는 더 많은 시간과 돈을 계속 소비할 가치가 있는 장기 프로젝트를 생각하는가?

탈진 증상 연구는 직원들이 종종 일에 대해 긍정적 태도를 갖지만, 좌절 상태 인내는 다소 낮게 나타낸다. 큰 회사는 종종 엄격하고 변화 저항적인 문화를 갖고 있다. 변화하고 싶을지라도, 새로 임명된 관리자는 몇 달 동안에 자기 힘으로 주요한 문화 변화를 이루어 내는 것을 기대할 수 없다. 조직 내의 여러 사람들은 서로를 지지할 수 있도록 변화를 해야 한다. 습관과 절차들은 철저한 조사가 필요하다. 고삐 풀린 열정으로 조직의 변화를 밀어 붙이면 무관심과 타성이 확산되어 실패할 수도 있다. 그런 상황에서 많은 새 직원들을 해고한다. 왜냐하면 너무 많은 사람들이 약화되고, 모욕적이거나 공격받는 기분이 들기 때문이다. 외교적 수완과 기선잡기, 밀고 당기기, 존경과 대결에 적절한 균형을 찾는 데에 답이 있다. 그런 상황에서는 그들의 관점에서 상황을 바라보고 이 모든 관점을 최종 해결에 통합하여 그들이 나타내는 저항 이면에 숨어 있는 긍정적 의도를 찾아야 한다.

3. 일상생활의 판에 박힌 형식과 결정은 일어나고 있는 것에 대한 하나의 해석일 뿐이다. 자신의 태도를 바꿔라! 틀에 박힌 것처럼 보이는 것도 똑같이 재미있을 것이다. 오직 자신의 상태에 달려있을 뿐이다. 이것은 창의성도 포함한다. 예를 들어 설거지 하는 것을 눈 쌓인 산기슭을 스키 타고 내려오는 것과 비교하는 것은 어떤가? 자신의 지각을 여는 것도 마찬가지로 도움이 될 것이다. 예를 들어 주차된 자동차로 들어갈 준비를 하면서 밖에 서있을 때 가까운 지붕 위에 있는 새소리를 듣는 것은 어떤가? 또는 비가 와서 비가 코트나 머리에 닿는 방식에 대해 호기심을 갖는 건 어떤가? 그런 간단한 것들, 즉 삶이 언제나 우리 왼손을 잡고 인도하는 예기치 않은 멋진 경험들을 깨닫고 그것들에게 감사하면 완전히 새로운 경험을 열어줄 것이다. 기억할 수 없겠지만 옛날에 어린애였을 때 그와 같이 삶을 경험했다. 모든 것이 놀라움의 기회였다.

삶이 무의미해지는 것은 감각에서 얻은 정보를 무시하고 소홀히 할 때 생긴다. 예를 들어 입안에 음식을 넣고 충분히 그 경험을 즐길 수 있는가? 가족들, 배우자, 아이들을 어떻게 지각하는가? 사람들이 하는 일에 어린애 같은 태도로 호기심을 갖는가? 또는 그것을 매일의 틀에 박힌 일의 부분이라고 생각하는가?

감각을 발달시켜라! 그리고 특히 의식을 발달시켜라. 주변과 내면에서 일어나고 있는 것에 주목하면 인생이 얼마나 근사한지 놀랄 것이다. 여러 면들을 업보Karma의 결과로 여기고 그냥 받아들이는 불교철학은 경험을 그러한 기분 좋은 삶의 국면으로 향하게 할 수 있는 방법에 대한 명확한 예시이다. 그러나 무슨 일이 일어나는지 의식적으로 관찰하여 더 기분 좋지 않은 삶의 국면에서도 행복을 찾아낼 수 있을 것이다. 불교의 가르침은 걷고, 먹고, 일하는 방식에 대해 명상적 깨달음을 계발하는 데에서 행복을 찾을 수 있다는 것이다. 선(禪) 사상에 의하면, 일상적 일에서 깨달음Enlightenment을 찾을 수 있다. 그러면 설거지를 하거나 침실 정리하는 것이 왜 축복받은 활동이 될 수 없는가? 스스로 결과outcome를 설정하지 않고 어떤 활동을 실행하는 선택을 해서 이 원리를 연습할 수 있다. 예를 들어 공원이나 교외 지역을 목적 없이 산책하라. 교차로에 이를 때마다 둘러볼 시간이 좀 필요하고 가장 매력적인 것처럼 보이는 방향을 고른다는 것은 하나의 선택일 것이다.

그리고 아마 이 순간에 저기가 자신이 방금 나왔던 방향일 것이다. 또는 가장 매력적이지 않은 방향을 선택하여 똑같이 산책을 하고 예기치 않은 길에서 그 선택이 자신의 깨달음을 어떻게 풍요롭게 하는지 알아낼 수 있을 것이다.

연습 3.1 잘 만든 목표 만들기

이 연습에 있는 각 문장들은 잘 만든 결과well formed outcome에 대한 한 가지 기준을 분명히 위반하고 있다. 각 예시에서 기본 준거를 확인하고 이 준거의 올바른 표현에 부합되게 그 문장을 다시 써라.

예시: "나는 제네럴 일렉트릭의 유명한 CEO인 잭 웰치Jack Welch처럼 되고 싶다"—구체성 준거 위반
제안: 나는 GE 캐피탈에서 잭 웰치가 게리 웬트Gery Wendt를 가졌던 것과 똑같은 방식으로 매우 뛰어난 중역들에게 둘러싸이고 싶다.

다시 표현할 목표	위반된 기준	자신의 새로운 문장
1. 릴랙스할 수 있기를 원한다		
2. 내 커뮤니케이션 스킬을 향상시키고 싶다.		
3. 내 동료는 내 견해를 더 고려해야 한다.		
4. 이 두통을 없애고 싶다		
5. 자신감이 넘치고 싶다.		
6. 더 행복하고 싶다		
7. 대통령/수상이 되고 싶다		
8. 다른 사람들이 나에게 진실을 말해주기를 바란다		
9. 담배를 끊고 싶다		

10. 돈을 더 많이 가져야 한다

11. 캘리포니아 사막으로 이사할 예정이다

12. 감성 지능에 관한 수업을 이해하고 싶다

연습 3.2 TOTE 질문지

1. 목표 : 달성하고 싶은 결과―목표―는 무엇인가?

    a. 결과가 기준에 잘 맞는 것인지 확인하라. 긍정적인 말로 목표를 서술
하라. 원치 않는 것 대신에 원하는 것을 말하라. 목표는 반드시 자신이
통제할 수 있는 것이어야 한다.

    b. 자신의 결과를 구체적 언어로 기록하라―영화를 만든다고 생각하라:
무슨 일이 일어나며, 당신은 무엇을 보고, 듣고, 느낄까?

    c. 자기 목표에 대한 구체적 예시를 제시하라.

2. 증거의 검증: 목표를 달성하게 되면 어떻게 알까? 목표에 가까이 가고
있다는 것을 어떻게 알까? 다른 사람들은 어떻게 알까? 어떤 중간 결과를
마음 속에 가지고 있는가? 적당한 시기는 무엇일까?

3. 행위: 목표에 도달하기 위해 무슨 단계를 취해야 할까? 그것을 달성하기
위해 무슨 활동을 계획했는가? 목표에서 벗어나고 있다는 것을 알아차린

다면 목표에 자신을 되돌려 놓기 위해 어떤 단계/행위를 취해야 하는가?
—일어날 수 있는 잠재적 문제는 무엇이며, 이것들을 어떻게 처리할 것
인가?

4. 효과 :

  a. 목표를 달성해서 무엇을 얻는가?—자신에게 가치 있는 것은 무엇인
  지, 추가된 가치는 무엇인지, 자신의 2차적 이득은 무엇인가?

  b. 개인적으로—일어날 수 있는 부정적 효과는 무엇인가? 무엇 때문에
  그것을 하지 못하는가?

  c. 다른 사람들에게 미친 영향은 무엇일까?—누가 관련되어 있는가? 그
  들이 어떻게 반응할까?

연습 3.3 대조 분석
중요한 차이는 무엇인가?
성공적이라고 입증했던 예시를 선택하라. 이 성공적인 예시를 위해 TOTE
질문지를 기재하라. 아래의 표를 이용하여 답변을 쓰라. 이제 당신이 목표
를 달성하지 못했던 경우를 선택하라. 다시 TOTE 질문지에 답변을 쓰라.
표의 두 가지 세로 행을 비교하라. 주요한 차이는 무엇인가? 이것에서 무엇
을 배우는가?

	실패한 목표	달성한 목표
목표		
검증		
행위		
효과		

연습 3.4 언제 문제가 되는가?

문제라고 경험했던 3가지 것을 목록에 작성하라. 또 최근에 겪었던 3가지 다른 변화 목록을 작성하지만 자신은 그것을 문제로 여기지 않았다. 두 부류의 경험을 비교하라. 무엇이 비슷한가? 무엇이 다른가?

연습 3.5 기준에 잘 맞는 자기 평가

앞으로 6개월 동안 혼자서 무슨 목적을 설정했는가?

이 목적들이 기준에 잘 맞는 것인지 점검하라.

제4장

세상을 지각하는 방법을 알고, 그런 행동을 하는 이유를 관리하기

"경험은 당신에게 일어난 일이 아니라 당신에게 일어난 일을 처리하는 것이다."
—올더스 헉슬리(Aldous Huxley)

이 장의 목표

- 경험 내용과 경험을 구성하는 표상체계 구별하기
- 모든 감각 채널과 그 특성을 활용하여 경험을 구성하는 표상체계를 풍요롭게 변화시키기
- 감각 정보의 배열과 생각의 필터filter를 포함한 감정 능력의 패턴 찾아내기
- 감성 역량을 높이는 방법 알기

이 장의 신경언어학적 가정

- 우리는 5가지 이상의 감각을 통해 계속 정보를 처리한다.
- 우리는 외적 현실보다는 오히려 내적 지도에 근거해서 일한다.
- 누군가가 할 수 있는 것이라면, 누구나 할 수 있다.
- 우리가 현실을 경험하는 과정을 바꾸는 것이 현실에 대한 경험 내용을 바꾸는 것보다 더 소중하다.

이 장의 개요

- 감정은 역량으로 통한다. 그것들이 행동을 조종하며 정보를 여과하고 경험을 구성한다. 이 과정들에 대한 통찰력이 감성 지능에 필요하다.
- 감정 이면에는 패턴들이 있다. 이 패턴들을 더 많이 이해할수록 혼자서 유연성을 더 많이 계발할 수 있으며, 다른 사람들을 더 쉽게 이해할 수

있다. 이렇게 감성 지능은 지혜로 가는 매력적인 수단이 된다.

- 감각의 가능성을 충분히 탐색하면 스스로 더 풍부한 생활 경험을 창조하고 다른 사람들의 경험을 풍요롭게 하는 법을 찾아낼 것이다.

서론

이 책을 읽으면서 당신의 감정상태는 어떤가? 호기심이 생기는가, 또는 매력에 끌리는가? 놀라거나 경악하는가? 이런 질문에 답변하기 위해 이러한 감정들을 구별할 수 있어야 한다. 호기심이 있는 것과 매력에 끌리는 것의 차이는 무엇인가? 이 책의 서문에서 감정은 신체적, 인지적 요소를 가지고 있다고 했다. 그 의미가 나타난다고 할지라도 강렬한 감정에 지정한 의미를 알지 못할 수도 있다. 의미는 신체적 전제로 작용한다.[56] 행동처럼 경험, 감정, 사고와 상황에 구체화하는 것은 내적 구조를 가지고 있다. 감정의 그러한 내적 구성요소들을 "감정작동자Emotional Operators"라고 부른다. 이제 소개할 표상채널 모형과 메타프로그램은 감정기능 패턴을 나타내는 도구 Tool를 만들어 준다.

그전에 감정의 내적 구조로 의미하는 것을 명확히 하자. 두려움과 불안의 차이를 아는가? 좌절과 환멸의 유사성을 아는가? 강한 힘과 노여움의 관계는 무엇인가? 이 관계를 서술하기 위해서는 최소한의 어휘가 필요하다. 즉 두려워하는 것은 불안하다는 것만큼 명확한 것이 아닐 수도 있다. 좌절하는 것은 실망하는 것보다는 더 능동적이다. 강한 힘은 노여움만큼 능동적이지만 방향성이 없다.

레슬리 카메론 밴들러Leslie Cameron Bandler는 자신의 저서 "감정의 인질The

---

56) 와이어트 우즈몰(Wyatt Woodsmall)은 언어적 그리고 신체적 전제의 이러한 차이를 지적해왔다.

Emotional Hostage"[57]에서 희망과 기대 차이를 서술하고 있다. 그녀는 감정이 구조는 다르지만 어떻게 관련되어 있는지를 설명한다. 기대는 미래를 향해 있고 능동적 요소를 가진 반면에, 희망은 미래를 향해 있지만 수동적인 기다림이 더 많다. 또 좌절과 실망의 차이를 든다면, 실망은 미래에 아무것도 변화하지 않기를 진정으로 희망하고 과거를 찬찬히 살펴보면서 수동적인 반면에, 좌절은 행동 조종자 역할을 하면서, 빠져나갈 가능성을 남겨두기에 능동적이다.

이 모든 것이 어떻게 감성 지능에 연결되어 있을까? 감성 지능이 높은 사람들은 어느 정도의 감정적 자각을 해서 감정의 구성요소들을 인식하고 구별할 수 있다는 것을 경험을 통해 배웠다. 감정적으로 영리한 사람들은 감정에 의해서가 아니라 감정을 형성하는 구성요소나 감정 패턴에 의해 생각한다.
표상체계는 감정 구성요소에 대한 지식을 증진시키는 모형이다.

표상체계: 사람들은 자신의 내적 세계를 어떻게 구성하는가?

우리는 계속적으로 감각을 통해 입력한다. 사용한 활자체나 자기 손에 들고 있는 책의 무게, 또는 책 페이지에 비치는 조명 빛의 특성, 종이와 접착풀의 냄새 등을 바로 알 수 있을 것이다. 모든 정보들은 언제나 눈, 귀, 피부, 코, 입 등을 통해 들어오지만, 그 정보들의 사소한 부분이나 선택된 것만을 의식할 뿐이다. 일상생활을 잘 관리하기 위해서 현실 경험을 삭제, 일반화, 왜곡시키는 필터를 정보가 통과하는 것처럼, 성격에 따라 많은 다른 방식으로 정보를 처리한다. 그렇지 않으면 우리는 감당하지 못할 것이다. 남아있는 정보로 우리는 세계관을 창조한다. 결국 우리가 의식 수준에서 자각하는 것은 고작 필터를 통과했던 현실에 대한 표상이다.

---

57) 감정이 구조를 가지고 있다는 것은 레슬리 카메론 밴들러와 마이클 레보(Michael Lebeau)가 쓴 책 "감정적 인질(Real People Press, 1986)의 기본전제이다. 이 책은 그 시대를 앞서서 골먼(Goleman)이 '감성 지능'이라는 용어를 유명하게 했던 것보다 약 10년 먼저 감성이론을 낸 것이다.

이 필터들은 평생에 걸쳐 특히 아동기에 습득되며, 좋든 나쁘든 세상에 대한 우리의 시각을 색칠한다. 우리는 의식하는 주관적 경험을 표현할 수 있고, 이미 내용 수준에서 그렇게 하는데 매우 익숙해져 있다. 예를 들면 "나는 나무를 보고 나무 잎새들과 놀고 있는 바람소리를 들으며, 꽃 향기를 맡는다." 이 경험을 이해하려면 어떻게 해서든 그것을 내적으로 마음에 떠올려야 한다.

우리의 필터들이 개인적 욕구와 무관하게 존재하고 작용하는 것처럼 보이기 때문에, 이 모든 과정들은 내용이 없다. 다음은 이것을 하는 방법을 보여 주며 내용과는 반대로 보다 심층 구조 수준에서 경험을 서술하는 모형을 제공한다. 두 가지 경험이 어떻게 내용이 매우 다르지만 유사한 구조를 공유할 수 있는지 알 것이다.

자극적인 예로 다음의 두 가지 지시를 실행하라. (1) 당신이 가장 좋아하는 애완동물이나 동물의 그림에 대해 생각하라. (2) 당신이 사랑하는 연인의 사진에 대해 생각하라. 두 질문에 답변하기 위해서 구성적 수준에서 유사한 과정을 실행해야 한다. 마찬가지로 두 사람은 똑같이 경험하고도 완전히 다른 의미를 그것들에게 줄 수 있다. 왜냐하면 그것들이 경험을 다르게 구성했을 것이기 때문이다. 그래서 누구든 결국 이르게 된 곳은 다르지만 똑같은 과정을 시작할 것이다.

평생 동안 우리는 감각적 입력에너지 또는 양식Modality을 통해 중재된 현실을 경험한다. 5가지 범주를 광범위하게 맞추면 다음페이지의 그림에서 보듯이, 보기(V), 듣기(A), 냄새 맡기(후각 O), 맛보기(미각 G) 그리고 느끼기(촉감 K)로 구성되어 있다. 두 가지 종류의 느낌, 외부적(촉각) 감각과 내적(자세/움직임과 감정적인) 감각이 있다.[58]

---

58) 대부분의 신경언어학적 문헌은 이것이 가치 있다는 것을 알았다곤 해도 다양한 신체감각(K)들을 구별하지 않는다. 그러나 이 책이 너무 제한된 공간이어서 이런 감각양식들과 그 속성들에 대한 상세한 탐구를 할 수가 없다.

일반적인 믿음과는 반대로, 느낌이 어떻게 감정이 아닌지를 주목하라. 느낌은 서술적인데 반해 감정은 평가적이다. 가장 일반적으로 감정은—보통 본능적인—느낌 + 호칭이다. 그리하여 많은 사람들은 호칭에 따라 매우 다르게 느낌을 경험할 수 있다. 어떤 사람의 "무대 공포증"은 다른 사람의 "떨림", "불안" 그리고 "흥분"이 될 수 있다. 생리적으로 그 사람들은 똑같은 것을 느낄 것이나, 서로 다르게 그것을 암호encode화 한다. 이 호칭 붙이기는 느낌을 처음 경험했던 곳에서 형성하는 경험 유형에 달려 있다. 느낌과 호칭 구별하기 학습은, 그것에서 얻고 싶은 것에 근거해서 경험을 다시 암호화하고 다시 호칭을 붙일 수 있으므로, 감성 지능을 향한 주요 단계 중 하나이다.

그래서 Ｖ Ａ Ｋ Ｏ Ｇ 표상채널이라고 부르는 오감은 경험구조를 묘사한다. "사랑하는 사람에 대해 생각하라"와 같은 지시에 따를 때 명확히 무엇이 일어나는지를 서술하거나 진행되고 있는 사고과정이 무엇이든 서술하기 위해 이 Ｖ Ａ Ｋ Ｏ Ｇ 모델을 사용할 것이다.

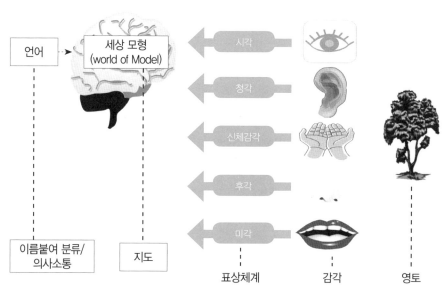

그림 4.1: 지도와 영토의 관계

언제나, 심지어 잠이 들어서도, 감각은 이러한 시각적, 청각적, 미각적, 후각적 그리고 신체감각적 감각을 구성하여 외부에서 들어오는 정보에 조화된다. 신경을 통해 여과되어 표상과 기억을 형성하기 위해 코드화된다. 그래서 어떤 사건을 기억할 때마다 신경을 통해 여과되고 암호화되며, 본 광경, 소리, 느낌, 냄새와 맛에 관해 감각 구체적인 말로 나타낸다는 것을 기억하라. 단지 구별하고 싶은 차이는 외적 세계와 내적 세계이다. 정신건강 상태에 따라 사람들이 생각하는 만큼 명백하지는 않다.

1. 외부에서 오는 감각 구체적 정보(외적)

그림 4.1이 보여주듯이 감각은 외부에서 오는 정보에 의해 계속적으로 자극을 받는다. 어느 채널이 자극 받는가에 따라서 이것을 시각적Visual, 청각적Auditory, 신체감각적Kinesthetic, 후각적Olfactory, 미각적Gustatory이라 부른다.

코드화: VAKOG e(외적)

2. 내적 표상

머리 속에 저장되는 정보—내적 표상—는 여러 감각에 따라 분류될 수 있다. 예를 들어 "당신이 마지막으로 바다를 보았던 때를 기억합니까?" "이 질문을 받으니 무엇이 떠오릅니까?" 라는 질문에 대답하고 기록하라

혼자서 서술한 것을 읽으면 주로, 바다를 바라볼 때 보았던 것들, 파도와 아마 배들과 같은 것에 관해 썼다는 것을 알아차릴 것이다. 또는 아마도 파도소리와 같은 들었던 소리에 대해 서술했을 것이다. 또는 앞 뒤로 오락가락하는 파도의 움직임과 같은 주의를 끈 움직임이었을 것이다. 또는 소금 냄새나 바다 냄새였을 것이다. 이 주제를 쓸 때 그 모든 것들에 대해 생각하지 않았을지라도, 금방 읽었던 문장을 이해하려면 그 모든 것들을 생각

해야 했다. 이것으로 여러 감각에서 오는 정보를 처리하고 저장하고 기억하는 능력이 있다고 판명된다.

코드화: VAKOG i^(내적)

머리 속에서 진행되는 것을 서술할 때, 우선 체계Primary System와 유인체계 Lead System를 구별하고 싶다. 이것들은 바로 내면의 표상체계를 사용하는 두 가지 방법들이다.

우선 체계(Primary System)

우리들 각자는 좋아하는 표상체계를 가지고 있고, 말할 때 사용하는 말로 나타낸다. 언어학 분야는 서술하는데 사용하는 단어들 즉 동사, 부사, 형용사들을 술어라고 한다. 이것들은 시각적, 청각적, 신체감각적, 후각적/미각적 또는 구체적이지 않은 것에 대해 서술한다.

그래서 자신의 말이 다른 사람들보다 시각적 술어를 많이 나타내면, 주로 시각 체계를 사용하여 작용한다는 것이다. 청각적, 신체감각적, 후각적/미각적 그리고 구체적이지 않은 술어도 마찬가지다. 물론 단어 선택은 그것들을 사용하는 상황에 달려 있다. 그럼에도 불구하고, 사람들은 언제나 똑같은 라디오 방송국에 맞추어져 있는 것처럼 거의 모든 상황에 걸쳐 똑같은 우선 체계를 적용한다는 것을 알아냈다. 이것은 가능한 한 다른 표상체계들을 사용하지 않는다는 뜻이 아니고, 하나의 표상체계가 다른 표상체계들 보다 더 쉽게 나타난다는 뜻이다.

어떤 사람의 우선체계를 확인하고, 같은 표상체계로 반응하면 지금까지 추측했던 것보다 더 깊은 래포 수준을 달성할 수 있게 해준다. 마찬가지로 우선체계를 식별하면 원하는 곳마다 원하는 때마다 바라는 수준의 래포를 더 잘 달성할 수 있도록 행동유연성을 계발하고 다른 표상체계 활용을 알게 된다.

유인체계(Lead System)

초기 NLP개발자들은 클라이언트들의 반응과 표정을 관찰하는 동안에 사람들의 눈은 그때 그 사람이 어느 특정 표상체계에 접근했는지에 따라서 특정 위치로 휙 움직였다는 것을 알아냈다. 그들은 사람이 기억이나 상태에 접근하기 위해 사용하는 체계로서 이것들을 확인하고 그것을 유인체계라고 불렀다. 예를 들면, 누군가에게 어머니에 관해 물으면 그는 어머니의 목소리를 먼저 기억할지도 모른다. 그의 눈은 청각적 음조의 기억 위치(보통 왼쪽 수평)로 휙 움직일 것이다. 반면에 먼저 어머니의 얼굴을 보려고 할 수도 있는데, 그때 눈은 시각적 기억 위치(보통 위 왼쪽)로 휙 움직일 것이다.

사람들의 눈이 기억에 접근하기 위해서 휙 움직이는 6가지 주요한 눈의 위치를 확인했으며 이를 눈동자 접근단서eye accessing cues라고 불렀다. 그것으로 구체적으로 무의식적 반응과 표정을 읽는Calibrating 도구를 만든다.
눈동자 접근단서는 그 사람이 왼손잡이인가 오른손잡이인가 또는 특정한 문화에 따라서 다를 수 있고 서로 다른 문화 사이에서도 다르다. 스페인의 서부 피레네 산맥 지방에 살고 있는 바스크인Basque들의 눈동자 접근단서는 분명히 반대로 되어 있다.

혼자서 해보면, 100% 틀림없는 것이 아닐지도 모르지만 다른 무의식적 반응과 표정을 읽는 단서로 해보면 개인의 내면 작용에 대해 설득력 있는 징후를 제공한다. 그 밖에도 여러 가지 자세와 신체적 태도도 접근된 기억과 상태 유형에 관해 단서를 제공한다는 것을 알 것이다.

유인 체계(Lead System)와 우선 체계(Primary System)를 분리하기

우리는 소정의 기억에 접근하기 위해 가장 좋아하는 또는 유인 체계를 갖는데, 그것은 우선체계와 같을 수도 있지만 같지 않을 수도 있다. 그러므로 이 체계들의 역할과 기능을 구별해야 한다.

- 기억에 접근하기 위해서 유인체계를 사용한다.
- 일상생활에서 일하기 위해서 우선체계를 사용한다.

전형적인 눈동자 움직임(오른손잡이인 경우)

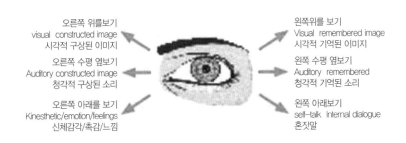

오른쪽 위를보기
visual constructed image
시각적 구상된 이미지

왼쪽위를 보기
Visual remembered image
시각적 기억된 이미지

오른쪽 수평 옆보기
Auditory constructed image
청각적 구상된 소리

왼쪽 수평 옆보기
Auditory remembered
청각적 기억된 소리

오른쪽 아래를 보기
Kinesthetic/emotion/feelings
신체감각/촉감/느낌

왼쪽 아래보기
self-talk Internal dialogue
혼잣말

그림 4.2: 유인시스템에 연관된 눈동자 움직임

유인 체계 눈동자 움직임 단서

세계 인구의 대부분에게 눈동자 접근 단서가 어떻게 작용하는지를 아래에 설명한다. 우리가 사용하는 그림은 대체로 오른손잡이 사람들에게 타당하다. 왼손잡이 사람들은 눈동자 움직임을 반대로 할 수도 있으며 바스크인들처럼 예외인 경우도 마찬가지로 다른 눈동자 움직임을 가질 것이다. 그래서 결론을 끌어내기 전에 눈동자 움직임과 그 의미를 점검해보라. 예를 들어 오른손잡이 사람이 당신 앞에 서있고 당신이 "황금색으로 다시 페인트칠된 당신 집의 앞문을 상상해보라"고 부탁한다면 그 사람이 이미지를 구성하면서 눈동자는 아마 그의 오른쪽 위(당신의 왼쪽 위)로 간다는 것을 안다.

1. 시각적 구상Visual Consturcted.Vc = 자신이 직접 만드는 내면의 그림들(상상)
🅔🅧 날으는 배를 보고 있는 것을 상상하라
내일 아침 10시 자신의 모습을 마음 속에 그려보라.

2. 시각적 기억Visual remembered. Vr = 자신이 기억하는 내면의 그림들

ⓔⓧ 나는 지금 살고 있는 집을 처음 보았던 때를 기억합니다.

3. 청각적 구상Auditory Constructed. Ac = 자신이 직접 만드는 내면의 소리

ⓔⓧ 다음 주에 칭찬할 수 있는 사람을 생각해 봐요. 당신이 얼마나 낭랑하게 칭찬의 말을 할까요? 만약에 당신이 내일 기타를 연주한다면 어떤 소리가 날까요?

4. 청각적 기억Auditory remembered. Ar

ⓔⓧ 오늘 아침에 네가 말한 첫 마디가 무엇이었지?

5. 신체감각Kinesthetic. K = 촉감 정보와 내면의 느낌

ⓔⓧ 두 발 중 어느 쪽이 더 시리니? 사랑에 빠지면 어떤 느낌이 들까요?

6. 내적 대화Internal Dialogue, Auditory digital. Ad = 내면의 목소리: 마음 속에서 생각하는 것, 혼잣말 하는 것, "내적 언어"

ⓔⓧ 스스로에게 "이 책은 읽을 만한 가치가 있어"를 말하세요.

두 가지 다른 감각의 사용이 눈동자 움직임에 나타날 수 있지만, 앵글로색슨 문화에서는 나타나지 않는다.[59]

7. 후각Olfactory. O =냄새

ⓔⓧ 요리하는 동안의 음식 냄새

8. 미각Gustatory. G= 맛

---

59) 후각: 코를 올리고 눈동자는 똑바로 앞을 보거나 약간 대각선 상 앞 쪽으로 향한다.
미각: 머리를 내리고 눈동자는 똑바로 아래 쪽 또는 약간 대각선 상 앞 쪽으로 향한다.

ⓔⓧ 마말레이드의 맛, 오래된 포도주의 뒷 맛

실제로 여러 표상 채널들이 동일한 문장에서도 나타날 수 있다는 것에 주목하라. 예를 들어 "비행기 창 밖을 보면서 내가 본 그 이미지가 잘못된 것이라는 것을 갑자기 느꼈어, 세상에 …… 하와이가 매우 이상해" 또는 "나는 머릿속으로 그 노래를 그냥 조용히 허밍하고 있었는데 갑자기 어젯밤 MTV에서 그 동영상을 보았던 것이 기억났다." 우리는 첫 번째 문장을 외적 시각Visual External→신체감각/내적 시각적 기억Visual Internal Remembered으로 Ve[60]→K/Vir이라고 부호화 한다.

첫 번째 문장에서 그 사람이 앞 쪽의 바깥을 본 후, 눈동자는 먼저 오른쪽 아래로 그리고 왼쪽 위로 각각 매우 빨리 움직이고, 보고 있는 것과 시각적 기억을 비교한다고 가정하는 "세상에…하와이"를 언급할 때는 눈동자가 위 왼쪽으로 매우 빨리 움직이는 것을 볼 거라고 예상한다. 우리는 두 번째 문장을 청각 디지털→내적 시각적 기억을 Ad→Vir로 부호화한다. 실제로 눈을 왼쪽 아래에서 왼쪽 위로 움직일 것이다.

언어에서의 술어

많은 동사, 명사, 부사, 형용사와 표현은 구체적 표상 채널을 가리킨다.

ⓔⓧ 갑자기 사태가 내게 명백해졌다→시각

그리고 나서 벨이 울리기 시작했다.→청각

결국 나는 전체 상황을 파악했다는 생각이 들었다→신체감각

나는 혼잣말을 했다→청각 디지털(내적 대화)

5가지 표상 채널 별 간단한 단어 예시 목록을 다음 페이지에 나타냈다.

---

60) 우리는 아래에 쓰인 문자 e를 사용하여 외적 지각으로, 아래에 쓰인 문자 i를 사용하여 내적 표상/접근을 부호화 한다.

시각	청각	신체감각	후각	미각
보다. 지켜보다. 삽화(도해)를 넣다. 보여주다. 관찰하다. 장밋빛 붉어지다.	듣다. 말하다. 이야기하다. 들리다. 귀기울여 듣다. 응원하다. 조율하다.	느끼다. 만지다. 쥐다. 달리다. 때려 부수다. 난타하다. 격투하다. 맞붙어 싸우다. 흔들리다.	냄새를 풍기다. 들어 마시다. 킁킁거리며 냄새 맡다. 흡입하다.	맛을 보다. 핥아 먹다. 쓴 맛이 나다.
이미지. 관점. 초점. 시각. 통찰. 전망.	소리. 침묵. 음악. 조화. 단어. 음색.	충격. 움직임. 동작. 춤. 고통.	냄새. 악취. 후각. 향수.	맛. 음식. 음료.
울긋불긋한. 희미한. 흐릿한. 빨간. 빛나는. 반짝이는. 화려한. 현란한. 투명한. 어두운. 맑은. 명백한.	조용한. 목쉰. 소란스러운. 거짓말. 음악적인. 선율적인. 불협화음. 시끄러운. 리듬이 있는. 귀머거리의. 억양이 없는	거친. 부드러운. 무거운. 매끈매끈한. 메마른. 미끄러운. 강렬한. 허약한. 뜨거운. 흥분시키는. 손에 땀을 쥐게 하는.	눌은. 태운. 신선한. 스며드는.	쓴 맛이 나는. 달콤한. 매운. 짠. 담백한. 쌉쌀한. 맛없는.
겉치레. 나는 햇빛을 보기 시작했어요. 한줄기 빛을 찾았어요. 그는 전혀 빛나는 선각자가 아니다. 검푸른 멍이 들었다. 이것을 생생하게 마음 속에 그려라.	서로에게 귀를 기울여라. 낙천적 견해를 말해라. 멋있게 들린다. 그것은 귀에 익은 종소리야.	쓰라린 여드름. 지각되었다. 미꾸라지 같이 미끈미끈한. 압력을 행사하다. 과열된 경제. 한 치도 꼼짝 안 한다.	그는 그런 종류의 일에 냄새를 잘 맡는다. 악취가 난다. 낌새를 채다. 구린 데가 있다.	달콤한 복수(sweet revenge). 그들은 모든 것을 꿀꺽 삼킨다. 케익처럼 날개 돋친 듯이 팔린다(They sell like cakes). 그것 때문에 군침이 돈다.

표에서 첫 세 칸은 끝 두 칸 보다 더 단어가 많다는 것을 눈치챘을 것이다. 그 이유는 앵글로색슨을 포함하여 대부분 독일 문화에서 맛과 냄새를 서술하는 어휘가 다소 한정되어 있다고 한다. 프랑스인이나 레바논 사람은 후각적 또는 미각적 어휘를 훨씬 더 광범하게 가지고 있을 것이다. 이제 혼자서 해보라. 별도의 종이에 각 범주의 표를 확장시켜 보라. 어느 범주를 가장 쉽게 찾아냈는가?

이 모든 것이 감성 지능과 무슨 관계가 있는지 궁금할 것이다. 다른 사람들이 문제가 없는 상황에서, 문제를 가진 사람들은 그때에 가장 도움이 되지 않거나 다른 사람과 일치하지 않는 표상체계로 작용한다는 것을 경험을 통해 알았다. 예를 들면, 언젠가 서로 좋아하고 사랑했지만 문제가 있어서 이혼을 고려하고 있던 부부를 만났다. 그들을 지켜보면서 말하는 태도를 보고 듣고 나서 그 이유를 설명해 주었다. 남편은 주로 아내가 보였던 방식에 대해 말하면서 시각적 언어를 사용하는 반면에 아내는 주로 남편이 느껴진 방식을 정말 좋아했다고 말하면서 신체감각적 언어를 사용했다.

겉으로는 이것이 중요하지 않은 것 같지만 이렇게 처리 유형이 다르기 때문에 그들이 종종 많은 일에 관해 불화하고 반목한다는 것도 알았다. 남편은 아내가 정말 피부접촉 중심이라는 것에 관해 불평했고, 언제나 남편의 포옹을 원하거나 남편의 머리를 헝클어 만지고 싶어하는 것을 불평하는 반면에, 아내는 남편이 언제나 떨어져 있고, 전등을 켜놓은 채 애정행위를 하고 싶어해서 그녀를 불편하게 한다고 불평했다.

우리는 그들이 작용하는 그러한 여러 방식들을 식별하도록 했고, 충분히 쓰지 않았던 표상 체계를 계발하고, 아마 그들이 했던 멋진 식사(O/G) 등에 관해 이야기 하기(A)처럼 가운데서 만나는 점을 찾도록 하라고 제안했다.

식사하는 동안 남편은 아내를 바라보고 자연스럽게 그녀에게 손을 뻗었고 아내는 반응하면서 갑자기 다른 불빛 속에서 남편을 보았다. 그리고 마침내 함께 잘 지낼 수 있다는 것을 깨달았다. 그들은 일을 하는 다른 방식에 관해서는 함께 웃는 법을 배웠다. 식사 후에 그들은 함께 영화관에 갔는데 결혼한 이후로 한 적이 없었지만, 좌석에 꼭 붙어 앉아서 영화를 즐겼다.

전에 말했듯이 사람들이 사용하는 술어에서 우선 표상 채널을 이끌어낼 수 있다. 자신을 상대에게 맞추고 싶다면, 상대의 우선 표상 체계에 맞는 단어를 사용하라. 대집단 청중에게 말하고 싶다면 핵심 메시지를 여러 번 다른 술어들을 사용해서 말하고 싶을 것이다. 자신의 우선 표상체계와는 다른 표상 체계의 언어를 추가함으로써 주제를 풍부하게 할 수 있다. 물론 문서로 하는 커뮤니케이션에도 똑같이 적용할 수 있다. 우리 언어는 여러 가지의 감각적 언어로 똑같이 경험을 서술할만한 단어들을 가지고 있다. 몇 가지 예를 들어보자.

구체적이지 않은	시각적	청각적	신체감각적
가르치다.	명확히 하다.	이해할 수 있게 하다.	파악할 수 있게 하다.
설명하다.	묘사하다. 보여주다.	설명하다.	수행하다.
평가하다.	비교하고 대조한다.	질문하다.	신중하게 판단하여 한쪽을 고르다.

조언: 좋은 동의어 반의어 사전은 어휘를 풍부하게 해준다. 워드프로세서를 사용한다면, 동의어 반의어 사전이 다른 표상 채널에서 비슷한 말을 찾는데 도움이 될 수 있다.

신체 언어(Body Language)

오늘날 라코프Lakoff와 존슨Johnson[61] 같은 인지과학자들은 보편적 신체언어에 일치된 의견은 없다 할지라도 마음과 신체는 체계적 통일체라는 전제에서 출발한다. "등을 기대고 있는 사람은 흥미가 없다"와 같은 진술은 등을 기대는 것이 의미할 수도 있는 것에 대한 많은 해석 중의 하나일 뿐이다. 신경언어학자 로버트 딜츠Robert Dilts와 토드 앱스타인Todd Epstein에 의하면 어떤 사람이 등을 기대고 위를 쳐다 보고 싶어하는 또 다른 이유는 설명하고 있는 것을 이해하기 위해서 더 좋은 이미지를 구상하고 있는 중일 수도 있다는 것이다. 요약하면 신체언어는 그 사람이 사용하고 있는 표상체계가 무엇인지를 나타내줄 수 있다.

---

61) Lakoff. G. 와 Johnson. M(1999)》 Philosophy in the Flesh: The Embodied Mind and its Challenge to Western Thought(살아있는 철학: 구체화된 마음과 서양 사상에의 도전), basic Books

많은 동작	→신체감각	
기울어진 머리	→청각	
횡경막 호흡	→신체감각	
높은 호흡	→시각	
머리를 숙임	→신체감각	
손의 움직임	→물체의 배치나 정신적 공간의 개념 가리키기	

7장에서 논의하겠지만, 신체 언어는 개인에 관해 많은 것을 알려준다. 먼저 가정을 점검하지 않고 개인의 신체언어에 근거하여 결론을 내리는 위험성을 자초한다는 경고가 있다. 예를 들어 어떤 사람이 오늘 내내 무엇인가에 관해 짜증이 나서 눈살을 찌푸릴 수도 있는 반면에, 내일은 어려운 문제를 해결하려고 애쓰면서 눈살을 찌푸릴 수도 있을 것이다. 그래서 그 사람이 화가 나 있거나 짜증나 있다고 결론내리지 말고 자신의 가정을 점검해야 한다. 의심스러우면 물어보라! 이 시점에서 무엇 때문에 "짜증내고 있습니까?"는 좋은 질문이 될 것이다. 개인의 신체 언어에 관해 더 많이 배우면 그 사람의 "비언어적 사전"을 모으게 될 것이다.

세부감각 양식: 자신의 현실을 어떻게 구성하는가.

특별한 기억들은 의미를 주는 특성이 있다. 아마 사랑에 빠진 일에 대한 회상은 멋진 천연색 영화Technicolor와 돌비 스트레오Dolby Stereo로 되어 있을 것이다. 아마 새들은 그날 매우 달콤하게 지저귀고 발걸음도 경쾌했을 것이다. 경험의 성질을 바꾸고 여러 가지 변수, 선명도, 소리의 상냥함, 경쾌함에 맞추라. 그러면 전체 경험의 의미가 변화된다.

예시는 문서가 서식과 포토에서는 형편없이 보이고 또 다른 서식에서는 아주 훌륭해 보이며, 영화가 큰 스크린 또는 TV에서 볼 때 매우 다르게 보이는 것과 똑같은 식으로 내적 표상에 의미와 중요성을 부여하는 표상체계

특징에 대한 것이다. 그래서 서식형태에 따라서 기억도 마찬가지로 여러 의미와 영향을 가진다.

경험에 대한 세부감각양식을 신속하게 탐색하기

눈을 감고 즐거웠던 상황에 대해 생각하고, 1장에서 제시했듯이 마음 깊은 곳에서 제시된 대로 다시 그 상황에 접근을 시도해보라.

- 보았던 것이 무엇인지
- 들었던 것이 무엇인지
- 느꼈던 것이 무엇인지

이 결정을 계속 즐기면 마음 속에 암호화된 방식을 확인할 수 있도록 이 경험을 계속 즐겁게 해보라.

시각적 표상을 바라볼 때, 선명하게 보고 나서 점차 희미하게 해보라. 그것은 경험하고 있는 좋은 느낌을 어떻게 해주는가? 점점 더 선명하게 해보라. 그것은 좋은 느낌을 어떻게 해주는가? 최고의 느낌을 주는 수준에서 선명하게 두어라.

이제 마음 속에 있는 그림을 보고 그 그림 안에 있는 자신을 볼 수 있도록 그림 밖으로 나오라. 또는 그림 속에 있는 자신을 본다면 자신의 눈을 통해 경험할 수 있도록 그 안으로 들어가라. 그것은 느낌을 어떻게 해주는가? 최고의 느낌을 주는 형태로 그 그림을 유지하라.

이 변화들은 이 경험이 자신에게 갖는 의미에 어떻게 영향을 미칠까?

그 느낌을 점검하기 위해 신체감각적 암호화를 사용하여 다른 세부감각 양식들에게도 비슷한 유형의 질문을 하라.

그러므로 각 표상체계나 감각양식은 경험을 암호화하고 이 경험들에 의미를 주는 구체적 특징을 가지고 있다. 그것들을 모두 또는 아마 단 하나라도 변화시키면 그 경험의 의미를 바꾸어 준다. 각각 교대로 그것들은 변화를 주는 차이를 명확히 해준다. 현재의 지식수준에서 세부감각양식은 지금까지 식별해왔던 주관적 경험의 가장 작은 구성요소이다.

신경언어학적에 의하면 이러한 특성들을 세부감각양식Sub modality[62]이라고 한다. 왜냐하면 그것들은 그 자체가 감각양식이나 VAKOG 표상체계의 세부필터Sub filter 또는 구성요소이다.

홀로그래피 분야에서 확인하면, 세부감각양식은 신경언어학자 리처드 밴들러Richard Bandler와 토드 앱스타인Todd Epstein이 1970년대 후반에 처음 서술했고 "내부자의 세부감각양식 가이드An Insider's Guide to Submodality"[63]와 아울러 "변화를 위해 두뇌 사용하기Using Your Brain for a change"[64]에서 나타난 것으로 자신을 변화시키는데 도움을 주는 매우 유용한 도구Tool를 제공한다. 다른 것들 중에서 원치 않는 습관과 우리의 시야를 제한하고 목표 달성을 못하게 하는 자신, 타인들 그리고 세상에 대한 생각인 제한 신념을 풀어버리기 위해 그 세부감각양식을 사용한다.

우리는 세부감각양식을 내적 표상 내용과 구별해야 한다. 세부감각양식들은 경험구조의 요소와 개인이 경험을 암호화하는 방법 요소로 형성된다. 이 수준은 내용 수준보다 더 심층적이므로 내용에 대해 영향력을 가지고 있다. 하나의 학문 분야로서 신경언어학은 주관적 경험구조를 다루므로 실제로 기억 내용을 그다지 활용할 필요가 없다. 이 때문에 비밀성이 많이 요구되는 곳은 어디서든지 사용하는 이상적 학문분야가 되었다. 게다가 내용 탐색은 시간 낭비일 수 있기 때문에 구조로 작용하는 신경언어학은 시간

---

62) 마이클 홀(Michael Hall)같은 사람들은 "세부감각 양식"이라는 용어가 감각양식에 "기초적(underlying, Sub)이라는 것을 암시하기 때문에 부적당한 선택이라고 주장하는 반면, 그것들을 감각양식이나 표상체계의 성질이라고 한다. 마이클 홀의 탁월성 구조(The Structure of Excellence)를 보라.
63) 밴들러 & 맥도널드(MacDonald, W), 세부감각양식 가이드, Cupertino. Calif Meta Publications.
64) 밴들러, 변화를 위한 두뇌 사용하기, Moab, Utah, Real People Press.

을 많이 절약해주므로 비용 효율성이 극히 높다. 그러나 우리는 어릴 때부터 내용수준에서 이야기하는데 익숙하다. 그래서 본래 과정에 기초한 디자인이나 예술세계에서 일하지 않으면, 경험 형태를 가볍게 다루므로 경험과 관련된 감정을 얼마나 신속히 변화시킬 수 있는지를 알지 못한다.

'위치'에 관한 세부감각양식을 예로 들어보자. 어떤 사람이 비난을 받고, 뒤쪽을 향해 어깨 위에서 손사래를 치면서, "난 조금도 개의치 않아요"라고 대답한다고 가정하라. 아마도 그 사람은 불쾌한 것에 개입하지 않기 위한 효과적 방법일 것이다. 신체언어에 주목해라. 그 사람이 몰래 무언가를 던져서 사람들의 주목에서 벗어난다. 이 예시에서 알아야 할 것이 있다. 그것을 일반화하면, 손실을 극복하거나 경험을 망각하기가 어려운 사람들은 자기 앞쪽에 그 기억에 적합한 이미지를 놓는다. 자기 앞의 이미지는 주의력이 미치는 범위 안에 있다. "미완성된 일"이다. 이미지를 옆으로 또는 심지어 뒤로 옮기면 경험을 정리해내기가 더 쉽다. '주의'라는 단어를 시야에서 너무 멀리 놓으면 이미지를 억제할 수 있다. 이 간단한 예시에서 세부감각양식의 적용은 엄청나다고 결론내릴 수 있다. 그래서 세부감각양식은 상당히 자세하게 탐구할만하고 게다가 연구하는 것이 매우 재미있을 것이다.

그러나 보통의 대화에서 생각보다 더 많은 세부감각양식을 얻을 수 있다. 대화하는 동안, 강조하기 위해 사용된 손의 움직임은 흔히 그 사람이 이야기하고 있는 확실한 이미지의 크기와 위치를 가리킨다. 시선의 방향과 적용하는 집중 수준은 이 위치를 증명하고 내적 그림의 거리에 대한 아이디어도 제공한다. 청각적 세부감각양식은 종종 한 문장의 의미를 이해하는 열쇠이다. 다음 3 문장을 예로 들어, 큰 소리로 읽어라. (1) 그건 자동차다. (2) 그게 자동차냐? (3) 그건 자동차구나! 문어에서 단 한 가지 차이는 구두점에 있다(마침표, 물음표, 느낌표). 구어에서 구두점은 음조, 리듬, 강세의 변화로 대체된다.

넓은 의미로 두 가지 형태의 세부감각양식이 있다.

아날로그Analog: 음량 조절장치나 조광기 등과 같이 연속하는 동안에 신속히 또는 천천히 변화될 수 있다.

디지털Digital: 켜기/크기, 안/밖, 몰입해서/관조해서, 내적/외적 등과 같이 서로 배타적이다.

다음의 표는 세부감각양식을 이끌어 내는 질문들과 함께 가장 중요한 세부감각양식 목록이다. 어떤 사람이 상세하게 이야기하고 있는 경험이 무엇이든, 그러한 질문들을 할 수 있다. 모든 세부감각양식이 어떻게 경험에 관련되어 쉽사리 식별할 수 있는 질문들이 없는지 주목하라.특히 후각과 미각 채널에 관련해서 그래서 흔히 쓰는 일반적인 감각을 사용하라.

아날로그 세부감각양식 들

시각	청각
수(이미지 하나 – 많은 이미지)	**수**(소리하나 – 많은 소리)
이미지 몇 개가 보이는가?	소리가 몇 가지 인가?
위치와 시각	연속적 또는 간헐적으로 나는가?
이미지는 어디에 있는가?	**위치**
어떤 원근법이 보이는가?	어느 방향에서 소리가 나오는가?
거리(가까운 – 먼)	**거리**(가까운 – 먼)
얼마나 떨어져서 이미지가 보이는가?	소리 나는 곳은 얼마나 멀리 떨어져 있는가?
크기(작은 – 큰)	**크기**(큰 – 부드러운)
이미지가 작은가 큰가? 얼마나 작거나 큰가?	들리는 소리가 얼마나 큰가?
모양	**음의 고저**(낮음 –높음)
어떤 모양인가?	음조가 얼마나 낮거나 높은가?
가장자리	**어조**(말투)(저음 – 고음)
테가 있는가 없는가?	소리가 얼마나 깊은지 또는 높은가?
테가 있다면 그것을 서술하라.	

색깔(흑백 – 칼라)	**균형**
흑백인가 칼라인가?	소리가 한쪽 귀에만 더 들리는가 또는 고른
주된 색깔은 무엇인가?	가?
밝기(명 – 암)	
그 이미지는 얼마나 밝은가 또는 어두운가?	**깊이**(단일음 – 입체음향인 스테레오 – 서
대비	라운드사운드)
어떻게 대비되는가?	
깊이(평면 – 3D)	**리듬**(리듬이 있는 – 리듬이 없는)
평면인가 3차원인가?	
초점(흐릿한 – 명확한)	어떤 리듬이 있는가?
그 이미지는 얼마나 흐릿한가 명확한가?	
움직임(정지된 – 서서히 – 빨리)	**템포**(느린 – 빠른)
이미지가 움직이는가?	
보통보다 더 느린가 또 더 빠른가?	그 소리는 얼마나 느린가 또는 빠른가?
시야(좁은 – 넓은 – 써라운드)	
시야가 좁은가 파노라마인가?(터널시야)	**들리는 영역**(좁은 – 넓은)
	방음이 되었는가 공명이 울리는가?

신체 감각	후각/미각
강도(강 – 약)	냄새가 있는가? 무슨 냄새?
그 느낌이 얼마나 강렬한가?	강도는 어떤가? 신선한가, 상한 것인가?
영역(대 – 소)	
어떤 영역을 포함하는가?	
어떤 형태인가?	향기
감촉(거친 – 매끈한/단단한 – 느슨한)	
그 감촉(구조)는 어떤가?	
기간(지속적 – 간헐적)	향수
얼마 동안 지속하나, 연속적인가?	
온도(뜨거운 – 차가운)	

온도는 어떤가?	에센스
무게(무거운 – 가벼운)	
무게가 얼마인가? 얼마의 압력을 내는가?	자극성이 강한 것
위치 – 방향 – 움직임	
어디에 있는가? 움직임이 어떤가, 어떤 방향	**맛**(단/ 신/ 짠/ 쓴/ 고기 같은/ 크림 같은)
에서 나타나는가?	맛이 있나? 무슨 맛? 얼마나 강렬한가?

디지털 세부감각양식 또는 메타 세부감각양식

감정적 —촉감적

단서 —말투, 어조

몰입하는 —관조하는

켜기 —끄기

내적 —외적

여기서 디지털 세부감각양식이 어떻게 아날로그 세부감각양식 보다 심층 상태에 있고, 그것을 내포하는지 유의하라. 예를 들어 소리가 나지 않게 설정되어 있으면 사운드 시스템에서 볼륨이나 소리의 좌우 균형을 다룰 수 없는 것과 똑같이 소리가 나오면 모든 청각적 세부감각양식을 이용할 수 있게 된다. 예외는 있지만, 몰입하고 있는 이미지는 파노라마, 3D, 움직이며, 테가 없다는 등 경향이 있을 것이다. 소리, 느낌, 냄새, 맛도 또한 더 이용할 수 있다. 대조적으로 관조된 아미지는 대개 공간, 크기, 가장자리/테, 거리 등에서 위치할 것이다.

목소리의 특성 또는 그 세부감각양식은 매우 독특해서 특히 전화 목소리로 누군지 인식할 수 있다. 일단 누군지 알게 되면, 가끔 오해한다 해도 그들이 현재 어떤 감정 상태에 빠져 있는지 말할 수 있다. 또한 목소리의 사용

범위는 사람마다 다르다. 토의 동안에 견해의 강조와 일어났던 일에 관해 이야기할 때 화가 난 것은 어떤 차이가 있는가? 문화적 차이도 인식할 것이다. BBC에 방영 중인 영국의 뉴스 캐스터가 사용하는 억양, 리듬, 말투와 같은 세부감각양식은 CNN에 방영중인 미국의 뉴스 캐스터가 사용했던 세부감각양식의 범위와 매우 다르며, "프렌즈Friends"와 같은 시트콤 시리즈에서 듣는 세부감각양식의 범위와는 훨씬 더 많이 다르다. 실험은 다큐멘터리 영화나 멜로 드라마를 보든 안보든, 이미지를 보지 않고 듣는 것은 단 몇 초가 걸린다는 것을 보여 주었다.

많은 사람들은 자신들의 세부감각양식을 바꿀 수 있다는 것을 모른다. 그래서 마음에 들만큼 자주 경험을 새로 부호화하지 않을 것이다. 여러 방법으로 TV나 하이파이 오디오를 사서 활용하는 사람들처럼 작동하고, 마음에 들든 안 들든 공장이 설정한 초기 설정 만을 사용한다. 즉 TV로 공포영화를 보는 것이 너무 무섭다면 시험 삼아 몇 초 동안 볼륨을 끄거나 주 전등을 켜보라. 그리고 감정 상태에 무슨 일이 생기는지 주목하라.

어떤 경험의 세부감각양식 바꾸기를 알면 자신에게 도움이 되도록 세부감각양식들을 다시 암호화할 수 있게 해주므로 감성 지능을 크게 향상시켜줄 것이다. TV에 나오는 이미지가 너무 눈부시다면, 선명도와 대비를 맞추고, 원하는 수준을 얻기 위해 볼륨을 다룬다. 자신의 내적 이미지, 소리, 느낌으로 그렇게 하면 세상은 자신에게 매우 다른 곳이 될 것이다.

세부감각양식 바꾸기로 실험을 하고 싶은데 그 방법을 모른다면 현대적 TV로 해보라. 대비, 선명도, 색을 바꾸라. 이미지를 작은 3/4에서 와이드 스크린(9/16)으로 바꾸라. 주파수를 조금 거꾸로 맞추면 이미지가 흐릿해질 것이다. 소리를 모노, 스테레오 또는 서라운드로 해라. 이제 스크린을 만져보라. 정전기가 넘쳐 나고 있는가, 따뜻한가? 차가운가? …… 그러면 정말 똑같은 방식으로 자신의 내적 이미지, 소리, 느낌에 대한 세부감각양식을 바꿀 수 있다.

EQ와 주관적 경험 구조의 적용

사람들은 주로 무의식적이고, 불완전한 방법으로 지금까지 서술한 모든 정보들을 사용한다. 그것을 더 잘 활용할수록 감성 지능을 더 많이 계발할 수 있을 것이다. 3가지 주요 표상체계 적용과 세부감각양식을 구별한다.

1. **무의식적 반응과 표정읽기**Calibration: 어떤 순간에 때 맞춰서 사용하는 표상채널과 세부감각양식의 관찰을 통해 그 사람이 어떤 상태에 빠져 있는지를 추론하는 것.
2. **상태관리**State Management: 감정 상태의 작용을 알아내기 위해 표상 체계를 사용하고, 자신(또는 다른 사람)을 자원상태에 두거나 또는 감정상태를 향상 시키기.
3. **래포 스킬**: 의사소통하는 동안 자신을 맞추어가고, 대중의 우선 체계를 고려하는 방법을 알기.

세부감각양식을 활용하여 감정상태를 향상시킬 수 있는 방법이 계속 이어진다.

세부감각양식으로 감정상태를 향상시키기

기억, 상태, 신념, 태도, 스킬이나 습관의 내적 표상에 대한 세부감각을 끌어낼 수 있다. 각각에 대한 세부감각양식을 바꾸면, 각각의 중요성과 의미가 의미심장하지만 미묘하게 변화되는 것을 알 것이다. 이 때문에 다른 내적 표상과 사실, 다른 상태, 신념, 태도, 스킬 또는 습관을 얻는다. 그런 이유로 세부감각양식은 감성 지능을 이끄는 극히 유용하고 강력하고 효과적인 방법임이 증명되었다.

어느 세부감각양식을 바꾸어야 할까?

확실한 세부감각양식은 개인에게 특별한 의미를 갖고 있다. 어떤 사람들에게는 이것은 기억의 선명함과 희미함일 것이다. 또 어떤 사람에게는 내적 시야 내에 있는 위치, 크기나 거리일 수도 있다. 그러나 또 다른 사람들에게 소리나 중요한 신체적 감각 특성일 수도 있다. 많은 영향력을 가졌으므로 이것들을 결정적 세부감각양식이나 세부감각양식 조종자라고 한다. 그것들을 바꾸는 것은 다른 사람들에게 폭포수와 같은 영향을 미친다. 세부감각양식의 변화는 본래 개인의 내적 표상에 가장 많은 영향을 미치며, 조정과정 동안 세부감각양식을 식별하는 것은 특별한 사용이라고 판명될 것이다. 예를 들어 사랑에 빠진 젊은 청년은 선명한 색채로 사건을 회상해내서 새들의 아름다운 소리를 기억한다. 대신에 그가 중등학교 시험 첫날을 기억한다면, 아마 이미지가 흑백이고 그 6월에 새들이 시끄럽고 가락에 안 맞게 지저귀고 있었다는 것을 알 것이다. 이 경우에 결정적 세부감각양식이나 조종자는 생생한 색깔과 아름다운 가락이다.

조종자와 대조 분석

결정적 세부감각양식이나 조종자를 발견하기 위해서 시험을 보거나 사랑에 빠지는 것과 같은 내적 표상을 대조하는 세부감각양식을 비교해 보아야 한다. 각각의 세부감각양식 목록을 작성하고 어느 것들이 차이가 있는지 확인하라. 이것이 조종자라고 판명된다. 그것들은 이 두 가지 상황의 표상에서 차이가 나는 특성들을 만들어 낸다.

따라서 대조 분석은 어느 것이 차이에 영향을 미치는 것인지 확인하기 위해서 여러 상황의 세부감각양식을 끌어낸다는 의미이다. 위의 젊은 청년의 경우에 내적 시야에 있는 이미지 위치는, 사랑에 빠진 것을 생각하는 A 수준 시험 보는 것을 생각하든 똑 같으며, 또한 두 그림의 선명도가 같다는 것을 알 것이다. 이런 경우에 선명도와 위치는 조종자가 아니지만 대조해 보면 생생한 색깔과 아름다운 가락이 조종자이다.

앞의 1장에서 보았듯이 이 특별한 세부감각양식은 신경언어학에서 특별히 중요하다. 이미지를 관조하면 대개 이미지 속에 있는 자신을 볼 수 있다. 초연한 관찰자 관점에서 그것을 본다. 이미지에 몰입하면 내면에서 그 이미지를 본다. 자신은 그 일부분이기 때문에 그 이미지 안에서 자신을 보지 못할 것이다. 몰입하고 관조하는 것은 또한 청각과 신체감각적 표상의 감각양식에도 주목할 수 있다. 몰입하면 자신의 신체 속에 자신이 있다. 관조하면 사람들은 신체 감각을 전혀 또는 거의 경험하지 못한다.

몰입과 관조는 보통 중요한 조종자이다. 몰입과 관조만으로 신경언어학에는 많은 용도가 있으며 느낌과 밀접하게 연관되어 있다. 강탈당한 많은 사람들은 어느 단계에서 자신의 몸에서 이탈한 것처럼 어떻게 느꼈는지, 마치 다른 사람에게 일어나고 있는 것처럼 떨어져서 행위를 어떻게 관찰했는지를 설명한다. 그것은 임사체험near death experience에 밀접한 관련이 있을 수도 있다. 사람들이 관조하는 방식도 중요하다. 강탈사례와 임사체험에서 사람들은 몸에서 나와 위로 떠다님으로써 관조한다. 사람들은 보다 일상적인 관조 방법을 '한 걸음 뒤로 물러 서는 것'으로 서술한다. 관조하고 몰입하는 방법을 실험하고 그것이 자신에게 무슨 도움이 되는지 탐색하라.

세부감각양식과정 바꾸기: 혐오에서 연민까지

다음은 세부감각양식을 변화시키는 예이다. 싫어하는 사람들에게 어떻게 연민을 가질 수 있는가?

1step 싫어하는 사람에 대해 생각하라.

이 사람을 어떻게 마음에 떠 올리는가?

무슨 표상 채널이 가장 많이 나타나는가? 그 표상 채널에 대한 세부감각양식을 서술하라.

2step 연민을 느끼는 사람에 관해 생각하라.

이 사람을 어떻게 마음에 떠 올리는가?

무슨 표상 채널이 가장 많이 나타나는가?

그 표상 채널의 세부감각양식에 대해 서술하라.

3step 대조 분석하라.

세부감각양식의 면에서 두 표상들 사이에 중요한 차이는 무엇인가?[65]

4step 싫어하는 사람에 대한 세부감각양식을 연민을 느끼는 사람에 대한 세부감각
양식으로 바꾼다. 무슨 일이 일어날까?

세부감각양식을 활용한 신념 변화[66]

어떤 것이든, 즉 신념과 같은 추상적 개념까지도, 감각 구체적인 표상을 가
질 수 있다는 것을 알면 놀랄 것이다. 그러나 사실은 이렇다. 어느 것이든
무엇인가에 대해 생각할 때 홀로그램처럼 우리 주위 어딘가에 그것을 매우
자주 투사하면서 어떤 방식으로 그것을 마음 속에 떠올린다. 이는 사람들
이 실제로 마음 속에서 만들어진 구상 또는 마음 속 사물을 조작하고 있는
것처럼 말할 때 사람들이 행하는 제스처를 설명해준다. 어깨 위로 그 이미
지를 내버리면서 자신의 주의 집중 영역에서 이미지를 어떻게 움직였는지,
마음 속에서 문제를 어떻게 해소할 수 있었는지를 앞에서 서술했다. 이 연
습은 어떤 내용 정보도 필요로 하지 않는 방법으로 신념을 변화시키기 위
해 세부감각양식을 사용하여 비슷한 법칙을 적용한다.

그래서 누군가의 신념을 끌어낼 때는 조심해서 그 사람 곁에 앉거나 선다.
그렇지 않으면 그들 마음 속 사물이나 이미지 속에 앉거나 설 수 있다. 눈
을 감으면 이것은 중요하지 않지만, 눈을 뜨면 중요하다. 영화를 보고 있을

---

65) 두 단계 모두 같은 표상채널을 선택했는가? 아니라면, 두 경우에 대해 다른 표상체계의 세부감각
양식 목록을 작성하여 설명, 둘 다를 끝내라.

66) 리처드 밴들러와 월 맥도널드가 "내부인의 세부감각양식 가이드(Meta Publications,
Cupertino,Calif 1988)에서 이 과정의 초기 버전을 제시했다.

때 시야 앞에서 어떤 사람이 걸으면 기분이 어떨까? 여기서는 혼자서 내적으로 만든 홀로그램을 볼 수 있는 것과 대략 같은 정도의 일이다.

주목해야 할 핵심 세부감각양식: 공간의 위치, 거리, 크기, 모양

조언: 실물보다 더 크다. 심각한 문제라 하더라도 가능한 한 재미 있게 하라. 아무리 많이 해도 지나친 과장이 아니다. 자신의 음조 로 마음껏 하라.

함께 할 파트너 A를 찾는다.

1. 제한 신념을 식별해 내라고 A에게 부탁하고 위에서 말했던 세부감각양식에 주목하면서 그것을 (1)이라 한다.

   질문: 이미지로 그것을 볼 수 있다면, 그것은 어디에 위치해 있을까? 질문하지 않더라도 아마도 이미지의 크기, 거리, 모양을 나타낼 때, A의 제스처에 주목하라.

2. A에게 더 이상 갖고있지 않은 신념을 식별해달라고 부탁하고, (2)라고 부른다. 그리고 그것에 관해 생각하면 보관소에 있었거나 단순히 유효기간이 지난 것이어서 다소 웃기거나 어리석다는 것을 알게 된다. 그 세부감각 양식에 주목하라.

3. A에게 (1)을 그 위치에서 떼어내고, (2)의 세부감각양식을 주면서 (2)의 위치에 고정시키라고 권한다. 가장하기(~척 하기)스킬을 활용하라, 코미디물의 이상한 주인공처럼 잡아 늘일 수 있는 팔을 가졌다고 상상하게 해서 마치 실제 물건인 것처럼 실제 팔을 뻗어 이미지를 집게 한다. A에게 제스처와 더불어 일치되는 음향효과를 넣도록 부탁한다. 이미지 그림을 잡아 떼서, 이동시키면서 적소에 고정시키기 위해 가장 가능한 음향 효과를 A에게 부탁한다.

4. 이 일이 끝나면, A에게 새로운 위치에서 (1)을 어떻게 지각하는지 묻는다.

5. A에게 아직은 갖지 못했지만 갖고 싶은 새로운 강화해주는 신념을 창조

하라고 부탁하고, 그것을 (3)이라 한다. "나는 한다고 결심한 것은 무엇이든 달성한다"라는 아마 오래된 옛 신념들의 긍정적 의도를 충족시켜 주는 보다 생성적 신념의 반영이미지일 것이다. 그 세부감각양식에 주목하라. 자신과 다른 사람들에게 도움이 되도록 새 신념의 생태를 점검하라.

6. A가 (3)을 확인할때, 세부감각양식에 주목하면서 아무런 감정적 내용도 없이 A가 갖고있는 신념을 식별해 달라고 부탁하고 신념은 사실이나 중요치 않는 중간 위치에 둔다.

7. A에게 (3)을 (4)의 위치에 놓게 한다.

8. 이것이 끝나면 A에게 이 중간 위치에서 (3)을 어떻게 지각하는지 물어보라.

9. A에게 세부감각양식에 주목하여 "태양은 내일도 뜰 것이다"와 같은 강하고 보편적 신념을 정말로 지닌 신념인지 확인하고 (5)라고 한다.

10. A에게 중간 위치에서 (3)을 가져와서 (5)의 세부감각양식을 (3)에 주면서 (5)의 위치에 고정시킨다.

11. 이 일을 끝내면 이 새 위치에서 (3)을 어떻게 지각하는지 물어보라.

12. 미래 가보기: A에게 새 신념을 검증하는 시기를 상상하도록 부탁한다. A의 마음 속에서 신념이 어떻게 되어가는가? 그 결과 어떤 기분일까?

주의: 6~8 단계는 선택이지만 새 신념을 현실화시키고 나서 일반화시키라고 권하고 있다.

결론: 주관적 경험구조 깨닫기

지금까지 내용 대신에 구조 수준에서 작용하는 것이 문제 다루기를 어떻게 단순화시키고 단축시키는지 알았을 것이다.

서술적 언어와 평가적 언어의 차이를 깨달았을 것이다.

사람들이 감각 구체적 언어를 활용하여 사고를 구성하는 방식에 관해 더 많이 알아내는 방법을 배웠을 것이다. 사람들이 스스로를 표현하기 위해 사용하는 술어들에 자신을 조화시킬 때 작동하는 자신의 우선체계를 확인하는 법을 배웠을 것이다. 감각 예민성을 계발할 때 눈을 휙 움직이는 방향이 기억에 접근하는 방식인 유인체계를 암시한다는 것을 알았을 것이다. 사람들의 경험을 구성하는 내적, 외적 감각 정보의 순서를 부호로 나타내기 위한 속기 방법을 배우기 시작했을 것이다. 현실의 시각은 생각했던 것보다 더 이상할 뿐만 아니라 생각할 수 있었던 것보다 훨씬 더 이상하다. 그러나 지각을 대상으로 일하는 방법들을 즐겼을 것이다.

주관적 경험 구조를 깨달으면 자신을 위해 감정이 작용하도록 하고서 감성 지능을 계발하는 새로운 도구Tool를 준다. 무엇보다도 그것들이 마음에 들지 않으면 바꿀 수 있고, 지금은 그렇게 하는 방법도 안다. 심지어 부정적 의미를 주는 구성 체계에 관해 호기심을 갖게 될 수도 있다. 자신들의 경험 구조에 대해 이 새로운 파워를 깨닫게 되고 자원이 안 되는 과거 경험을 자신에게 더 도움이 되는 방식으로 다시 암호화하기 위해 체계적으로 탐색하는 많은 사람들이 많다. 또한 예상하지도 않았던 내면의 많은 유용한 자료들을 찾아냈고 재미있게 그렇게 하고 있다. 그것이 바로 감성 지능이 하는 것이 아닐까?

메타프로그램들: 사고의 필터

앞에서 수 차례 말했듯이 사고의 과정은 일련의 연속적으로 "드나드는" 상호작용 필터의 결과이다. 감정은 그런 필터링의 결과이다. 감정의 구조적 기초를 설명하기 위해서 메타프로그램 모델 같은 강력한 도구는 매우 귀중하다. 언제라도 마음 속에서 작용하는 필터를 식별하고 해야 할 필요가 있다면 그것들을 변화시킬 수 있게 해주기 때문이다.

메타프로그램 모델은 융Carl Jung의 원형과 그 당시에 널리 이용되고 있는 성격요인 질문지로서 Carl Jung의 모델에서 따온 소위 MBTI에 고무되어

1980년대 초에 개발되었다.

많은 유사한 모델들과 함께 그 이후로 메타프로그램은 인지심리학 분야의 중요 도구로 발전되어 인지스타일이나 영향력 패턴이라고 말했을 것이다. 인지스타일은 정보와 경험을 필터링하고 조직하는 평범한 방법을 서술하여 그 기본적 가치와 기능, 그리고 역량을 포함한다.

신경논리적 수준 모델처럼 이 메타프로그램모델 때문에 의사소통 내용의 구조를 식별할 수 있다. 일단 메타프로그램을 연구하고 활용해보면 메타프로그램을 사용하는 방식이 사람마다 완전히 다르며, 개인적이든 직업적이든 어느 수준에서의 대화든 그런 개인적 차이 때문에 완전히 재앙이 될 수 있음을 알 것이다.

예를 들어 전체상big picture에 관심이 있고 세부사항에 전혀 주목하지도 않으며 남들에게 충분한 세부사항 설명도 하지 않는 사람들도 있다. 반면에 문제에 대한 세부사항을 요약하는 사람도 있다. 그들에게 관심이 없다면 나와 그들은 주파수가 다른 것이다. 그들의 열거와 잔소리 많은 방법 때문에 아마도 지루함을 느끼며 한편으로는 우리의 분명치 않은 애매한 언어 때문에 헷갈리는 느낌이 들 수도 있다.

정의

메타프로그램은 행동, 사고, 느끼는 방식을 결정하는 무의식적 분류 필터이다. 이 필터들은 어느 때든 지각할 수 있는 것과 자신들과 남들 그리고 세상과 상호작용하는 방식을 결정한다. 그것들은 세상 모형을 구성하고 인정한다. 메타프로그램은 보편적으로 공유되지만 그것들을 적용하는 방식은 사람마다 다르다.

표정, 행동과 질문에 대한 답변에서 메타프로그램을 인식할 수 있다. 정말 많은 간단한 질문을 하면 스스로 동기 부여하는 방식과 문제에 대처하는 방식과 같은 개인의 성격 구조에 관한 깊이 있는 통찰력을 얻을 수 있다.

메타프로그램 학습을 통해 할 수 있는 것:

1. 감정이 어떻게 구체적 패턴들에 연결되어 있는지 알게 되어 자아인식을 증진시킨다.

2. 습관적으로 행하는 메타프로그램을 보완하는 메타프로그램을 계발하여 유용성과 함께 융통성과 감성역량을 향상시킨다.

3. 메타프로그램을 사용하여 적응성에 대해 다른 사람들을 선발한다.

4. 다른 사람들이 작동하는 메타프로그램을 식별하고 모든 당사자들을 만족시킬 결과를 달성하기 위해 활용하여 래포를 구축한다.

메타프로그램을 발견했을 때, 할 수 있는 두 가지 질문:

1. 이 구체적 메타프로그램 사용에 관해 매우 중요한 것은 무엇일까? 이를 사용하는 이면에 숨은 긍정적 의도는 무엇일까? 이를 사용하도록 동기 부여하는 근본적 가치는 무엇일까?

A는 문제를 회피하는 사람이다. 긍정적 의도는 자신의 안전을 관리하는 것과 관계가 있다.

B는 의심이 많고, 집중할 수 없으며 극히 선택지향적이다. 긍정적 의도는 자유로움을 느끼기 위해서 개방적 선택과 가능성을 유지하는 것과 관계가 있다.

2. 반대되는 메타프로그램으로 자신의 메타프로그램을 보완하기 위해 도움이 되는 곳은 어디일까?

회피하는Away From 사람은 문제를 피한다. 만사가 순조롭다. 거의 위험이 없다. 그러나 이것을 너무 많이 강조하는 것은 부정적 결과를 가질 수 있다. 인간관계나 팀에서 보다 목표지향적toward인 사람들의 스킬로 자신을 보완하는 데서 가능한 해결책이 나온다. 또 하나의 해결책은 혼자서 목표를 정하고 그 목표를 향해 가는 행동 계획 스킬을 계발하는 것이다.

자유로움을 느끼기 위해 개방된 선택을 유지하는 사람은 결코 결정하거나 행동으로 착수하지 못한다. 그 사람들은 하나의 특정 선택을 정성들여 끝내고 나중에 그것을 평가하는 스킬을 습득할 수 있다. 또는 다른 누군가가 그 사람들의 입장에서 결국 결정을 내릴 것이다.

특정한 메타프로그램 하나와 종종 동일시하는 사람은 그것을 마음에 간직하고 소중히 하기 때문에 동일시한다. 그것은 그들에게는 값을 매길 수 없을 정도로 귀중하다. 예를 들어 "나는 선택형 사람이며, 창의적이고 자유롭다"고 말할 수 있다. 그러나 이러한 부류의 태도는 일하는 중에 바람직하지 않은 효과를 낼 수도 있다. 가끔 보완적인 정반대 태도—예를 들어 공항에서 점검 받을 때, 결정을 내리고 그 선택을 고수하기, 새로운 직업을 선택할 때처럼 절차에 따르기—에 따라서 행동하는 것이 더 적절하다는 것을 알게 된다. 이는 보완적 메타프로그램을 발달시켜 만일의 경우에 이용할 수 있도록 조언을 받는다는 의미이다.

메타프로그램은 많이 있는데, 그 중 몇 가지는 모든 사람이 함께 가지고 있으며, 또 자신의 욕구를 위해 스스로 계발하는 것들도 있다. 앞에서 전자 중의 하나인 표상체계에 관해 이미 배웠고, 후자 중의 하나인 사람을 몽상가, 현실가, 비평가로 분류하는 디즈니 모델에 관해서도 배웠다. 여기서는 직원 선발에서도 활용하고 인간관계 문제와 개인 성장을 면밀하게 기획하게 해주는 가장 뚜렷한 메타프로그램[67]들로 한정시키려고 한다.

메타프로그램들을 나타내기 위해 서로 정반대 요소를 갖는 두 가지 패턴을 한쌍으로, 직업적 상황에서 마치 양극단을 다루는 것처럼 소개할 것이다.

---

67) NLP훈련과정에서는 15가지에서 26가지의 메타프로그램 패턴을 논의하는데, 그것들은 마음 속으로 한번에 7±2가지 지식만을 의식적으로 가질 수 있다는 것을 고려하면 기억할 수 있는 것보다 훨씬 더 많다. 보다 완전한 논의를 하기 위해 쉘리로즈 샤벳(Shelle Rose Charvet)의 저서 마음을 바꾸는 말(Words that change Minds)이라는 책과 마이클 홀(Michael Hall)과 밥 보덴하머(Bob Bodenhamer)의 저서 사람들을 이해하기(Figuring Out People)를 참조한다.

물론 실생활은 그보다 훨씬 더 미묘하다. 어떤 상황에서 적용하는 메타프로그램들은 다른 상황에서 활용하는 메타프로그램들과는 매우 다를 수 있다는 것을 경험했다. 예를 들어 직업생활에서 매우 혁신적인 방법으로 행동할 수 있지만, 가정에서는 만사가 제멋대로 하게 내버려 두는 것을 선호할 수도 있다. 극단적 상황에서만 메타프로그램의 양극단을 경험한다. 사자에게 잡아먹히지 않으려고 할 때는 매우 강하게 회피적Away from이고, 애인에게 프로포즈 하거나 임금인상을 신청할 때는 매우 강하게 목표지향적 Towards인 것이 적절하다고 하지만, 대부분의 상황에서 메타프로그램은 대개 연속체를 따라 어디쯤엔가 존재한다.

동기부여 특성들

첫 번째 메타프로그램 시리즈는 동기부여 구조를 나타낸다. 자신의 동기부여 특성들과 다른 사람들의 것에 관해 알아내는 방법을 배우면 의사소통에서 상당히 유능해질 수 있고, 동기부여 특성을 활용하여 존중하는 태도로 다른 사람에게 영향력을 미치는 방법을 배울 수 있다.

사람에게서 기대할 수 있는 행동의 정도를 논의하는 것으로 시작하여 다음에는 동기부여의 방향, 동기부여의 기저에 놓인 준거, 동기부여의 이유, 동기부여의 원천, 결정을 좌우하는 요인들을 다룰 것이다.

1. 솔선하는 정도, 에너지 수준

수동적 또는 능동적인가? 당신은 솔선하여 선수를 치는가? 아니면 남들이 하기를 기다리는가? 당신은 어떻게 고객에게 접근하는가? 무엇을 해야 할지 어떻게 아는가?

▪ 당신이 했던 것에 관해 생각하라.
질문: 문제가 생기면 응해서 하는가? 아니면 하고 싶어서 하는가? 그런 방식이 전형적으로 일하는 방식인가?

	수동적(REACTIVE)	능동적(PROACTIVE)
정의	일어나야 할 일들을 남들이 결정 하거나 상황이 매우 잘 지나간다고 생각함.	기회가 나타날 때까지 기다리지 않고 앞을 내다보고 미리 행동하는 사람.
언어 사례와 표시	▪ 그거 확실해요? ▪ 생각해 보고 나서 시작해라. ▪ 시장이 준비가 안 되었네. ▪ 먼저 위험을 고려하자. ▪ "고도를 기다리며" ▪ 늑대가 아기 돼지들을 위협하네.	▪ 뭘 기다리고 있는 거야? ▪ 먼저 행동하고 생각은 나중에. ▪ 수요를 유인해야 겠어. ▪ 만사가 순조로워. ▪ 역동성 또는 다이너마이트처럼 영향력이 큰 인물. ▪ 아기 돼지들이 자신들을 보호하려고 집을 짓네.
이점	▪ 분석하는 일을 잘한다. ▪ Helpdesk 직원: 전화 기다리기. ▪ 연구와 분석 지향적 직업.	▪ 솔선하여 앞장서서 일한다. ▪ 적극적 판매 광고하기, 독립적.

수동적인 사람들은 자신의 삶을 통제할 수 있다는 것을 믿지 않으려 한다. 그들은 대단한 일을 할 줄 모른다. 조직이 그들을 중지시키거나 시장은 준비되어 있지 않다. 시작이 반이며 많은 새로운 가능성은 나타나지는 않을 것이다. 숙명론자가 되는 경향이 있는 사람들이다.

수동적 언어: 수동적 동사, 주어 생략, 목적어 사용, 매우 복잡한 문장들
수동적인 사람들은 "모든 가능성을 점검했습니까? 위험을 알고 있기에 이 일이 발생한다면 당신은 무엇을 하겠습니까? 와 같은 질문으로 자극을 받을 수 있다. 구체적 순간에 행동으로 옮겨야 할 것이다.
능동적인 사람들은 자신의 동기부여와 행동이 가장 중요한 성공의 원천이라고 생각한다. 목숨을 건 모험을 무릅쓰며 관료주의의 별난 행동을 기다리기 어렵다는 것을 안다. 삶은 계속되므로 가만히 서 있는 것은 퇴보하는 것이다.

능동적 언어: 능동적 동사, 구체적 주제, 짧은 문장
한 관리자는 "지금 구체적으로 무엇을 할꺼죠?" "언제 내가 그 결과를 볼

까?"와 같은 질문으로 능동성을 자극한다. 가끔 그 사람이 올바른 방향으로 향하도록 하기 위해 능동성을 가이드 하는 것이 유용하다.

많은 사람들은 능동적, 수동적 둘 다이다. 소수만이 극단적 패턴을 보인다. 그러므로 취업 면접에서 능동적 그리고 수동적 요인 둘 다 작동한다고 생각해야 한다.

패턴들 중 하나가 뚜렷이 우세한지 어떤지 또는 다른 패턴이 거의 완전히 결여되어 있는지 어떤지, 면접이 끝나면 스스로 결정하라.

2. 동기부여 방향: 목표지향 아니면 문제회피

한 부부가 여행사에 들어간다. 친절한 직원이 "어디로 가실 겁니까?"라고 질문하고, 두 가지 답변을 들었다. 한 사람은 "파타고니아에 가고 싶어요" 인 반면에 다른 한 사람은 "저는 여기서 떠나고 싶어요."라고 말한다. 무슨 일이 생길까?

당신이 행동하도록 자극하는 것이 무엇일까? 당신은 어느 방향으로 따를까? 당신은 목표를 향해 움직이는가, 아니면 문제를 피해 움직이는가?

- 신중하게 선택했던 것—물건, 자동차, 집, 직업, 생활영역, 파트너 등— 에 대해 생각하라.
  질문: 왜 이 품목을 선택했습니까?
- 직업, 파트너 등 당신이 신중하게 지나쳐 가버렸던 것에 대해 생각하라.
  질문: 무엇 때문에 그냥 두고 갔습니까?

	문제 회피	목표 지향
정의	많은 결과를 피하기 위해 동기부여 되고, 회피해야 하는 것을 쉽게 인식 하는 사람.	자신의 목표에 집중함으로써 동기부 여되는 사람들.

예시와 언어의 표시	· 문제 해결하기. · 폐암에 안걸리고 싶어서 금연함. · 집에서 도망쳐치고 잘못된 파트너 선택. · 건강는 내장기관의 침묵. · 마감시한때문에 동기부여됨. · 가난하고 싶지 않아서 저축함. · 고통 회피하기.	· 시각화하고 긍정적 사고하기. · 지위 때문에 자동차구입. · 만족감 때문에 사람들을 돕기. · 나는 누구인가? · 교육목표.
이점	· 뭔가 변화하고 싶어서 동기부여됨. · 장애물찾아내기. · 다름을 피하기.	· 명확한 방향. · 원하는 신경생리현상 활성화. · 중요한 것부터 먼저하기.

많은 문제들을 만들어낼 정도로 목표지향적인 관리자들이 있다. 그 동료들은 상사가 실수하면 해결책을 찾아야 하기 때문에 그것에 관해 한 두 가지 알고 있다.

너무 지나치게 문제 회피적인 관리자들도 있다. 그들은 단지 위험을 피하고 싶기 때문에 회사의 결과는 부진하다.

많은 감정들은 분명 문제 회피적이다. 두려움과 수줍음은 전형적인 예시들이다. 이 감정들 때문에 결국 불쾌한 상황으로 가지는 않는다.

기준과 문제회피/ 목표 지향과의 관계

"문제회피 —목표지향" 메타프로그램을 표현하는 3가지 질문이 있다.

1. 직업에서 기대하는 것이 무엇입니까?

이 질문에 대한 답변은 그 사람에게 무엇이 중요한지에 대한 기본 준거를 표현할 것이다.

2. 그것이 왜 중요합니까?

결정을 내릴 때 우리는 위계적 기준을 사용한다. 이 질문 내용은 준거를 나타내는 반면에 그 기준구조는 기준들 간에 중요성의 위계를 제공한다.

가능한 답변들
— 책임감
— 존경/성실한 업무
— 훈련 기회
— 가치를 믿는 능력
— 자유/ 이니셔티브 공간
— 인정받기 그리고 그에 따라 보수 받기
— 기분 좋게 즐기기/ 마음껏 하기
— 도전, 스릴 느끼기/ 경쟁적 환경

3. 위에 명시된 기준 X를 깨달으면 그것은 당신에게 훨씬 더 중요한, 무엇이 될까요?

가능한 답변들
질문 1에: 내 지식을 적용할 수 있는 도전적인 일
질문 2에: 책임감
질문 3에: 인정받기

한 개인의 가치 위계에서 질문 3에 대한 반응은 가장 중요한 가치다. 그 사람이 더 이상 중요한 것이 없다고 할 때까지 또는 똑같은 가치를 반복할 때까지 계속 질문할 수 있다.

관리(Management)
한 개인의 기준을 안다면, 이 기준에 따라서 그들에게 주는 임무를 바꿀 수 있다. 특히 일상 업무가 목표 달성이 중요하다는 가치를 나타낼 때 그 사람은 목표 달성을 위해 더 동기 부여될 것이다.

ⓔⓧ ▪ 나는 정말 당신을 존경합니다. 그러므로 당신에게 이 임무를 드립니다. (가치 = 존경)

　 ▪ 나는 당신이 이 임무에서 많은 것을 배울 것이라 확신합니다. (가치 = 학습)

판매(Sales)

당신의 상품이 고객의 욕구를 만족시키기 때문에 또는 그 기준을 충족시키기 때문에 고객이 그 상품을 사고 싶어 한다.

ⓔⓧ ▪ 이 상품은 당신에게 효과가 있을 것이며, 중요한 것을 할 기회를 더 많이 줄 것입니다. (가치 = 자유)

　 ▪ 우리는 정말 이 상품의 가능성을 믿으며 당신 같은 고객들의 요구를 만족시킬 수 있다고 믿습니다. (가치 = 믿음)

3. 동기부여 이유: 선택지향 아니면 절차지향

정말로 어떻게 생각합니까?

끊임없이 더 좋은 해결책을 찾으려 합니까? 아니면 상세한 절차나 믿을만하다고 증명된 해결책을 갖고 잘 다져진 길을 걷고 싶습니까?

최상의 해결책이 있다고 믿습니까?

▪ 한 분야(인간관계, 직업, 가정, 휴가 등)를 선택하라.

질문: 왜 그것을 선택했습니까?

▪ 일상적인 근무 일은 어떻게 보입니까?

질문: 왜 이 직업을 선택했습니까?

	절차	선택
정의	목표 달성을 위해 어떤 경로를 따르고 싶어하는 사람.	보통 여러 선택안을 보고 그것들을 평가한 후, 그 중 하나를 선택한다.
언어의 예와 표시	• 그것을 하는 정확한 방법이 있어. • 뭔가를 기어코 끝낼 작정이다. • 너무 세심하게 계획하고 스케줄 대로 하지, • 구체적인 점에 어떻게 도달했는지, 질문하는 사람이 있으면, 사건이 일어났던 순서인 연대 순서로 말할 거야. • 조종사, 교사, 간호사… • 먼저 우리는 이것을 하고 그리고 나서 이것을, 나중에 저것…	• 절차 만들어 내는 것을 좋아하지만 결코 절차를 따르지 않는 사람들이다. • 그 사람은 성공적이라 해도, 다른 방법을 찾을 사람들이다. • 건축가, 프로그래머들. • 당신은 골라야 할 다음의 선택권이 있다. • 어느 선택권이 최고인지 명확해도, 사람들은 여전히 다른 것을 찾을 것이다.
이점	• 안전, 융통성. • 방법론.	• 가능성. • 선택.

이 메타프로그램은 직원을 모집할 때 중요한 역할을 한다.

자신에게 물어보라. "이것은 절차를 따라야 하는 직업인가 혹은 절차를 수정해야 하거나 새로운 방법, 상품이나 시스템을 발명해야 하는 직업인가?" 선택권과 절차들의 차이는 종종 문화적 충격이 될 수 있다. 예를 들어 대부분의 컴퓨터 과학자들은 다소 선택인들로, 끊임없이 더 좋은 방법을 찾고 있다.

예를 들면 지난 몇 년 동안에 시장에 나타났던 소프트웨어 업그레이드와 새로운 버전들의 수를 보라. 마케팅과 세일즈하는 사람들은 절망한다. 전자는 대개 가장 가능성이 있는 방법으로 상품 파는 법에 관한 계획표를 개발하기 때문이고, 후자는 가장 최근의 상품 특징에 자신의 판매 전략을 적응시킬 수 없기 때문이다. 최고의 판매 직원들이 고정된 판매 절차를 엄격하게 따르는 사람들이라면 놀라운 일일까? 그러나 이것은 불변의 진리는 아니다. 특히 최첨단 기술의 회사들은 판매직원들의 창의성을 강조한다. 그러므로 그 판매직원들은 보다 선택지향적일 수도 있다. 그래서 사람들의 직업에 관한 선입견을 고착시키지 말고, 메타프로그램을 활용하는 최고의 방법은 특정 조직의 필요에 따라서 어느 것이 가장 효과적이고 적절한지를 결정한 후에 담당부서에 맞추는 분석도구로 활용하는 것이다.

맹목적으로 절차를 따르는 것은 약간 이상한 효과를 낼 수도 있다. 1998년 12월 옵서버Observer지는 붙박이된 BMW 네비게이션 시스템을 절대적으로 믿었던 한 독일 운전자에 관한 기사를 실었다. 동독의 하셀강을 건널 때, 그는 사람들이 경고 신호등과 나루터가 거기에 없다고 그에게 고함친 것을 무시했다. '절차'는 나루터를 전혀 언급하지 않았기 때문에, 그가 다리를 건너야 했다고 생각했을 때, 4m 깊이의 강속에서 그의 운전은 끝났다. 다행히도 그는 흠뻑 젖었을 뿐이었다. 지도는 언제나 영토가 아니라는 것을 그는 지금 알 것이다.

다시 여행하는 커플을 보자. 절차를 따르는 사람은 여행 일정 계획을 만들고 그것을 지킬 것이다. 선택지향인 사람은 길을 따라가며 아이디어를 얻고 최종 목적지를 바꾸고 싶어한다. 무슨 일이 생길까?

4. 동기부여 원천: 내적 준거 아니면 외적 준거

이 메타프로그램에 대해서 개인적 문제로까지 관련시키기 위해 상황을 넓혀보겠다. 이제 결정할 때 어떻게 내적으로 혹은 외적으로 동기부여 되는가? 자동차를 살 때, 주변 사람 이야기나 보도기관의 논평과는 별도로 친구나 가족의 생각이나 자신이 선호하는 것에 영향을 받는가?
그러면 당신을 동기 부여하는 것은 무엇인가? 존경하는 사람들이 말해주는 외부세계, 또는 자신의 신념과 기준인가?

질문: 자신이 올바른 일을 했다는 것을 어떻게 압니까?
자신의 결정이 옳다는 것을 어떻게 압니까?

	내적 준거	외적 준거
정의	자신의 기준에 따라 결정을 내리고 스스로를 평가하는 사람들.	남들의 기준에 따라 결정을 내리고 자신을 평가하는 사람들.
언어의 예와 표시	• 피드백을 당연하게 여기지 않는다. • 평가는 거의 영향을 미치지 않는다. • 많은 아이디어를 만들어낸다. • '나' '자아'의 느낌이 강하다. • 남들이 말하는 것이 아니라 자기 경험에 근거한 결정을 한다고 느끼고 싶다.	• 자신이 어떻게 하고 있는지 알기 위해 피드백을 필요로 한다. • 인정이 필요하다. • 종종 잘못한 것이 있나 생각한다. • 친절하고 훌륭하게 되려고 노력한다. • 논쟁이나 멸시에 대처할 수 없다. • 비판받으면 개인적으로 상처를 입은 느낌이다.
이점	• 자기 결정. • 이 사람들에게 찬성해야 할 곳을 안다. • 자신 있는, 자기 확신하는.	• 갈등 회피. • 관계 보호.

외적으로 동기 부여된 사람들은 쉽게 영향을 받는 편이다. 그러나 세일즈맨은 이 이점을 아무리 많이 이용해도 오히려 부족하다. 외적인 사람들이 자신에게 영향을 미칠 사람들을 어떻게 선택하는지 자문해보라. 게다가 판매원을 찾아오는 사람은 여전히 판매원의 영향력을 말살해 버릴 가능성이 있다. 내적 준거인 사람들은 내면 성찰, 묵상이나 안식 과정을 통해 마음의 변화를 관리하지 않으면, 쉽사리 독단적이 되고 자신의 아이디어 속에 틀어박혀 버릴 수 있다.

내적으로 동기 부여된 사람들은 권위적이거나 보호적인 관리로 더 많은 문제를 더 많이 경험하는 편이다. 완전한 자유재량이 주어진 상황이나 감독 수준이 낮은 상황인 자영업에서 가장 적절하게 기능한다. 그러나 외적 준거인 사람들은 엄격한 관리 하에 있을 때나 또는 좋은 역할모델Role model이 제시될 때 가장 잘 기능하므로 이런 부류의 관리가 필요하다.

가끔 동료들과의 좋은 교제는 이러한 외적 준거 욕구를 충분히 충족시킨다. 필요한 외적 준거를 제공해 줄 네트워크를 유지한다면, 자영업이나 정보혁명이 촉진하는 재택근무는 실행가능한 선택이다. 외적 준거는 다른 사람을 고려하기, 신중함과 같은 기본적 감정 구조를 가지고 있다.

인도 여행 경험이 없이 지금 인도를 여행하고 있는 커플을 보자. 택시기사가 그들이 요구했던 것과는 다른 호텔로 데려다 주어서 놀랐다. "이건 우리 호텔이 아닙니다." "맞습니다. 하지만 당신네 호텔은 일시적으로 폐쇄되었어요. 이것도 좋은 호텔입니다."라고 운전기사가 말한다. 무슨 일이 일어날까?

5. 결정요인: "유사성" 이나 "차별성" 에 근거한 결정 동기부여

변화에 어떻게 반응하며 얼마나 자주 일을 변화시키고 싶어 하는가? 새로운 것에서 이미 알고 있는 것과 유사성을 발견하면 동기부여 되는가? 아니면 철저하게 새 일을 선호하는가? 지속적인 향상을 선택하는가? 또는 다소 다른 사업과정 설계를 선호하는가?

질문 1: 작년 이맘때 당신이 하고 있었던 것과 지금 하고 있는 것이 관계가 있는가? 인간관계—애정관계, 형제, 자매관계—에서 당신과 비슷한 사람들이나 당신과 다른 사람들에게 끌려들어 갔는가?
질문 2: 정 반대로 끌리는 모습들의 관계는 무엇인가?

	유사성	차별성
정의	사물들에서 공통요소를 눈치채는 사람들.	사물들 간의 차이를 눈치채는 사람들.
언어의 예와 표시	• 변화를 좋아하지 않는다. • 영구적인 직업이 목적이다. • 의식을 좋아한다. • 그들이 이미 했던 일과 유사한 것을 보여주면 동기 부여될 수 있다.	• 차이를 탐색하고 찾는다. • 일이 변화하지 않으면 낙담한다. • "관계"라는 단어를 이해하지 못한다. • 인테리어 바꾸기를 좋아한다.
이점	• 안정. 안전.	• 창의성. 개혁.

사람들은 일생동안 많은 면에서 유사성과 차이를 활용한다. 만약 새 직업을 찾는다면 어느 정도의 직업이 역량과 욕구에 적합한지 점검할 것이다. 직업을 바꾸고 싶을 때 갑자기 가진 것과 갖고 싶은 것의 차이를 알아차린다. 또는 집이나 아파트에 싫증나 있을 때 진정 원하는 것과 현재의 집이 얼마나 다른지 알게 된다.

아돌프 히틀러Adolf Hitler는 다음에 제시한 메인 캄프Mein Kampf1925의 인용에서 보듯이 악질적인 결말에 유사성과 차이를 활용하는 전문가였다. "참으로 훌륭한 대중적 리더들의 기술은 주로 사람들의 주의를 산만하게 하지 않고 언제나 단 하나의 적에게 집중하는 데에 있다. 적들이 하나의 범주에 속한 것처럼 고루 널리 분류된 적들을 나타나게 하는 것이 훌륭한 리더의 천재적 역할이다." 이러한 운영스타일은 다른 권위적 지배도 활용된다. 리비아, 이란, 이라크와 쿠바는 창의성을 많이 나타낼 필요가 없다. 그들은 모든 적을 "거대한 사탄", "미 제국주의의 영향 하에 있다"고 분류한다.

유사성 메타프로그램은 하나의 연속체가 극단으로 변화되어 가는 면을 갖는다. 어떤 것은 좋거나 아니면 나쁘다. 미국에 대해 "너는 우리의 동맹이거나 우리의 적이다."처럼 정말 매우 양극화된 방식으로 지각하고 있다. 그래서 1970년대에 국왕 통치 하의 이란도 동맹이었고, 이라크도 동맹이었다. 아야톨라(이란 시아파 지도자의 청호)치하에서 이란은 적이 되었고, 또한 이라크가 이란에 대항하여 매우 더러운 전쟁을 했을 때 대단히 많은 무기지원을 주었다. 그렇게 반대되는 양극단의 외교적 수완에 많은 활동의 여유는 없다.

반면에 유사성으로 재편성할 수 없어서 차별성만 지각하는 것은 삶을 매우 힘들게 할 수 있다. 의사소통 그 자체는 사람간에 아이디어와 의견들을 나누고, 이상적으로 구축할 공동기반을 찾기 위해 유사성 발견을 기초로 한다. 어떤 중국 음식점에서 수 백 가지의 여러 요리들이 제시될 때 무엇을 먹을지 또는 사가지고 가서 먹을지를 결정하는 것이 얼마나 쉬운지 아는가? 만약 차별성 때문에 강하게 동기부여된다면 아마도 하나하나 모든 요리를 조사하고 싶고 결정을 내리는데 시간이 오래 걸릴 수도 있다.

바로 그 분류 개념은 유사성과 차별성을 찾는 데에 달려 있다: 이것/아니면 저것, 과학의 진보는 유사성과 차별성의 상호작용에 근거해 있다. 이것은 일하기에 대한 분석/종합법으로 잘 알려져 있다. 먼저 아무도 전에는 인식한 적이 없는 것—차별성을 인식한다. 그리고 나서 새로 발견한 유사성을 설명하는 이론을 계발하고 종종 기존자료들과 비교하고 대조해서 재편성한다.

ⓔⓧ

새로운 인간관계를 시작할 때, 많은 유사성을 인식하는 것이 관계를 단결시킨다. 얼마의 시간이 지난 후 특히 차별성을 인식할 것이며 그 중 몇 가지는 이 관계를 깨기에 충분할 수도 있다. 그것들이 전에는 없었다는 뜻은 전혀 아니다: 이 모든 데이터는 처음부터 나타나 있었고, 단지 지각만 변했던 것이다. 그러므로 어려운 시기에는 유사성 필터를 다시 관여시키는 것이 도움이 된다. 그때 우리는 관계를 끊어야 할 만큼 실제로 매우 서로 사이가 나쁜 이유가 있다는 것을 깨달을 수 있다. 전처럼 상황이 중요하다. 두 가지 필터를 신중하게 사용하는 것은 다음 속담에서처럼 훨씬 더 완전한 설명을 제공할 것이다.

"진짜 지혜는 차이 속에서 유사성을, 유사성 속에서 차이를 보는 것이다." 다시 여행하는 커플에게 가보자. 둘 중 한 명은 올해 다른 것을 하고 싶어한다. 그들은 수 년 동안 Algarve에 갔다 왔기에 한 사람은 포르투갈 해변에 싫증나 있었다. 더구나 이 사람은 여기서는 거의 찾기 어려운 이국적인 것을 먹고 싶어한다. 절차를 따르는 다른 한 사람은 전과 똑같은 목적지로 가기를 선호한다. 게다가 음식을 가지고 가고 싶어한다. "당신은 이 모든 이상한 음식을 먹으니 싫어할 리가 없지요, 그렇죠?" 이들은 이 문제를 어떻게 해결할까?

작용 특성들

메타프로그램에 대한 두 번째 시리즈는 어떤 작업 환경에서 편안한지 어떻게 일하는지 그리고 어떤 류의 역할과 책무가 가장 잘 적합한지, 사람들이 일하는 구조를 나타내준다.

6. 주의력의 방향: 자신에게 아니면 타인들에게

다른 사람들의 비언어적 행동에 주의 집중하는가, 아니면 혼자서 감정을 유지하는것을 선호하여 남들도 마찬가지로 그렇게 해야 한다고 생각하는가?

질문: 다른 사람들 앞에서 어떻게 행동하는가? 누구에게 주의력을 집중하는가?

주의: 질문을 묻지 않고 토의할 때 사람들을 관찰하면 한 개인에 관해 더 많이 알 수도 있다.

	자아 주목 · 내향적	타인 주목 · 외향적
정의	자신들에게 주의력을 집중하는 사람.	다른 사람이 있다는 것을 의식하고 주의력을 보이는 사람.
언어의 예와 표시	▪ 감정을 거의 나타내지 않는다. ▪ 거의 비언어적 접촉을 보이지 않는다. ▪ 내용에 집중한다. ▪ 남들이 어떻게 행동해야 하는지 생각하지도 않고 낌새를 알아차리지 못한다. ▪ 읽고 있는 책에 완전히 집중하며 남이 말하는 것을 듣지 않는다.	▪ 태도와 얼굴 표정으로 접촉한다. ▪ 다른 사람이 있으면 더 활발해진다. ▪ 시선을 맞추려 한다. ▪ 다른 사람의 요구에 심지어 그것들을 예측하여 주의력을 집중한다.
이점	▪ 자신의 마음 속에서 무슨 일이 있는지 안다.	▪ 이해력 좋음. 협동. 팀 작업하기.

자아 집중하는 사람은 자신이 중요하다고 여기는 기준에 입각해서 상품을 선택한다. 세일즈맨이라면 자신의 말과 대화자의 선호에 집중하는 것은 거의 결정하는 데에 영향력을 미치지 못할 것이다. 그러나 대화자가 타인에 집중하는 사람이라면 그들에게 맞추면 그들의 욕구를 이해하여 결정하도록 자극하기 때문에 매우 중요하다.

타인 집중하는 사람이 메시지가 제시되는 방식을 중요시하는 반면에 자아 집중하는 사람은 메시지 자체의 내용을 중요시 한다.

주의력 방향은 혼자 있는 능력이나 주변의 남들에 관한 관심을 나타낸다. 감정 배터리battery를 어떻게 재충전하는가? 남들과 함께 있을 때, 아니면 혼자 있을 때 재충전하는가?

많은 사람들은 이 메타프로그램 유형을 동기부여 원천(내적-외적)의 유형과 혼동한다. 실제로 특히 자신에게 몰두하는 대부분의 자아집중인들은 흔히 외적 준거를 갖는다. 이는 남들이 자신에게 기대한다고 생각하는 것을 고려한다는 뜻이다. 그렇게 하면서 동정심 많은 리더나 이상적 아내가 되기를 바라면서 사회적으로 바람직한 이미지에 따라 살고 있다. 인정받지 못할까 봐 두려워하기 때문에 갈등은 피할 것이다. 역설적으로 남들의 견해를 고려하는 사람들은 자신을 걱정한다. 그러나 내적 준거는 습득할 수 있는 스킬로서 남들의 감정에 주의 집중을 중단 한다는 뜻은 결코 아니다. 즉 동료들에게 충분히 주목받고 유능한 리더가 되기 위해서 무엇보다도 남들과 남들의 욕구에 충분히 주목하는 외적이 사람이 되어야 하며, 그렇지 않으면 기껏해야 남들이 무시하거나 자신이 남들을 멀리할 것이다.

극단적 상황에 있다면 습관적 패턴에서 철저히 자신의 메타프로그램을 바꿀 수 있다. 어떤 사람이 "당신은 해고야."라는 말을 듣게 되면 무슨 일이 생길지 생각해보라. 그 순간에 사람들은 완전히 자신에게 집중하는 트랜스 상태로 빠져 들어 주위 세상에 전혀 주목하지 않는다. 그런 상황에 대처하는 동안에 또는 관계사항을 상실하면 회복하는데 시간이 걸리며, 얼마 동안은 이 패턴에 머물러 있을 것이다.

그럼 여행하는 커플은 무슨 일을 도모하고 있을까? 한 사람은 다른 사람들과 문화를 만나고 도시와 박물관을 가보기 위해 많은 관광을 간다. 예를 들어 지방 시장을 돌아다니는 것이 정말 좋다. 사람들을 만나고 어떻게 사는지 볼 수 있기 때문이다. 식당에서 저녁식사를 할 때, 다른 사람들 틈에 있는 것이 정말 좋다. 또 한 사람은 매일 캠프장이나 리조트에 머물고 싶고, 해변에 간다. 그리고 남들이 요리를 그다지 잘하지 못하기 때문에 요리를 직접 해야 한다고 말한다. 더구나 남들과 함께 식사를 하는 것이 가장 짜증난다. 그러면 이 커플은 이것을 어떻게 할까?

7. 범위(Scope): 세부사항 아니면 전체를 보는 안목
어떤 부류의 일을 가장 잘 다루는가? 전체를 조사하기인가 아니면 구체적인 세부사항을 인식하는 것인가?
19세기 미국의 유머작가 조쉬 빌링스Josh Billings는 이 메타프로그램의 효과를 매우 잘 설명했다. "사랑은 망원경을, 질투는 현미경을 사용한다."

질문: 당신이 실행해야 했던 임무에 관한 것을 말해보시오.

　　거실 내부를 서술하시오.

	세부사항을 보는 안목(구체적)	전체를 보는 안목(일반적)
정의	일의 모든 세부사항을 주는 사람.	전체적 윤곽을 주고 요청 받을 때만 세부사항을 제공하는 사람.
언어의 예와 표시	▪ 숲 속의 특정한 나무. ▪ 중요: 문서는 실수가 없어야 한다. ▪ 제시된 사례에 기초해서 전체적 이미지를 재구성하기 어렵다. ▪ 회계사, 교열기자 ▪ 매우 상세한 설명을 해준다. ▪ 상세한 사항들을 모두 점검하고 싶다.	▪ 밑그림 수준, 추상적사고, 애매한 말. ▪ 문서에서 요점을 찾고 싶다. ▪ 부분을 유용하다고 여기기 전에 전체를 이해해야 한다. ▪ 불충분한 지시만으로도 충분하다. ▪ 상세사항을 빠뜨리다.
이점	▪ 매우 정확성을 요구되는 임무를 꼼꼼하게 끝내기.	▪ 조처를 취하거나 지시를 주기 위해 회사에 대한 전체적인 견해를 신속히 얻기. ▪ 우선순위 결정.

이 메타프로그램에서 상대방을 이해하는 것은 적응이 매우 필요하다. 전체형 사람과 관계할 때는 이야기를 이해할 만큼 충분한 정보를 주지 않을 것이다. 반면에 구체형 사람은 세부사항을 매우 많이 말하기 때문에, 전체형 사람은 어떤 순간에 이야기의 결론을 내리고 싶거나 전체를 요약하고 싶어질 것이다.

상사가 전체형 사람이면 간단한 결과 요약서를 주는 것이 가장 좋고, 부탁받을 때만 더 많은 세부사항을 준다. 그러나 가장 관계하기 어려운 상사들은 전체형과 상세형 둘 다인 사람들—실제 존재한다—이다. 무엇을 끝내야 하는지에 관한 설명과 어떻게 끝내야 하는가에 관한 상세한 설명 둘 다를 예상할 수 있다. 그래서 솔선해서 주도할 여지가 거의 없을 것이다.

판매에 있어서, 상세형 사람과 관계할 때 특성과 이점들에 대한 전체 목록을 요약해야 한다. 다른 경우라면 이미지들과 설명들로 충분할 것이다.

개인의 선호는 분명히 그 답변의 길이에서 드러날 것이다. 구체형 사람들이라면 긴 설명을 해야 한다. 다른 경우라면 답변이 한 문장으로 집중될 수도 있다. 구두시험에서 이 전략을 사용하는 사람이 있다. 그는 잘 아는 내용이 있으면 장황한 답변을 했다. 그 결과 나머지 내용에 관해서는 다른 질문을 받은 시간이 충분치 않았다.

차를 마시며 쉬는 동안 상세형 사람들이 잡담하는 것을 들으면 자신의 이야기를 꾸미기 위해 많은 사람들이 그림을 보는 것 같은 상세한 내용을 많이 사용하는 것을 알아차릴 것이다. 사건에 대한 설명도 똑같이 들을 수 있다. 그들은 조금도 중요하지 않은 것을 삭제하거나 생략하기 어려워하며, 일반적 결론을 이끌어내려 하지 않는다. 반면에 전체형 사람들은 종종 명료함을 해칠 만큼 일반화하는 기술의 대가들이다.

여행하는 커플은 마침내 집에 돌아왔다. 사람들이 그들에게 묻는다. "여행은 어땠어요?" 한 사람이 "좋았어, 굉장히 멋진 경험이야."라고 대답한다. 그러나 다른 한 사람이 이야기를 시작하면 자리에 앉는 것이 더 낫다. "저, 우리 비행기가 21:30에 도착했는데 벌써 어두웠어, 그러나 정말 더웠어, 그래서 내가 호텔에 가려면 택시 타는 게 좋다고 말했지, 그리고 우리가 밖에 나갔을 때 기다리는 사람들이 매우 많아서 말이야……"

8. 스트레스 받을 때의 반응: 감정, 선택 또는 사고의 강조

스트레스를 받으면 어떤 반응을 하나? 감정적이 되는가 아니면 생각하기 시작하는가? 또는 스트레스 원인에 따라 다를까?

질문: 문제를 경험하는 한 가지 구체적인 일 상황에 관해 생각하라.
　　그 문제에 관해 더 이야기해요. 그 상황에 대해 어떤 생각을 했습니까?

	감정(Feeling)	선택(Choice)	사고(Thinking)
정의	상황이 강요하는 스트레스에 직면하면 감정적으로 반응하는 사람.	감정적으로 반응할까 말까를 선택하는 사람.	스트레스 상황에서 냉정하고 감정을 나타내지 않는 사람.
언어의 예와 표시	▪ 쉽게 감정을 나타낸다. ▪ 목소리, 신체 자세, 얼굴표정이나 제스처가 결합하여 바뀐다. ▪ 예술가들.	▪ 먼저 감정적으로 반응하지만 적어도 잠시 동안 차분해질 수 있다. ▪ 남들과 공감할 수 있지만 압박을 받으면 차분할 수 있다.	▪ 전혀 감정적이지 않게 매우 냉정하게 반응. ▪ 조종사나 항공관제 조종관.
이점	▪ 감정이 강렬한 일을 잘한다. (화가, 요리사)	▪ 판매직에서 최고 실패에 대처할 뿐만 아니라 공감하기도 잘한다.	▪ 스트레스 많은 일에서 잘한다.

이 메타프로그램은 감성 지능을 달성하는 열쇠이다. 1장에서 이미 감정을 통제하는 법을 논의했고, 감정이 자신을 반대하지 않고 자신을 위해 작용할 수 있는 방법에 대한 사례를 제시했다. 이렇게 할 수 있으려면 마음과 두뇌의 균형을 이루며, 양극단이 아니라 연속체 전체에서 찾을 수 있도록, 스스로 설정한 상황과 결과에 따라 감정과 이성 간의 선택 수준에서 일해야 한다. 이런 식으로 우리는 중요성에 무관한 과업을 맹목적으로 실행하는 로봇도 아니고 또한 억누를 수 없는 감정의 노예인 동물도 아니지만 그냥 원하는 방식으로 정말 완전히 평범하고 단순한 인간일 뿐이다. 여기에 소개된 테크닉들의 요령을 터득하면, 미국에서 실행된 조사에서 인구의 70%를 구성하고 있는 '선택'인들 집단에 속하게 될 것이다.

미국의 심리학자인 도날드 라이어드Donald Laird는 리더십에 필요하고 선택에 연관될 수 있는 5가지 기술Skill을 구별한다.
▪ 실제로 감정 폭발 없이 심각한 모욕에 대처할 수 있는가?
▪ 낙심하지 않고 형편이 안 좋은 시기를 겪어낼 수 있는가?
▪ 비웃음의 대상이 될 때도 남들과 함께 웃을 수 있는가?

- 만사가 잘 안될 때 계속해 나갈 에너지가 충분한가?
- 긴급 상황에서 침착할 수 있는가?

이용할 수 있는 선택이 많을수록 성공가능성이 더 많다는 신경언어학의 가정을 기억하라. 자신감의 본질은 모든 것을 침착하게 검토하여 모든 요소들을 짜 맞춘 후 감정의 균형 잡는 법을 아는 데에 있다.

지금 여행하는 커플은 무엇을 하고 있을까? 그들은 편히 쉬면서 한 주 동안 아무것도 하지 않고 해변을 즐기며, 간식을 먹고 손잡고 산책하기로 결정한다. 밤에 잠자리에 든다. 불을 끄기 전에 그들은 벽에 벌레가 기어가는 것을 본다. 한 사람이 무서워서 비명을 지른다. 다른 한쪽이 말한다. "걱정마, 여기선 보통이야. 아무런 해도 없어." 그러나 비명 지른 사람은 진정되지 않을 것이고, 또 한 사람은 열심히 잡으려 해보지만 그 벌레를 잡을 수 없다. 비명 지른 사람은 한숨도 못 잔다. 다음에 무슨 일이 생길까?

9. 일하는 스타일(독립적으로/남들 가까이서/협동해서)
어떤 부류의 상황에서 최선을 다하는가? 독립적으로? 엄밀히 규정된 책임감을 갖고, 목적을 달성하도록 자신을 도와줄 주위의 다른 사람들과 함께? 또는 공동 책임을 지는 팀에서? 아무에게도 전화하거나 또는 말하지 않고 사무실에서 얼마 동안 혼자 있을 수 있을까?

- 성공적이었던 상황을 생각해내라.

질문: 결과는 자기 덕분인가 아니면 팀 덕분인가?
　다시 성공하기 위해서는 무엇이 필요한가?

	독립적으로	남들 가까이서	협동해서
정의	혼자서 일하고 싶은 사람.	남들과 함께 목표 도달하고 싶지만 명확한 책임감이 필요한 사람.	남들과 함께 일하기를 좋아하고 팀 정신이 중요하다고 여기는 사람.
언어의 예와 표시	자기 사무실에서 문 닫은채 일한다. ▪ 나는 내 목표를 달성했다. ▪ 나, 나의 직업 ▪ 독재적 리더	사무실에서 남들과 함께 컨설팅 하지만 모두가 자신의 역할과 책임이 있다. ▪ 남들도 마찬가지로 협조했지만 난…을 했다.	칸막이 없는 사무실에서 일하기. ▪ 팀이 결과를 달성했다. ▪ 우리, 우리의 임무. ▪ 명령하기가 어렵다는 것을 안다.
이점	오랫동안 집중할 수 있다. ▪ 동료들과 접촉이 불필요한 상황에서 잘한다.	사람들과 프로젝트, ▪ 관리자들에게 최상의 태도.	너무 복잡해서 쪼갤 수 없는 임무에 이상적.

광고에서 "팀 워크가 중요하다"를 우연히 발견할 때 그것은 진짜 무슨 뜻일까? 정말 팀이 책임질까, 아니면 팀원들이 각자 자신의 책임을 가질까? 동료들과의 많은 상호작용이 필요할까 안 할까?

조직을 설계할 때 몇 명이 협조해야 하는가에 관해 어느 정도 결정한다. 여기서 중요 요인은 과업 할당 방법이다. 한 사람이 직접 모든 필수적인 일을 할 능력이 있다면 의사소통 정도는 매우 작다. 대부분의 조직은 한 사람 이상을 고용하기 때문에 그리고 단 한 사람 속에 있는 필요한 지식을 모두 결합하기 어렵기 때문에 과정들을 종종 나눈다.

ex 판매원이 고객을 방문하고, 행정은 주문을 관리하고, 원료부터 완성품까지 재료 흐름을 관리하는 부서가 배달을 관리한다. 큰 조직에서 행정은 훨씬 더 많이 위로 계층을 이룰 것이다. 행정을 실행하는 사람, 지불능력을 체크하는 사람, 배달을 계획하는 사람, 등. 물론 오늘날 컴퓨터 작동 한 번으로 모든 지식을 결합시키기가 더 쉬워져서 많은 직급을 감축하게 되었다. 지식의 여러 부분을 다루는 사람은 '지식 근로자'라 불리며. 동료들과 의사소통도 그다지 자주 필요하지 않는다.

고용 상황에서는 매우 흔히 특정 메타프로그램에 관련해서 치료든 코칭이든 변화작업에서 우연히 부딪히는 주요 패턴에 주목하고 싶을 것이다.
앞에서 언급한 직급 감축 결과, 고용시장에서 자신을 깨달은 많은 사람들이 자영업자가 되기로 결심했다. 세계에는 전보다 더 자영업의 길을 가는 사람들이 더 많다. 그러나 그들의 성공 가능성은 마음 속에 유지하는 동기부여 수준에 비례한다. 사람들은 보통 뭔가를 변화시키고 싶거나 특정 목적을 달성하고 싶지만, 환경의 뒷받침없이 혼자서 한다면, 그 변화를 겪을 충분한 힘이 없다. 자신과 함께 변화시킬 동료나 파트너가 없다면, 아무 일도 일어나지 않는다. 왜냐하면 수레를 끌어주거나 뒷받침해 줄 사람이 필요하기 때문이다. 계속하려면 촉진자, 후원자, 또는 심지어 때로는 불량배까지도 필요하다.

이런 부류의 상황에 2가지 가능한 해결책이 있다. 하나는 외적이다. 새로이 필요해서 촉진자를 찾는다. 친구나 신임하는 사람들일 것이며 또는 제대로 궤도에 오르게 해줄 코치를 찾아 다닌다. 다른 하나는 내적이다: 자신의 메타프로그램을 바꾸어서 과업에 상관없이 스스로를 동기 부여하고, 에너지 수준을 유지할 자기 도량에 대한 신념을 갖는다. 이것 역시 결국은 혼자 힘으로 시작할 수 있지만 초기에 코치의 도움으로 달성할 수 있다. 즉 이렇게 할 수 있게 하는 과정을 생각해 낸 것은 이 책과 비슷한 종이 형태의 코치이다.

예를 들어 혼자서 식당에 가서 그것을 정말 즐겁게 해봄으로써 또는 혼자 새 목적지로 가는 길 찾기를 배움으로써, 이 단계를 실습할 수 있다.
보다시피 발전적인 비전이 아니라 혁신적 비전이다. 변화의 과정에서 경험했을지도 모르는 미지의 것에 대한 두려움은 혼자 있는 두려움과 자원이 부족한 것과 강하게 관련되어 있다. 이 책에서 지금까지 읽은 모든 것은 회사에 있든 혼자서 있든 원하는 것을 달성하는데 효과적으로 자기 안에 갇힌 에너지를 적용하기 위해 이와 같은 감정을 풀어버릴 도구와 소재를 주었다. 그것을 사용하는 방법은 자신에게 달려 있다.

다시 여행하는 커플로 돌아가보자. 그들은 함께 모든 일을 하기 시작했다. 그러나 이틀간의 여행 후에 그들의 반응이 다름을 깨달았다. 한 사람은 온종일 해변에 앉아 있거나 수영장 근처에서 일광욕을 하는 것을 전혀 좋아하지 않는다. 다른 한 사람은 다른 아무 것도 하지 않는 것이 신경 쓰이지 않지만, 상대방은 융통성이 없다. 이제 무슨 일이 일어날까? 다음 번에는 자기들만 여행하기로 결정하고 자기를 방식대로 할까? 또는 한 사람이 은혜를 베풀거나 매사에 단결하기 위해 상대방을 따라갈까?

10. 일에 접근하는 방식(Work Approach): 활용(Use), 개념(Concept) & 구조화(Structure)

이 범주의 메타프로그램들은 새로운 일을 시작하거나 어떤 것을 배울 때 사람들이 다른 방법으로 하는 것을 관찰한 결과이다. 당장에 행하고 실험하기 시작하는 사람들이 있으며, 개념이나 이론 연구를 더 선호하는 사람들이 있다. 세 번째는 순서를 만들어 끝내야 할 일들을 해나가는 식으로 구조상황을 더 선호하는 사람들이 있다. 우리 모두 3가지 메타프로그램 패턴 작용을 가지고 있지만 이것들을 다른 순서로 사용하고, 아마도 그 3가지 중 어느 하나에 더 많은 시간을 보내고 싶어한다.

질문: 00 상황에서—새로운 것을 배우거나/시작할 때, 어떻게 그것에 착수하며, 먼저 필요한 것이 무엇입니까? 그것을 배우기 위해 먼저 어떤 부류의 정보가 필요합니까? 가장 중요치 않은 것은 어떤 정보인가?—00 상황에서—이례적인 문제나 과업에 부딪혔을 때 어떻게 그것에 달려드는가? 어떤 조치를 취하는가?

	활용(Use)	개념(Concept)	구조화(Structure)
정의	어떻게 적용할 수 있는지를 생각하면서, 활동하고 싶어하는 사람들.	무엇에 관한 것인지, 중요한 것이 무엇인지(개념, 아이디어)를 찾는 사람들.	일을 어떻게 성공시킬지, 일들이 어떻게 함께 적합할지, 어떻게 조직화시켜야 할지를 알아내는 사람들.
예시와 언어의 암시	활용하라. 적용해라. 그냥 해. 이것을 적용할 수 있는 것은 무얼까? 실행하는 데에 생각을 집중해.	생각해. 분석해. 이해해. 개념 원리와 본질에 관해 생각하기.	조직해. 구조화해. 역할, 자원, 조직화하고 구조화하는 면에서 생각하기.
이점	빨리 행동하도록 동기 부여되므로 필요한 것을 행하는 시기에 적합.	이론 계발/이해에 적합.	기획, 조직화, 위임하는 능력에 적합.

그리고 이 3가지 차원 중 하나라도 빠지면 문제를 초래할 수 있다. 활용이 빠지면 어떤 일을 실행하는 방법을 모르거나 실행하도록 동기 부여하지 못한다. 실제 일을 하기 위해 다른 것이 있는 한, 이것이 작용한다. 이런 문제의 전형적 사례는 큰 조직에서 잉여 인원이 된 고참 관리자가 자영업자가 되거나, 작은 조직에서 일을 시작할 때 발생한다.

개념이 빠지면, 무언가가 작용하는 이유에 대해 깊이 이해하지 못한 채 그 일을 하게 된다. 이것은 "일상적 활용"을 넘어가야 할 때는 종종 문제가 된다. 학문세계에서 전형적인 개념적 사색가들을 발견할 수 있다.

구조화가 빠지면, 그 사람은 충분히 정리되지 못할 수도 있다. 위임해야 할 때, 구조화는 없어서는 안 된다. 관리자들은 이 메타프로그램에 대해 선호도가 높은 편이다. 공장 노동자나 하급 사무원이 승진하면 조직적 통찰력이 부족하기 때문에 고민에 빠질 수 있다.

여행하는 부부에게로 돌아가보자. 내년에 모험적인 휴가를 갖겠다는 아이디어지만, 그들이 동의하는 것처럼 보이는 단 한 가지 요소는 개념이다. 한 사람은 내년 휴가를 계획하거나 구조화해야 한다는 생각이 마음에 들지 않는다. 반드시 여행지에 머물러 있는 동안, 그냥 배낭을 메고 이런저런 유스호스텔을 여행하고 싶다. 또 한 사람은 유스호스텔이 예산 외에도 더 많은 것을 할 수 있다는 것에는 동의하지만, 방문할 대부분의 주요 장소 목록을 만들고 나서 여행을 구조화하는 것이 중요하다고 생각한다. 더구나 잘 구조화한다면 아마 다른 호텔에서도 머물 수 있다고 생각한다.

11. 시간 처리하기: 과거, 현재 또는 미래에 집중

이 메타프로그램 패턴은 다음의 인용문으로 설명될 수 있다. "어제는 역사, 내일은 신비, 오늘은 선물gift이다. 이것이 현재를 프레젠트the present라고 부르는 이유이다."

	과거	현재	미래
정의	과거의 정보를 활용하여 이해하는 사람.	지금 그리고 여기서 일어나고 있는 것에 집중하는 사람.	미래에 관한 정보에 집중하는 사람.
예시와 언어의 암시	비판적 사고, 인생은 과거에 더 편안했다. 멋진 옛 시절, 옛날에 쪽에서 역사는 반복된다. 내가 기억할 수 있는 한.	실용주의적, 현실가. 일 하는 동안에 즐겨라. 단 한번뿐인 인생. 결국 우리는 모두 죽는다. 현재를 즐겨라(carpe diem). 가능할 때 장미꽃 봉오리를 모아라.	몽상가. 내일은 내일의 태양이 뜰 거야. 미래는 더 전도유망해 보여. 내세에는…, 희망이 없다면 마음이 아플 거야.
이점	과거에서 배운다. 비판적 사고.	현실적 계획을 창안하라.	더 나은 미래를 마음 속에 그려라. 무엇이 일어날지도 모른다고 예상하기.

자신의 경험을 말할 때, 내용을 명확히 언급하는 것 이외에도, 동사 시제의 분포에서 개인의 시간 지향성을 구조적으로 판단할 수 있다. 과거 지향을 나타내는 과거 시제, 현재 지향성을 나타내는 현재 시제, 미래 지향성을 나타내는 미래 시제로 판단한다.

마틴 셀리그만Martin Seligman은 2002년 그의 저서 "진실한 행복Authentic

Happiness"에서 과거에 관해 만족하고 미래에 관해 낙천적이고 현재에 행복하게 지내는 기술에 관해 논의했다. 우리는 감성 지능을 키우면 미래를 걱정하거나 과거를 후회하지 않고 현재에 집중하고 일과 삶을 즐기는 것이라 믿고 있다. 많은 자기 수양 책들은 현재에 존재하라고 한다. 현재와 다르게 일을 하기 위해 과거로부터 배우며, 더 나은 미래를 마음 속에 그리면서 그것을 만들어가기 위해 지금 행동하는 것이다. 베스트셀러 분야의 고전인 "1분 관리자The One Minute Manager"와 "누가 내 치즈를 옮겼을까?"의 공동 저자인 스펜서 존슨Spencer Johnson은 이런 원리로 요약될 수 있는 제목을 붙인 "귀중한 현재The Precious Present"라는 책을 쓰기도 했다. 이 책은 현재를 껴안는 것, 즉 과거에 대한 죄의식이나 미래에 대한 스트레스 없이 순간에 살고 일하는 것이 정말 누구나 바라는 최고의 선물이라는 것이다.

그렇게 말하면서 너무 지나치게 현재에 집중하는 것도 권장하지는 않는다. 가끔은 현재의 이익 대 미래 기회를 평가할 필요가 있다. 그런 영역에서 심리학자들은 "보상지연delayed gratification" 스킬에 대해 시간 범위Time Horizon의 영향을 측정해 보려는 실험을 했었다. 최초의 실험은 테이블 위에 약간의 사탕이 놓인 방안에 아이들을 홀로 남겨놓고, 실험자가 방으로 돌아올 때까지 기다린다면, 훨씬 더 많은 사탕을 주기로 약속했었다. 어린 아이들은 흔히 시간범위가 매우 짧기 때문에 4살짜리 아이들은 사탕을 먹는 것을 선택할 것이다.

이 실험 대상의 아이들에 대해 계속 흥미를 가지고 규명했을 때, "보상지연"을 할 수 있는 능력과 훗날의 인생의 성공 사이에 직접적 상관이 있었다. 많은 연구들은 장기간에 걸친 만족보다 즉각적 보상을 선호하는 것이 과식, 늦잠, 과소비, 꾸물거리기 그리고 중독을 포함하여 대부분 다양한 자기 파괴와 낮은 성취의 중심에 있다는 것을 나타냈다. 죄수들에 관한 연구도 대체로 죄수들이 자기 행동의 장기적 결과를 고려하지 않고 즉각적 만

족을 찾아서 충동적으로 행동한다고 나타냈다.[68]

"나이든 행동을 하는" 사람들은 보통 과거에 너무 많이 집중하고 있고, 잘 끝낸 일에 대한 자부심에 가득 차서 희망을 갖고 이야기하지만, 종종 자신들이 했던 선택을 후회하면서 무엇을 다르게 했어야 했는지를 말한다. 마치 미래에 대해 더 이상 아무 의식도 갖지 않은 것처럼 보인다. 과거를 다루어야 할 계제가 되면 놓아버리는 기술을 연습하라. 최소한 7권의 책들이 그런 말을 하기 위해 쓰여지기도 했다. 진정 골 나서 부당한 대우를 받았다고 느낀다면 그때 "욱하지 말고 보복해라", 또는 "복수하려는 자들의 핸드북"과 같은 책들의 좋은 잠재고객이 될지도 모른다. 그러나 에너지와 시간을 사용하는 생산적인 방법이 더 많다.

미래에 대해 이야기한다면, 오늘 행동을 하게 된 동기부여의 준거점으로서 행복의 기술을 사용한다고 되어 있다. 오늘 하고 있는 일들이 아마 우리가 내일 죽을 수도 있다는 것을 알고 있는지 이해하지 못할 것이다. 실제로 자기 수양서들을 보면 고령의 나이까지 살고, 이승을 떠난다고 상상하라는 조언을 발견하게 된다. 바로 그때가 자신의 과거를 곰곰 돌이켜 생각해보고 자신이 살고 싶은 것처럼 기억될지 어떨지를 보는 좋은 순간이다. 또 하나의 조언은 "놓아버림"을 연습하는 것이다. 삶이 나에게 무언가를 가져다 줄 거라는 비현실적 기대를 하는 사람들도 있다. 텔레비전과 마케팅 때문에 수백만 달러나 나가는 대 저택에서 사는 것, 페라리 자동차를 운전하는 것 등을 꿈꾼다. 이 때문에 사람들이 불행하다고 하면 슬프지만, 그런 굉장한 가격의 물건을 소유한 진기함이 일단 사라지면, 소유가 더 이상 즐겁지 않다는 것도 사실이다.

정말 살고 있는 저택이 클수록, 그것을 유지하는 것도 더 어렵다. 페라리

---

68) 고트프레드슨. 마이클 R 허스치 트라비스(Gottfredson Michael R & Hirschi, Travis)(1990) 범죄의 일반론, 스탠포드대학 출판부

자동차는 빠를 테지만, 스포츠 카의 완충장치는 움푹 패인 구덩이가 많은 도로를 운전하고 돌아다니기에는 정말 알맞지 않을 뿐만 아니라 속도 제한 때문에 빠른 속도로 즐겁게 운전할 수도 없다.

문화적으로 말할 때, 다른 문화들보다 그 과거를 더 중시하는 문화들이 있다. 프랑스와 미국의 차이가 전형적인 예시다. 한 프랑스 회사의 연례보고서를 보면, 반드시 회사의 역사를 설명한다. 많은 미국 회사의 연례보고서에는 과거는 거의 언급되지 않는다. 마치 회사가 작년에 창설되었던 것처럼 보일 수도 있다.

조직의 여러 기능에 따라 시간에 대해 여러 국면들에 집중한다. 예를 들어 생산관리자는 지금 끝내야 하는 일을 하는 것과 오늘의 작업을 끝낼 수 없게 하는 문제 해결에 집중한다. 회계 감사관은 경리사원이 일을 정확히 했는지의 여부를 보며, 과거를 살펴보는 것에 관해 몇 마디 조언할 것이다. 조직의 전략을 짜내는 사람들은 미래에 집중할 것이다. 그들의 일은 회사가 몇 년 안에 어떤 모습이어야 할지에 대한 계획을 만들어내는 것이다. 물론 기준이 다른 사람들이 어떤 프로젝트를 논의하기 위해 함께 한다면, 갈등이 생길 수도 있다. 전략가들은 미래 쪽으로 꿈을 가질 것이며, 경리사원은 과거의 사실로 자신의 견해를 증명하면서, 전략가들의 견해를 비난할 수도 있다. 생산관리자는 지금 당장 집중해야 할 것에 대한 생각을 중지하고 중간에서 압박감을 느끼며, 다루어야 할 현재 문제는 이미 많지만, 다른 사람들이 무엇에 관해 논쟁하는지 궁금해 할 수도 있다.

그러면 이 시간까지 여행하는 부부는 어떨까? 한 사람은 정말 역사에 관심이 있어서, 이집트로 비싸지 않은 여행을 하고 싶고, 또 한 사람은 그 때에 여행하지 않고 2년 후 호화로운 크루즈 여행을 하기 위해 저축하고 싶다. 결국 그들은 지방에 있는 박물관의 이집트 미술전시회를 보러 가는 것이 미래의 휴가에 관해 논쟁하는 것보다 더 나은 하루를 보내는 방법이라고 결정한다.

12. 맥클랜드(McClelland)의 동기부여 유형: 위계적 기준

이 부분에서 심리학자 맥클랜드 박사Dr. David McClelland의 이론을 다룬다. 그는 3가지 동기시스템 즉 (1) 힘/영향력 (2) 소속/인기 (3) 성취/성과를 구분했다.

	힘	인기	성취
정의	자신이 영향력, 힘 권위나 통제권을 가진 상황으로 동기 유발되는 사람.	다른 사람들과 함께 하고, 사랑받으며, 감정적인 애착을 갖는 욕구로 동기 유발되는 사람.	획득한 결과(성공)로 동기부여되며 성과에 집중하는 사람.
예시와 언어의 암시	힘, 통제, 영향력, 영향 미치기, 담당, 명성, 신망의 동경, 권력이 옳다. 새로운 지배, 새로운 법.	함께, 친구들, 좋은 관계, 갈등 피하기, 사회적 인정 욕구, 친절한 마음이 화한 장식보다 더 낫다.	성취 달성 획득하다. 손에 넣다. 원하는 결과에 도달하다. 예시는 지시보다 낫다. 이수 증명을 주는 곳에서 증명을 받기.
이점	훈육과 자기 통제가 필요한 상황, 계급존중.	협동적이고 순응하기, 외교적 수완, 인간관계 관리, 우정을 쌓기, 소속감을 만들어내기.	결과가 개인적 기여에 달려 있으면 성공하기 쉽다. 보다 지속적.

직업 부류에 따른 동기부여 유형이 필요하다. 크고 계층이 있는 조직에서의 관리자에게는 힘으로 동기부여되는 것이 어느 정도 유리하다. 여타의 직업과 조직에게는 성과 지향이 중요하다. 그럼 우리의 여행하는 부부를 동기부여해주는 것은 무엇인가? 해변 리조트의 호텔 바에서 저녁을 보내면서 오늘은 복권 당첨이 되어 100일 동안 세계일주 여행을 할 여유가 있다면 무엇을 할지를 꿈꾸고 있다. 한 사람은 여행하는 동안 가능한 한 많은 도시들을 방문하여 마침내 기네스 기록이 되고 싶다. 또 한 사람은 방문하는 도시마다 새 친구와 함께 여행을 끝내는 것을 선호하지만 도시 방문을 그다지 선호하지 않는다. 바에서 그들 옆에 앉은 한 관광객이 이야기에

끼어 들어 "제 여행이 영향력을 주는 여행이면 좋겠습니다. 사람들이 '세계 구호'를 당연히 기억하도록 해야겠지요."라고 명령하듯 말했다.

13. Norming – 규칙 구조

일터에서 성문화하지 않고 구두로 말한 규칙이나 사회적 계약을 어떻게 다루는가? 다른 사람들에게 어떻게 행동하라고 말할 필요성을 느끼는가? 이 범주에 포함된 메타프로그램은 자기 주장assertiveness, 무관심indifference, 고분고분함compliancy과 관용-tolerance이다.

질문: **1.** ~에서 성공 가능성을 높이는 좋은 방법은 무엇입니까?
    2. ~에서 다른 사람이 성공할 좋은 방법은 무엇입니까?

	자기 주장	무관심	고분고분함	관용
정의	정책과 규칙을 알고 자진해서 다른 사람들에게 해야 할 일을 알도록 말할 수 있는 사람들.	자신의 규칙을 가지고 있고, 다른 사람들의 업무 습관에 자신을 관련시키지 않는 사람들.	소속해 있는 조직과 사회의 규칙과 정책을 기꺼이 따르는 사람들.	스스로 규칙과 정책을 알지만 다른 사람들에게 그런 규칙을 강요하는 것이 부적절하다는 것을 알고 있는 사람들.
예시와 언어의 암시	자신에게 바라지 않는 것은 남들에게도 하지 마라 (공자가 말한 상호관계의 행동규범).	전혀 규칙이 없어야 한다. 무간섭. 자유방임. 자유로운 사기업. 무질서 상태. 관심부족.	복장 규정을 따르기. 체면 유지하기(극단적인 예).	나에게는 내 규칙 너에게는 너의 규칙이 있다. 언론과 집회의 자유. 평등권.
이점	확신하는, 자신 있는, 주장하는, 다른 사람들에게 기대하는 것을 말할 수 있다. 관리 역할과 세일즈에 적합.	어려운 상황에서 침착과 냉정 유지는 배려하지 않는 것처럼 보일 것이다. 수집과 회수와 같은 일에 적합.	공식적 요건 준수에 협조하기, 순응. 규칙을 알면 규칙이 좋은 행위로 규정한 훌륭한 사례들.	선택과 행동의 자유를 허용. 마음이 넓은 용서. 컨설턴트와 카운슬러들에게 유용.

이 메타프로그램 범주는 대 재벌그룹과 중소기업의 가장 큰 차이점 하나를

나타낸다. 대기업에서는 보통 회사가 필요로 하는 사람이 되려고 노력하는 것이 중요하다. 또한 따라야 하는 절차와 적절한 자격시스템이 있으며, 이 절차를 시행하는 것이 관리자의 일이다. 조직의 크기를 고려하면, 일탈행동을 너그럽게 용인하기는 어렵다. 중소기업에서는 규칙은 거의 중요하지 않으며, 흔히 문서화된 규칙도 거의 없다. 가끔 조직은 결과를 얻기 위해서 규칙을 편리한대로 해석하는 사람들이므로, 규칙은 사람마다 다르며, 관리자들은 규칙을 전달할 필요가 없다. 대체로 사회에서 규정하는 고분고분함은 확실하게 전 직원이 알게 하고 관련 법과 규칙에 따르도록 조치를 취하는 기업과 공공기관 시스템이나 부서에 적용된다.

관용은 자신의 견해나 행위와는 다른 것에 대해 공정하고 객관적이고 허용적 태도를 갖는다. 문제는 관용의 한계를 어디에 두는가이다. 예를 들면 암암리에 양해하는 것은 사람들의 견해에 대해 너그러움과 존중, 그리고 친절과 이해심을 갖고 행동하는 것을 가르쳐주는 반면에, 미국의 남부 주에서는 이런 관용은 종종 여성과 유색인을 제외하고, 신분이 높은 남성들에게로 제한되었다. 이와 유사하게, 교화에 앞서 행동규범에 대한 기독교적 해석의 적용은 종종 기독교도들로 제한되었다. 교회 규칙에 순응하라는 요구는 마녀화형, 반 유대와 스페인의 종교재판을 초래했다.

여행하는 부부는 규칙에 어떻게 대처할까? 한 사람은 "여행을 최대한 활용하려면 무엇을 보아야 합니까?"라는 질문으로 언제나 여행가이드의 의견을 알고 싶어한다. 다른 한 사람은 규칙을 싫어한다. 다른 사람들이 무엇을 하거나 여행가이드가 무슨 생각을 하는가는 그다지 중요하지 않다. 무엇보다도, 휴가란 먹고 마시는 것을 하는게 아닐까?

14. 확신 패턴(Convincer Patterns)
확신 패턴은 어떤 것을 어떻게 확신하는가에 관한 것이다. 이 패턴들은 2

가지 하위 범주로 구분한다. 첫 번째 4가지 패턴 범주는 결정을 내리는 데에 어떤 종류의 정보가 필요한지를 나타내며, 두 번째 범주는 결정하기 위해서 그 정보를 어떻게 해석하는지를 나타낸다.

A. 입력 표상　확신하려면 결정을 내리는 데에 필요한 정보를 갖고, 그 정보를 처리해야 한다. 트레이너로서 여러 다른 입력 표상체계를 활용할 줄 알면 학습을 촉진할 수 있다. 시각적 정보를 좋아하는 사람들은 그래프를 보고 차트를 처리하며, 또는 시범을 관찰하고 싶어할 것이다. 설명을 듣고 싶은 사람들도 있고, 책이나 입문서를 읽고 싶은 사람들도 있다. 또 실제 시험해보는 방식을 통해서 학습하고 연습을 해야 하는 사람들도 있다.

확신하기에도 똑같이 해당된다. "이 사람은 어떤 것을 어떻게 확신하는가? 확신하기 위해서 데이터를 어떻게 수집하는가?"라는 질문에 대답하기 위한 것이다. 직장에서는 "어떤 사람이 자기 일을 잘하는지 못하는지 어떻게 압니까?"가 전형적인 질문이 될 것이다.

	보기	듣기	읽기	행하기
정의	시각 정보를 사용하여 확신하는 사람들.	다른 사람들이 하는 말을 듣고 확신하는 사람들.	보고서나 지침서를 읽고 확신하는 사람들.	행해보거나 함께 해보고 확신하는 사람들.
예시와 언어의 암시	저것이 좋아 보여! 백문이 불여일견. 예시를 보여주라. 그 전모를 아십니까? 명료화하다. 광명을 주다. 시각화하다.	그건 나에게는 기분 좋은 소리네. 대화. 이야기. 질문. 토의. 회의의 채비를 갖추자.	서면으로 말하고 싶다. 나에게 이메일 써 보내라. 어디서 증서들을 찾을 수 있죠?	말하는 것은 됐어. 이제 그만해. 행동을 할 때야. 감을 잡고 싶다. 요령을 터득했다. 파악하다. 연결하다. 이치에 맞다. 시험삼아 해보라.
이점	시각적 과업에 적합(예: 디자인).	연설, 회의, 강의가 중요한 구술 문화에 적합.	텍스트 작업이나 문서를 조사하는 직업에 적합.	스포츠와 신체적 노력이 필요한 과업에 적합.

개인의 선호를 알면, 적절한 방식으로 정보를 나타낸다. 시각적 자료가 필요할 때 그림은 분명 천 마디의 말의 가치가 있다. 시각 선호인 사람에게 이미지는 상당한 양의 텍스트보다 더 영향력이 있다. 다른 사람들이 하는 것을 듣고 싶은 사람에게는 그 반대도 검증될 것이다. 전화나 회의는 그런 상황에 가장 적합할 수도 있다. 서면으로 하는 일을 원하는 사람들이 있다.

예를 들면 법정에서 서면으로 된 "증거"는 말로 들은 것보다 훨씬 더 중요하게 받아들여진다. 끝으로 무엇인가를 행하면서 실제 경험을 겪어야 하는 사람들도 있다. 다양하게 구성된 청중들을 확신시키고 싶을 때는, 메시지를 모든 표상채널로 전달해야 한다. 이는 마케터들 사이에서 잘 알려진 사실이다. 예를 들어 재규어Jaguar 자동차 회사는 자기 회사의 판매인들에게 시험 운전은 보는 것, 듣는 것, 읽는 것과 행해보기에 매력적인 기회를 제공한다고 가르쳤다. 우선 자동차의 모양은 밖에서 볼 때 매력적이어야 한다. 직접 차를 운전하고, 원치 않는 소음을 잘 제거하는 전체적인 조용함을 평가한다. 속도가 빨라지면 엔진소리를 즐기게 된다. 마지막으로 돌아오면 자동차와 그 모든 특징에 관해 읽어볼 수 있도록 서류를 받는다.

B. 해석과정 물론 대부분의 시간에 어떤 사람들이 필요한 자료를 가지고 있기만 하면, 거의 "자동적으로 확신하는" 것처럼 보이지만, 그런 사람을 확신시키기 위해서는 개인적으로 적절한 정보를 그냥 던지는 것만으로는 충분치 않다. 극단적으로 반대 경향인 전혀 확신하지 않는 사람들을 찾아서 자신들의 이전 결정이 여전히 적절한 것인지 아닌지 점검하면서 자료를 지속적으로 재처리한다. 또 다른 해석유형은 많은 사례를 수집하고 일정 기간에 걸쳐 상황을 관찰한 많은 사례를 수집하는 것으로 구성되어 있다. 간단히 말해서 이 메타프로그램 범주는 "확실한 데이터로 무엇을 합니까?"라는 질문에 대한 답변과 관련이 있다. 핵심요소들은 많은 사례a number of examples, 단번에automatic, 견실함consistency, 그리고 일정기간a period of time이다.

질문: 어떤 것을 얼마만큼 자주 보고 나서야/듣고 나서야/해보고 나서야 확실히 아는가?- 질문할 때 그 사람이 선호하는 입력표상을 사용하라.

	많은 사례	단번에	견실함	일정 기간
정의	자료를 특정 회수만큼 가져야 확신하는 사람들.	부분적 정보를 얻으면, 그 나머지 정보는 상상에 근거해서 확신하는 사람들.	확신하기 위해서는 매번 정보를 얻어야 하는 사람들로 실은 결코 잘 확신하지 않는 사람들.	일정기간 동안, 일관성 있게 데이터를 가져야 확신하는 사람들.
예시와 언어의 암시	예시를 들어줄 수 있습니까? 모든 좋은 일은 셋이서 온다. 세 번째는 성공한다.	보자마자. 가정해 봅시다. 의심의 이점. 결정하라. "즉석에서"	매일이 새롭다. 책 표지만 보고 책을 말할 수 없다. 완전히 끝나는 날까지는 섣불리 짐작하지 마라.	필요한 시간이 걸린다. 시간이 지나면 알 거야. 오래 살수록 많이 배운다.
이점		기술을 능가하는 프로젝트를 맡기.	소매상 관리에 능숙.판매와 전화 마케팅을 잘한다.	

인적 자원 관리에서 이러한 메타프로그램 패턴들이 작용 중인 것을 볼 수 있다. 역량 검사에서 일반적 조언은 개인이 어떤 역량이 있다는 행동증거가 어느 것인지 적어도 3가지 예시를 요구하는 것이다. "한번은 일화, 두 번은 가설, 세 번은 패턴을 가지고 있다"는 것이 전문가들의 공식적 견해이다. 일단 어떤 사람들을 채용하면, 채용된 사람들은 흔히 3~6개월의 '수습 기간' 계약을 한다. 그런 식으로 고용주는 신규 채용된 사람이 그 일을 해낼 능력이 있다고 확신한다.

이 패턴은 판매하는 사람들에게도 중요하다. 만약 잠재 고객들이 어떻게 확신하는지를 안다면, 고객들의 결정 방식이나 해석과정과 일치할 뿐만 아니라 고객들의 선호 표상에 따라 적절한 정보를 제공할 수 있다.

그럼…… 여기서 여행하는 커플은 이번에는 무엇을 하고 있을까? 비치 리조트 바에서 앞으로 7 일 저녁을 보낼 것을 기대하면서, 호텔을 떠날 때 바텐더들에게 어떻게 팁을 줄지에 대해 논쟁하고 있다. 둘 다 "공로에 근거해서" 팁을 주기로 합의했지만 지금 누가 최고의 웨이터인지 알아내는 방법에 대해 논쟁하고 있다. 먼저 한 사람은 빨리 끝내고 싶어서 "나는 많은 예를 들 필요도 없어, 2분 동안 바를 관찰하면 충분해"라고 하면서 첫 날에 마음에 들었던 웨이터를 그냥 고르자고 제안했다. 또 한 사람은 "난 들었던 말대로 하는 것은 믿을 수 없어. 개인적으로 나는 우리가 최고의 웨이터를 골랐다는 확신이 결코 들지 않을 것 같아. 그렇다고 해서 누가 되었든, 3 일 동안 우리를 접대하지 않았던 사람을 고른다는 것은 생각할 가치도 없어."라고 말했다.

15. 일하는 조직에서의 강조: 사람 VS 사물

사람들은 일을 어떻게 조직할까? 사고, 감정, 그리고 사람들을 더 강조하는가? 아니면 아이디어, 조력 수단, 시스템, 상품과 과업을 다루는 것을 더 선호하는가?

질문: ㅡ일하는 스타일에 대한 것과 똑같다.
"(기준을 써 넣고)~이었던 일을 한 경험에 관해 말해보시오.
무엇이 마음에 들었습니까?"

▪ 대안적 질문
"완전한 근무일에 관해 말하시오. 무슨 일이 있습니까?"
"한 시간 안에 해야 할 중요한 마감시한이 있는데 아직도 할 일이 좀 있습니다. 그 순간에 자신이 매우 높이 인정하는 동료가 당황한 모습으로 방에 들어와서 자신의 도움을 요청한다. 어떻게 할까요?"

일을 조직할 때 강조하는 장소(독립적, 남들 가까이서와 협동)로 개인의 일하는 스타일을 추론할 수 있다.

- **"사람"**: (자신 또는 고객과 같은 타인들 중 하나에 대한)감정과 사고 지향적이며, 일을 조직할 때 사람 집중을 발견할 수 있다.
- **"사물"**: 상품과 같은 물건이나 해야 할 배정된 임무에 강조를 둔다.

	사람 강조	사물 강조
정의	사람들에게 주의 집중을 하는 사람들.	사물, 과정을 알고 주의 집중하는 사람들.
언어의 예시와 표시	▪ 사람, 반응 느낌이나 감정에 관해 이야기한다. ▪ 사람의 이름을 말한다. ▪ 사람이 문장 속에서 목적어이다.	▪ 과정, 시스템, 임무, 목표, 상품에 관해 말한다. ▪ 일반화(고객, 그들 당신들)가 없다면 거의 사람들을 언급하지 않는다. ▪ 문장에서 사람들을 언급하지 않거나 과정이나 임무의 일부로서 언급하지 않는다.
이점	▪ 고객서비스와 접수 업무, 사회사업가, 노인 조력자. ▪ 의사소통 잘함, 갈등과 사교를 잘함.	▪ 결과, 행동에 집중하는 직업. ▪ 마감시한을 잘 지킨다. ▪ 임무 우선.

지금 여행하는 커플은 무엇을 할까? 휴가 마지막 날에 집에 돌아가서, 친척, 친구들과 동료들에게 줄 선물을 살 것이다. 한 사람은 선물을 받을 사람마다의 선호에 맞추어 선물을 사고 싶다. 다른 한 사람은 자신들이 좋아하는 작은 장식품을 사고 싶다. 무슨 일이 생길까?

코칭에서 메타프로그램 활용하기

코칭의 역할은 사람들이 자신들의 문제를 극복하도록 돕는 것이다. 아인슈타인Einstein이 "우리가 문제를 만들어 냈을 때 사용했던 것과 똑같은 수준의 사고로는 문제를 해결할 수 없다"라고 한 말을 인용해본다. 2004년에 출판한 "코칭&멘토링Mastering Mentoring and Coaching with Emotional Intelligence"이라는 책에서 메타프로그램은 주변 세상에 관한 정보를 어떻게 여과filter하는지를 나타내기 때문에, 그 사람의 정신적 지도에서 빠져버린 정보를 '되찾기' 위해서는 빠진 메타프로그램을 활성화시켜서 해결책을 찾게된다고 했다. 그런 식으로 그 사람의 정신적 지도를 확장시키면 문제 해결 수준에 이르는 또 다른 사고를 하게 할 수 있다.

북미 지역에서 The Institute of work Attitude and Motivation을 통해 메타프로그램 활용을 촉진하고 있는 칼 하쉬맨 박사Ph D. Carl Harshman는 발달적 관점에서 유념해야 할 4가지 목표를 말했다.

1. 일하는 상황에서 동기부여 해주는 것과 그렇지 않은 것에 대한 이해를 넓히기 위해.
2. 함께 교류하는 다른 사람들과 동기부여와 태도가 얼마나 유사한지 또는 다른지 식별하기 위해.
3. 한 조직이나 한 나라 문화의 전형적인 메타프로그램에 동기부여와 태도 패턴을 어떻게 비교할지 서술하기 위해서.
4. 어떤 언어가 최대로 긍정적이 되며, 인간관계와 커뮤니케이션에서 패턴들의 부정적 영향을 최소화할 수 있는지를 탐구하기 위해서―개인적. 민첩성.

다음의 표는 jobEQ 태도 검사에 표현된 메타프로그램 패턴들의 요약이다. 물어볼 수 있는 질문과 아울러 행동하는 법들에 대해 취할 점들이 포함되어 있어서 두 배로 활용할 수 있다. 코칭받고 있는 사람의 현재 메타프로그램 선호에 보조를 맞추고, 빠진 메타프로그램 패턴들을 활성화시키기 위해 활용할 수 있다.

시작하기 (Initiation)	신속한 착수를 고려. 이 세션 후에 취할 다음 조치는 무엇인가? 그것은 얼마나 신속하게 일어날 수 있을까? 이제 무엇을 할 것입 니까? 솔선주도하여 무엇을 합니까?
심사 숙고하기와 참을성 (Reflecting & Patience)	참을성 있다. 천천히 해라. 시간에 대해 참선하는 태도(Zen attitude). 일은 다 때가 있는 법이다. 현재 상황을 어떻게 평가합니까? 무엇을 깊이 생각해야 할 필요 가 있습니까? 인내심이 얼마나 필요합니까? 적절한 타이밍은 어 떤 것입니까?
목표지향 (Goal Orientation)	무엇이 목표가 되어야 하는지 그 사람과 함께 생각해낸다. 원하는 결과는 무엇입니까? 무엇을 얻고 싶습니까?
문제해결 (Problem Solving)	부딪힌 문제와 아마도 과거에 일어난 문제를 조사하면서 문제를 다루는 법에 집중한다. 아이디어나 해결책을 토의할 때 약간 우발 적 계획을 하고 싶어한다. 무엇을 회피하고 싶습니까? 무엇을 걱정하고 있습니까? 어떤 문 제가 일어날 수 있습니까?
개인적 동기 (Individual Motives)	사람들이 당신이 낸 아이디어를 받아들일 거라고 기대하지 마라. 자신이 결정한다. 자신의 또다른 견해의 여지를 남겨둬라. 그것에 관해 어떻게 생각하는지 사람들에게 물어보라. 그 상황에서 어떤 기준(Criteria)이 중요한지 이해하라. "당신의 의견은 무엇입니까?" 당신의 결정이 어떻게 될까요?
외적 참조 (External Reference)	이 사람은 일상생활에서 당신의 견해와 다른 사람의 견해도 똑같 이 원한다. 자신에 따라 역할하는 몇가지 기준을 제시할 수도 있 다. "다른 사람들은 이에 관해 어떻게 생각합니까?" "피드백을 좀 받 았습니까?" "누구에게 조언을 얻을 수 있을까요?"
대안 선택 (Alternatives)	오직 "한 가지"의 해결책은 없다. 다양한 대안들에서 선택하고 싶 다. 선택할 수 있는 것은 무엇입니까? 어떤 대안을 알고 있습니까?
절차들 (Procedures)	현재 직면하고 있는 문제 해결에 도움이 되는 단계로 절차를 원한 다. 그것들을 충분히 구조화시켜 회의에 제출하라. 그렇지 않으면 길을 잃고 어찌할 바를 모를 것이다. 이것을 하는 적절한 방법은 무엇입니까? 단계적 방법이 무엇입니 까?
너비 (Breadth)	가장 중요한 일에 대한 대화에 집중하라. 전체적 개관을 하라. 보 다 큰 통일체로까지 청크 업(Chunk up)하라. 저에게 개요를 주시겠습니까? 이것은 어디에 있는 예시입니까?
깊이 (Depth)	정확한 세부사항과 단계의 순서를 만들어 내라. 구체적 예시들까 지 청크 다운(Chunk down)하라. 더 구체적일 수 있습니까? 세부사항은 무엇인가? 예를 들어 주시 겠습니까?

감정적인 (Affective)	비 언어적 교류를 제공하고 다른 사람들의 비언어적 커뮤니케이션을 논의하라. "다른 사람이 어떻게 반응했습니까?" "다른 사람들은 이것에 관해 어떤 느낌을 가질까요?"
중립적 커뮤니케이션 (Neutral Communication)	내용에 집중하라. 감정 없이 사실을 고수하자. 반드시 사용되고 있는 '적절한 단어들'과 듣고 있는 '적절한 상황'에 동의하라. "구체적으로 무엇을 들었습니까?" "정확한 단어들이 무엇이었습니까?"
집단 환경 (Group Environment)	반드시 사람들과 면대면하여 상호작용하라. 다른 사람들은 어디에서 관련되어야 합니까? 다른 사람들과의 교류는 어디에서 유익할까? 누구의 주위에 있고 싶습니까?
개인환경 (Individual Environment)	이 사람은 아마도 Skype나 또 다른 커뮤니케이션 수단을 활용하며 가상미팅도 꺼려하지 않을 것이다. 어떻게 자신의 공간을 만들어 낼 수 있습니까? 무엇에 집중할 필요가 있습니까?
단독책임 (Sole Responsibility)	무엇이 누구의 책임인지 반드시 명확히 하라. 그 사람의 통제 범위 안에 무엇이 있는지 설명하라. "이에 대한 당신의 책임은 무엇입니까?" "누가 책임을 집니까?"
공동책임 (Shared Responsibility)	모든 사람이 어떻게 관련되어 있는지, 함께 결과를 얻을 사람은 바로 팀이라는 것을 설명하라. 다른 누가 그들이 이 일의 일부라고 느끼는가? 어떻게 다른 사람들에게 공동책임을 지게 하는가? 그들은 팀에 있게 할까?
동일성 (Sameness)	직면했던 다른 상황에 이것이 얼마나 유사한지 또는 다른 사람들은 유사한 문제에 어떻게 직면했는지 이해시켜라. 무엇이 똑같이 있어야 하는가? 여전히 안정되어 있는 것은 무엇일까?
발전 (Evolution)	현재 상황에서 급진적으로 이탈하지 않고 현재 그곳에 있는 것을 향상시키는 방법. 더 좋게 하는 방법을 알고 싶어한다. 상황은 어디서 진전됩니까? 어디에서 향상의 여지를 봅니까? 무엇을 더 발전시킬 수 있을까요?
차이 (Difference)	일을 새롭고, 개혁적이고, 급진적으로 구성되어야 한다. 나타난 것이 충분히 새롭지 않다면 지겨워할 것이다. 무엇을 바꾸고 싶습니까? 무엇이 달라져야 합니까?
활용(Use)	실제적이 되라. 끝낼 수 있는 것을 말해라. 다른 응용은 무엇인지 설명하라. 그것은 무엇에 쓸모가 있을까? 어떻게 이것을 적용할까? 무엇을 할 수 있을까?
개념(Concept)	반드시 일을 곰곰이 생각하고 싶다. 사고를 명확히 한다. 학구적이다. 관련된 아이디어와 이론을 설명하라. 모든 것이 조립된 기본적 구성요소를 찾아라. 그것을 분석했습니까? 기본 개념은 무엇입니까? 본질은 무엇입니까? 어느 원리가 적용됩니까?

구조(Structure)	잘 조직되어 있다. 업무구조화, 자원과 효과적 조직 면에서 원하는 결과를 어떻게 달성할 것인지에 대한 대화에 집중하라. 이것을 구조화할 수 있습니까? 어느 자원을 이용할 수 있습니까? 그들이 관계하는 방법에 관해. 역할은 무엇일까? 계획은 무엇입니까?
과거(Past)	과거에서 배울 수 있는 것, 함정과 주목할 요소의 관점에서 과거가 나타내는 것에 집중하라. 이 일은 전에 일어난 적 있습니까? 이것은 과거에는 어땠습니까? 이것은 어디서 생겼습니까? 경험에서 무엇을 배웠습니까?
현재(Present)	지금 무엇이 진행되고 있는지 그리고 그것을 어떻게 경험하는지에 집중하라. 거기서부터 지금 무슨 일이 일어나야 하는지 논의하라. 이것은 오늘 어떻게 적절합니까? 현재의 결과는 무엇입니까?
미래(Future)	이 패턴은 미래가 무엇을 가져오게 될지 아는 것과 관계가 있다. 미래에 관해 생각하고 이야기 하라. 장기 비전을 제시하라. 이 일이 다시 일어날까요? 미래에 끝내야 할 것이 무엇입니까? 미래에 이것을 어떻게 상상합니까?
힘(Power)	조직내 정치와 누가 무엇에 대한 영향력이 있는지의 관점에서 말하라. 모든 일이 자신의 통제 범위 안에 있도록 목표를 어떻게 다시 명확히 말할 수 있는지도 토의하라. 어떤 영향력을 가지고 있습니까? 어떻게 장악할 수 있을까?
친화(Affiliation)	팀과 "소속"한 방식의 관점에서 말하라. 우정의 의미를 만들어내라. 다른 사람들이 당신을 얼마나 좋아하는지 말하라. 관련된 다른 사람들과의 인간관계는 어떠합니까? 거기에 소속감을 느낍니까?
성취(Achievement)	경쟁과 역량 면에서 이야기하기 좋아하며 극복한 도전들을 칭찬하는 사람들이다. 성취를 인정해 주는 것이 중요하다. "도전은 무엇입니까?" "어떤 역량을 가지고 있습니까?" "무엇을 성취하고 싶습니까?"
자기주장 (Assertiveness)	"정상적 행위"로 여겨지는 것을 행하면서 규칙을 따르는 것이 중요하다. 무엇을 제안합니까? 모든 사람이 따라야 하는 규칙은 무엇입니까?
무관심 (Indifference)	점수가 높은 사람은 규칙에 복종하지도 않고, 다른 사람들이 방해되지도 않고, 다른 사람들에게 관심을 갖지도 않고 일하기를 원한다. 더 많은 무관심을 만들기 위한 질문: 왜 놓아 버리지 못합니까? 그게 정말 중요 합니까?
고분고분함 (Compliance)	하기로 한것을 알기 위해서 규칙이 명확히 규정되는 것을 선호한다. 규칙은 조직이 필요로 하고/또는 사장이 원하는 사람에 관한 것이다. 조직이 필요로 하는 것은 무엇입니까? 어떤 규칙을 고수하고 있습니까?

관용(Tolerance)	사람들에게 그다지 많은 구속이 없는 조직이다. 확실한 한계 내에서 사람마다 자기 규칙을 따르면서 자기 방식으로 일을 해야 한다고 생각하고 싶다. 소망했던 대로 행동할 자유가 어디에 있습니까?

확신패턴(Convincer Patterns) 다음의 8 패턴은 결정내리게 하고 싶거나 또는 이전의 결정을 어떻게 내렸는지 검토하게 하고 싶을 때 유용하다.

보고 확신하기 (Convinced by Seeing)	이 패턴에서 점수가 높은 사람들은 일어나고 있는 일을 보는 것(예: 직장에서 다른 사람들을 보는 것), 혼자서 볼 수 있는 것(예: 일의 결과)으로 확신한다. 결정하려면 무엇을 보아야 합니까?
듣고 확신하기 (Convinced by hearing)	주로 다른 사람에게서 듣는 것을 참조하는 패턴(예: 훌륭한 논평) 결정하려면 무엇을 들어야 합니까?
읽고 확신하기 (Convinced by Reading)	확신하기 위해서 보고서 읽기의 중요성을 언급하는 패턴 결정하려면 무엇을 읽어야 합니까?
해보고 확신하기 (Convinced by Doing)	이 패턴에서 높은 점수는 확신 전략의 부분으로서 뭔가를 하고 싶은 소망을 가리킨다.(혼자서 또는 또 다른 사람과 함께 또는 아마 그 일을 하려고 하는 방법과 비교해서) 결정하려면 무엇을 행하거나 느껴야 합니까?
많은 사례로 확신하기 (Convinced by a Number of Examples)	확신하는 요소로서 여러 결과 예시를 원한다. 대개 언제나 3가지 예시를 주도록 조언한다. 결정하려면 몇 개의 실례가 필요합니까?
단번에 확신하기 (Convinced Automatically)	첫 번째 예시가 끝나기도 전에 거의 현장에서 즉석 결정을 하는 사람들이다. 이런 결정은 일반적으로 알고 있는 것과 만들어지고 있는 가정에 근거해서 예측하는 불완전한 정보에 바탕을 둔다. 최초의 예감은 어땠습니까? 무슨 가정을 합니까? 지금 당장 결정을 내려 주시겠습니까?
견실하게 확신하기 (Convinced by Consistency)	결코 그다지 확신하지 않는 사람들이며 계속적인 시연과 변함없는 결과를 예상한다. 끊임없이 무엇을 보아야 합니까? 정기적으로 무엇을 점검해야 합니까?
일정기간 후에 확신하기 (Convinced after a Period of time)	일정시간이 지나면 확신한다. 일의 평가에는 얼마간 시간이 걸릴 수도 있다.(보통 3 개월 정도일 테지만 편안하게는 6 개월 이상일 수도 있다.) 이에 대처할 테크닉은 시간이 지나면서 일어났던 몇 가지 사례에 관한 토의, '미래 가보기'를 하는 것. 지금부터 3개월이나 6개월 이후에 알게 될 것에 관한 토의를 포함한다. 결정 내리는데 시간이 얼마나 걸려야 합니까?

관심필터(Interest Filters) 대화 상대가 선호하는 유형의 내용으로 커뮤니케이션 하면 대화는 더 잘 술술 흘러나올 것이다. 다음 표는 각각의 관심필터에 대한 조언을 하고 어떤 질문이 한층 더 상황을 탐색하는지를 나타낸다. 질문들은 특히 다른 방법으로 즉시 여과되어 버리는 정보를 다시 생각해내는 데 유용하다.

사람에게 집중하기 (Focus on People)	이 메타프로그램 패턴은 사람들과 함께 일하고, 만나고, 그들의 기분에 신경 써야 할 필요성을 가리킨다. 사람들의 이름을 입에 올리고 개인적 인간관계를 논의하는 것이 중요하다. 관련자가 누구입니까? 누가 어떤 역할을 합니까? 명단 좀 주시겠습니까?
도구에 집중하기 (Focus on Tools)	여기서 문제가 되어 있는 것은 점검하여 정상상태로 형태를 유지하면서 적절한 도구나 기구를 가지고 있는가? 그것을 어떻게 끝낼 수 있습니까? 어떤 도구가 필요합니까? 어떤 자원을 이용할 수 있습니까?
시스템에 집중하기 (Focus on Systems)	일의 과정과 시스템들이 어떻게 기능하고 있는지 이해하고 그것을 이용하라. 이것은 어떻게 작용합니까? 시스템은 무엇입니까? 이 일들은 어떻게 관련되어 있습니까?
정보에 집중하기 (Focus on Information)	올바른 정보를 갖는 것과 그것을 어디서 어떻게 얻을 수 있는지 아는 것 필요한 모든 정보를 가졌습니까? 무엇이 실제 사실입니까? 어떤 지식이 중요합니까?
돈에 집중하기 (Focus on Money)	돈에 관해(예산, 돈이 어디서 나오고 어디로 가는지), 그리고 공정하게 돈을 받는 것에 관해 확인하기 얼마? 예산이 어때요? 그 값은 어떻게 치루시겠습니까? 손익비용 분석이 있습니까?
장소에 집중하기 (Focus on Place)	물리적 조직적 배치의 관점에서 위치 알기와 적절한 곳에 있기 이것은 어디서 이용합니까? 그것은 어디에 위치해 있습니까?
시간에 집중하기 (Focus on Time)	스케줄 알기와 그것을 지키기(정시에 하기) 언제? 시간이 얼마나 있지? 스케줄/마감시간이 무엇입니까?
활동에 집중하기 (Focus on Activity)	적극적이고 생산적이기. 할 일을 많이 갖기(바쁜 느낌). 구체적인 활동 면에서 무엇을 해야 할 필요가 있는지 알기 해야되는 것이 무엇입니까? 어떻게 하면 생산적일 수 있죠? 과업이 무엇입니까? 행동은 무엇입니까?

태도와 동기검사WAM에서는 어떤 사람이 무언가를 시작하는지 안 하는지에 관심이 있으며, 사람들이 무엇을 할 것인지 구체적으로 말할 수 있다.

여러 부류의 활동을 하는 것은 여러 패턴이 결합된 동기부여와 태도를 필요로 한다. 메타프로그램은 이러한 동기부여와 태도를 식별하고 계획하는 훌륭한 방법임이 증명되었다. 일단 최고의 활동성과에 상응하는 메타프로그램을 알거나 모델링하면 사람들을 동기부여시키고 그 직업에 맞는 최고의 지원자를 선발하고 문제 상황을 진단하며 보다 효과적으로 교육을 설계하고 커뮤니케이션하며 협상하는데 활용될 수 있다. 요약하면 메타프로그램들이 영향을 미치는 중요한 차이를 결정해준다.

미국 Santa Cruz에 있는 NLP University의 여러 프로그램에 패트릭Patrick이 1996년 참여한 이후에 패트릭 멜라비드Patrick Merlevede는 알려졌다. 그 때 이후로 그는 NLP와 감성 지능의 통합에 관해 세계적인 전문가가 되었다. 2000년에 패트릭은 jobEQ.com의 주력상품인 태도와 동기검사Inventory for Work Attitude and Motivation를 개발했다. 그 때 이후로 그는 여러 문화들 간에 메타프로그램이 어떻게 다른지를 통계적으로 입증하고 메타프로그램들이 상황 의존적임을 나타내며, 어떤 직업 상황에서 탁월성과 가장 관련된 메타프로그램을 식별하는 기술을 제공하면서 메타프로그램 연구의 최첨단에 있다.

jobEQ 평가도구는 메타프로그램을 기업 세계로 가져가는 중요한 기여를 했으며, NLP모델링원리를 심리측정검사 설계에 적용된 통계적 방법을 통합함으로써 앞으로도 그러한 기여는 계속될 것이다. 그것은 코치들, 경영자 및 관리자들, 그리고 트레이너들에게 도움이 될 도구이다.

결론: 감정의 패턴
감정적으로 영리한 사람의 메타프로그램

신경논리적 수준의 모델을 훑어보면, 메타프로그램에 기초해서 감정적으로 영리한 사람의 성격을 설명하려고 할 수 있다. 개인적 그리고 맥락에 따른 상황에서 사용하는 능력과 가치로 메타프로그램을 바꾼다. 감정적으로 능란한 사람은 미래지향적, 목표지향적이다. 그러나 과거는 그들에게는 결정하는 요인이므로 과거에서 배우기를 원한다. 그래서 그것은 여전히 개인적 선택이며 원하는 방식대로 세상과 관계할 수 있다.

감정적으로 능란한 사람은 살아가는 기반으로서 가치를 사용하며 이 가치들을 구현하고 그에 따라 행동하려고 노력한다. 이렇게 함으로써 그들은 강한 내적 준거를 강력하게 활용한다. 즉 다른 사람들이나 환경에 의해서 작동하는 것이 아니라 중요하게 여기는 것을 점검한다. 그럼에도 불구하고 이 또한 외적 준거를 가지고 남들을 고려한다. 다른 사람들의 기대를 점검하여 자신의 행위에 통합한다. 더구나 감정적으로 유능한 사람은 자신의 감정에 능동적 관계를 가지며, 이것들을 자신의 인생 계획 발달에 결부시킨다. 그러면 감정적으로 영리한 사람의 정체성은 어떨까? 그들의 자아상Self image은 어떨까? 아마도 스스로를 자신의 내적, 외적 상황의 "관리자", "자기 배의 선장"이라 부를 것이다. "자신있는" 또는 "자신감으로 가득 찬"과 같은 말이 그들의 특징일 것이다. 자신의 행동으로 자신의 주장을 뒷받침한다. "말한 것을 실천"하는 사람이다.

인생은 원치 않은 상황을 많이 만들어 내지만 이것이 반드시 불행하게 하는 것은 아니다. 감정적으로 유능한 사람의 삶은 실제로 "나는 내 인생을 어떻게 살고 싶지?"라는 질문에 대한 답변이다.

메타프로그램의 추가 분류

미국의 언어와 행동Language and Behavior LAB연구소는 더 구체적으로 직업
상황에서 사람들의 메타프로그램에 관한 연구를 실행했다.

다음 표는 간단히 나타낸 결과이다. 메타프로그램을 논의할 때는 분류보다
표가 더 다듬어져 있다는 것을 인식할 것이다. 예를 들어 몇몇 사람들이 양
극, 둘 다의 특성을 보인다는 것을 나타내기 위해서 "둘 다"의 범주가 추가
되었다.

메타프로그램패턴	여러 범위와 비율				
솔선하는 정도 농동성 ―수동성	능동성 20%	둘 다 60%	수동성 20%		
동기 방향 목표지향 ―문제회피	지향 40%	둘 다 20%	회피 40%		
동기부여 이유 선택 ―절차	선택 40%	둘 다 20%	절차 40%		
동기부여 원천 내적 ―외적	내적 40%	둘 다 20%	외적 40%		
주의력의 방향 자아 ―타인	자아 7%	둘 다 10%	남 83%		
결정요인 유사성 ―차이	유사성 5%	예외+유사 60%	둘 다 13%	예외+차이 12%	차이 10%
범위 세부적(구체적) ―전체적	구체적 15%	둘 다 25%	협동 60%		
일하는 스타일 독립적-주위사람들과 ―협동	독립적 20%	둘 다 60%	협동 20%		

일하는 조직에서의 강조 사람—사물, 활동	사람 15%	둘 다 30%	사물 55%
스트레스 받을 때 반응 감정 —사고	감정 15%	선택 70%	사고 15%

이 장의
연습

연습 4.1 표상채널: '감각 구체적 관찰"

다음 문장들을 어떤 감각 —구체적일까?

사용되는 표상채널의 부호를 쓰라.

	감각 구체적 예/아니오	VAKOG
예: 그는 매우 큰 소리로 고함쳐서 목구멍이 아팠다.	예	A/K
1. 그녀는 정말 불안해 보였다.		
2. 그녀는 얼굴을 찡그렸다.		
3. 매우 따뜻했다.		
4. 그녀의 손은 땀에 젖었다.		
5. 그는 섭섭함을 달랬다.		
6. 그는 안도했다.		
7. 그가 연설하는 템포가 빨라졌다.		
8. 그들은 서로에게 싫증이 나있다.		
9. 그들은 한 시간 동안 말 한마디 안했다.		
10. 그들의 협조는 잘 되어갔다.		
11. 이것은 미친 짓의 분명한 사례이다.		
12. 흙이 단단했기 때문에 나는 그것이 얼었다고 말했다.		
13. 그의 비전은 매우 동정적이다.		
14. 그가 "아니오"라고 말한 사실 때문에 나는 그가 나를 사랑하지 않는다고 결론을 내렸다.		

연습 4.2 눈동자 움직임에 맞는 술어 사용하기

부호화된 눈동자 움직임 순서로 같은 표상 채널의 술어를 사용하여 문장을 구성하라.

예. Adi→Vir→K→Ade = 나는 "그것을 계획해야 한다"고 나는 혼잣말을 하고 있었다.→나는 내 계획을 시각화했다.→그리고 나서 전화를 들었다.→ 그리고 그에게 다음 수요일에 괜찮은지 어떤지 물었다.

다음에 맞도록 문장을 쓰라.

1) Vc→Ad→K

2) Vr→Ai→K

3) K→Ve→Ad

4) Ae→Vc→Ad

연습 4.3 우선 표상체계 탐색하기

조용히 하고, 30초 동안 주위를 관찰한다. 어느 채널을 통해 가장 많은 정보가 들어오는가? 혼잣말을 하고 있는가, 바깥의 소리를 듣고 있는가? 본 것 등에 주의를 기울이는가 등등?

상황 속에서 이를 실행해보라. 광고를 보는 동안에 거리에서, 쇼핑몰에서, 영화관에서 돌아 다닌다.

연습 4.4 의사소통의 질을 높이기

모든 표상 채널VAKOG을 사용하여 재미있는 경험에 관해 이야기하거나 쓰라. 다른 상황에 똑같이 할 수 있다.

예: 팔아야 할 상품이 있다거나 가르쳐야 할 내용이 있다고 가정하라.

연습 4.5 경험 강화시키기

짜증나게 하는 최근 경험을 선택한다. 몇 문장으로 말하거나 쓴다. 이제 각

각의 표상체계에서 최소 4가지 세부감각 양식을 사용하여 이야기를 강화 시킨다.

연습 4.6 멋진 미래

1. 미래에 달성하고 싶은 목표를 선택하라. 반드시 기준에 잘 맞는 목표라 야 한다.

2. 광범한 세부감각 양식을 사용하여 이 목표를 설명하라.

3. 멋지고 매력적이 되도록 목표의 표상에 대한 세부감각 양식을 바꾸어 보라.

4. 마지막 질문: 이 연습은 과정의 전제에 어떻게 관련되어 있는가?

연습 4.7 감정을 감각에 연결하기

1step 3명 이상의·집단으로 여러 감정—예, 두려움, 외로움, 생기 없음, 용 기 없음—을 선택한다.

2step 사람마다 개별적으로 이 감정에 연관된 몇몇 상황들과 내면적 신체 적 감각을 찾는다—그런 감정을 가졌던 경험을 기억하고 신체 감각적 세부 감각 양식을 검토하라.

3step 자신이 만든 상황—감각—감정의 연결고리와 다른 사람이 만든 연 결고리를 비교한다. 무엇이 비슷하며 무엇이 다른가?

연습 4.8 유인시스템 관찰하기

파트너와 연습한다. 파트너에게 각 표상채널을 언급하는 질문을 하고 파트 너의 눈동자 움직임을 관찰한다.

선택안:

a. 연습의 연장으로 질문에 답변하도록 무엇을 했는지 그 사람에게 질문할 수 있다.

b. 여기에 제시된 것을 사용하지 않고 자신의 문장을 만들어라.

Vr—시각적 기억—당신 집 거실 벽의 색깔은 무슨 색입니까?

　　—당신 집—아파트—은 어떤 모습입니까?

Vc—시각적 구성—2200년에 자동차는 어떻게 보일까?

　　—나르는 침대를 상상해 보세요.

Ar—청각적 기억—얼음덩어리가 유리잔에 떨어질 때 어떤 소리가 들립
니까?

　　—당신 어머니의 목소리는 어떻게 들립니까?

Ac—청각적 구상—프랭크 시나트라가 감기 걸려서 노래 부른다면 어떻
게 들릴까?

　　—수중에서 연주할 때 색스폰 소리는 어떨까요?

Ad—청각 디지털—머리 속에서 10까지 세어라.

　　—당신이 연설해야 한다고 가정하라. 조용히 준비하라.

K 　—신체감각적—당신이 나오기 바로 전에 오늘아침 침대에서 기분이
어땠습니까?

　　—이 방이 얼마나 따뜻하다고 평가합니까?

(1은 차갑다고 설정하여 1에서 5까지의 정도로 평가)

연습 4.9 술어 찾아보기

신문을 사거나 TV나 라디오 뉴스를 녹음하라. 한 편을 읽거나 듣는다. 그
리고 여러 표상체계 속에서 어떤 술어가 사용되는지 분류한다.

연습 4.10 자신을 은유적으로 표현하기

사물—예: 자동차, 가구, 새 등—의 이미지를 사용하여 은유적으로 자신을
나타내고, 선택한 이미지의 시각적 세부감각 양식을 설명한다. 또 다른 이
미지를 선택한다면 어떤 세부감각 양식을 유지하는가?

매번 자신을 은유적으로 표현하기 위해 소리, 느낌, 냄새, 맛을 선택해서 그 세부감각 양식을 서술하고 중요한 세부감각양식을 다른 4감각으로 이전의 단계를 반복한다.

연습 4.11 메타프로그램 인식하기

행동 진술	메타프로그램
예. 나는 막 이 보고서를 끝냈다. 너 한번 살펴 보고 싶니?	외적준거
1. 그는 매뉴얼을 읽지도 않고 새로 산 스테레오 장비를 조립하는 사람이다.	
2. 나는 또 다른 직업을 갖고 싶다. 사장이 계속 감독해서 싫다.	
3. 이 프로젝트가 성공할 수 있도록 무슨 조치를 취해야 할지 정확히 말해줄 수 없습니까?	
4. 목표가 없다면, 네가 진정 원하는 것을 모를 거야.	
5. 일반적 원칙에 대해 합의를 하고 나서 그 토의를 시작하고 싶어요.	
6. 새롭고 이상한 문화에 매료되어 여행하는 사람들도 있고, 잘 계획된 편안한 여행을 하는 나라의 방문을 선호하는 사람들도 있다.	
7. 주인이 피곤해서 하품을 하고 있지만 방문객들은 집에 갈 시간이 되었다는 것을 알아차리지 못했다.	
8. 당신 세 번째 제안서 부록에 두 번째 보충설명 문장에 관한 정보가 좀 더 필요합니다.	
9. 클라이언트가 치료자에게: "정말, 제가 너무 외적 준거인 것 같습니까?" 라고 묻는다.	
10. 함께 일하면 더 좋은 결과를 달성할 수 있다고 생각해요.	
11. 일상의 틀에 박힌 일, 물질적 문제와 금전 문제로 고민하고 싶지 않아.	
12. 그녀는 주변 사람들이 어떻게 생각할지 두렵기 때문에 감히 이혼을 요구하지 못한다.	
13. 외적 준거를 필요로 하는 사람들은 똑똑하지 못한것 같아요.	

14. 그는 바로 처음부터 그 프로젝트에 관련되었기 때문에 물건을 놓아둔 채 잊어버리고 오는 것은 어렵다.

15. 그걸 곰곰이 생각해 봐야 해, 하룻밤 자고 나서 생각해야지

16. 다음날 아침까지 그는 혼자서 해결책을 찾아냈지요. 그래서 다음 주 회의를 취소할 수 있었다.

연습 4. 12 메타프로그램을 활용한 대조분석

아래 표에서 메타프로그램을 활용하여 매사가 잘되는 성공적인 상황—일, 인간관계 등—과 일이 잘 안되어 가는 어려운 상황을 비교하라.

이것은 자신이 조종하는 메타프로그램에 관해 무엇을 가르쳐주는가?

메타프로그램	성공적 상황	어려운 상황
동기부여방향		
동기부여 이유		
동기부여 원천		
결정 요인		
주의력 방향		
시간 감각		
스트레스 받을 때 반응		
일하는 스타일		
범위		

연습 4. 13 자신의 직업상황에서의 메타프로그램

1. 동료들, 상사의 그리고 부하들의 메타프로그램을 결정한다.

2. 개인적으로 전문적 토의를 한다고 상상하라. 그 사람들(동료, 상사 등)의 메타프로그램을 알기 때문에 자신의 언어를 어떻게 그 사람들에게 맞추어 갈 수 있을까?

3. 모두가 참석한 회의에서 프로젝트를 옹호해야 한다고 상상하라. 드러난 메타프로그램을 고려할만큼 충분한 변화를 주면서 동시에 공통으로 갖고 있는 메타프로그램을 고려하는 설명을 어떻게 맞추어 갈 것인가?

연습 4.14 경험의 필터로서의 메타프로그램
함께 보았던 영화를 1명 이상의 사람과 토론하라. 사람들은 각기 무슨 이야기를 할까? 누가 무슨 필터를 사용하고 있는가?

연습 4.15 성장목표
메타프로그램을 사용하여 개인적 성장 목표를 명확하게 말하라.

연습 4.16 메타프로그램 확인
5명의 집단. 대상자는 현재 상태에 관해 이야기한다.

1step 4명의 관찰자들은 끼어들기 없이 3분 동안 대상자의 말을 듣는다. 각 관찰자는 사전에 합의한 많은 메타프로그램을 분류한다.
2step 관찰자들은 어딘가로 물러나서 결론을 종합한다.
3step 메타프로그램을 끝내기 위해 관찰자들은 대상자에게 "경험에 미치는 현재 상황의 영향력은 무엇일까?" 라고 질문한다.

제5장
회사에서의 감성 지능

이 장의 목표

- 입장 바꾸기 학습을 통해 공감 능력 계발하기
- 교류하고 있는 사람의 눈을 통해 세상 보기를 배우기
- 다른 각도에서 전체상을 보고 상황에 대해 완전한 관점 얻기
- 인간관계의 구조에 관한 더 많은 정보를 얻어내서, 갈등 상황에 대처할 때 활용하기

이 장의 신경언어학적 가정

- 지도는 영토가 아니다. 누구나 자신의 인생 경험에 좌우되어 자신의 필터를 통해 세상을 본다.[69]
- 어떤 행동도 그때 그 순간에 할 수 있는 최상의 선택이다. "더 나은 행동"을 알고 있었더라면, 그것을 선택했을 것이다.
- 인간관계는 전체 체계를 이루고 있다. 의사소통의 의미는 다른 사람들 마음 속에 일으키는 반응에 바탕을 둔다. 자기 행동을 먼저 변화시켜야만 다른 사람의 행동을 변화시킬 수 있다.
- 가장 유연한 체제 구성요소가 체제를 통제한다.

---

69) 신경언어학 용어학에서 "1차, 2차, 3차, 4차와 메타포지션" 용어를 사용한다. 이 용어들은 이 장에서 계속 설명될 것이다.

왜 이장을?

1. 갈등해결을 위해

- 다른 사람에 대해 짜증나는 것은 내적 표상 구조의 반영이다.
- 갈등은 자신의 내면 구조와 타인들의 내면 구조가 달라서 생기는 결과이다. 이 다름을 판단하면, 마음 속에 유연성을 준다. 기존의 것보다 더 많이 이 차이를 표현하면, 차이의 관리 능력을 증진시킨다. 다른 각도로 갈등 상황을 보면 이런 차이를 일으키는 마음의 구조 프레임을 바꿀 수 있으므로 갈등 해결을 위해 다른 행동을 선택할 수 있다. 행동 유연성을 계발하면 원하는 상호교류의 결과를 더 잘 관리할 수 있다.

2. 일반적으로 감성 지능을 위해

- 대화 상대자를 추론하는 통찰력을 얻고, 그 반응에 공감하고 그들의 기선을 제압하는 것은 감성 지능에 필수적 기술이다.

지각적 입장들: 자신과 타인들에 대한 공감

서두에서 신경언어학 전제들을 알았고, "지도는 영토가 아니다"라는 것도 배웠다. 다른 사람들의 지도와 비교하여 적절하다면, 그의 것과 통합하여 자신의 지도를 개선할 수 있다. 고대의 지도 제작자들은 바로 이렇게 해서 지구의 특정 지점에 가는 여러 방법을 확인하고 도중에 개척할 많은 자원을 발견했다.

성공적인 협상가들은 이 스킬의 대가들이며, 체스 선수들처럼 미리 적이 할만한 움직임을 평가한다. 심지어 협상 테이블에서 각 입장이 지니고 있는 영향력까지도 사전에 도출해낸다. 이런 방식으로 상황 전체의 개요를 얻기 때문에 두 입장을 모두 고려하는 협약을 찾아내어 교착 상태를 타개할 수 있다.

누군가와 협상하고 있다면 몰입해 있는 동안 상황을 바라보는 적어도 4 관점이 있다.[70]

1. 자신의 눈을 통해
2. 다른 관계자의 눈을 통해
3. 중립적 관찰자의 눈을 통해
4. 다른 사람의 지도와 자신의 지도를 합병해서 나온 이중안경을 통해.
　이와 유사하게 이 상황을 관조하는 관점, 예를 들면 자기 스스로의 관찰자로서, 다른 사람의 관찰자로서, 전 시스템의 관찰자로서 연구할 수 있다. 신경언어학은 그렇게 관조하는 관찰 입장을 메타포지션이라 한다.

1980년대 중반에 주디스 드로와지에Judith DeLozier와 존 그린더John Grinder는 위에 언급한 특징들[71]에 기초해서 지각적 입장이라는 모델을 개발했다. 여기서 두 가지 예시로 상세하게 설명하고자 한다.
(1) 충분히 위임하지 않는(당신 말에 의하면) 사장과 마주하고
(2) 너무나 친한 관계에서 어찌할 바를 모르고, 결국 자신의 가치와 욕구에는 충분히 주의를 기울이지 못하고 타인의 욕구와 기대에 따라 사는 경우.

그림 5. 1에서 1차와 2차 입장의 두 관계가 의사소통에 관련된 두 사람의 상호작용을 상징적으로 나타낸다.

1차 입장

자기 관점에서 보고, 듣고, 느끼는 것을 의미한다. 1차 입장이 강한 사람들은 원하는 것을 스스로 잘 알고 있다.

---

70) 원래 "삼중묘사"라고 했으며, 자신/타인/관찰자 입장을 말한다. 이름은 아직 변하지 않았지만 4차나 시스템 입장을 아직 모르고 있다.
71) 4차 입장은 그린더와 드로와지에가 생각해낸 최초의 지각적 입장 모델에는 나타나있지 않았다. 보다 최근에 딜츠(Robert Dilts)의 공헌이다.

자신의 1차 입장을 강화하기 위해서 주관적 경험 구조를 찾아내서 자신을 더 많이 이해한다. 이것은 이 과정 실행하기를 많이 강조한다.

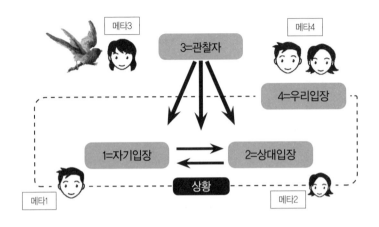

질문: 지금 당신은 무슨 느낌인가? 지금 당신이 원하는 것은? 당신의 소망, 욕구 가치는 무엇인가?

- 한 직원이 "저는 이 일이 마음 편치 않아요. 책임이 더 많으면 좋겠어요"라고 말한다.
- 한 여성이 "저는 이 관계가 기분 좋지 않아요. 너무나 제가 눈에 띄지 않아요"라고 말한다.
- 휴고 봄Hugo Bohm은 "마음에 드는 사람이라는 생각은 나와 의견이 일치하는 사람이다"고 말했다.
  ―벤자민 디즈레일리Benjamin Disraeli[72]

자기 동기를 이해하고 결과outcome와 목적을 명확히 하면 방향을 잃지 않고 타인의 지각적 입장을 안전하게 탐색할 수 있다. 감성 지능 계발의 중요한

---

72) 옥스포드 유머 인용사전(The oxford dictionary of Humorous Quotations)에서 인용

부분은 다른 사람의 관점에서 상황을 바라보고 관점을 바꿀 수 있는 2차 입장이다. '비교와 대조' 분석을 실행할 수 있으므로, 먼저 1차 입장에서 이용할 수 있는 정보를 조사했을 때, 가장 잘해낸다.

2차 입장(상대 입장)

마치 자신이 다른 사람의 입장에 있는 것처럼 그들의 관점에서 보고, 듣고, 느낀다는 것이다. 2차 입장이 강한 사람들은 다른 사람이 느끼고 생각하며 지각하는 방식 등에 더 공감을 잘 할 수 있다.

2차 입장을 취하는 스킬을 계발하기 위해서:

—감정적으로 몰입한다. 심지어 신체적으로 다른 사람의 위치로 움직임으로써 다른 사람의 입장에 선다.

—더 잘 관찰하고, 이 관점에서 어떤 관찰이 중요한지 판단한다.

질문: 당신이 다른 사람의 입장에 있다면, 자신을 포함하여 사람들과 상황을 어떻게 보며, 어떤 기분이 들까?

다른 사람을 이해할 수 있고, 무엇이 행동을 동기부여해 주는지를 이해할 수 있다고 답변한다. 아마, 다른 사람의 입장이 된다면, 여러분도 똑같이 하고 그와 같이 반응할 것이다.

- ■ **사장의 견해:** "나는 통제력을 상실할까봐 겁이 나서 동료에게 책임을 위임하기가 망설여진다."
  - ■ **여성 파트너의 견해:** "내 파트너가 행복하기를 원하고, 그녀가 거의 기여를 안 하기 때문에 내가 주도권을 쥐고 있다."

지금까지 탐색한 첫 두 가지 입장이 양자 택일의 양극 모형에 어떻게 기초를 두고 있는지 주목하라. 이것이 소위 BC 4세기의 그리스의 철학자 아리스토텔레스 식 사고이다. 아리스토텔레스는 한 사람은 이기고 그 상대방은 지고, 행복한 중립이 존재하지 않거나 이용할 수 없는 곳에서 두 당사자가 본질적으로 적대관계적 방식으로 작용하는 것이 무엇인지를 제시했다. 그러한 행동방식은 전 세계적으로 의회와 법정뿐만 아니라 외교와 충돌에 영향을 미치면서 수 세기 동안 널리 행해졌다.

그러나 세상과 사람들 그리고 마음에 대한 이해는 아리스토텔레스 시대 이후로 크게 발달했다. 세상은 흑백이 아니라 그 사이의 모든 회색과, 의식하지 못하는 우리 시야의 시작점 위 아래에 있는 것들까지 포함하여 모든 스펙트럼 색깔이다. 다른 사람의 입장에 들어가는 것은 종종 한층 더 갈등의식과, 모순이나 상호 배제를 높일 수도 있다. 이 나무에서 저 나무로 시각을 바꿀 수 있었지만 당신은 여전히 나무들의 숲은 볼 수 없다.

그러한 갈등 상황의 해결은 싸움을 극복하고 동시에 양측 입장을 볼 수 있는 능력이 필요하다. 단지 그때만 '양자택일'이 아니라 양쪽을 모두 만족시킬 "둘 다", "아울러" 합의에 이를 수 있다. 신경언어학에서는 이런 결론을 생태학적이라 한다. 왜냐하면 관련된 모든 당사자들을 소중하게 여기고 존중하기 때문이다. 훌륭한 협상가는 투쟁중인 파벌간의 평화협상을 성공적으로 중재하면서 이렇게 하고, 진짜 승—승win-win 상황을 만들어 낼 수 있거나 경영자들과 산업별 노조간의 비밀거래에 도움을 줄 수 있다. 감성 지능의 건전한 발달에 필수적인 그런 스킬을 한층 더 지각적 입장을 취하는 능력이 필요하다.

3차 입장(그들 입장 , Bird's Eye View)

구경꾼, 예를 들면 외부에서 시스템을 관찰하는 코치나 새와 같은 중립인의 입장을 취한다는 의미이다. 이 입장에서 자신과 다른 사람, 즉 두 사람 사이에서 계속되는 상호작용을 관찰할 수 있다. 두 당사자가 만족하도록 부정적인 것을 해결하고 긍정적인 것을 함께 가져오는 방식을 찾기 위해서 각 당사자가 그 상황의 원인이 되는 긍정적인 것과 부정적인 것을 공정하게 관찰할 수 있다. 3차 입장을 배우기 위해 그 자원을 찾고 훨씬 더 많은 것을 발견할 1차, 2차 입장에 접근하는데 익숙해야 한다.

강한 3차 입장을 가진 사람은 시스템 속에서 그들이 어떻게 관련되어 있는지를 볼 수 있고, 자기 행동을 변화시키면서 타인도 역시 변화하기에 좋은 환경을 만들어줄 수 있다.

질문: A라는 사람과 B라는 사람의 행동은 서로에게 어떻게 영향을 미치는가? 그들은 무엇을 하는가?

이 입장은 종종 갈등에 나타나는 불합리한 순환을 깨뜨릴 수 있는 정보를 제공한다.

ex

- 3차 입장에서 관찰된 1차 입장(예: job 코치): "동료는 사장이 그에게 책임을 위임하지 않기 때문에 비판적이지만 사장은 동료가 매우 비판적이기 때문에 위임하지 않는다."
- 3차 입장인 사람(예: 치료자)이 본 2차 입장: "그 여자는 파트너가 주도권을 매우 많이 쥐고 있기 때문에 기분이 나쁘지만, 남자는 여자가 주도권을 쥐지 않기 때문에 주도권을 쥐고 있다."

그 이상의 입장은 최근에 확인되었는데, 아직 아무도 끌어내지 못했던 통찰력을 훨씬 더 많이 제공한다

4차 입장(우리 입장이나 체제의 입장)

마치 여러분이 체제인 것처럼 본다는 뜻이다. 자신을 "우리" 속에서 지각하면, 여러분은 자신과 타인들 둘 다에 관계를 갖는다. 전체적, 체제적 관점으로 몰입하고 마치 자기 내면에서 일어나고 있는 것처럼 체제의 여러 부

문들 간의 상호작용을 느끼면서 체제에서 긴장감을 느낀다.

질문: 동시에 A씨와 비슷하고, 다른 한 편으로 B씨와 비슷하다는 것은 어떤 기분입니까?

체제적 사고에서 스킬을 키우기 위해, 종이 위에 나타나 있는 여러 요인들과 긴장을 종이 한 장에 그려볼 수 있다. 그리고 나서 자신의 내면에 그것들이 동시에 나타난 것처럼 이러한 여러 다른 요인들을 자극하려고 할 수 있다.
이 입장은 이 체제에 나타난 요인들을 이해할 정보를 제공한다.

- ⓔⓍ ▪ 체제가 관찰한 1차 상황: "내가 위임과 책임을 함께 놓는다면 그것들은 동전의 양면을 이루고 있으며 한 면이 없이는 다른 면도 가질 수 없다는 것을 깨달을 겁니다. 위임 정도와 이 위임에 대한 책임 수준에 명확히 합의하면 긴장이 풀릴 것이며, 결과가 얻어질 거라고 자신합니다."
  - ▪ 체제에서 보이는 2차 상황: 한 쪽으로 매우 많이 주고, 다른 쪽은 할 일이 아무 것도 남아있지 않아서, 코너에 몰린 느낌이다. 그 쪽이 보다 능동적 역할을 원하는지 어떤지, 만약 그렇다면 어떻게 그 역할을 할 수 있도록 하는지가 궁금하다.

메타 포지션(관조된 입장)
어떤 사람이 여전히 그 역할에 빠져 있는 동안 그 사람을 좀 떨어져서 관찰하면서 관조되어 있다는 뜻이다.
자신에 대해 강한 메타포지션을 가진 사람은 외부에서 자신을 묘사하고 자아 비판적일 수 있다. 예를 들어 자신에 대한 메타포지션을 연습하기 위해서 자신에 관한 영화를 보고 있다고 상상한다. 자신이 어떻게 하고 있는지 보기 위해 특정 상황에서 자신을 녹화할 비디오 카메라 사용을 선택할 수도 있다. 이 테크닉은 종종 세일즈, 경영, 환자 다루기 등과 같은 주제에 관한 교육 훈련에서 종종 사용된다.

질문: 당신 자신을 어떻게 보는가? 외부에서 관찰하면, 당신다운 행동은 무엇인가?

1차 입장에서 본 메타 입장은 외적 행동 즉 외부세계와 어떻게 의사소통하는지에 관한 흥미 있는 정보를 제공한다.

- **ex** ▪ 자신을 관찰하고 있는 직원: "그는 책임이 없기 때문에 기분이 나쁩니다. 그리고 이런 이유 때문에 더 이상 사장과 우호적일 수 없어요. 그는 시선도 맞추지 않고 짧게 말합니다."
  ▪ 자신을 관찰하고 있는 여자: "파트너가 주도권을 매우 많이 쥐고 있기 때문에 그녀 자신의 존재가 희미합니다."

주의: 이와 유사하게 어떤 다른 입장에 관해 관조되거나 또는 메타 입장을 취할 수 있다. 예를 들어 첫 번째 사례의 메타 질문은 "직원과 충돌한 후 귀가하는 경영자라고 상상해라. 그날 하루 일찍부터 자신의 행동과 반응에 관해 어떻게 평하겠습니까?" 일 수도 있다.

우리는 이 장의 나머지에서 3차 메타와 4차 메타를 고려하지 않아도 된다. 이것들은 몇몇 상황에서만 사용된 보다 이론적 입장들이기 때문이다.

갈등을 다루고/ 통제하는 방법
각 인간관계에서 다른 점과 아울러 유사점도 식별할 것이다. 따로따로 보면 그것들이 각 요소에서의 갈등이나 골칫거리라는 주장은 아니다. 우리는 성가신 것이 있을 때만 갈등이라는 꼬리표를 붙인다. 갈등을 야기하는 본래 그 자체가 차이—또는 동일성—가 아니고 이 차이를 해석하는 우리의 사고 구조이다.

ⓔⓧ ▪ 동료들 중에서, 한 사람은 X라는 사람의 지배적 행동에 대처할 수 있고, 다른 한 사람은 전혀 할 수 없다. 상사가 당신을 좌지우지하려 할 때 예를 들어 당신은 "말은 예 하면서 행동은 안하기"를 할 것이며, 상사가 해결책을 떠올리도록 당신 방식대로 하는 스킬을 가지고 있을 것이다. 상사의 행동에 대처할 수 없다면 짜증이 날 것이다.

갈등이 더 팽팽할수록 감정이 더 많이 개입되며, 개인의 필터는 현실 지각을 더 많이 왜곡한다. 그런 경우에 상대방을 문제의 근원이라고 비난하고 자신의 삶에서 상대방을 제거하고 싶어한다. 예: 해고, 이혼, 심지어 살해. 이런 해석을 낳는 평가를 없애면 이 평가가 일으키는 감정적 영향도 제거한다. 그렇게 하면 관련 당사자들 간의 다른 점 또는 유사점을 간단히 서술하는 수준으로 갈등을 줄인다. 많은 결혼 상담가들은 매일 그런 일들을 실행한다. 나중에는 파트너들이 보다 냉정한 시각에서 앞으로의 방법을 선택하면서 함께 균형있는 관계 문서를 작성할 수 있다.

ⓔⓧ ▪ 극히 사교적인 여성과 내향적인 말없는 남성으로 구성된 부부: 많은 의사소통 치료를 통해 두 파트너가 서로의 개성을 인정한 후, 이 차이 때문에 계속 살고 싶은 소망이 전혀 없는 것처럼 보인다.
▪ 한 여성은 진가를 인정받지 못한 기분이다. 남편의 삶 속에서 자신의 길을 잃고 자신의 욕구를 챙기지 못하고 남편의 욕구에 신경 쓰며 살았다. 그녀는 자아 의식과 독특성을 강화한 후, 남편만큼 강해졌다. 그녀는 이제 자신의 욕구도 마찬가지로 고려해야 한다고 요구하기 때문에 그들은 줄곧 갈등하는 것처럼 보인다. 새로운 관계의 균형 형태를 찾기 시작한다.

갈등 상황에서 정보는 해석되고 결국 주관적으로 경험된다. 갈등 해결을 위해서 이 왜곡과정을 반대로 할 필요가 있다. 이렇게 하기 위한 두 가지 스킬을 제안한다. 하나는 6장의 적절한 질문하기이고, 다른 하나는 각 입장에서 드러난 정보를 통합하여 상황에 대한 자신의 지식을 풍요롭게 하여 성공적으로 여러 지각적 입장을 취해 봄으로써 유용한 정보를 보충할 수 있게 해준다. 그리하여 변화와 용서로 이끌어주는 새로운 이해를 만들어 낼 수 있는 갈등의 마무리하는 관점을 얻을 것이다.

갈등의 전형적 특성은 갈등을 보는 출발점에서 이용할 수 있는 정보량이 줄어든다는 것이다. 이 때문에 전체 시스템을 개관하는 것과 다른 사람의 입장에 공감을 나타내는 능력도 약해진다.

지각적 입장	1차	2차	3차	4차
관련 스킬	주장	공감	코칭	승—승(win—win)하기

투사: 짜증이 자신에 대해 무엇을 가르칠 수 있는가?

다른 직업들보다 더 잘 해결되는 공동작업들이 있다. 다른 사람들과 함께 하는 것보다, 몇몇 사람들과 함께 하면 여러분은 이해를 더 잘한다. 또다른 사람들과의 관계에 관해 기분이 좋지 않다면 무슨 일이 생길까?
몇몇 사람들이 서로의 감정 속에 어떻게 얽히는지 놀랄만하다. 사람들은 가끔 그냥 어떤 사람을 보는 것만으로도 반감과 혐오를 드러내면서 짜증난다. 또는 냄새, 목소리 톤이 짜증나게 할 수도 있다. 그런 경우에 사람들은 종종 다른 사람이 얼마나 나쁘고, 위험하거나 심지어 사악한지를 묘사한다. 그들의 혐오감의 강도는 놀랄만해서 다른 사람은 참을 수 없다.

그 순간에 때 맞추어, 1차 입장에 몰입하기 위해 그런 서술에 어울리는 어떤 사람을 예상한다. 1차 입장에서, 여러분은 어떤 사람에 관한 자신의 견해를 절대적 진실이라고 진술할 수 있다. 그와 비슷하다. 그러나 그런 태도를 가지면 무엇을 얻을까?

앞 장에서 누구나 자기 방식으로 현실을 여과한다고 배웠다. 6장에서 당신이 정보를 빠뜨리거나 일반화하거나 왜곡함으로써 현실 경험을 어떻게 여과할지를 공부할 것이다.

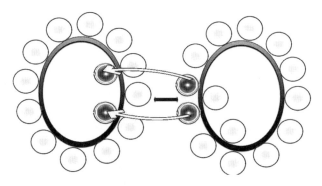

그림 5.2: 갈등 속에서 투사

예를 들어 어떤 사람의 지배적 행동이 신경을 건드린다면, 자신의 지배적 행동은 어떤지 스스로에게 물어볼 수 있다. 아마 당신 자신도 지배적 행동을 보이며, 그것을 나쁘다고 여길 것이다. 이것을 맹점blind spot이라 부른다. 또는 아마도 당신은 착한 사람이고 다른 사람들에게 당신의 명령을 강요하는 내면의 모든 충동을 억압해 왔을 것이다.

🅴🅧 어떤 사람의 까다로움 때문에 당신이 짜증난다고 가정하라. 당신은 그가 자제력이 없어서 만날 약속을 할 수 없다고 생각한다. 물론 사실이겠지만, 지금은 다른 사람에 관해 걱정할 필요가 없다. 자신이 경험하는 짜증이 자신에 관해 무슨 말을 할까? 까다로움은 무슨 뜻일까? 왜나는 이것 때문에 짜증날까? 자신의 까다로움은 어떨까? 너그럽게 봐

줄까 아니면 엄격할까? 규칙에 예외가 있을 수 있을까 또는 모든 것이 계획대로 되어야 할까?

가이던스로서 도전해 볼 만한 다음 제안을 제공한다: "다른 사람에게 분개하는 것은 자신의 분이라고 인정할 필요가 있다."

주의: 미성숙한 자기 계발 영역의 상황에서 투사하는 경우를 제외하고, 어떤 사람의 행동을 하나하나 자세히 다루어보면 사람들이 짜증내는 보다 깊은 이유가 있다는 것을 경험을 통해 알았다. 세상에 잘 알려진 부부의 사례에서처럼 어떤 사람은 배우자가 그와 다르게 치약을 짜는 것 때문에 짜증냈다. 특히 사소하게 세세한 것에 유의하기 시작하면 직장에서는 보다 까다로운 성가신 골칫거리의 근원이다. 그때 하찮은 골칫거리는 이렇게 보다 깊이 뿌리박은 짜증으로 발현된 것이다. 많은 사람들은 실제로 인간관계에 더 많은 에너지를 쏟아 넣고 싶어하거나 또는 개인의 자유와 거리감을 더 많이 경험하고 싶기 때문에 짜증난 기분을 느낀다. 사정이야 어떻든 성가신 골칫거리를 진지하게 받아들이고 여하간에 대처하고 일해야 한다. 갈등, 싸움, 해고, 이혼 또는 신체적 상해는 그것들 스스로 차이에서 나온 결과가 아니라, 그러한 차이에 관해 우리 자신이 성가서 하고 짜증내는 것에서 나온 결과이다.

질적 협동 모델

모든 지각적 입장을 자주 고려하여 찾아낸 것을 토의하면, 파트너들이 인간관계의 질을 높이고, 그 지속 가능성을 증진시킨다. 만약 현재나 과거 인간관계를 본다면, 어떤 지각적 입장이 어떻게 과소표현되는지를 알아차릴 것이다. 이 균형을 바로 잡기 위해 보완하면 새로운 개인적 그리고 상호간 발달 기회를 제공해준다.

많은 상황에서, 자신과 가진 관계(1차 입장)는, 다른 사람과 가진 인간관계에 주의를 기울이면 압도당할 것이다. 예를 들어 다른 사람을 위해 기꺼이 자신을 잃어버리면, 결과적으로 자신보다 다른 사람의 우선사항이 중요해진다.

제안의 중요성에 관해 이성적으로 생각하지 않고, 새로 사랑에 빠진 경우처럼, 애인의 제안을 그냥 따르게 될 때, 종종 일시적으로 유순함을 과장하는 일이 생기지만 더 오래 지속하는 관계 패턴도 설정할 수도 있다. 후자의 입장이라면, 상대가 찬성할거라고[73] 생각하는 것을 실행하거나 견디기 위해 자신을 채찍질 할 것이다.

다른 사람을 기쁘게 하면, 인정이나 감사로 그 댓가를 구할 것이다. 보다 드라마틱한 경우에는 아무리 껄끄러운 관계라 하더라도 관계 유지를 위해, 다른 사람이 자신에 대해 호의적 경향을 갖도록 행동할 것이다. 불쾌한 갈등을 일으키거나 거절당할까봐 의견을 솔직하게 표현하기가 두려워하고, "아는 악마가 더 낫지"라고 생각할 것이다. 그러한 연속선 상에서 신체적, 성적, 언어적 또는 정신적이거나 심지어 고통까지도 가끔 멀리 있지 않다고 욕한다. 우리 모두는 이런 일이 일어났던 곳에서의 인간관계를 알고 있다.

이러한 것이 언제나 부정적인 것은 아니다. 정말 기대를 예측하는 재주가 있는 사람들이 있다. 우리가 운영했던 한 교육과정에서, 시작부터 간호사 훈련생들에게 행동을 기대에 맞추도록 가르쳤고, 그들은 매번 높은 평가 점수를 얻었다고 확신했다. 최고의 간호사는 그녀에 대한 평가자의 기대를 가장 잘 예상했던 사람이었다.

많은 사람들은 자신의 존재를 희미하게 하면 옹호할 수 없는 관계까지도 지속할 수 있다고 믿으며, 단기적으로는 흔히 이런 식이다. 그러나 극도의 피로, 희롱이나 심지어 학대까지 각오하고 처음부터 자기 주장하는 사람

---

73) 교류분석 말로는 이것은 "다른 사람들을 기쁘게 하는" 드라이버라고 부른다. 가족치료에서의 말로는 "회유자"입장을 취한다고 한다. 이 경우에 상대는 주로 아마 "비난자"입장을 가정할 것이다.

은 거의 없기 때문에 현재 이혼율이 높고 회사에서 대규모 조직 개편이 일어난다. 그들은 "폭탄선언이 떨어질 때까지" 기다린다. 처음부터 좀더 자기 주장을 했더라면 어떤 협상 모델이나 횡포한 리더와 짓밟히게 되어 있는 비굴한 부하 사이가 아니라 적어도 두 당사자 간의 관계를 발달시켰을 것이다. 지각적 입장 모델에 근거한 협상모델에서는 자기계발과 협동이나 사회활동 참여 사이에서 적절한 균형이 요구된다. 자신에게 더 주목하고 자신의 욕구와 바램에 관해 더 솔직해짐으로써 이 관계에 능동적으로 더 기여하고 1차 입장 관점을 강화할 수 있다.

2차 입장 취하기를 더 많이 배우면, 상사로서 책임을 맡은 많은 사람들이 맹종적인 복종에 진정 감사하지 않고, 심지어 얕볼 수도 있음을 깨닫게 된다. 더구나 상사들은 매우 자기 중심적이어서 "헌신" 과정을 알아차리지 못한다. 예를 들어, 기업에서 관리자들은 종종 부하가 "건설적 비판"과 "솔선 initiative"을 나타내는 정도가 낮으면 불평한다.

맹종적 복종이 짜증난다면, 성숙한 관계의 구성과 자아존중, 그리고 관리에 관하여, 신념을 바꾸는 것으로 시작한다. 구식 행동패턴을 바람에 날려버리고 자원상태 속에 자신을 집어 넣는 연습을 하라. 파워와 이니셔티브를 취하고 자신감 있는 태도를 취하라. 그리고 그 차이에 주목하라.

자신을 객관적으로 판단하고, 자신에 대해 관찰자 입장(메타 입장)에서 나오는 정보를 활용하기

메타 입장에서 시작하면, 자기 내면 안에서 정확히 무엇이 진행되고 있는지를 깨달을 수 있다. 너무 쉽게 메타 입장으로 들어가는 사람들도 있다. 특히 다른 사람들이 평가할 수 있는 상황에서 자신을 너무 많이 판단한다. 또는 자신이 매우 서투르게 행동하는 것을 느끼고 보기때문에 자신을 수정한다. 연설하는 동안 자신을 판단하거나, 첫 사랑을 계획하고 교제를 시작하려는 세부계획에 관해 분석하고 철저하게 실행해내는 것보다 더 짜증나는 일은 없다. 자신의 내적 대화가 지나치게 작용하면 방해가 된다.

또 메타 입장이 너무 사용되지 않는 경우도 있다. 자신의 느낌에 몰입할 때 이런 일이 생기지만, 자신이 그렇게 하고 있다는 것을 깨닫지 못하고 다른 사람들과 어울릴 때도 일어날 수 있다.

1차 메타 입장을 취하는 능력이 완전히 발달되지 않았거나 충분히 활용되지 않는다면, 우선 제3자가 자신을 서술하게 하는 것이 더 좋다. 비판이나 피드백을 요청하고 친한 친구나 동료 또는 아마 관리적이지 않은 감독이나 코치의 관점에서 말하라. 피드백이 판단을 말하지 않는 방법에 주목하라. 우선 서술적 언어를 사용하여 전형적인 자기 행동에 관해 상세하게 이야기하게 해라. 이런 식으로 자신이 어떻게 신체를 유지하는지, 얼굴, 목소리 톤 등에 어떤 감정을 표현하는지 서술할 수 있다. 그들은 아마 긍정적으로 표현하는 해석적 평가적 언어를 계속 사용할 수 있다. "내가 너라면, 이런 저런 일이 일어날 수도 있는 것처럼 이런 방식으로 이러이러한 일을 하지 않을 거다. 그 대신에 나는 이것, 이것과 저것을 할 것이다. 그건 어떨까? 네 생각은 어때?" 이런 말을 들으면 판단적으로 혹평하는 것이 아니라, 대신에 자원이 풍부한 방식으로 행동하고 건설적 제안을 하는 내적 대화를 얻을 수 있다. 자기 내면의 코치를 계발한 셈이다.

그러나 이런 정보는 들은 것에 관해 뭔가를 하게 하는 영향력이 있을 뿐이듯이, 자신이 필요로 하는 적나라한 있는 그대로의 정보임을 경험을 통해 알게 된다. 그때문에 무능을 의식적으로 깨닫게 되는 중요한 상태가 되어서, 쾅 하고 자기 도취에서 완전히 빠져 나올 것이다. 얼얼하지만 이 깨달음 상태는 흔히 사람들이 행동을 취하고 자기 인생의 통제를 선택하는 유일한 상태이기 때문에 당신을 활발하게 해줄 수 있다. 흔히 이런 일은 위기의 결과로 생기므로 치료나 코칭을 찾는 클라이언트들이 많다. 흔히 사람들은 캐리커처와 비꼬는 행동으로 말하기 두렵다고 하면서도 매우 놀라운 사실을 그대로 표현하기 때문에 자신을 싫어하는 사람들에게서 자신에 관해 가장 많이 배울 수 있다. 그래서 그러한 정보를 얻기 위해 적에게 가라.

"폭탄 선언"으로 잘 알려진 현상은 메타 입장 부족 때문에 일어난다. 물론 관련자는 성가신 일이라고 지각할 것이지만 적절한 방법으로 대처하지 못하거나 합리화 하기 위해 모든 변명을 해댄다. 우리는 전혀 깨닫지 못하는 불성실한 사람들의 사례를 알고 있다. 자신에 대한 메타 입장으로 들어가서 짜증내지 않고 해냈던 일들의 누적 효과를 관찰할 수 있다. "자신이 짜증내지 않고 있음을 어떻게 건설적/긍정적 방법으로 나타낼 수 있을까? 또는 자신도 눈치채지 못한, 이 짜증내지 않는 그 이면에 무엇이 있을까?"라는 질문을 해서 자신을 연구할 수 있다.

2차 입장으로 들어가서 다른 사람에게 맞추기

관계를 맺고 있는 사람들이 2차 입장을 무시한다면, 이 관계는 실무적인 공동체의 삶으로 떨어질 것이다. 서로의 감정생활을 이해하지 않고 서로 친해

우리가 흥미없는 일을 결코 하고 싶지 않다면, 어째서 다른 사람들이 그렇게 하기를 여전히 기대하는가?

져 완전히 잘 살 수 있다. 파트너들이나 동료들은 일을 많이 하기에 개인적으로 친밀해질 시간이 없다. 언제나 일하고, 또 일하고 있다. "우리가 얼마 동안 서로를 알고 지냈지?" 제프는 메어리에게 그들의 다이아몬드 웨딩 기념일을 묻자, 메어리는 대답한다. "우리가 정말 서로를 알고 있을까?"

물론 실무적 공동체의 삶의 스타일이 완전 적합한 사람들도 있다. 아마 감정적 친밀함은 말로 전달할 수 없는 감정적 정보제공 이므로 강렬함이 필요하다.

2차 입장의 부족은 흔히 민감성이나 신경예민 때문에 야기된다. 자기 감정을 더 강렬하게 자각할수록, 그것에서 떨어져 관조하게 되고, 타인의 말을 듣는 일이 더 어렵다. 토의에서, 사람들이 자신들의 추론에 진의를 숨기고

표현해서 다른 사람이 말했던 것을 복창할 수 없다는 것을 여러분은 알것이다. 이런 일이 생기면, 당신은 분명 사고 방식 파장이 다르다.

극도의 예민성 또한 자신의 행동을 의식하는 능력을 빼앗아 간다. 활용할 수 있는 메타 입장은 하나도 없다. 자신이 다른 사람의 입장이 되기 위해서는 먼저 자신에 대한 메타 입장으로 갈 수 있어야 한다. 이는 느낌, 내적 과정 등 그리고 능력에 대한 자각이 필요하다. 다음 단계에서 이렇게 할 수 있는 몇 가지 연습을 제공할 것이다.

3차와 4차 입장은 협동구조를 가능하게 한다.

3차 입장을 취하면, 직장에서 상호간의 영향력과 관계에 대한 시각을 얻는다. 3차 입장을 충분히 활용하지 않으면 종종 하찮은 일로 다투거나 요점을 피하고 돌려 말한다. 4차 입장은 관계가 근거한 틀을 창조하거나 수정해서 안정성을 갖게 된다.

그러한 틀은 종종 이혼 동안이나 해고 통지기간에 깨진다. 파트너들은 그들이 주고 받는 입장을 버리고, 오직 자기 일에만 관심이 있다. 이혼하는 동안 앞 뒤를 헤아리지 않는 감정은 종종 1차 입장에 남아서 상처받고 있는 사람을 끌어들인다. 그들이 2차 입장이 되어보기를 거부하는 것을 이해할 수 있다. 전임자나 사장 또는 조직 시스템으로부터 너무 많이 상처를 받아서 자신들을 평등상황을 갖지 못한 패배자라고 지각한다.

3차 입장 취하기는 파트너들이 상호교류 현장에 넣어져서 과정의 진행 방식에 대한 공동 책임을 깨닫게 해준다. 그리고 기껏해야 이전 파트너들이 4차 입장을 가정하고 넓어진 협동 패턴으로 구조를 재정의할 수 있다. 예를 들어 자녀들의 행복이나 심지어 갈등이 창조적 방법으로 기여하는 상황에 초점을 맞춘 구조이다. 네델란드에서 "최상의 이혼"을 견인하는 것은 힘겨루기이다. 이긴 자는 부부로서의 행동을 매우 잘해서 왜 이혼하고 있는지를 궁금해 했다. 대부분 이혼에서 많은 패배감을 느끼는 측은 틀을 넓히기 어렵거나 할 수 없다고 경험하기 때문에, 이혼은 매우 감정적이 되거나 심지어 독살스러워진다.

다른 관점에서 자신의 인간관계를 보기

지각적 입장을 알고 있기 때문에, 이를 적용하여 갈등 상황에 대처하는 방법을 보여줄 것이다. 다음에 서술하는 과정에서 4가지 지각적 입장과 1, 2차 메타 입장을 경험해볼 것이다. 이 장의 첫 부분에 있는 다이어그램은 개관하는데 도움이 되며, 모든 입장을 경험하면 갈등에 관해 가능한 한 매우 유용한 정보를 모을 수 있다. 그러면 모든 것이 더 명백해진다. 일단 이것을 끝내면 모든 정보를 결합하여 새로운 각도에서 갈등 상황을 보고 승—승Win-Win 상황을 얻을 수 있다.

메타 미러: 대인관계의 갈등을 위한 기술

1step 준비: 자신이 관계하는 여러 사람과 갖고 있는 해결되지 않은 갈등이나 문제를 생각하라. 이 사람과 했던 토의를 돌이켜 보라. 현재 자신이 있는 방에서 무슨 일이 있었는지, 어디에 당신 자신(1차 입장)을 두고 어디에 다른 사람(2차 입장)을 두는지, 역할 연습한다고 가정한다.

2step 1차 입장으로 들어가기: 당신을 짜증나게 하는 사람에 관해 이야기하라. 그의 이름은 뭔가? 그 사람에 대해 어떤 느낌을 경험하는가?

3step 메타 입장으로 들어가라. 당신이 저 쪽에 있는 그 사람을 본다면 어떤 느낌이며 그 사람은 어떤 행동을 했을까? 그 사람에게 무슨 제안을 해줄까? 코치는 클라이언트가 메타 입장에서 서술하고 있음을 확인한다. 이 입장에서 전형적 서술은 "마치 또 다른 사람인 것처럼" 1차 입장에서 무슨 일이 일어나는지를 언급한다—힌트: "그/그녀는 어떻게 느끼는가?"와 같은 질문을 하게 하면 클라이언트에게 메타 입장을 더 잘 가정할 수 있게 한다.

4step 2차 입장으로 들어가라. 당신을 짜증나게 하는 다른 사람의 입장으

로 들어가서 그가 느끼고 갈등을 보는 방식으로 몰입한다. 왜 당신은 이런 식으로 행동하는가? 당신의 목적은 무엇인가? 더 나은 방식으로 이 목적을 달성하기 위해 어떻게 다르게 반응할 수 있었을까? 1차 입장에 있는 사람에게 어떤 조언을 해 줄까? 코치는 클라이언트가 1인칭으로 말하는 것을 확인한다. 코치는 다른 사람의 이름을 마치 "제프, 지금 기분이 어때?"처럼 활용하여 몰입하도록 자극할 수 있다. 그리고 반드시 그들의 이름으로 1차 입장에 있는 클라이언트를 언급해야 한다.

5step 2차 입장에 관해 메타 입장으로 들어가라. 당신이 저 쪽에 있는 상대방을 본다면(2차 입장), 행동과 느낌에 관해 무슨 말을 할 수 있을까? 관계를 더 건설적으로 하기 위해 그 사람에게 해 줄 조언은 무엇인가?

6step 3차 입장으로 들어가라. 양쪽 당사자들 사이에 상호작용이 계속되고 있는 동안 당신이 참석해 있었다고 상상하라. 이 체제에서 제3자로서 당신이 관찰한 것은 무엇인가? 당신이 그들을 코치해야 한다면, 양측 관계자들에게 무슨 조언을 할건가? 코치로서 클라이언트가 1인칭으로 말하는 것을 확인하라. 코치는 반드시 1차 입장에는 클라이언트, 2차 입장에는 상대방을 가리킨다는 것을 확인해서 이 몰입을 자극할 수 있다.

7step 4차 입장으로 들어가라. 두 사람 사이로 걸으면서 당신이 이 두 사람이 만들어낸 시스템이라고 상상하라. 당신의 내면에서 에너지 흐름을 주고받고, 밀고 당기는 긴장과 파워라인을 느껴라. 양쪽이 똑같은 사고 방식을 갖고 있는가? 당신은 어떻게 그들의 차이를 지각하는가? 이것들을 어떻게 최소화할 수 있는가? 어떤 면에서 양쪽이 상호작용 패턴에 도움이 되는가? 한 사람의 행동이 상대의 행동에 어떻게 영향을 미치는가? 이 시스템에서 그것이 작동하도록 어떤 것들을 변화해야 하는가?

8step 메타 입장으로 들어가라. 이 입장들에서 당신이 수집했던 모든 정보를 검토하라. 이 모든 정보를 고려하면서 지금의 상황을 어떻게 다룰까? 상호 작용 패턴을 변화시킬 수 있는 유용한 상태를 선택하라.

9step 이 자원 상태를 활용하여 1차 입장에 몰입하라. 당신의 느낌과 행동

은 상태에 대해 어떻게 변화할까?

10step 2차 입장에 몰입하여, 당신과 아울러 상대방(1차 입장의 사람)의 마음속에서 일어났던 변화에 주목하라.

11step 1차 입장으로 다시 들어가서 일어났던 더 이상의 변화에 주목하라. 당신이 미래에 다시 상대를 만나면 어떻게 될지 상상하라. 그리고 미래를 위한 행동에 착수하라.

실제 소송에서의 메타 미러: 법정에서의 공감

게리 스펜스Gerry Spence는 형사재판을 결코 진 적이 없는 미국의 유명한 변호사이다. 1995년에 그는 모든 토론을 "이기는" 법을 보여주는 책을 썼다.[74] 지각적 입장 모델을 통해 여과해가면서 이 책을 읽는다면, 그가 공감의 대가임을 알 수 있다. 그는 "공정한 재판"이 되도록 소송에 관련된 여러 다른 사람들의 입장을 취한다. 이렇게 해서 그는 매우 분명하게 적(2차 입장)이 할 것 같은 반응들을 고려하고, 시스템(3차와 4차 입장)에 관한 최상의 해결책을 찾는다.

지각적 입장에 의하여 반복된 그의 테크닉들

1. 상황: 적의 상황을 고려하는 방법으로 추론해 보라. 적과 함께 2차 입장에 들어가라. 그는 무엇을 달성하고 싶어 하는가? 그의 긍정적 의도는 무엇인가? 3차 입장으로 들어가라. 외부 관찰자로서 무엇이 진행되고 있다고 생각하는가? 4차 입장으로 들어가서 승/승 상황을 어떻게 달성할 수 있는가? 상대의 긍정적 의도와 당신의 긍정적 의도를 조화시킬 수 있는가?

2. 단어 선택하기: 반드시 상대를 멀리하지 않지만 마찬가지로 그들에게도 도움이 되는 방식으로 논쟁에 쓸 말들을 선택하라. 상대와 함께 2차 입장으로 들어가라. 당신의 말은 그들의 관점에서 어떻게 이해되는가? 어떤

---

74) Spence Gerry(1995) 논쟁하고 매번 이기는 법(How to Argue and to Win Every Time) New York, St. martin's Griffin

며 말을 하라.

3. 사실을 말하기: 당신이 거짓말을 하면 얼마 동안은 속일 수 있지만, 그들이 알아내면 그 즉시 보상을 요구할 것이다. 당신의 적, 판사, 배심원……과 함께 2차 입장으로 들어간다. 각자 무엇을 듣고 싶어 하는가? 당신이 진실하다는 것을 그들은 어떻게 알까? 당신에 대한 그들의 느낌은 무엇인가? 당신이 사실을 말하고 있다는 것을 그들에게 확신시키는 방식으로 사실을 말하라. 당신의 진술에 약점이 있다면 그것들을 스스로 나타내라. 적이 이 약점을 비난할 기회를 얻는다면 결과는 당신에게 더 나빠질 것이다. 당신이 앞서 2차 입장에서 수집할 수 있었던 당신의 느낌을 어떻게 생각하는지 그들에게 말하라.

이러한 몇 가지 요점은 게리 스펜서의 지각적 입장 사용에 대한 정수를 뽑아 추출한 것이다. 이와는 별도로, 이 책을 읽으면 감정의 활용과 타인과 래포 형성처럼 이미 제시했던 몇 가지 다른 모델들을 쉽게 인식할 것이다.

결론

이 장에서 강조한 핵심 메시지는 어떤 상황을 완전히 알기 위해서 4가지 지각적 입장에 접근할 필요가 있다는 것이다. 게리 스펜스가 성공한 부분은 이 입장들의 결합에 있다. 모든 4가지 입장을 활용함으로써 자신에게 더 많은 선택권을 주는 새로운 정보를 확인한다. 1장에서 이런 정보에 기초하고 창의성을 활용하여 감성 지능을 발달시키는 방법을 제시했다. 아인슈타인의 연구는 여러 지각적 입장을 활용한 또 하나의 훌륭한 사례를 제공해 준다. 아인슈타인이 상대성 이론에 도달한 방법은 1차 입장과 관찰자 입장[75]을 활용한 것이다.

---

75) 그는 빛의 속도로 여행하고 있는 광자(1차 입장)에 앉아 있는 자신(메타 입장)을 상상했다. 그리고 이런 일이 일어났을 때 그를 돌아보면서 시간과 공간의 왜곡을 경험하고 있는 관찰자 입장(3차 입장)에 자신을 두고서 상상했다.

사회적 교류하기: 어떻게 감정을 전달하는가?

좋아하든 안 하든 비언어적인 언어는 종종 감정상태를 배반한다. 무표정한 얼굴의 대가들은 이를 잘 피하지만 언제나 완전 성공은 아니다. 의사소통은 언제나 말의 내용보다 훨씬 더 많다.

단지 말하는 것이 아니라 말하는 방식, 말하는 상황과 타이밍, 누구에게 말하는지가 커뮤니케이션의 효과를 결정한다. 실제로 말한 정확한 커뮤니케이션 내용을 가리킬 때 메시지라고 하며, 다른 전달된 요소는 소위 '메타 커뮤니케이션'[76]이라는 것을 결정한다. 이 메타 커뮤니케이션은 수신자가 발신자의 메시지를 해석하는 방법에 깊이 영향을 미친다.

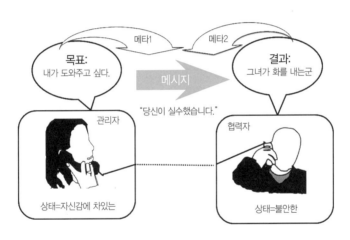

그림5.3:목적, 메시지, 그것의 메타 커뮤니케이션과 결과

아무리 메타 커뮤니케이션을 통제하려고 노력해도 수신된 메시지(해석)가 발신자의 의도와 완전히 일치하지 않는 것을 종종 인식한다. 이는 수신자의 기대 등을 포함한 모든 종류의 요인들 때문이다. 그때 수신자의 메시지가 더 이상 해석되지 않도록 하기 위해 무엇을 할 수 있을까?

---

76) 메타커뮤니케이션은 주로 커뮤니케이션에서 토의되었다: J Ruesch와 G. Bateson이 쓴 "정신의학의 사회적 매트릭스"(1951, 1968)와 Watzlawick, Bavelas와 Jackson이 W.W. Norton & Company에서 출판한 '인간 커뮤니케이션의 실용론'

첫째, 사실에 관한 자기 의견에서 사실을 구별하여 시작하라.

둘째, 이 사실에 관한 느낌을 전달하는 방법에 관해 명확히 하라.

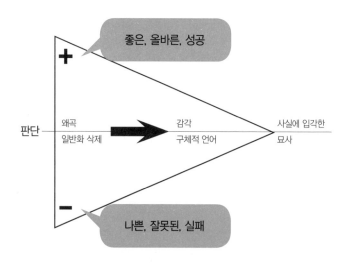

The DESC 개념[77]

사실과 견해를 구별하면, 당신은 단지 중간점에 있다. 무엇보다도 커뮤니케이션은 목적이 있다. 커뮤니케이션으로 얻어내려는 결과는 무엇일까? 당신은 대화 상대와 이 '결과'에 관해 틀림없이 논쟁을 하려고 할 것이다. 그래서 위에 제시된 두 가지 권장 사항 외에도 커뮤니케이션을 어떻게 지속할지를 함께 판단하는 결정요소와 문제 해결 측면을 포함하고 있다. 그래서 커뮤니케이션을 4부분으로 나눈다.

D: "Describe": 무슨 사실을 전달하고 싶은지 가능한 한 정확히 서술하라.

E: "Evaluate": 이 사실들에 대한 견해는 무엇인가? 이 사실들이 미치는 영향은 무엇인가? 어떤 느낌이 드는가?

---

77) 이 개념은 "지뢰를 제거하는 커뮤니케이션"이라는 주제에 대한 많은 변형 중 하나이다. 가장 오래된 된 변형은 토마스 고든(Thomas Gordon)이 1970년 New American Library에서 출간한 '부모 효율성 훈련: 책임감 있는 아이들을 키우는 검증된 새로운 방법'이라는 자신의 책에 서술한 '나 전달법(I message)'이다. 역서는 감성 지능 맥락에서 사용한 이런 변형들 중 하나를 채택했다.

S: "Solve": 일어난 일이 무엇인가? 해결책을 제안하거나 관계자들과 함께 해결책을 찾든가 둘 중 하나를 한다. 다른 사람과 함께 만들어낸 해결책은 대개 더 강력해서 해결책을 정확히 이해하고 실행할 가능성이 더 크다는 것을 경험을 통해 배웠다.

C: "Continue": 의사소통의 결론이 무엇인가? 그것을 계속해서 더 어떻게 대처할까? '해결' 국면에서 행동을 계획한다면 언제 각 결과를 예상하는지 합의하라. 필요하다면 임시 평가의 연기에 합의하라.

여기서 사실과 견해를 분리하지도 않고, 이 의사소통의 결과를 예상하기도 한다. 가능한 해결책이 무엇인가? 미래에 만들어야 할 합의는 무엇인가? 이런 류의 의사소통은 나쁜 뉴스를 가져오는 것만큼 칭찬같은 좋은 뉴스를 가져오는데도 유용하다.

ⓔⓧ 동료에게 만족해 있는 관리자

D: 이안, 네가 모든 중요한 주제에 관해 매우 상세한 슬라이드를 발표한 후, 이 프레젠테이션을 명확히 요약해서 구성했다는 것을 알았다. 사람들의 질문마다 너의 답변은 구체적이었어.

E: 내게는 매우 전문적 프레젠테이션으로 보였다. 네가 그걸 하게 되어 정말 기쁘다. 우리가 그 고객에게 좋은 인상을 주었다고 믿는다. 그리고 거래를 얻게 될 좋은 기회가 있을 것 같다.

S: 아마 너는 다른 상황에서도 마찬가지로 이 방법을 적용할 수 있겠지? 네 생각은 어때?

ⓔⓧ 동료에게 불만족한 관리자

D: 말해 봐, 피터, 5라인에 있는 충전기를 수리했던 사람이 너 아니었어? 저, 나사 하나가 충분히 조여지지 않아서 기계 진동 때문에 그것이 다시 떨어졌다. 그 결과 나사가 변속기의 톱니바퀴와 움직이지 않

는 엔진 사이에 박혔어, 전체 손실액이 15,000 유로에 달한다.

E: 개인적으로, 약 5일 동안 이것 때문에 기계가 고장날 거라고 하니 좀 실망스럽다.

S: 앞으로 그런 문제를 피하기 위해 너는 뭘 할 수 있니?

C: 좋아, 그럼 네가 조치를 취했다는 것을 내가 언제 점검할까?

적극적 경청[78]

당신이 의사소통 회로의 수신자 자리에 있고 당신에게 메시지를 보내는 사람이 DESC 개념에 따라서 메시지를 나누지 않았다고 가정하라. 그런 경우에 당신은 대답을 명확하게 나타내는 반면에 그에 대한 의사소통을 분리시킬 수 있다. 우리는 이런 방법을 '진정한' 적극적 경청이라 여긴다. 그렇게 해서 다른 사람의 의사소통에 대해 이해한 것을 나타내고, 그것을 비폭력적 태도로 그들의 의사소통에 적용할 기회를 준다. 우리는 가능한 한 의사소통을 잘 해석하기 위해 2차 입장에 들어가서 그것을 평가하라고 조언한다 : 만약 나 자신을 다른 사람의 입장에 둔다면, 이 신경질적으로 팽팽한 진술의 의도는 무엇인가? 나는 의사소통을 하려고 노력하고 있는가?

● ✗ ▪ 어떤 사람이 말하기를: "그건 미련한 생각인 것 같아요,"
반응: "내가 정확히 이해하고 있다면, 당신은 이 계획을 실현하는 데에 방해 요소들이 있다고 생각하지요"―해석 이면에 있는 사실을 발견하기 위해 질문하기.

▪ 어떤 여자가 말하기를: "그 사람 때문에 모욕감을 느껴요'"
반응: "그가 정확히 무슨 짓을 했는데요?―당신의 모욕감에 대한 사실이 무엇이냐?

---

78) 이 적극적 경청의 형태는 토마스 고든의 책 "부모 효율성 훈련"에도 나타나 있다.

연습 5.1 지각적 입장

다음 진술들은 어떤 지각적 입장?

	지각적 입장
예: 오늘저녁 네가 집에 오면 이것을 어떻게 느끼게 될지 생각하면 난처하다.	2차 메타입장
1. 저기서 춤추고 있는 나 자신을 이미 보았다.	
2. 당신은 깜박이 등을 켜놓고 있다.	
3. 너 자신을 바라보아야 한다.	
4. 내가 네 입장이라면 마음의 갈피를 잡지 못하고 방황할 거다.	
5. 자신을 멀리 있는 것처럼 보는 것으로도 해결책이 된다.	
6. 너희 둘 다 의사소통하는 것이 얼마나 웃기는지 보아야 한다.	
7. 당신이 그와 교류하는 방식으로 문제를 해결할 수 없을 거야	
8. 우리 둘 다 함께 일한다면, 하늘 높은 줄 모르고 무제한일 거다.	

연습 5.2 자신을 알기: 자서전과 몇몇 전기들

이 연습에서 매번 자신의 인생이야기를 쓴다. 여러 관점에서 자신의 삶을 바라보면서 별도의 종이에 쓰라.

1. **1차 입장에서**: 자신이 말한 대로의 인생이야기, 인생에서 의미 있는 사건은 무엇이 있는가? 기분이 어떠했는가?

2. 중립적 관찰자로서(3차 입장): 저 건너에서 이 사람의 인생이야기를 들었다면 당신은 어떻게 이야기할까?

3. 2차 입장에서:

   (a) 사랑하는 사람—배우자, 부모 등—의 눈을 통해

   (b) 동료의 눈을 통해

   (c) 가장 나쁜 적이나 비판자의 눈을 통해

끝으로 4차 입장에서 시작하는 요약문을 써라. 이 모든 이야기를 편집한다면, 무엇이 가장 중요한 것으로 돋보이는가?

주: 이미 자신을 알고 있는 사람들과 집단으로 이 연습을 한다면, 먼저 자기 자서전을 각 멤버들에게 솔직하게 말하며, 요약해서 끝낸다. 각 입장에서 나온 이야기는 아마 관조된다(메타). 몰입하여 이야기를 쓴다면, 마치 지금 진행하고 있는 것처럼 이야기하라.

연습 5.3 중요한 약속 준비

예정된 약속을 생각하라—원하는 주제: 모임, 세일즈 토크, 친구와의 만남 등.

1. 말하고 싶은 것을 쓴다(1차 입장).

2. 상대가 어떻게 반응할지 생각한다(2차 입장)

3. 가능한 한 긍정적으로 상대의 피드백을 어떻게 다룰 수 있을까?(3차 입장)

집단에서 이 연습을 한다면 역할 놀이로 하라. 자신의 역할을 하고 연습 파트너에게 그들이 어떻게 반응할 것인지에 관해 지시를 준다.

연습 5.4 옷이 날개

2인 1조: A는 B의 의상 코디네이터이다. 이 연습은 서로 잘 모른다면 매우 즐거울 것이다.

1step B는 옷이 필요한 3가지 상황을 준다—직장, 정원, 해변, 부엌, 평상복, 파티 등—이 옷들을 입을 매우 상세한 행사를 서술하라.

2step A는 옷을 입게 될 상황을 상상하고, 이 행사에 입어야 할 것을 생각한다.

3step A는 B에게 공감하고, 그들이 입고 싶은 것에 관해 생각한다.

4step A는 마침내 앞 단계에서 모은 정보에 기초해서 B에게 조언한다.

변형: 한 단계 더 나아가서 당신이 제안했던 옷을 입혀서 여러 옷 가게로 B를 데려가서 코멘트를 받는다.

연습 5.5 지각적 입장의 준거 경험

지금까지 사는 동안 한쪽 입장이 다른 한쪽 입장보다 더 발달되지 않았다는 것을 안다면, 그 입장을 잘 발달시켰던 다른 사람들에게서 배울 수 있다. 예를 들면 1차 입장이 약하다고 가정한다면, 자기 주장을 잘하는 사람에게서 무엇을 배울 수 있을까? 또는 2차 입장이 약하다고 가정한다면, 공감을 잘하는 사람에게서 무엇을 배울 수 있을까?

4명을 이루어서 여러 지각적 입장을 신뢰하는 사람들 집단을 불러 들이는 것이 목적이다.

교대로 하라. 차례가 되면 스스로 발달시키고 싶은 입장에 관해 더 배우기 위해서 다른 사람에게 질문을 한다—그 사람을 3가지 경험에 몰입시켜서, 이 입장에서 나타나는 세부감각방식, 감정, 신념, 스킬 등을 조사한다.

예를 들어 1차 입장을 강화하려는 사람들은 강한 1차 입장을 가진 집단의 사람을 본받는다. 이를 위해 준거 경험을 이끌어낸다.

여러 입장들에게 계속한다.

연습 5.6 투사를 조사하기

1step 다른 사람에게서 짜증나게 하는 행동을 정한다.

2step 다른 사람과 정말 똑같이 생각하고 행동하는 자신의 분야를 찾는다.

3step 그 분야 속에서 긍정적 의도를 찾는다.

4step 나중에 2차 입장으로 가서, 자신의 정보를 점검한다. 얼마나 정확했는가?

연습 5.7 감정의 긍정적 의도 찾기

짜증나게 하는 행동을 하나 선택한다. 1차 입장으로 들어가서 무슨 느낌이 드는지 서술한다. 그리고 나서 이 느낌을 가진 긍정적 의도를 찾아본다. 무엇 때문에 짜증난 느낌을 가졌을까? 또는 무엇 때문에 그 행동을 하도록 몰아친 느낌을 받았을까?

연습 5.8 신속한 메타 미러

만족스럽지 않게 상호교류했던 명확한 상황을 선택한다. 연속해서 1차, 2차와 3차 입장을 가정한다. 그 사람에게 매번 똑같은 상황을 서술하게 하라.

ㅡ보고 듣고 느끼는 말로 자신과 타인을 이 입장에서 지각한다.

ㅡ무슨 일이 일어났는지에 관해 자신에게 큰소리로 이야기한다.

정확히 방해 필터가 놓여진 곳을 명확히 확인할 때까지 그 사람을 점점 더 빨리 이 입장 저 입장으로 변화시킨다. 어떤 정보를 얻을까? 그리고 미래에 무엇을 다르게 할 수 있을까?

연습 5.9 2차 입장 정보로 피드백주기

자신을 괴롭히는 사람에 관해 생각하고 그의 행동을 기술하라. 2차 입장으로 가서 이 행동의 긍정적 의도를 생각하라. 어떤 방식으로 상대방의 긍정적 의도를 잘 나타낼 수 있었을까?

이런 방식으로 피드백을 제공하라.

—당신이 ~할 때—행동을 기술한다.

—그때 그 의도—목적—는 ~ 인 것 같다.

—이게 맞습니까?

—그게 맞는다면, 당신의 긍정적 의도가 더 잘 나타나도록 다르게 이 의미를 표현하면 만족하시겠습니까? 그걸 어떻게 하시겠습니까?

제6장
적절한 질문하기

"내 언어의 한계는 내 세계의 한계이다."
—루드비히 비트겐슈타인

이 장의 목표

경험에 관해 이야기해서 경험을 변화시키는 방법에 대한 자각의식 계발하기.

사람들이 자신의 지도를 탐색하는 방법으로 질문하는 법 배우기.

진정으로 느끼고 생각하는 것을 깨닫기 위해서 자기 성찰하기.

이 장의 신경언어학적 가정

지도는 영토가 아니며, 경험은 주관적이다.

커뮤니케이션의 의미는 그것이 끌어내는 결과에 있다.

사람들은 세상에 직접 반응하는 것이 아니라 자신의 세상 지도에 반응한다.

이장의 개요

적절한 질문을 하면 더 정확하고 상세한 방법으로 경험을 말할 수 있다. 게다가 이 도구Tool를 자신의 세상 지도에 적용하고, 이 지도에 적용했던 삭제나 필터들을 수정할 수 있다. 아마 느끼는 감정 대신에 이를 통해 실제 감정과 접촉을 유지할 수 있을 것이다. 어떤 영역에서 감성 지능을 증진시켜야 할지 자신보다 더 잘 아는 사람은 누구일까? "너 자신을 알라", "지혜는 자기 인식에서 시작한다"와 같은 격언은 가벼운 말로 들릴 수 있지만 그 중요성을 이해해야 한다. "자신의 세상 지도를 알라"는 의미와 같은 격언을 해석할 수 있게 된다. 즉 전에 설명했던대로 모든 감정은 인지적 내용과 연관되어 있다.

누군가의 말에 적절하게 질문하면, 그들의 생각에 더 가까이 다가갈 수 있다. 또한 갈등을 약화시키는 매우 효과적인 방법이며 타인을 진실로 더 이해할 수 있다.

🅔🅧 어떤 사람이 "언제나 당신은 똑같군요. 나를 존중해 주지 않아요"라고 말한다면, 자신을 방어하지 않고 "그건 아닙니다!"라고 대답하고 다음과 같이 질문할 수 있다. "내가 당신을 존중하지 않는다는 것을 어떻게 알죠?" 또는 "무엇 때문에 내가 당신을 존중하지 않는다고 생각합니까?"

개인이 사용하는 언어에서 그 사람들이 동의하는 가치가 무엇인지 추론하고, 계속되는 그의 사고 패턴을 추적할 수 있다.

반대 사례: 하지 말아야 할 일

"과거에 잤던 것처럼 잠을 잡니까? 두통이 더 있습니까? 신경과민이나 무관심을 더 많이 나타냅니까? 점액질의 염증, 호흡문제나 피부병과 같은 알러지 반응 때문에 최근에 고통스러웠습니까? 위나 장에 문제가 더 있습니까? 심장병이 더 있습니까? 탈모는? 경련, 생리통, 심한 복통, 쥐가 나는 것과 같은 고통이 있습니까?"

1998년 7월 벨기에의 한 신문에 발표된 어떤 의사에게서 온 편지를 믿는다면, 휴대폰이 모든 고통의 원인이 될 수 있다. 일단 이 6장 전체를 훑어보면, 이런 질문 방식이 어떻게 화나게 하는지를 이해할 수 있다. 실제로 이 의사가 사용한 언어는 다소 최면적이다. 위에 인용된 질문을 이해하기 위해서 서술된 질병 하나 하나를 이미 가지고 있다고 상상하고 자신이 아무 병도 없다는 것을 확실히 해야 한다. 쉽게 영향을 받는 사람에게 그런 질문을 묻는다면, "예"라는 대답을 얻을 가능성이 훨씬 더 높다. 모든 의사들이 만약 이런 진단 스타일을 사용한다면, 인구의 절반이 병에 걸려 있을 것이다.

서론

아이디어를 확고하게 하기 위해 질문을 하는 경향이 있을까? 바람직하고 건설적인 것은 다른 사람의 세상 지도에 대해 자신의 지식을 증진시키는 질문을 하는 것이다. 우리의 좌우명은 "멍청한 질문 같은 것은 없고, 멍청한 답변들은 있다"는 것이 모토이다. 이야기를 하는 사람에게 관심이 있고, 관점을 존중한다는 것을 보여주는 질문을 하면 의미 있는 답변을 얻을 수 있고, 또한 더 좋은 래포를 구축하는데 도움이 된다.

BC 4세기에 아리스토텔레스는 그의 저서 "수사학On Rhetoric"에서 질문하는 테크닉을 설명했다. 이 질문 모음집은 "수사학적 질문들"로 오늘날에도 계속 남아 있다. 그 목적은 토의 상대의 지도를 알아내는 것이 아니라 오히려 토의 도구Tool로 사용되는 것이다. 사실 아리스토텔레스의 질문은 논쟁을 이기는 무기를 의미했다. 특별한 질문 유형 하나는 반대자의 주장을 모순되게 하기 위해 사용되었다. 또 한가지는 반대자가 사용하려 했던 주장을 훔치는데 사용한 결과 자신의 질문이 상대방이 하려고 했던 요점을 포함하고 있었기 때문에 영리하게 보이는 것이다. 그 이상의 질문들은 아리스토텔레스가 추론에서 반박을 강조하는데 도움이 되었다. 게다가 토의에 졌다고 인정하는 것과 같기 때문에 아리스토텔레스는 반대자를 똑똑해 보이게 하는 질문은 사용을 피하라고 권했다. 현대 서양 문화에 끼친 아리스토텔레스의 영향을 고려하면 그의 "질문하기 기술"의 방법이 여전히 우리의 사고방식, 특히 정치, 언론과 토론의 영역에서 영향을 미치고 있음을 알수 있다. 그래서 훨씬 더 건설적이고 유익한 완전히 다른 질문 방식을 보여주는 것이 우리의 목적이다.

감성 지능과 관련된 사회적 스킬은 상대방이 동의할 수 있는 것에 부합하는 해결책을 식별하는 능력이다. 이 목표의 첫 단계는 상대방이 어떻게 생각하고 아울러 그의 욕구와 계획이 무엇인지 알아내는 것이다. "지도는 영토가 아니다"라는 전제를 활용하여 사람들이 자신의 세상 지도에 기초하여 우리와 다른 결론을 내릴 거라고 예상할 수 있다.

그들의 욕구와 계획을 묻지 않는다면 어떻게 찾아낼 수 있을까? 바로 이것이 "제 5의 경영"[79]의 저자인 피터 셍게Peter Senge가 이른바 "공동 정신모델들"을 습득하고 "팀 학습"을 달성하는 5가지 수련 중 2가지에서 질문 스킬을 지적한 이유를 설명해준다. 공동 정신 모델을 달성하기 위해서 먼저 셍게Senge의 정신 모델의 개념에 해당하는, 자신의 "지도"를 알아야 한다. 자신의 세상 지도를 알면, 상대의 세상 지도를 계속 끌어내서 결국 질문 기술이 핵심인 "학습대화"를 통해 공동 모델을 구축한다.

셍게는 "대화dialogue"가 "팀학습"[80]의 첫 단계라고 했다. 대화는 "통하여 through"와 "이성logos", "말하기"[81]를 의미하는 그리스어 "다이아dia"에서 유래되었다. 다시 말하면 이 두 단어는 사람들 사이에서 "질문의 자유로운 흐름"과 의미 창조를 나타낸다. 이 과정을 통해 "함께 사고하기"를 달성하도록 자신의 전제를 명확히 할 수 있다. 성공적으로 전제를 명확히 하는 최상의 방법은 질문 기술에 정통하는 것이다. 더구나 75%의 직원이 자기 견해를 나타내는 것을 두려워한다고 생각하라. 오해가 많고, 상호교류에서 대화 부족을 흔히 경험하는 것은 당연하다.

데일 카네기의 책 "인간관계론How to win friends and influence people"[82]에 나온 우정쌓기에 관한 조언을 요약하여 끝맺음 말을 하겠다. 그는 "친구에게 진실

79) Senge. P(1990), 제 5의 학문: 학습조직의 기술과 실체, New York, Doubleday
80) 상동 P 10
81) 이 말은 실제 대화(dialogue)가 철학적 대화를 의미했던 라틴을 거쳐온 것이다.
82) 카네기 데일(1995, 1998), How to win friends and influence people(한국에서 '인간관계론'으로 번역됨), Pocket Books

한 관심을 가져라. 그리고 잘 경청하고 다른 사람들이 스스로에 관해 말하도록 격려하라"고 했다. 여기서 제공된 도구Tool는 매우 도움이 될 것이다.

다음 표는 자신만만한 판매원과 관심을 끄는 판매원이 얼마나 다르게 질문을 활용할 수 있는지를 예를 들어 설명한다.

자신만만한 판매원	관심을 끄는 판매원
Q1: (판매원) 우리 상품의 특성이 당신네 회사가 필요하다는 것에 동의하십니까? A1: (고객) 네, 첫 눈에 바로 그런 것 같습니다.	Q1: (판매원) 당신 회사와 경쟁회사들 간의 차이가 뭡니까? A1: (고객) 글쎄요, 이것을 대량 거래와 연결시키지만 재고를 최소화하려고 합니다. 이 부문에서 새로운 접근 방법이지요.
Q2: 시험 삼아 한 두 케이스 사시는 건 어떻습니까? A2: 아, 한 케이스로 시작합시다. 그것이 우리의 품질 기준에 부합하는지 확인하고 싶습니다.	Q2: 어떤 것이 당신에게 좋은 계약일까요? 그리고 어떻게 하면 우리가 계약을 할 수 있을까요? A2: 으음, 시험 주문으로 시작하는 것이 우리 정책입니다. 그 후에 대량 판매 계약의 가격을 협상합니다.
Q3: 언제 배달할까요? 주말에 어떻습니까? A3: 아니요, 이번 주는 너무 빠르고요, 우리 구매 전략에 이 주문을 어떻게 맞출 수 있을지 점검해야 합니다.	Q3: 이 시험 주문을 어떻게 보십니까? A3: 저… 이를테면 2주 이내에 우리가 한 두 케이스를 선택하는 거겠지요?
Q4: 하지만 당신네가 필요한 것이라는데 동의했지요. 이 특별 주문에서 이득을 보고 싶군요. 그렇죠? A4 아, 가격이 정말 중요하지 않다는 거 알면서…… 나는 그 상품의 품질과 회사에 더 관심이 있을 뿐입니다.	Q4: 좋습니다. 두 케이스에 대해 좋은 가격으로 주는 것으로 당신과 시작합시다. 앞으로 우리가 계속 함께 일할 거라고 확신합니다! A4: 감사합니다.

자신만만한 판매원의 질문은 고객의 세상 지도에 관해 더 많은 것을 알려고 하지 않은 점에서 "폐쇄적"이다. 이런 타입의 판매원은 초라한 고객이 많은 변명을 주장하지 못할 것에 대해 재빨리 대처하는 주장 테크닉을 사용하여, 거래를 하는 쪽으로 고객을 밀어 붙일 수 있다고 믿는다. 첫 질문은 이미 판매원이 말한 것이며, 두 번째 질문은 고객이 이런 류의 질문을 받으면 세 번째 답변을 하기 어렵다는 심리학적 지식을 갖고, 제안한 2개

의 선택안 중에서 선택하도록 하기 위한 것이다. 그러나 질문을 몇 가지 더 한 후에 판매원은 질문이 막혀 버려서 "까다로운 고객"을 만났다고 결론 내린다.

반면에 관심을 끄는 판매원의 접근 방법은 승—승 해결win-win solution을 찾는 것이다. 바로 그 때문에 "거절할 수 없는" 제안을 하려고 하기 전에, 고객의 견해를 알아내는 것으로 시작한다. "개방적인 질문"을 해서 새로운 관점을 갖는 정보를 얻는다. 자신만만한 판매원이 "장애물"이라고 여겼던 것을 "피드백"으로 지각하고, 가격을 주장하지 않고 서비스에 초점을 맞춘다. 단순히 "질문하는 것" 이상으로 더 많은 것이 있다는 것에 주목하라. 질문하는 것은 그저 기계적 과정이 아니며, 반문도 질문에 관한 것이다. 정말 질문에 정통하다는 것 또한 상대와 래포를 형성한다는 의미이다. 상대의 의견에 진정한 존경과 관심을 보여라

필터

기억 속에 경험을 저장하고, 경험에 관해 이야기 하면서 관찰된 '현실'을 자신의 경험으로 바꾸는 방법은 여러 수준들 사이에서 이루어지는 변화로 결정된다. 이 '변화'를 커피 머신에 비유할 수 있다. 먼저 물을 붓고, 커피 콩을 갈면, 밖으로 검은 액체가 나온다. 중간에 물과 커피 콩을 마시는 커피로 변화시키는 필터를 발견할 것이다. 이와 유사하게 우리는 감각 경험에서 나온 정보를 삭제, 왜곡 또는 일반화 시키는 필터들을 사용한다.

ⓔⓧ 맹점

0	+

오른쪽 눈을 감은 채 왼쪽 눈으로 + 를 보거나 왼쪽 눈을 감고서 오른쪽 눈으로 0을 보라. 페이지를 자기 쪽으로 또는 자신과 멀어지게 움직여라. 어떤 점에서는 다른 모습이 보이지 않을 것이다.

필터의 유형

세가지 형태의 필터가 있다. 첫 번째 형태는 거의 모든 사람에게 비슷한 방법으로 작용하며, 다른 필터들은 개인마다 매우 특수해서 그 사람을 독특하게 만들어 준다. 그러나 우리가 그것들로 작용한다는 것을 흔히 깨닫지 못하고 있지만, 누구나 각각 유형의 필터들을 가지고 있다.

신경 논리적 필터들 이 필터들은 두뇌 속에 짜맞추어져 있고 유전적으로 결정된다.
감각 반응이 나타나기 시작하는 확실한 시작점: 실제로 지각할 수 있거나 지각할 수 없기도 한다.

ⓔⓧ ▪ 우리는 적외선이나 자외선 파장을 지각할 수 없다.
  ▪ 귀는 26khz—의식 수준에서 단지 20khz까지—이상의 소리를 들을 수 없다.
  ▪ 귀먹음, 근시안, 색맹, 후각 상실 등
  ▪ 특이한 장애: 최소한도의 차이 지각하기

ⓔⓧ

눈은 차이를 찾아내서 작용하기 때문에 고정된 사물을 바라보는 동안, 만약 눈이 움직이지 않는다면 아무것도 보지 못할 것이다. 사물을 바라볼 때, 눈을 움직이는 데서 이 차이가 나온다—안구의 순간적 운동.

사회—문화적 필터들 이 필터들은 어떤 사회의 기준이나 문화의 특이한 면을 가지고 있다. 교육, 종교, 매체, 예술이나 문학 등, 이 모든 것은 이 필터를 사용하는데 영향을 미친다.

ⓔⓧ ▪ "안녕Good morning"이라고 인사를 안 하는 것은 존경심이 없다는 것이다.
  ▪ 말다툼과 갈등은 불쾌하다.
  ▪ 병은 자동적으로 치료될 것이다.
  ▪ 약속에는 정각에 나와야 한다. 15분 이상 늦는 것은 용납할 수 없다.
  ▪ 다른 사람을 기쁘게 하는 것은 사랑의 표시이다.

개인적 필터들 정말로 개인들 각자를 독특하게 해주는 필터이다. 교육받으면서 그리고 교육 후, 환경과 부대끼는 방식에서 생겨난다.

ⓔⓧ ▪ 나는 완벽해야 한다. 그렇지 않으면……
  ▪ 부모님은 내게 착하고 순종하라고 가르쳤다.
  ▪ 늦게 외출하면 안 된다는 것을 경험으로 깨달았다.
  ▪ 남편의 뒤를 이어 나도 사랑의 감정을 드러냈다.
  ▪ 내가 "예"라고 말하면 갈등을 피한다.

필터링의 결과는 경험했던 것을 불완전하게 나타낼 수 밖에 없다. 필터를 사용하는 방식은 주변에서 일어나고 있는 것에 의미를 부여하는 방식을 가리킨다. 다음과 같이 자신에게 물어보라.

  ▪ 무엇에 주의를 기울이는가?
  ▪ 무엇을 강조하는가?
  ▪ 무엇을 잊어 버렸는가?

필터링은 좋다거나 나쁘다고 말할 수는 없다. 필터링은 그냥 존재한다. 가끔 필터링 덕분에 적절한 것과 부적절한 것을 구분하거나, 분명히 이질적인 사실들 간에 도움이 되는 관련성을 찾으면서 넉넉한 자원으로 작용할 수 있다. 평소에, 예를 들어 바람직하지 않게 해석하는 방식으로 정보를 걸러낸다든가 어떤 문제들에 대한 반응 영역을 제한하면, 특히 문제가 발생할 때, 그 필터링이 우리를 제한할 수 있다.

필터는 부분적으로만 자신이 통제할 수 있다. 대화자가 말하는 방식을 분석할 때 종종 어떤 부류의 필터가 언제든 한 번은 작동 중이라는 것을 알아차릴 수 있다. 이 때문에 어느 정도는 필터링 결과를 수정할 질문을 할 수 있다.

기본 모델: "좋은 질문"을 하는 3가지 소통 법칙

그 복잡성 때문에 알려진 신경 논리학자들이 개발한 초기의 질문하기 모델은 전형적인 질문을 가진 15가지 언어 패턴에 관해 구성되어 있다. 여기서는 먼저 존 그린더John Grinder가 1997년 6월에 제안한 이후 사용한 단순화된 모델을 제시한 다음에 이 단순 모델을 숙달했을 때 더 정확하게 제공된 전체 모델을 보여줄 것이다.

3가지 언어패턴 유형

어떤 사람이 이야기한 것에서 경험의 상세한 내용을 재구성하는 것은 영화감독이 각본으로 영화를 만드는 일과 비슷하다. 그래서 마치 영화감독인 척 가장하고 다음과 같이 자문해 보라.

- 이것의 출발점은 무엇이며, 어디서 끝이 날까?
- 대중에게 어떤 행동을 보여주고 싶은가?
- 왜 거기에 경계선을 정하고, 무엇을 생략할까?

결국 보여주고 싶은 이미지들이 연속되어, 그때 그것을 풀어내기 시작할 것이다: "그러면, 중요한 세부내용이 뭡니까?" 아래의 단순화된 질문 모델은 공통 유사성이 많다. 3가지 언어패턴 유형을 제시하고자 한다.

심상을 얻기: 불특정명사

이미지를 서술하기 위해서, 단어들을 사용한다. 대부분의 시간에, 이 말은 이미지에 있는 모든 요소들을 표현하기에는 충분히 구체적이지 않다. 말은 그림을 묘사하는데 필요하다. 그러므로 언젠가 누군가가 "그림은 천 마디 말의 가치가 있다"고 말한 것은 당연하다. 루이스 캐롤Lewis Carroll은 "말은 의도하는 것보다 더 많은 것을 의미한다. 그래서 책 한 권 전체는 작가가 의미하는 것보다 더 많은 것을 의미한다"고 가르쳤다. 게다가 모든 말은 똑같지 않다. 제한된 해석의 여지만 허용하므로 매우 정확한 말들이 있는 반면에 더 추상적이거나 명확하지 않은 말도 있다.

ex 어떤 사람이 "사과(애플)"에 관해 이야기할 때, 일단 과일이나 컴퓨터에 관해 이야기하고 있다는 것을 알기만 하면, 이에 대한 명확한 이미지를 만들어낼 수 있다. 그러나 그때도 이 사과(애플)의 정확한 크기, 모습, 색깔, 냄새, 맛을 알지 못한다. 이것을 "존경"과 같은 단어와 비교하라. 이 추상적 단어는 훨씬 더 이해하기 어렵다. 사람들은 어떻게 존경을 인식할까? 그 사람은 그 단어로 의미했던 것을 묘사하기 위해 완전한 영화 장면이 필요하며, 이것조차도 불충분할지도 모른다.

"확실하지 않으면 질문하라"라는 말은 경험에 근거한 것이다. 측정하거나 설명할 수 있는 요소가 될 때까지 계속 질문하라.
명사와 형용사는 흐릿할 수도 있고 명확할 수도 있다는 것을 주의하라. 그래서 묻고 싶은 형용사를 포함하는 규칙을 마음대로 확장하라.

ex ▪ 조직, 회사, 회계, 통제, 상상
▪ 존경할만한, 정직한, 다정한, 모험심 있는, 믿을 수 없는, 오만

한……

- "결혼은 하나의 단어가 아니고 하나의 문장이다."

어떻게 질문할까?

무엇을, 누가, 어떻게, 어디서, 언제, 어느 등으로 시작하는 질문을 하라.
"왜?"라는 질문을 피하라:

이 질문 유형은 찾고 있는 구체적인 서술보다는 오히려 적당한 변명만 내놓은 것이다. 일반적으로 각 문장에는 질문할 수 있는 것들이 여러 개 있다. 하고 싶은 질문은 성취하려는 것에 달려 있다. 그 상황에서 무엇을 얻을 수 있을까? 어떤 질문이 찾고 있는 정보를 줄까?

다른 사람이 말해야 하는 것에 관심이 있는 사람이 있다고 가정하자. 또한 영향력이 있다고 하자. 각 질문은 특정 방향으로 상대방의 사고를 이끌어 갈 것이다. 정말로 질문이 아니라 "~이 가능할까?", "~이 그렇지 않을까?", "~라고 말하는 겁니까?", "~라고 생각하고 있습니까?" 등으로 시작하는 질문들처럼 어림짐작인 질문들도 있다.

"예 또는 아니오"만을 답변하면서 질문에 어떻게 반응할 수 있는지 주목하라. 그래서 개방적 질문(폐쇄되지 않고, 과장되지 않고, 암시적이지도 않는)을 하면 최소한의 영향력을 얻게 될 것이다.

다음 예시에서 그 방법을 제시한다. 밑줄을 그어 질문을 유도하는 말을 표시한다.

ex ▪ 그는 매우 인기 있는 **스포츠 카**를 샀다.→Q: 어느 제품입니까?

　　A: **미국산** 입니다.→Q: 더 구체적인 것은?

　　A: **포드 무스탕** 입니다.→Q: 몇 년에 제작되었습니까?

　　A: **68년**도 컨버터블입니다.

▪ 진짜 **무거워요**.→Q: 무게가 얼마죠?

A: 잘 모릅니다만 확실히 **무거워요!**→Q: 무겁다고 말할 때는?

A: 아 **10톤** 이상 무게가 나가는 것입니다.

- 이건 **조직의** 문제입니다.→Q: 무슨 문제에 부딪혔습니까?

  A: 글쎄요. 그 사람들도 이런 **상황**을 예상하지 않았지요.→Q: 예상했어야 하는 건 무엇이죠?

- 저는 **경영진**에게 묻겠습니다.→Q: 마음에 둔 사람이 누구입니까?

  A: 저, 4층에서 일하고 있는 **저 사람들**입니다.→Q: 특히 누구죠?

  A: 아마 존이나 제리 혹은 그 외 리차드.

- 저는 **의미 있는** 답변을 원합니다.→Q: 무엇을 알고 싶은지 말해 주겠소?

  A: 이 메모에 관해 당신의 견해를 알고 싶습니다.

- 모든 **요구**를 충족시켜야 합니다.→Q: **요구**하는 것이 무엇입니까?

  A: 가격과 **품질**이 중요합니다.→Q: **품질**을 평가하기 위해 어떤 계획을 세웁니까?

영화를 만들기: 불특정 동사

사실적인 그림 같은 설명을 얻는 것이 첫번째이다. 영화는 그 설명들이 전체적으로 연속된 것이다. 그러면 가장 중요한 것은 무엇일까? 완전한 과정을 묘사하기 위해 어떤 순서의 이미지가 필요할까? 대부분의 동사는 일련의 작용을 나타내는 간단한 단어들이다. 주요 예외 동사는 "─이다^{be}" 동사이다. 동사를 통해 한 단계나 이미지에서 다음으로 어떻게 넘어갈지 나타낸다. 동사들이 애매하고 구체적이지 않으면, 다음 단계를 진행하는 방법을 모른다. 불특정 동사의 예는 생각하기, 행하기, 취급하기, 처리하기, 해결하기 등을 포함한다.

어떻게 질문하나? 동사를 구체적 작용으로 바꾸기 위해 질문하라. 그 사람이 설명하고 있는 것을 파악할 수 있거나 심지어 마음 속에 재현할 수 있을 때까지 행동 계획을 갖고 그 절차를 다듬어라.

ex ▪ 이것에 관해 **생각해** 보겠습니다.

    Q: 어떻게 그 답변을 알아내려고 하니?

    A: 글쎄요, 먼저 그 고객의 이전 파일에 **좀 더 세심한 주의를 기울입니다.**

    Q: 그 파일에서 무엇을 찾을 건데?

▪ 우리는 먼저 **몇 가지 연구를** 해야 합니다.

    Q: 무엇을 알아내야 하는데?

    A: 어느 고객들이 관련되어 있는지를 ……

▪ 조직 구조를 **재고하고** 싶습니다.

    Q: 마음 속으로 어떤 종류의 방법을 생각하니?

한계: 제한

"해야 한다", "하는 것이 당연하다", "하지 않으면 안 된다", "할 수 없다", "할 필요가 있다", "아닐지도 모른다"와 같은 동사는 모두 자유의 제한을 나타낸다. 또한 "언제나", "전혀", "모든 사람"과 같은 단어들도 그렇다. "모든 사람이 그런 식으로 그 일을 합니다", "훔치면 안됩니다", "단 두 단어로만 말해야 합니다", "그것을 할 줄 모릅니다" 등과 같은 진술을 고려하라.

그러한 제한은 어떤 사람이 자신의 행동과 그 행동 이면에 있는 추진력을 한계짓는다. 물론 "살인하지 말지어다"와 같은 제한은 종종 유익하지만, 다른 경우에는 제한에 이의제기를 하는 것도 도움이 될 수 있다.

"하고 싶다" 대 "해야 한다" 알버트 앨리스Albert Ellis는 "개인의 행복 지침서A guide to personal Happiness[83]라는 저서에서 사람들이 흔히 의무—절대로 해야

---

83) Albert Ellis & Becker, lrving(1996), A Guide to Personal Happiness, USA, Wilshire Book Company

한다―를 전혀 선택이 없는 것으로 혼동한다고 썼다. 무언가를 하라고 강요받은 느낌이지만, 만약 그 상황을 조사하기만 한다면, 대안을 찾아낼 수 있다. "나는 해야 해"라고 말할 때, 뭔가 제한이 있다. "내가 해야 하는 것을 하고 싶은 것으로 대체한다면 내 영화에서 무엇이 변할까?"를 자문하라.

ⓔⓧ "그 사람들은 나를 정식으로 대우해야 한다―그들이 언제나 그렇게 하지는 않는다.

결과; 당신을 무례하게 대우하는 행정직원을 다룰 예정이다. 예를 들면 전화 고지서 문제, 기차 정기 승차권 말썽 등에서 당신이 잘 대우받지 못했다면 불행한 기분이다.

해결: 의무를 원하는 것으로 바꾸기

결과: 불행히도 행정직원은 정말 당신을 잘 대우하지 않았다. 사실 그들이 더 잘 알아야 하지만, 그것 때문에 당신은 하루를 망치면서 보내지 않겠다고 결정할 수 있다.

완벽주의도 이러한 제한 범주 내에 들어맞는다. 스스로 달성해야 하는 목표를 설정한다. 좋은 점수를 받지 못하면 실패라고 여기고 불행하다는 변명을 한다. "좀 모자란 사람일까?"라고 자문하라

ⓔⓧ "나는 3월부터 10월말까지 매주 잔디를 깎아야 한다―그리고 나는 그것을 하고 싶지 않다.

결과: 당신은 정원의 노예가 되어갑니다.

해결: 만약 한 주 동안 잔디 깎기를 빼먹는다면 누구를 성가시게 할지 자문해 보라. 또는 1년에 한 번만 깎는 찻길 옆에서 보는 잔디처럼 "자연 잔디"로 당신의 잔디 모퉁이들을 바꾼다면 어떨까?

어떻게 질문하나? 개인의 세상지도의 한계에 이의를 제기하는 두 가지 질문 유형이 있다.

역사적 질문(Q 1): 이 질문의 목적은 그 한계가 어디서 온 것인지를 알아내는 것이다.

결과 질문(Q 2): 이 질문은 만약 그 사람이 그 한계를 침범한다면 무슨 일이 일어날지를 알아내는데 도움이 된다

두 질문 모두 시간을 어떻게 언급하는지 주목하라. 첫 번째 것은 과거 지향적이다. 한계가 어디서 오는지, 왜 거기에 있는지, 거기에 존재한 결과로 어떤 문제가 나타나는가? 두 번째 것은 미래 지향적이다. 이 한계를 넘어간 결과는 무엇인지, 이것이 어떤 가능성을 만들어낼까? 진정 당신이 과거로 파고드는 것을 즐기기 않는다면—치료적 작업을 위한 힌트—, 결과 질문이 더 건설적이라고 제안하고 싶다. 이 주제에 관해 키케로Cicero는 "인류의 최대 실수 중 하나"를 바꾸거나 개선할 수 없는 일을 하느라 계속 마음을 분주려는 의지라고 불렀다.

ex ▪ 당신은 공손해야 합니다.

　　Q 1: 누가 그렇게 말했습니까?(왜?)

　　Q 2: 내가 만약 그렇지 않으면 무슨 일이 생깁니까?

▪ 지긋지긋한 수학을 마스터할 수 없어요.

　　Q 1: 어째서 할 수 없습니까?(왜?)

　　Q 2: 만약 당신이 할 수 있다면 무엇을 얻을까요?

▪ 좀 특별한 정부의 간섭이 필요합니다.

　　Q 1: 무엇 때문에 그렇게 생각합니까?(왜?)

　　Q 2: 무슨 위험을 예상합니까?

▪ 그건 법률 위반입니다.

Q 1: 당신을 가로 막고 있는 것이 무엇입니까?

Q 2: 잠시 동안 그것을 무시한다면, 무엇을 얻습니까?

- 똑같은 일은 언제나 일어나고 있습니다.

Q 1: 언제나? 그것 이외에 아무 것도 일어난 적이 없습니까?

Q 2: 다른 가능성은 무엇일까요?

패턴 활용: 3가지 소통 법칙

이제 3가지 패턴을 모델로 결합시켜서 어떤 질문을 할지 결정하기 위해 다음의 법칙을 따르라.

1. 제한에 부딪힐 때마다 결과 질문을 하라.

2. 명사를 구체적으로 해서 확실히 파악하라.

3. 일단 구체적 명사들이 있으면, 마찬가지로 명사에 근거하여 구체적 동사를 적용하라.

동사에 대응하여 명사를 얻으면, 명사로 돌아가라. 마지막으로 되묻기back track하라.

이 규칙의 순서를 존중하는 것이 좋다. 구체적 문장을 위해 먼저 첫 번째 규칙을, 그리고 나서 두 번째, 마지막으로 세 번째를 고려하라.

⊖⊗ - 우리는 새로운 조직 구조를 생각해내서 시작**해야 한다.**

Q—우리가 안하면 무슨 일이 일어날까요?(규칙 1-제한)

A—모든 일이 **대 혼란**이 될 것입니다.

Q—무엇이 잘못될까요?(규칙 2-구체적이지 않은 명사)

A—**최종 기한**을 정하지 못할 겁니다.

Q—어느 최종 기한이 가장 위험상태입니까?(규칙 2-구체적이지 않은 명사)

- 모든 일이 **계획**대로 진행되고 있습니다.

  Q—**계획**이 무엇입니까?(규칙 2—구체적이지 않은 명사)

  A—먼저 새 본부로 **옮기는 것을** 끝마칩니다.

  Q—그것을 어떻게 처리할 겁니까?(규칙 3—구체적이지 않은 동사)

- 돈이 **필요합니다**. 좀 빌릴 수 있을까요?

  Q—내가 당신에게 돈을 빌려 주지 않는다면 어떻게 하시겠습니까?(규칙 1—제한)

  A—글쎄요, 확실히 제게 **예산 고민**이 생기겠지요.

  Q—좀 더 구체적일 수 있습니까? 무슨 예산을 짭니까?(규칙 2—구체적이지 않은 명사)

  A—차를 사고 싶지만, 은행에서 대출을 거절했습니다.

결론

구체적이지 않은 요소나 제한을 찾아내기 위해서 질문을 만들어 내는 이점은 표준적 질문을 묻거나 엄격한 규칙에 얽매여서 질문했던 것보다 이 질문들이 더 자연스럽다는 것이다.

생각이 퍼뜩 떠오르지 않는다면 "구체적으로 무슨 뜻이죠?"라는 포괄적 질문을 할 수 있다. 경험상 이 질문 자체는 일반적으로 듣는 사람에게 색다르게 들릴 수 있는 불편한 어색함 때문에 답변을 얻을 수 있다. 특히 래포가 부족할 때, 상대방이 당신에게 "어째서 계속 그런 이상한 질문을 합니까?"라고 의심을 유발하는 질문을 할 수도 있다. 그러므로 이것은 커뮤니케이션 스킬을 계발하는 진술이므로 다른 사람들이 절대로 질문 스타일을 알아채지 못하거나 단순히 비위협적인 것으로 받아들일 것이다.

또한 질문은 대화를 유도한다는 것을 기억하라. 그래서 답변에 관심이 있다면 질문하라. 도움이 되는 조언, 각 질문에 대해 먼저 알아내고 싶은 것, 질문을 해서 어떤 결과를 달성하려는지 혼자서 알아야 한다. 또한 이것이

"진짜 질문"인지, 오히려 자신이 견해를 확인시켜주는 방법인 수사학적 질문인지 고려하라. 끝으로 질문하는 말씨와 질문하는 방식은 대화자가 할 답변에 영향을 미친다는 것을 기억하라. 그래서 단어 실력을 발달시키는 법을 배워라.

메타 모델: 감정을 다루기 위한 질문

일단 이 장에서 배운 기본적 3가지 기본법칙 모델에 정통하면, "훨씬 더 좋은 결과를 얻기 위해서 구체적으로 어떤 질문을 할까?" 또는 "이에 관해 질문하는 최상의 방법은 무엇이 될까?" 하고 자신에게 물어볼 수 있다. 이 부분의 목적은 그 이상의 답변을 제공하는 것이다. 언어학적 연구에서 나온 이전의 결과에 기초하여 1970년대 동안 밴들러Bandler와 그린더Grinder가 실행했던 연구를 출발점으로 채택했다. 다음에 제시하는 것은 고도의 복잡성을 희생시켜서 이 장의 첫 부분에서 가르쳤던 것보다 더 명확하다. 이 메타 모델을 사다리의 다음 가로대라 부른다.

메타 모델 패턴: 특정 언어 패턴에 대한 구체적 질문들

7 범주로 분류한 주요 메타 모델 패턴 목록을 아래에 제시한다. 매번 각 패턴에 대한 서술로 시작해서, 그와 관련하여 어떤 질문을 해야 할지 나타낼 것이다.

1. 삭제와 구체적이지 않은 언어

경험에 관해 이야기할 때 사람들은 정보를 생략해야 한다. 그렇지 않으면 평범한 "안녕"이라는 말을 하는 단계를 넘어가는데 하루의 시간이 결코 충분하지 않다. 만약 톨킨Tolkien의 '반지의 제왕Lord of the Rings'을 읽었다면, 이렇게 말하는 소위 엔트족Ents이라는 하나의 특별한 존재의 범주를 기억할 것이다. 당연히 그들은 평범한 인간들을 "성급hasty"하다고 한다. 더 감성적인 사람일수록, 경험과 관련되지 않은 더 많은 정보를 생략하는 경향이 있다. 훌륭한 청자listener는 그러한 '삭제'를 인식하고, 적절한 곳에서 차이를 채우기 위해 정보를 요청하며, 부적절한 곳에서는 그 차이를 그대로 놔둘 것이다. 다음 표의 '패턴' 칸에 주목할 때, 삭제와 구체적이지 않은 언어의 범주 안에서 어떤 메시지에서 생략될 수 있는 정보를 인식한다. 만약 원래의 경험을 재구성하려고 시도한다면 그렇게 하지 못하게 하는 정보가 빠져 있는 것을 알아차릴 것이다.

훈련 받지 않은 청자는 "아, 아마도 그것은 이 뜻일거야"라고 혼자 짐작하고서 빠져있는 것을 채우려 하는 경향이 있다. 상황에 따라 이것이 일으킬 수 있는 결과가 옳을 수도, 혹은 완전히 틀릴 수도 있다. 의심스럽다면, 빠진 정보를 요청하라. 긴 안목으로 보면 그게 더 쉬울 것이다.

예시	패턴	질문
너 때문에 화가 나 ……	삭제	무엇에 관해 화가 났니?
난 더 이상 관심 없어……	삭제	무엇에 관해 더 이상 관심이 없어요?
나는 단 것을 너무 많이 먹어요.	비교 삭제	무엇에 비해서 단 것을 너무 많이 먹습니까?
할머니는 양로원에서 전보다 잘 지낸다.	비교삭제	할머니가 어디보다 더 나은 상태입니까?
그 사람들은 나를 험담하고 있어요.	준거 지표의 삭제	누가 당신을 험담하고 있습니까?
내가 극복하도록 도와줘.	구체적이지 않은 동사	도와 달라는 것은 무슨 뜻입니까?
요즘 사람들은 매우 이기적이야.	구체적이지 않은 명사	어떤 사람들을 말하는 겁니까?

2. 명명하기(Labels)

어떤 경험이나 과정에 관해 이야기할 때, 흔히 한 단어로 줄여서 사건 전체를 요약한다. 그러한 것을 "명명하기label" 또는 명사화nominalization라고 한다. 그래서 그러한 단어가 포함된 말을 들을 때 자신의 이해에 맞추기 위해 자신의 개인적 경험으로 그 개념이나 호칭을 자연스럽게 부풀리는 경향이 있다. 한편으로는 옳을 수도 있지만, 한편으로는 주제에서 벗어날 수도 있다. 예를 들어 "성취"나 "사랑"이라는 단어는 사람마다 완전히 다른 의미를 가질 수도 있다. 대화 상대의 배경에 관해 더 많이 알고 싶다면 정확히 그들이 무엇을 경험했는지, 또는 그 단어가 의미한 것에 관한 정보를 더 얻기 위해 질문을 할 수 있다. 험프티 덤프티(Humpty Dumpty, 동요 주인공 담벼락에서 떨어져 깨져버린 달걀의 의인화)는 앨리스에게 다소 비웃는 어조로 "내가 어떤 단어 하나를 사용할 때는, 정확한 의미로 말하기 위해 그걸 선택한 거야"[84] 라고 말했다. 그럼, 험프티 덤프티씨, 당신이 이 특별한 단어를 사용했을 때는 무슨 의미였습니까?

3. 과장(수량화)

가끔 사람들은 과장하는 경향이 있다. 그들이 언급하고 있는 경험에 감정적으로 개입할 때 특히 이런 일이 생긴다. 이 경우에 과장된 것을 질문해서 말하자면 경험의 커리커처를 교정할 필요가 있다. 질문을 할 때, 유머 한마디는 종종 최초의 진술을 수정하는데 도움이 된다.

예시	질문
그는 절대로 나를 건드리지 않아요.	정말로 그가 당신을 건드린 적이 전혀 없습니까?
여기서는 언제나 똑같은 일이지요.	언제나?
아무도 나를 사랑하지 않아요.	아무도?
그것에 관해서 아무 것도 좋은 게 없다.	아무 것도?

---

84) Carroll, Lewis(1998) 이상한 나라에서 엘리스의 모험(Alice's Adventures in Wonderland)과 Through the Looking─glass,(Centenary Edition), London, Macmillan

"영속적인"과 "영원히"는 그러한 언어의 다른 예시들이다. 어떻게 다른 방향에서 과장한 것이 "그는 내가 뭔가 잘못했을 때만 나에게 주목합니다"처럼 비슷한 효과를 가지는지를 주목하라. 때때로 사람들이 "우리가 함께 있을 때만 늘 이런 일이 일어난다니까요"라고 말하는 것은 한층 더 강조하는 것이다.

4. 일반화(Generalization)

사람들은 일반화할 때, 마치 "보편적 진실"을 선언하는 것처럼 해석한다. 그러나 실제 사실은 자신의 개인적 경험에 관해 이야기하고 있을 뿐이다. 이런 일이 생기면, 말한 사람에게 "누가 그렇게 말했어요?"라고 묻거나 자신들의 결론이 어떤 사실에 근거한 것인지 물어보자. 원래 명확하게 제시된 진술과 일반적 결론은 한두 가지 관찰에만 근거하고 있음을 가끔 발견할 것이다. 비록 모든 사람이 그것에 동의하고 있는 것처럼 들린다할지라도 실제로 그 진술을 지지하는 유일한 사람은 그것을 처음으로 말한 사람이다.

예시	질문
요즘 사람들은 매우 이기적이지요.	누가 말했죠?
사람들이 노화되면 잊어버린다는 것을 과학적 연구가 증명하지.	누가 말했죠? 어떤 책 또는 논문에서 그것을 읽었습니까?
존은 까다로운 놈이야.	누가 말한 거죠? 어디서 그런 걸 얻었습니까?
배우기보다 익혀라.	누가 말한 거죠?

이 상황에서는 단어들과 절대적/명확한, 정말로. 확신하는, ~인정하지 않을 리가 없다. ~ 그렇지 않습니까? 와 같은 표현에 주의를 기울여라.

5. 자유 제한(Freedom restrictions)

앞에서 사람들이 어떻게 자신의 자유와 표현 방식의 학습 가능성을 제한하는지에 대해 생각했고, 이 제한의 시초와 자유제한에서 벗어난 결과를 어떻게 질문할 수 있는지 보여주었다. 세 번째 가능성은 배후 진술을 곰곰 생각하고, 상대가 어떻게 반응하는지를 보는 것이다.

예시	질문
내가 그에게 말해야 하죠.	무엇 때문에 당신이 그에게 말합니까?(기원) 당신이 그에게 말하지 않는다면 무슨 일이 생길까요?(결과) 당신이 그에게 무엇을 말해야 합니까?(성찰)
난 울지 못합니다.	무엇이/누가 당신을 울지 못하게 합니까? 만약 당신이 운다면 무슨 일이 일어날까요? 당신은 우는 것이 금지되어 있습니까?
나는 노래를 못 불러요.	무엇 때문에 당신은 노래를 부를 수 없습니까? 노래 부르기는 당신에게 무엇을 해줄까요? 노래 부를 줄 모릅니까?

6. 마음 읽기(Mindreading)

사람들은 마음 읽기를 할 때, 마치 자신들이 다른 사람의 머리 속에 들어 있어서 그 사람이 어떤지, 어떻게 생각하고 느끼는지를 알고 있는 것처럼 이야기한다. 그런데 실제 사실은 그 사람에 관해 명확한 정보를 거의 가지고 있지 않을 수도 있다. 구체적 질문을 해서, 사람들이 어떻게 자신의 결론에 이르게 되었는지를 알아낸다. 그것은 정확할 수도 있고, 틀릴 수도 있다. 이런 질문에 대한 답변은 보통 전후관계로 표현된다.

예시	질문
그녀는 나에게 상처를 주려고 그걸 했어요.	그녀가 당신에게 상처를 주기 위해 그것을 했다는 것을 어떻게 압니까?
그는 나를 사랑하지 않아요.	그가 당신을 사랑하지 않는다는 것을 어떻게 압니까?

7. 전후관계(Connections)

사람들은 자기 경험의 파편을 마치 특별한 진실과 관계 있는 것처럼 연상한다. 유명한 미국의 인류학자인 에드워드 홀Edward T Hall에 의하면, 이는 전형적인 서양 문화이다. 그의 저서 "침묵의 언어The Silent Language, 1959"[85]에서 그는 "많은 다른 문화처럼 미국인들은 사건들을 연결시키는 방법으로 시간을 활용한다. 하나의 사건이 또 다른 것에 이어진다는 사실은 두 번째 사건을 첫 번째 것에 연결시키고, 두 사건 사이의 인과 관계를 찾아 내려는 시도를 야기한다."고 말한다.

그러한 원인과 결과의 연결이나 관계는 개인적 구성이다. 어떤 사건이 일어나면 무슨 일이 일어날지 예측하는데 매우 유용하다. 다른 사례에서는 관계가 어떤 것을 가능하게 하는데 필요한 것을 나타내기도 한다. 물리학이나 수학계의 많은 사건들은 그러한 연결에 근거해 있다.

가끔 한 문장 내에서도 관계를 찾을 수 있다. 연속적으로 문장을 놓는 방식에서 관계를 인식하는 경우도 있다. 일상 언어에서, "때문에, 원인이 되다, 결정하다. 요구하다, 가능하게 하다, 연결하다, ~가능성을 창출하다" 와 같은 단어들 속에서 관계를 인식할 수 있다.

가끔 전후관계나 인과관계 원리는 정확하지 않다. 그 경우에 특별한 사례나 다른 상황에 대해 그 타당성이나 거짓에 관한 질문을 할 수 있다.

예를 들어 "두 단어로 말하지 않는 사람은 예의가 없다"라며 종종 사건이나 행동을 해석한다. 흔히 어떤 부류의 행동이 사회적으로 용납되는지 안 되는지 식별하기 위해서 특별한 행동에 어떤 해석을 하는지 알아야 한다. 그러나 이러한 진술들은 문화적 또는 심지어 가족적 영향까지 나타내며, 세계의 다른 지역에서는 적용되지 않을 수도 있다.

---

85) 1990년에 Anchor Book, a division of Doubleday에서 재 출판됨

예시	적용
아우구스타 헬리콥터를 더 잘 무장한다면, 우리는 평화 사명을 위해 그것들을 사용할 수 있다.[86]	그것들을 더 잘 무장하지 않는다면, 무엇 때문에 평화 사명을 위해 그것들을 이용할 수 없습니까?
날씨가 흐리면, 비가 올 거야.	비가 오지 않고도 온종일 흐린 날씨를 경험한 적이 없습니까?
그는 나를 사랑하지 않아요. 왜냐하면 나를 안아주지 않기 때문이죠.	왜 그가 당신을 안아 주지 않는 것이 당신을 사랑하지 않는다는 거라고 생각하죠?

여기서 두 요소들의 전후관계가 어떻게 신념이 되는지 주목하라. 그러한 전후관계는 가치를 반영한다. 예를 들어 어떤 사람이 "이 회의는 시간 낭비였어요"라는 진술을 한다면 시간은 그에게 매우 중요한 가치로 아마 회의의 인간적인 관점보다 더 중요한 가치라고 추론할 수 있다. 또 한 사람은 똑같은 사건과 시간 가치 등에 다른 전후관계를 명확히 할 수도 있다. 예를 들면 "그 회의는 훌륭했고, 우리가 서로를 알게 된 시간이었다" 그것은 지식을 주는 유익한 회의였다"와 같은 문장은 학습 등에 일치된 가치를 보여준다. 게다가 "유익하다면, 우리는 계속한다"와 같은 인과관계를 기술적으로 나타내는 표현은 흔히 숨겨진 가치를 나타내며, 이 경우에는 돈을 나타낸다. 가치와 신념은 확실한 결과를 달성하는 강력한 자극제일 수도 있지만, 또한 자유를 제한하는 것으로도 변할 수 있다.

신념을 의심하기 신념과 전제는 전후관계의 범주에 속하기 때문에, 이 주제로 다시 돌아왔다. 앞부분에서는 신념을 의심하여 자신과 다른 사람들의 세상 한계를 어떻게 움직일 수 있는지를 보여 주었다. 사람들은 자기 의견을 계속 바꾼다. 이제 그것이 어떻게 일어나며, 3단계로 신념을 어떻게 분석할 수 있는지, 그리고 변화시킬 수 있는지 보여줄 것이다.[87]

---

86) 1998. 4. 30.에 벨기에의 신문 De Standard에서 이 놀랄만한 진술을 찾았다.
87) 이 패턴은 John McWhirter가 1999 ANLP 컨퍼런스에서 제시했다.

1. 어떤 사람이 말하고/표현하는 가치 판단에 의해 신념을 확인하기.

ⓔⓧ 런던에서 저택을 찾는 것은 어렵다.

2. 질문할 때: "어떻게 압니까?" 그 사람은 이 말의 증거를 제공할 것이다. 첫 번째 답변 후 질문으로 "그 밖에 달리 어떻게?"를 사용하여 계속 찾아낼 수 있다.

ⓔⓧ 나는 2주 동안 노력했어요. 내가 본 곳은 비쌉니다. 결국 나는 실제로 런던에서 가장 살기 좋은 곳을 찾아내지 못했지요.

3. 이제 "언제 처음 그렇게 결정 했습니까?" 또는 "이 증거에 근거해서 어떻게 결정했습니까?", "그 밖에 달리 어떻게?"라고 물음으로써 결정 절차를 밝혀낼 수 있다.

ⓔⓧ 4월에요. 그 이후로 보지 않았습니다. 내 결론은 정말 그만 보겠다는 것에 대한 좋은 평계였군요.

이 마지막 문장에서 그 사람이 질문을 받은 후 자신의 신념이 필요 없이 제한하는 것이라고 지각한다면, 이는 자기 신념을 바꿀 준비가 된 것이다. 그 사람에게 어떤 가치가 중요한지 간파해서 이 가치들을 고려한 또 다른 해결책을 제안하면 신념 때문에 생긴 제한을 돌파하는데 도움이 될 것이다.

순환 논법으로 추론하기와 여타의 역설들　어떤 사람이 일련의 전후관계를 만들 때 가끔 이것은 나쁜 추론의 순환형태로 끝이 난다. 순환논법으로 추론할 때 진술의 증거로서 두 점을 이은 고리 진술을 사용한다. 이 원리는 2차 세계대전에 관한 책 '캐치―22Catch-22'[88]에서 훌륭하게 예시되었다.

"당신이 미치면, B―52 폭격기의 조종사로서 해고될 수 있을 뿐이오. 당신이 해고되고 싶다 해도 독일 상공을 비행하는 것이 너무 위험하다고 말하니까, 미친 건 아니군. 그래서 당신을 해고할 수 없소"

---

88) Heller, Joseph(1961), Catch―22, New York, Simon & Schuster

또는 심지어 "27군의 사단장이 집에 가기 전에 40개의 비행임무를 하라고 했어. 그러나 아무도 너에게 집에 가라고 말하지 않았어. 그래서 40개의 비행임무 후에 더 이상 비행하고 싶지 않다면, 그렇게 하라는 명령을 받는다 해도, 너는 명령을 거부할거야. 그래서 너는 계속 비행을 해야 해."

역설의 경우, 말은 참과 거짓임이 증명되었다. 역설의 예는 "자발적이네!" 또는 교사가 "다음 주에 불시에 시험이 있을 거다"라고 발표하는 것이다. 그 진술을 하는 사람은 이 역설을 알아차리지 못하는 것 같다. 정말 외부의 추론 패턴에서만 그러한 추론을 깨버릴 수 있다. 현재의 추론을 깨버리거나 나타내기 위해 다른 전후관계를 만들어야 한다.

전제 적용으로서 질문—터무니 없는 것(nonsense)을 이해하기 "지도는 영토가 아니다"는 전제가 주어지면, 몇 가지 "지도 그리기 오류"와 일상의 언어 문제에 주목을 끌고 싶다. 예를 들어 많은 문장들은 강조에 따라 다른 식으로 해석될 수 있다. 언어학에서 잘 알려진 예시는 "당신은 존에게 돈을 주었습니까?"라는 질문이다. 이 질문의 진하게 쓴 단어들에 강세를 두어보고, 그 것이 해석을 어떻게 변화시키는지 보라. **당신이** 존에게 돈을 주었습니까? 는 "당신이 존에게 돈을 **주었습니까?**" 또는 당신이 존에게 **돈**을 주었습니까?" 또는 "당신이 **존**에게 돈을 주었습니까?"와 어떻게 다른가?

몇 가지 문장형태는 특히 오해를 일으킨다. 똑같은 일을 말하는 여러 방식은 다음 예시가 나타내듯이 여러 다른 해석을 할 수 있다.

누가 그것을 했습니까? "큰 나쁜 늑대는 어린 돼지 3마리를 겁주었다"라는 문장을 "어린 돼지 3마리는 큰 나쁜 늑대에게 겁을 먹었다"라는 문장과 비교하라.

두 경우 다 결국은 겁먹은 어린 돼지 3마리로 끝난다. 그러나 첫 번째 문장에서 어린 돼지들은 고통을 당해야 하고, 늑대의 행동에 대한 희생자이다.

두 번째 문장에서 어린 돼지들은 늑대의 통제 하에 있는 것 같다. 돼지들은 어떻게 느끼고 행동할지 선택한다. 그리고 소문에 의하면, 돼지들이 얼마나 열심히 일하고 싶어하는지에 따라 이야기의 다음 부분에서 돼지들이 집을 짓고 있는 것을 우리는 알게 된다.

문법적 관점에서 이것을 연구하면 늑대는 첫 번째 문장의 주어이며, 어린 돼지들 상태에 직접적 능동적 역할을 하는 반면에, 두 번째 문장에서는 어린 돼지들이 그 역할을 한다. 첫 번째 문장에서 어린 돼지들은 "직접 목적어"이지만, 두 번째 문장에서는 수동태로 표현되며 늑대는 "에게"라는 단어로 소개된 간접 목적어일 뿐이다.

보통 행위자들이 수동적 역할을 하는 문장은 능동태로 표현된 문장보다 영토에 대한 불완전한 서술이거나 영토에 대한 지도이다. 수동태로 표현된 문장에서는 행위자들이 한 정확한 역할을 조사하기를 원한다.

참, 거짓 또는 아마도? "코끼리는 분홍색이 아니다"와 "코끼리는 회색이다"의 차이는 무엇인가?

첫 번째 문장을 생각해보면, 분홍 코끼리에 대해 생각하고 "아니 그건 아니지"라고 중얼거리면서 그 코끼리에 대해 상상의 잡종을 그려야 할 것이다. 두 번째 지도는 더 많은 정보를 주는, 더 나은 현실지도임이 분명하다. 적어도 지금 우리는 무슨 색깔인지 알고 있다.

일반적으로 두뇌는 부정적인 것을 처리하기 어렵다. 왜냐하면 우리가 추구하는 영토와 매우 동떨어진 지도를 구성하고 있기 때문이다.

또 "커뮤니케이션의 의미는 그것이 이끌어내는 반응이다"라는 전제를 고려해보자. 커뮤니케이션을 하는 목적이 이해되는 것이라면, 그때 사람들을 잘못 인도하고 싶지 않다면, 왜 사람들이 당신을 이해하는 것을 왜 어려워할까? 어려워할 적절한 이유가 없다면, 당신은 긍정적인 명확한 설명을 사용하여 호의를 나타내고 싶을 것이다. 즉, 사실상 교통이 전혀 없는 곳에 정부가 3차선 고속도로를 건설했다. 여기에 단지 시간당 30마일이라는 도로 표지판을 추가한다면 몇 사람이나 이해할까? 경찰이 빈번한 속도 통제를 실행하지 않는다면 그 효과가 어떨지를 알고 있다. 그래서 비유하면 듣는 사람이 가고 싶어하는 영토에 고속도로를 건설하라.

무슨 뜻입니까? "결정은 행동에 옮기는 것이다"와 "두 명의 은행강도가 차에서 내렸다"는 문장은 어떤가?

또다시 같은 영토로 이끄는 문장 두 가지가 있다. 그러나 첫 번째 문장은 두 번째 문장으로 중단된 여러 다른 영토들로도 이끌고 있다. 예를 들어 한 무리의 친구들이 술집에 앉아서 맥주를 다 마셔버리고 다음 것을 주문하기로 결정하고 있는 것이 첫 번째 문장 후에 상상했던 영토라면 "너무 창조적"이었을 것이다. 그리고 계속 파업중인 노동조합 근로자 집단 또한 적절하다. 그래서 첫 번째 메시지는 충분히 구체적이지 않고, 두 번째 문장도 기대한 것보다 구체적이지 않다. 즉, 만약에 은행강도들이 차에서 내린 후 보석을 사러 보석상에 들어갔다고 말한다면, 그것은 고려하지 않았던 영토일지도 모른다.

결론 이 부분은 말하는 것을 분석하는 방법으로서 전제 이용 방법을 보여주었다. 사실 문장이 전제 중 하나를 위반하는 것처럼 보일 때마다, 그 말을 한 사람에게 질문해서 도움이 될 수 있는 "단서"를 갖게 된다.

메타모델의 활용
다른 사람들의 감정에 대처하기
질문할 수 있는 패턴에 대한 이전의 목록을 보면 "그래서 어쩌라고? 이걸 어떻게 사용할 수 있지?"라고 이상하게 여길 수도 있다. 분명 이런 류의 질문은 올바른 성찰이다. "이 질문을 해서 무슨 목적을 달성하려는 거지? 정말로 나는 무엇을 알고 싶어 하지? 다른 사람과 무슨 결과를 얻고 싶어하지?"라고 필요할 때마다 누군가에게, 또한 자신에게도 물어보아야 한다.

말로 표현하는 것은 자기 경험에 관해 더 사실적으로 표현하는데 안성맞춤이다. 그러나 사람들은 질문하는 것을 기꺼이 이해해야 한다. 드라마틱한 감정은 이를 방해할 수 있다.

그러한 연속적 질문을 강렬한 감정적 반응을 하는 사람을 진정시키는데 권장되지 않으며, 그 대신에 반대 결과가 일어날 수도 있음을 경험을 통해 배웠다. 예를 들면 만약 당신이 다른 사람에게 화를 내고 "나는 더 이상 참을 수 없어, 네가 하는 모든 일은 우리가 서로 할 말이 없다는 뜻이지"라고 말했다. 그러자 그들이 만약 "당신이 더 이상 참을 수 없다는 것을 어떻게 압니까?" 라고 묻는다면, 어떤 반응을 할 것 같은가?

강렬한 감정을 가진 사람이 있다면 5장과 7장에 나온 것과 비슷한 테크닉들과 이런 계열의 질문을 결합하라는 조언을 듣는 것이 좋다. 목소리 톤, 신체자세와 같은 비언어적 신호들 모두 영향을 미친다. 부드럽고 낮은 목소리와 이해심 깊은 태도는 성공적으로 진정시키는 방법에 영향을 미친다. 도움이 되도록, 다시 한번 모든 요점을 검토하자. 이러한 메타모델 질문으로 무엇을 할 수 있을까?

1. 변화를 묻는다. 이런 질문을 하면:

a. 삭제되거나 왜곡된 정보를 다시 생각해 낼 수 있다.

b. 그 사람이 자주 사용하는 세상모델과 전형적인 필터를 발견할 수 있다. 이러한 필터들을 교정하면 그 사람들을 설득하여 다른 가치를 얻을 수 있다. 스스로 이런 필터들을 적용하면 상대방에게 보조를 맞춰서 상대와의 인간관계를 향상시켜줄 것이다.

- ● ▪ 자신을 "자유제한 상황"에 두지 않고서 자신이 하는 일과 관련하여 더 많은 자유를 경험할 수 있다.(더 많은 선택)
  - ▪ 명사화를 질문해서 경험과 느낌에 더 가까이 다가갈 수 있다.

- 마음 읽기와 사람들 사이의 다름을 말하는 것에서 많은 것을 배울 수 있다.

c. 개인의 언어사용에서 고정된 것처럼 보이는 한계를 이동(제거)하라.
d. 개인에게 충분한 경험을 공감하게 할 수 있다.

개인이 전형적으로 사용하는 변형의 종류를 일단 알게 되면, 경험에 관해 이야기할 때, 실제로 언급하는 모호한 사건을 표층구조로 더 잘 끌어 낼 수 있다.

자기 감정에 대처하기

메타모델 패턴들은 자기 경험을 이야기하는 방식을 분석해서 더 나은 태도로 자신과 관계할 수 있게 해준다. 예를 들면 어떤 사람이 당신을 괴롭힌다면, "언제나 너는 똑같아, 너를 필요로 할 때도 전혀 나를 도와주지 않아"라고 생각하거나 심지어 말하는 것을 알아채서 많은 메타모델 패턴을 즉시 인식할 수 있다. '언제나'와 '전혀'는 일반화이며, '도와주다'와 '필요로 하다'는 구체적이지 않은 동사이다.

물론 전에도 말했듯이 우리는 이미 이러한 과장과 변화의 기원, 즉 신체적 감정을 알고 있다. 어떤 순간에 당신이 더 감정적이 될수록, 추론하는데 변형이 더 많이 나타날 것이다. 이는 메타모델을 활용하여, 사건이 실제로 일어났던 형태에 더 가까이 데려가는 방식으로 자신의 경험을 다루도록 자신의 필터를 제거하거나 교정할 수 있다는 뜻이다. 따라서 단순하게 생각하면 자기 감정을 더 잘 관리할 수 있다.

정확히 말해서 추론과 말하기는 자기 마음 속 요리를 다루는 첫 번째 방법이다. 물론 그 질문은 "당신은 누가 당신의 인생, 즉 감정이나 이성을 지배하도록 내버려둡니까?"이다.

주의: 사회적으로 바람직한 답변들

질문에 대해 얻게 될 답변은 많은 요인의 영향을 받는다.

- 그 질문을 어떻게 이해했습니까?
- 답변이 떠오르도록 그는 무엇을 합니까?(예: 기억을 활용하여 답변을 짜내거나 기억 속을 들여다 보기)
- 이 정신적 과정의 결론은 무엇입니까?
- 그는 결국 어떻게 답변을 말하는가?

일반적으로 이 과정은 1초도 안 걸리고 완성된다. 조사를 고안한 사람들은 질문을 받는 순간과 답변을 얻는 순간 사이에 진행하는 정신과정의 복잡성과 예측불가능에 직면할 때, 풍부한 경험을 한다.[89] 심지어 조사자들까지도 이 과정에 영향을 미친다. 이 답변과정에 영향을 미치는 요소들 중에서 질문자와 질문 받는 사람 사이의 관계와 조사자의 의도 해석을 포함할 수 있다.

질문에 대답할 때 많은 사람들은 사회적으로 바람직한 방식으로 대답하기를 더 선호하거나, 예상된 말을 하면서, 자제하는 태도로 행동한다. 이는 유순하다고 알려져 있다. 다른 질문들을 묻자마자, 사람들은 진짜 답변에 관해 생각조차 안 한다. 예를 들어 "안녕하세요?"라고 질문을 해보라. 우리가 보통 예상하는 대답은 아마 "좋습니다" 또는 "좋아요" 또는 "나쁘진 않아요" 이며, "예, 당신도 안녕하시죠?" 라는 질문이 교대로 이어진다. 만약 "오늘은 정말 기분이 좋지 않습니다. 아버님이 지난 주에 돌아가셨습니다"와 같은 답변을 얻는다면, 아마도 그다지 기분이 편치 않을 것이다. 그 이유는 실제 질문의 의미에도 불구하고 정말로 수사적인 질문에 대한 예상 답변이 전혀 아니기 때문이다. 실제로, 친구들이나 이웃에게서만 그런 대답을 얻

---

89) "답변에 관해 생각하기: 조사방법론에 인지과정 적용하기" 책은 Sudman, Bradburn, Schwarz가 썼으며, 1996년 Bradburn은 이 주제를 상세히 다룬다.

을 것이다. 예를 들어 기업환경에 낯선 사람에게 결코 이런 식으로 답변하지 않을 것이다.

이 모든 것의 이면에 있는 메시지는 무엇일까? 질문에 대한 답변을 진정 알고 싶다면 확인하라. 필요하다면, 계속 더 질문하라. 그렇지 않으면 결코 지혜로워지지 않을 것이다. 즉, 그 대답을 진정 알고 싶지 않다면, 왜 질문을 했는가? 자신의 결과outcome를 알라.

7가지 메타모델 패턴을 활용하는 대화 예시:

어떤 회사원과 그의 코치 사이에서 오고 간 짧은 대화의 사례를 골랐다. 코치의 역할은 그 상황을 어떻게 다룰 것인지 그 사람에게 말하지 않고, 가능한한 클라이언트로 하여금 자신의 경험에서 해결책이나 자원을 찾게 해서 대안들을 생각하게 하는 것이다. 코칭 세션의 경우에, 과거 사건에 대해 곰곰 생각해 보게 하고 여러 접근 방법을 선택하여 함께 알아내서 그 사람을 개선하는 것이 목적이다. 다음은 각 진술 어떤 패턴을 포함하고 있으며, 그 질문 이면에 있는 코치의 목적을 찾아 괄호 속에 쓴 것이다.

1. 그는 나를 가치 없는 동료라고 생각해요.(마음 읽기)

   C: 그가 당신을 가치 없는 동료라고 생각하는 것을 어떻게 알았습니까?
   (더 많은 정보수집)

2. 왜냐하면 그 클라이언트를 기억하지 못해서 방금 그가 나를 꾸짖었기 때문입니다.(신념)

   C: 그러면 그가 꾸짖었기 때문에 당신을 가치 없이 생각한다는 겁니까?(진술 도전하기)

3. 예, 실은 그가 나를 꾸짖은 것은 옳았습니다.(꾸짖은 것. 구체적이지 않다.)

   C: 정확히 그가 뭐라고 했습니까?(구체적이지 않아서 질문하기)

4. 내가 고객에게 전화하지 않는다면 존중하지 않는다는 표시입니다.(신념)

   C: 그러면 전화하지 않는 것이 존중하지 않는다는 표시일까요?(신념에 이

의제기)

5. 이런 경우에는 그건 우선 순위 문제입니다.(불명확한 우선순위)

　　C: 당신의 우선순위는 무엇이죠?(더 많은 정보 수집하기)

6. 저… 저는 다른 클라이언트와 매우 긴급한 계약을 맺어야 했지요.
　　(자유제한 + 긴급 = 구체적이지 않은)

　　C: 그 계약을 클라이언트보다 더 오래 기다릴 수 없었을까요?
　　(불명료함 질문하기 + 자유제한)

7. 아니오. 사실상 그 계약은 그 클라이언트의 예산 때문에 OK되었어야 했
　　어요.
　　(자유제한)

　　C: 이 상황에서 사장을 납득시키기 위해 다른 무엇을 할 수 있었을까요?
　　(자유제한에 이의제기)

8. 내가 미리 사장에게 알렸어야 했죠. 그러면 그는 기정 사실을 제공받지
　　않겠지요.

일상적 활용에서 이 상상된 예시에는 많은 변화가 있을 수 있다. 대안으로
서 매우 자주 일어나는 패턴을 위해 대화 분석을 선택할 수 있었다. 일단
패턴을 식별하기만 하면 클라이언트나 대화자의 추론에 변화를 만들어내
기 위해 질문하기의 출발점으로 활용할 수 있다.

언어의 메타모델 이면에 있는 이론

루이스 캐롤Lewis Carroll은 언젠가 "세상에서 가장 힘든 일 중 하나는 마음
마음마다 정확히 의미를 전달하는 것이다"라고 말했다. 언어는 경험과 생
각을 표현한다. 당신은 어떻게 그것을 하고 있습니까? 많은 언어학자들은
이 주제에 관해 조사할 때 "문장을 구성하기 위해 단어들을 결합시키는 적
합한 법칙은 무엇일까?"라고 묻는다.

MIT에서 연구한지 10년 후, 언어학자 노암 촘스키Noam Chamsky는 1965년

에 변형문법Transformational Grammar[90]이라는 기준 이론을 제시했다. 변형문법은 말하는 모든 문장이 어떻게 생각을 요약 또는 축약하는지 설명하는 모델이다. 우리는 다른 사람에게 가능한 한 요령 있게 생각을 전달하기 위해 무의식적으로 단어를 선택하고 결합한다. 촘스키의 말을 인용하면:

"한 문장을 이해하려면 충분하지는 않지만, 포함된 각 변형수준에서 그 표현을 재구성해야 하며, 그 속에서 주어진 문장의 내재된 핵심 문장을 그 문장의 구성요소로 여긴다."[91]

보통 영어에서 이것은 누군가가 적절하게 이해하고 싶은 문장을 발음할 때마다, 보고 듣고 느끼는 것을 그 기본 구성요소가 떠오를 때까지 감각구체적 용어로 이 문장을 끝까지 밝혀야 한다는 뜻이다. 일리아 프리고진Ilya Prigogine이 "세상은 어떤 언어로도 표현할 수 있는 것보다 더 풍부하다"고 간단 명료하게 표현했던 것처럼 일상 대화의 표층수준에서 나오는 언어는 심층구조인 경험을 기억해내거나 아이디어를 만들어 냈던 방식의 변형이다. 기억은 또한 기억하는 최초의 경험이 실제로 일어났을 때 모든 감각으로 경험했던 것과는 다르다. 4장에서 다루었던 감각구체적 언어VAKOG를 사용하여 이것을 암호화한다

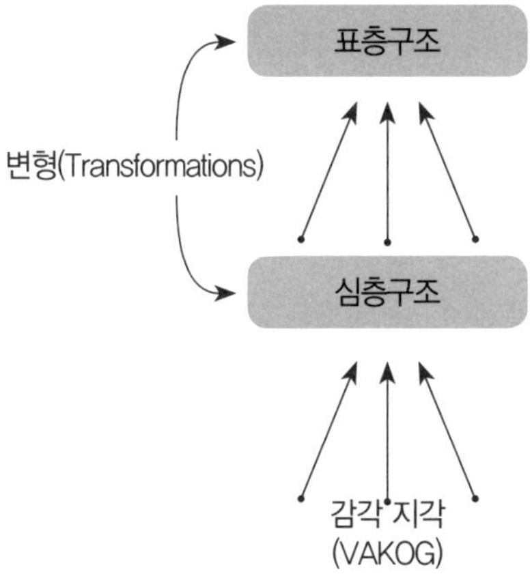

그림6.1: 경험으로부터 말까지의 변형

표층구조=듣거나 읽은 말들

---

90) 존 라이온(John Lyons)는 Fontana Modern Masters(1991, 3rd edition)시리즈에 나타났던 Chomsky라는 제목으로 변형문법의 소개를 썼다.
91) 표층구조와 심층구조의 다름은 1965년 촘스키가 "구문론 측면(Aspects of the Theory of Syntax) 에서 처음 서술했다.

ex ▪ 나는 "예"라고 말해야 했다.

　　　▪ 마리린은 다리가 부러졌다.

심층구조=경험에 대해 완전한 언어적표상을 주는 내적으로 경험한 의미

ex ▪ 나는 어쩐지 네가 "예"라고만 말할 줄 안다는 느낌이 들어,

　　　　그렇지 않으면 그가 화를 낼 거야.

　　　▪ 마리린은 계단에서 넘어져서 다리가 부러졌다

지각=감각정보의 입력채널

ex ▪ 그가 나를 보고(시각적) "내게 와라"고 부탁해서(청각적),

　　　▪ 나는 온 몸에 긴장감을 느꼈다.(신체감각적)

변형=사건이 심층구조인 기억으로 변형되고, 심층구조는 스스로 구두나 문서로 쓴 문장으로 변형된다. 앞에서 3가지 보편적 변형 패턴, 즉 생략, 변형과 일반화를 제시했다.

ex ▪ 네가 "~와는 다른 어떤 것도 할 수 없도록" 선택을 줄였다.

　　　▪ 너는 그 결과를 잘못된 원인과 결부시켜 생각한다.

연대순으로, 과정은 다음과 같이 진행된다.

1. 일단 개인이 경험을 통해 산다면, 최초의 변형 후에 자기 기억 속의 추억으로 보관한다.

2. 이 추억은 그 사람이 경험을 기억해내거나 이야기하는 심층구조로 사용된다.

3. 관찰자로서 듣는 것은 심층구조의 변형물인 표층구조이다.

이 장의 연습

연습 6.1 과제

다음 과제는 하루에 하나씩 실천하는 것이다.

1. 신문을 사서 오피니언opinion난을 읽는다. 3가지 법칙 모델을 적용하여 그 기사가 자기 내면에서 자극하는 문제를 고려하라.

2. 업무 환경에서 어떤 류의 메모가 회람되고 있는가? 눈에 띄는 것을 선택하여 그것을 분석하라.

3. 직접 썼던 텍스트Text들을 훑어 보라. 3가지 법칙 모델을 활용하여 어떤 언어패턴을 식별할 수 있는가? 그것이 더 구체적이고 제한을 갖지 않도록 텍스트를 어떻게 바꿀 수 있을까?

4. TV방영 중인 뉴스를 보라―필요하다면 녹화하라. 뉴스에 나타난 다른 사람들의 언어는 얼마나 구체적인가? 그들은 자유제한 패턴을 사용하는 가? 그들에게 어떤 질문을 묻고 싶은가?

5. 의견을 달리하는 사람이 있으면 즉시 3가지 법칙모델을 사용하라. 말다툼하지 말고 명확화하기 위한 질문을 하라.

연습 6.2 인터뷰

3사람이 하도록 고안된 연습이다. B는 질문을 하고 A는 그들에게 답변하고 C는 관찰한다. 3명의 참여자는 3가지 역할을 번갈아 한다. 차례마다 약 10분 동안 계속하라.

▪ B는 A가 잘한다고 말한 주제를 선정한다. B는 3가지 법칙 모델에 따라

서 약 8분 동안 질문한다.
- A는 가능한 한 간단 명료하게 대답을 한다.
- C는 "수호천사guardian angel"이다. B는 법칙 모델 내에서 질문을 하며, 이야기를 너무 많이 한다면 입다물게 한다.

2분 피드백:
- C는 B가 질문할 수 있었던 다른 질문들을 제안한다.
- A는 그러한 질문을 받은 결과를 나타낸다.
- B는 질문하기에 관해 배웠던 것을 설명한다.

주: 혼자서도 이 연습을 할 수 있다. 당신이 무엇인가 배우고 싶은 사람을 선택하고 3가지 법칙 모델을 적용해보라

연습 6.3 질문을 만들어내기

A. 아래의 진술 각각에 3가지 법칙 모델을 적용하여 어떤 질문을 할 수 있는지 알아내라. 예시에서 알 수 있듯이 진술에는 하나 이상의 질문을 할 수 있다.

진술	질문
우리는 시작해야 한다.	우리가 시작하지 않는다면 무슨 일이 일어납니까? 구체적으로 우리가 무엇을 해야 합니까? 3가지 법칙을 적용하여 질문을 더 많이 하시오. 1법칙: 2법칙: 3법칙:
1. 나는 정말 참을성이 없어요.	
2. 나는 이 연습에서 성공해야 합니다.	

330

3. 다른 사람들은 그걸 이해하죠.

4. 그는 나에게 고민거리를 많이 준다.

5. 네가 원한다면 너는 할 수 있어.

6. 그가 나를 용납하지 않을 것을 나도 알고 있어요.

7. 최악이야.

8. 그녀는 나를 좋아하지 않아서 웃지도 웃지 않는다.

9. 나는 계속 똑같은 실수를 하고 있다.

10. 그걸 모든 사람을 위한 것입니다.

11. 그들은 나에게 이 정도면 충분할 거라고 말했습니다.

B. 메타모델 패턴을 사용하여 이 연습 문제를 고쳐 쓸 수 있다.
이 문장들은 어떤 메타모델패턴을 나타내는가?
각각은 어떤 종류의 질문을 야기할까?

연습 6.4 제한하는 것에 대한 조사: 해야 하는 것 VS 원하는 것

A. 한계 확인하기.

모든 일상 활동을 조사하라. 아래 표의 왼쪽 칸에 그것을 기록하고 각각의 활동을 판단하라. 각 활동에 대해 몇 시간을 소비하는가? 그 일을 하는 것을 얼마나 좋아하는가? 진정 하고 싶었기 때문에 또는 해야 했기 때문에 그 일을 했는가?

활동	만족	소비한 시간	해야 한다 VS 하고 싶다
예. 1. 식탁 차리기	당연히	10분	⑤ 4 3 2 1 0
2. 신문읽기	예	25분	5 4 3 ② 1 0
3. 쇼핑하러 가기	아니다	45분	5 ④ 3 2 1 0
4. 아기 씻기기	아니다	35분	5 ④ 3 2 1 0
1			5 4 3 2 1 0

2	543210
3	543210
4	543210
5	543210
6	543210
7	543210
8	543210
9	543210
10	543210
11	543210

B. 한계를 돌파하라!

위의 표에서―또는 주말 동안 했던 다른 활동에서―하고 싶지 않았지만 해야 했다고 생각한 5가지 활동을 선정하라. 누가 그 일들을 하도록 시켰는지 써라. 만약 그 일들을 하지 않았더라면 무슨 일이 일어났을지 상상하라. 대안 해결책은 무엇일까?

활동	누구	하지 않은 결과	대안
3. 쇼핑	나	집안에 음식이 없다.	함께 쇼핑하기/외식하기
4. 아기 씻기기	아내	더러운 아기	베이비시티에게 아기를 씻기기

주목: 물론 주중에까지 이 연습을 확대할 수 있다.

- 당신은 무엇에 시간을 별로 들이지 않고, 무엇에 너무 많은 시간을 소비하는가?
- 당신의 계획을 적용하면 그 한 주가 얼마나 더 재미가 있을 것 같은가?

연습 6.5 전제와 마음 읽기의 다름

설명이 전제 또는 해석인지 아래의 문장에서 판단하라. 생각할 것: 전제는 이미 알고 있는 사실이며 그 문장이 타당하다면 진실해야 한다는 사실, 해석은 독자가 자신이 얻은 정보에 근거하여 생각하는 것으로 마음 읽기의 부류이다.

1. 내가 사장을 그만 비난해야 한다고 생각해.

	전제	해석

- 그는 사장이 있다.
- 그는 사장을 평가한다.
- 그는 사장을 비난한다.
- 그는 제재를 받을만하다.

2. 나(여자)는 왜 이것을 못하게 하는지를 이해할 수 없어요. 내 언니는 벌써 그것을 할 줄 알아요.

	전제	해석

- 그녀는 자신이 불공평하게 대접받는다.
- 그녀는 언니가 무언가를 하는 것을 금지되기를 원한다.
- 그녀의 언니는 그녀가 하지 않는 무언가를 한다.
- 그녀의 언니가 더 나이 들었다.

3. 나는 꿈을 더 많이 꾸어야 한다.

	전제	해석

- 이 사람은 지루하다.
- 이 사람은 기대를 갖고 있다.
- 이 사람은 여전히 더 많이 꿈을 꿀 수 있다.
- 이 사람은 이미 꿈을 꾸고 있다.

4. 그녀가 의사소통을 더 잘 배우지 않으면 여기서 제외될 것이다.

	전제	해석

- 그녀는 의사소통을 더 잘하는 방법을 모른다.
- 그녀는 해고될 수 있다.
- 아마 그녀가 해고 당하는 것은 더 나은 의사소통과 관계가 있다.
- 이 사람은 무력감을 느낀다.

연습 6.6 전제와 질문하기

다음 며칠 동안, 다른 사람들과의 의사소통에서 시험하고 싶은 조작적 전제를 선택하라. 그것을 활용할 때와 활용하지 않을 때 무엇이 변화하는지 찾아내라.

●● 내가 당신에게 "세계는 평평하다고 그냥 믿어라"고 한다고 가정하자. "모든 행동이 가치 있다" 는 상황과 "모든 행동 이면에는 긍정적 의도가 있다"는 전제로 시작할 때, 진술 이면에 있는 긍정적 의도와 가치를 찾아내기 위한 탐색을 시작할 것이다. 이제 당신 앞에 집에 대한 계획을 놓은 상황이라고 가정하라. 예를 들어 플랜더스 지방처럼 평평한 지역에 살 때 건축가들은 종종 땅을 평평하다고 생각할 것이며, 지구는 둥글다는 사실을 도외시해 버릴 것이다. 반면에 전제를 무시하기로 선택했다면 "이봐, 무엇이 잘못되었소?"라는 나의 말에 대답할지도 모른다. 당신은 결국 카톨릭 교회가 옳았고, 갈릴레오를 불태웠어야 했다고 결정했는가?

연습 **6.7** 전제 식별하기

이 문장에서 전제를 찾아라.

1. 어떤 경우에 나는 NLP를 적용할 수 있는가?

2. 고양이가 또 다시 으르렁거리면, 나는 그를 발로 차버릴 것이다.

3. 적포도주나 백포도주 한잔 드시겠습니까?

3. 부적절한 행동은 그 학원에 나쁜 평판을 준다.

4. 당신 친구들을 더 자주 방문하는 게 어때요?

5. 당신만이 이것을 가르칠 수 있어요.

6. 그가 제 시간에 집에 왔더라면, 그 파티가 그렇게 끝나지는 않을 텐데요.

7. 당신 부엌은 내 것만큼 질척질척 하네요.

8. 당신은 어떻게 우울해졌습니까?

9. 그것을 위해 무슨 자원을 활용하고 싶습니까?

연습 **6.8** 견해 방어하기

적어도 5분 동안 서로 상반된 지도를 각자가 정당화하는 곳에서 어떤 사람과 토의를 시작하라. 이 첫 판 후에 양쪽을 바꾸어서 다른 사람의 견해에서 각자가 시작한다. 가능한 주제는 "공산주의 체제는 실패했다" 대 "유럽에서 현재의 사건들은 공산주의 체제가 매우 성공해서 더 이상 필요하지 않다는 것을 증명해준다"거나 또는 여러분이 좋다고 생각하는 다른 주제를 토의할 수 있다. 고려할 수 있는 또 다른 주제는 앞에서 보여준 조작적 전제들 중 하나를 선택하여 5분 동안 그것을 정당화하거나, 그것이 잘못되었다는 것을 입증하는 것이다.

경고 통지: 충분히 오랫동안 견해를 정당화한다면 실제로 그것을 믿기 시작할 수도 있다. 이 원리는 포로로 잡힌 미군병사에 대해 북한이 사용한 세뇌 테크닉 중 하나였다. 이 예시는 보상으로 담배 한 갑을 주는 매일 시합contest이었다. 그 한 갑을 공산주의 체제의 이점을 나타내는 최고의 연설을 하는 미군병사에게 주는 것이다. 또 하나의 예시는 "스톡홀름 신드롬 Stockholm Syndrome"이다.[92] 얼마의 시간이 흐른 후에 인질범이 희생자의 연민을 얻는데 성공하여 희생자들은 납치범이 싸웠던 대의명분을 옹호한다. 1970년대 패티 허스트Patty Hearst가 소위 Symbionese Liberation Army[93]에게 납치된 후에 에게 일어났던 일이다.

연습 6.9 지도/영토 평가

① 자신 ② 다른 사람 ③ 세상에 관해 갖고 있는 신념들을 표현하라. 각각과 관련하여 다음 질문에 대답하라.
그것이 사실임을 어떻게 아는가? 이 신념의 어느 요소가 "지도"(해석)이며, 어느 요소가 "영토"(감각에 기초한 증거)인가? 각 신념 이면에 어떤 전제가 놓여 있는가?

---

92) '스톡홀름 신드롬'이라는 말은 1974년 스웨덴에서 은행 강도를 따르는 인질들에서 어떤 심리적 현상을 서술하기 위해 만들어졌다. 4명의 직원이 5일 반 동안 2명의 강도에게 사로잡혔다. 고통스러운 체험 동안 몇몇 인질들은 강도들에 대해 동정적이 되었다. 사실 한 여자 인질을 그 납치범들 중 한 명과 순식간에 수수께기 같이 사랑에 빠져서 후에 범죄자의 견해를 이해하지 못한 스웨덴 수상의 실패를 공개적으로 호되게 꾸짖었다. 풀려난 후 제한된 기간 동안 앞의 인질은 그 녀의 납치범에게 애정 표현을 계속했다.(Ochberg, 1978)
93) 과정을 상세화 하기 위해서 R, A Wilson의 책 프로메테우스(Prometheus Rising), New Falcon출판, Phoenix, Ariz, 1989을 읽어보라.

연습 6. 10 사실 대 견해

다음 원고를 주의 깊게 읽어라.

린다는 며칠 동안 결근했었다

목요일에 직장에 돌아와서 린다는 사장인 미즈 반 레이어MS. Van Laer에게 가족의 병 때문에 자신이 결근했다고 말했다. 미즈 반 레이어는 린다의 결근 동안 린다에게 연락을 취해 보려고 했었지만 할 수 없었다. 린다는 직원들이 결근하면 부서에 알려야 한다는 것을 충분히 알고 있었다. 이런 이유 때문에 린다는 공식적 경고를 받았다.

아래 표에 있는 진술을 원고에 있는 진술에 비교하고, 그것들이 정보를 변화시키는지 않는지 증명한다(해석하다). 각각의 전제를 결정하라.

진술	이것이 사실인가?	이것이 해석인가?	해석이라면, 해석 이면에 있는 전제는 무엇인가?
1. 린다는 3일을 결근했다.			
2. 가족의 병 때문에 린다는 출근하지 못했다.			
3. 반 레이어는 린다와 연락을 취하려 했지만 그녀는 집에 없었다.			
4. 린다는 직원들이 결근할 예정이라면 전화했어야 한다는 사실을 알지 못했다.			
5. 반 레이어는 린다에게 공식적 통고를 했다.			

연습 6. 11 경험을 분석하기 위해 메타모델 패턴을 활용하기

A. 강렬한 감정요소를 가진 개인적 경험을 몇 문장으로 서술하라.

B. 위의 문장에서 어떤 메타—모델 패턴을 식별하는가? 이 패턴에 나타나는 질문을 기록하라.

C. B에 있는 질문, 특히 사소하지 않은—이 연습하기 전에는 생각해 보지 않았던 것들—질문에 답변하라.

(적절하게 B 와 C 단계를 반복하라)

연습이 끝나면, 연습 동안 거쳤던 메타모델 패턴을 조사할 시간을 가진다. 질문에서 어떤 패턴이 가장 흔한가? 어느 패턴들이 나타나지 않는가?

이 연습은 2~3명의 집단으로 할 수 있다. 그런 경우에 첫 번째 사람은 자신들의 경험을 이야기하고(A 단계), 그 질문에 답변할 것이다(C 단계). 두 번째와 3번째 사람은 메타모델 패턴을 발견하고, 질문을 명확하게 말하며,(B 단계), 그 과정을 관찰한다(반복 계속한다).

제7장
자신 그리고 타인들과
성공적으로 상호작용하기

"증오는 자살의 한 형태이다. 용서는 잃어버린 감정을 회복하는 것이다."

이 장의 목표

- 이 책에서 다룬 모든 모델들을 고려하여 개인의 주관적 경험 구조에 대한 완전한 이미지를 얻기
- 개인의 비언어적 메시지를 관찰하고, 그 사람과 더 나은 래포를 달성하기 위해 그것을 활용하는 법을 찾아내기
- 어떤 순간에 개인이 어떤 감정상태인지 알아내기 위해 무의식적 반응과 표정 읽기Calibration스킬을 배우기

이 장의 신경언어학적 가정들:

- 우리는 무의식 수준과 의식 수준에서 동시에 의사소통한다.
- 우리는 감각을 통해 지속적으로 정보를 처리한다.
- 반응을 인식하려면 순수하고 개방적인 감각 채널이 필요하다.
- 한 개인에 관한 가장 중요한 정보는 그 사람의 행동이다.
- 다른 사람의 세상 모델을 존중하는 것은 효과적 커뮤니케이션에 필수적이다.
- 래포는 그 사람의 세상지도에서 그 사람을 만나는 일에 관한 것이다.
- 커뮤니케이션의 의미는 자신이 얻는 반응이다.
- 개인의 속마음에서의 저항은 래포가 부족하다는 신호이다. 융통성 없는 의사 전달자만 있을 뿐, 저항적인 사람들은 없다.

관계를 구축하고 유지하는 데에 탁월한 사람들은 그러한 스킬과 지지적인 신념을 사용한다. 이 장에서는 이것들을 다루면서, 이전까지 다룬 것에 연결할 것이다. 여러분도 대부분의 감정들을 만들어 낼 보완적 모델을 이미 많이 배웠다. 여기서는 타인들과 상호작용하고 래포를 달성하기 위해 제시했던 이전의 모든 모델들을 가장 가능한 방법으로 어떻게 적용할 수 있는지를 볼 것이다. 그러면, 신체언어Body language의 결정적인 중요성을 깨달을 것이다.

서문: 인간관계 구축과 유지의 달인

자신의 꿈이 타인들에게 중요할까? 어떤 사람이 죽었는데, 그 사람과 그 사람이 가진 인간관계를 좋아해서 전 지역민이 그의 장례식에 가면 여러분은 질투할까? 자신이 했던 일에 대해 남들의 진실한 감사를 받고 싶은가?

이 질문들에 대해 "예 라고 대답한다면, 여러분도 사랑하는 사람이 되기로 선택한 것이다. 또한 상호 인간관계의 질을 올리는데 전문적 기능을 발달시킬 수 있다. 잠시 동안 다른 사람에게 "안녕하세요"라고 말하는 방식을 생각해보라. 순전히 의례적 행위라고 생각하는가? 또는 의미있는 것인가? 마지못해 입술로만 말하는 인사인가? 혹은 마음을 담은 인사인가?

커뮤니케이션의 의미는 당신이 얻는 반응이다.

커뮤니케이션의 목적은 어떤 점에서 한 개인이 다른 사람을 변화시키는 것이다. 그러므로 커뮤니케이션은 원하는 변화를 달성하면 그 목적을 이룬다. 이를 달성하기 위해 많은 채널이 많은 미묘한 무의식적 메시지를 포함하여 언어, 유사언어(소리 억양), 신체언어(자세, 제스처)를 통해 서로 의사소통해야 한다. 그러나 의식적 마음은 한번에 7±2 개의 정보만을 깨닫기 때문에 이것들 중 몇 가지만 의식적 자각의 문턱을 통과한다.[94] 정말 대부분의 성공적 의사소통은 무의식적이라고 하는 것이 사실일 것이다.

1967년에 실행된 한 연구[95]는 다음을 확인했다.

커뮤니케이션의 영향력

내용/언어 7%

어조, 목소리 38%

얼굴표정, 제스처 55%

흥미롭게도 연구 형태는 사용된 나머지의 신체 언어를 분석하지 않았다. 실제 그랬더라면 전체적 양은 의심할 것도 없이 훨씬 더 증가했을 것이며, 그에 따라 전체적 커뮤니케이션 매트릭스에서 언어의 비율은 줄어 들었을지도 모른다. 여러 이유 때문에 메시지는 결코 완전히 표현되지 않고, 모두 의식적으로 완전히 받아들이지도 않는다는 것을 곧 깨달을 것이다. 가끔 표현된 메시지는 의식적으로 나가며, 무의식적으로 받아들여진다. 또 무의식적 커뮤니케이션이 의식적으로 받아들여질 때도 있지만, 어떻든 간에 의

---

94) 이 법칙은 "마법의 수 7±2: 정보처리 능력의 한계"라는 1956. 3월 'Psychological Review'에서 출판된 조지 밀러(George Miller)의 논문에서 유래된 것이다.
95) 메라비안(Dr. Albert Mehrabian)의 언어적, 비언어적 메시지의 중요성에 대한 독창적인 연구는 감정과 태도의 전달에 집중했다. 처음에 실행된 다른 상황에서 그 비율은 유지되지 않는다. 레이 버드휘슬(Ray Birdwhistle)이 실행한 또 다른 연구는 35%는 언어적(내용 + 목소리), 65%는 비언어적임을 발견했다. 그런 비율을 절대적이라고 받아들이기보다는 오히려 그런 연구들의 제한된 특성을 고려하면, 언어 그 자체에 앞서 발전했기 때문에 말로 표현된 것을 무용지물로 만들거나 확증할 해결력이 있는 비언어적 의사소통(어조와 신체언어)의 중요성을 강조하려고 한다. 그러므로 신호/상징에 기초한 언어가 의사소통의 표시를 나타내는 반면에, 표시에 근거하여 의사소통의 의미를 표현하는 비언어적 의사소통 요소에 아무리 주의를 기울여도 지나치지 않다. 커뮤니케이션과 신체언어에 관한 과학적 연구결과에 관해 더 많은 정보를 얻으려면, 메라비안 박사의 책 "침묵의 메시지(Silent Message)"를 보라.

식적 지각없이 직접 무의식에 의사소통하는 때도 있다. 마지막 커뮤니케이션 형태도 가장 흔하다.

신경언어학은 심신체계의 인공두뇌학적 특성을 표현하는 것으로서 의식적 무의식적 과정의 중요성을 인정한다. 이런 이유 때문에 이것이 유용한 메타퍼(은유)에 지나지 않는다고 이해하고 있음에도 불구하고, 특이한 실체인 것처럼 종종 의식적 무의식적 마음을 언급한다. 의식은 무의식의 소유물이거나 또는 깨닫고 있는 무의식의 모습일 뿐이라고 한다.

전에 본대로, 인류학자 그레고리 베이트슨Gregory Bateson[96]이 인정했던 것처럼 우리는 서로 다른 세상에 살고 있다. 어떤 강력한 상태의 시작 수준 하에서 그러한 차이는 눈에 띄지 않고 지나간다. 이 시작 수준 위에 있는 것들만 의식 속으로 들어온다. 그러나 그때까지도 남아있는 정보가 세상 모델을 형성하는 신념과 가치와 같은 필터를 통해 눈에 띄지 않고 지나간다면, 마치 "마음의 색맹"을 가진 것처럼 몇 가지 매우 중요한 단서들을 놓칠 수도 있다. 여기서 한번에 우리가 받아들이는 입력된 정보 중 몇 개의 아이템이 남아 있을 것인지를 쉽게 알 수 있다. 정말 7±2이다. 일상생활에서 우리가 일하면서 과중한 자료에 압도당하지 않는 것은 바로 이러한 기본적인 여과 과정 때문이다.

그러나 이 필터링은 우리가 급해서 서두르며 열쇠를 찾을 수 없을 때처럼 우리를 위해 또는 우리에게 반대해서 작용할 수 있다. 또한 다른 사람의 행동에 관해 중요한 단서를 놓치게 할 수 있다.

---

96) 그레고리 베이트슨(Gregory Bateson, 1972), 마음의 상태로 가는 방법, New York Chandler Publishing Company(시카고 대학에서 재판 2000)

무의식적 반응 읽는 기술: 신체 언어에서 알 수 있는 것

다른 사람의 머리 속에서 진행되고 있는 것에 대해 무엇을 알고 있는가? 전혀 아무것도 알지 못한다. 무엇보다도 우리는 그 안에 있지 않다. 그러나 이게 사실이라면 도대체 어떻게 의사소통하고 있는가? 그 답변은 추측한다는 것이다. 유아기 때부터 줄곧 다른 사람들이 무엇을 생각하는지 추측하고 있었다. 때로는 운 좋게 들어맞게 추측하여 이익을 보며, 때로는 틀려서 결과에 고통을 겪는다.

그러면 어떻게 추측할까? 자신의 세상 모델 속에서 몇 가지 준거 경험으로 관찰을 비교하고, 정보를 평가하면서 관찰을 하고 결론에 이른다. 인생은 계속적으로 추측을 교육시키는 훈련학교이며, 여느 다른 학교처럼 거물 스타들도 있고 열등생도 있다. 거물 스타들은 쉽게 노력 없이 배우는 것처럼 보이고, 커뮤니케이션의 전문가가 되며, 열등생은 많은 노력이 필요하다고 알거나, 아마 심지어 완전히 포기해 버린다. 그러나 이 말은 사람들이 배울 수 없다는 말은 아니다. 아마 거물 스타들은 원래부터 학습에 더 좋은 모형을 가지고 있으며, 열등생들은 추측을 교육하는 몇 가지 조언을 필요로할 뿐이다. 따라서 삶의 기술에 관한 입문서, 삶을 사랑하기에 대한 입문서인 추측을 교육하는 매뉴얼이 이런 책이다. 스타로서 이 책을 읽든, 열등생으로서 이 책을 읽든, 다 읽을 때까지 자기 인생의 하늘에서 빛나는 것을 즐기거나 또는 적어도 자신이 되고 싶은 것과 같은 인생을 만들 준비가 되면 그렇게 하는 방법을 알게 될 것이다.

그래서 추측이나 계획 방법의 특성은 결과의 질에 영향을 미친다. 우선 첫째로 "깨끗하고 개방적인 필터를 가져야 한다"는 것인데, 이는 충분한 정보 수집을 하고 나서야 비로소 어느 것이나 해석하게 된다는 뜻이다. 평가 필터는 그 순번대로 따를 것이다. 앞장에서 감정에 관해 말했던 것을 기억한다면, 그것들은 호칭을 붙인 행동들이다. 호칭 유형은 지각하는 감정 유형에 영향을 미친다. 이는 자신을 포함하여 다른 사람의 행동형태에도 마찬가지다. 평가적 필터를 너무 일찍 사용하면 잘못된 결론으로 뛰어 넘어가 버릴 수도 있다.

다윈이 결코 답변하지 않았던 하나의 질문은 "비언어적 의사소통은 어떤 가치가 있는가?"이다. 19세기 동안 공식적 답변은 아마 "신은 친밀한 감정을 표현하기 위해 얼굴 표정을 인류에게 주었다"라는 글에 따랐다. 인류학자 마가렛 미드Margaret Mead와 그레고리 베이트슨Gregory Bateson은 비언어적 표현이 보편적이라는 관점에 반대한 것으로 알려졌다. 신경언어학은 이러한 접근을 어느 정도 채택했다. 미드와 베이트슨의 사고는 감정을 이해하는데 사용하는 모델들에 강력한 영향을 미쳤다.

1872년에 다윈Darwin은 "인간과 동물의 감정표현The Expression of the Emotions in Man and Animals"이라는 책을 출판했다. 그 해에 그 책은 영국에서 즉각적인 베스트셀러가 되었고, 나중에는 잊혀졌다. 약 125년 후인 1998년 초에 하퍼콜린스Harper Collins는 이 책의 제 3판을 출판했다. 제 3판에는 후에 폴 에크맨Paul Ekman이 쓴 새로운 서문이 들어 있었다. 전 세계에서 온 사람들이 분노, 두려움, 혐오, 낙담, 놀람과 행복에 대해 똑같은 자연발생적 표정을 인식할 거라고 나타내주는 연구들을 출판하여 다윈Darwin과 에크맨Ekman은 얼굴 표정이 보편적임을 증명하려는 과학자들 사이에 위치하게 된다.

마가렛 미드는 자신의 인류학적 현장 연구에서 다윈의 이론과 일치하지 않은 얼굴 표정의 몇 가지 반대 사례를 직면했다. 예를 들어 중국인은 사실 화가 나있을 때 아마 미소짓고 있을 것이다. 그러므로 미드는 다윈의 견해에 강력 반대했다. 그 문제에 관해 이미 생각해 본 사람들이 있을 것이다. 개인적인 생각은 두 의견이 다 옳고, '자연발생적'이라는 단어가 핵심인 것 같다. 무엇보다도 많은 얼굴 표정들은 전혀 자연발생적이지 않다. 오히려 의사소통하려는 것을 표현하기 위해서든 또는 의사소통하고 싶지 않은 것을 억제하기 위해서든 꾸며낼 것이다. 무표정한 얼굴Poker face을 하는 것이 어떤 것인지 알고 있다. 평생 동안 내내 자신의 감정과 타인들에게 감정을 드러내는 방식을 통제하고, 그리고 또한 타인들의 머리 속에서 무엇이 일어나고 있는지 더 많이 알아내서 타인들의 비언어적 행동을 관찰하는 법을 배우는 무의식적 능력을 조금 얻었다. 이 무의식적 능력이 이른바 감성 지능이다.

그래서 어디를 가든 보편적으로 인식할 수 있는 신체언어 패턴들이 있고, 개인, 지역사회나 문화에 특이한 패턴들이 있다. 사람들과 만나고 일할 때 어느 정도는 신체언어에 대한 지식에 의존할 수 있지만, 또한 이러한 특이한 패턴을 확인해야 한다. 몇 가지 해석은 동 떨어진 관점일 수도 있다.

'인간과 동물의 감정표현' 뿐만 아니라 종의 기원The Origin of Species에서 도달한 결론을 얻기 위해, 다윈Darwin은 전 세계를 항해하고 탐험하며 사실을 수집하여 대조 확인하느라 여러 해를 보냈다. 낯선 사람을 만나는 것은 적어도 우리에게는 지금까지 미지의 낯선 땅을 탐험하는 것과 비슷하다. 마치 그 사람은 대양 한 가운데에 있는 화산섬인 것 같다. 보트로 가면, 사실 화산 꼭대기에 있는 섬만 볼 것이다. 바다 밑에서 산호초와 같은 더 많은 것을 발견하기 위해서 잠수함이 필요하다. 바다 밑에서 찾아낸 것은 눈에 보이는 섬의 일부를 지탱하고 잇는 화산의 측면인 것이다, 해저 바닥에서 화산은 완전히 다른 섬들과 대륙붕 옆 군도들에 연결되어 있다. 다른 정교한 광학 설비뿐만 아니라 지진과 가스 탐지장치를 활용하여 화산의 밑에 있는 구조를 훨씬 더 많이 알 수 있다. 화산 활동의 중심 핵과 마그마가 모여 있는 곳을 찾아내서 화산활동 수준에 관해 타당한 결론에 이를 수도 있다. 폭발이 임박하는지 어떤지, 언제 폭발할 것인지 확인하기 위해 지표 상에 있는 동물의 행동을 관찰할 수 있다.

이와 유사하게 어떤 사람에 대해 알고 있는 것은 모두 환경이라는 바다 안에서 수행한 그들의 외적 행동이다. 인간 행동은 섬의 떠오른 부분과 비슷

표면

물

해저

신경언어학

하며, 정말 화난 사람이라면 폭발하는 화산과 비슷할 것이다. 앞장에서 보았듯이 신체 깊은 곳에서 또는 마음 깊은 곳에서 감정상태에 접근할 수 있으며, 감정상태는 외적 행동과 내적 표상으로 구성되어 있다. 그래서 관찰할 것이 무엇인지, 자신이 가지고 있는 수단을 활용하는 법을 알고 있는 한, 행동을 관찰해서 사람들이 내적 표상구조와 내적 지도에 관해 배울 수 있다. 표면수준 밑에서 이 표상을 지지하는 구조를 찾아낼 수 있다. 이 구조는 일을 하기 위해서 필요한 스킬들과 더 깊은 수준에서는 현재대로 계속해 나가도록 동기 부여하는 이 사람의 가치와 신념으로 구성될 것이다. 더 한층 계속 가보면, 그 사람의 핵심 자아를 찾아내고, 우리는 모두 서로 다르다 해도 인간적으로 어울리고 주변의 모든 사람에게 연관되어 있음을 결국 깨닫게 될 것이다.

그래서 타인들이 우리에게 제공하는 모든 의사소통의 구성요소에 주목하고 모든 감각으로 관찰하여 계획하기 시작한다. 몇몇 사람들의 생각과는 정반대로 관찰수단의 정확성에 따라서 풍부해진다. 언젠가 누군가 "피부의 모든 털구멍을 통해서 우리가 누구인지, 무슨 생각을 하는지 스며 나온다"고 한 말이나 거짓말탐지기가 말해주듯이 이는 아마도 사실일 것이다. 우리도 역시 자신 안에 거짓말탐지기를 가지고 있으며, 이 장이 끝나면 확실히 자신의 것에 관해 훨씬 더 많이 알게 될 것이다.

무의식적 반응 읽기(Calibration)과 동시에 행하기(Synchronization)

무의식적 반응과 표정읽기는 대화 상대자에게 보조를 맞추고 래포를 달성하기 위해 실행하는 첫 단계이다. 신경언어학에서 상대가 특정 상태로 들어가는 때를 식별하려고 대화 상대에게 신중하게 주의를 기울이는 행동을 나타내기 위해 이런 용어를 쓴다. 상태에 관련된 개인의 생리현상과 그 의미를 깊이 생각함으로써, 그의 상태가 변화하면 어떤 변화가 일어나는지 알아 차릴 수 있다. 그리고 나서 그의 패턴에 자신을 동시에 작동시키기 위한 반응을 읽는 데서 수집된 정보를 사용하여 래포를 달성할 수 있다.

무의식적 반응 읽기와 동시에 행하기 범주

래포를 시작할 때 관찰하고 똑같은 범주를 행함에 따라, 두 과정에 적절한 제안들로 각 범주에 대해 말할 것이다.

1. 영토적 위치

- 사람들이 앉거나 서있는 곳
- 당신과의 관계에서 상대방은 어디에 서있거나 앉아 있는가?

  그 사람과 직면하지 않고 갈등에 빠진 사람 옆에 서있기, 협상할 때 사각형 테이블 대신에 원탁테이블 사용하기 등
- 어떤 거리에 있는가?

  ⓔⓧ 공개적, 사회적, 개인적 또는 친밀하다고 여겨지는 곳에.

무의식적 반응읽기(Calibration)의 목적
1. 한 개인의 구체적 변화 의미를 발견하기
2. 특정 상태의 비언어적 비유를 찾기

2. 신체언어

보고 만지고 냄새 맡거나 맛볼 수 있는 모든 비언어들. 내적 정보에 접근하

는 법을 말해주는 눈동자 접근단서. 무엇이든 부조화는 대개 불일치의 증거 신호이다. 균형이 되면 아름답고 우아해진다.

- 자세
ⓔⓧ 그들은 어깨를 어떻게 하고 있나? 어떻게 앉아 있나? 얼마나 안정되어 있는가?

집중하여 반응 읽기를 할 때 관찰해야 하는 것들:
정신상태의 작은 신호들, 예를 들어 신체언어의 변화를 알아차린다.
Tip(조언): 평가적인 말 대신에 서술적인 말 사용한다. "그가 찡그렸다"고 생각하지 말고, "그의 눈썹이 곤두서고 깊은 주름이 잡히고, 눈꺼풀 사이가 좁혀졌다"고 생각한다. "그녀는 릴렉스 했다"고 생각하지 말고 "그녀는 어깨를 내려뜨리고 심호흡을 더 깊이 천천히 하기 시작했다. 얼굴의 근육이 느슨하게 펴해지고, 볼이 더 발그래해졌으며, 아랫입술은 더 빛났다."
서술적 언어가 어떻게 비위협적인지 분간한다. 말하는 모든 것은 사실에 입각하고 평가로 가득 채우지 않는다.

- 이동
ⓔⓧ 어떻게 움직이고, 어떻게 걷는가? 어떻게 균형잡고 서 있는가?
- 제스처
ⓔⓧ 전형적인 팔의 움직임은 어떤가? 손을 어떻게 움직이고 사용하는가?
- 호흡
ⓔⓧ 심호흡인가? 복식호흡인가 또는 가슴 윗부분에서만 알아챌 수 있는 얕은 호흡인가?
- 얼굴표정
- 피부: 색깔, 색조, 윤기
- 근육의 긴장: 볼, 이마, 입술, 턱 등 눈썹 긴장시키기

- 입: 이를 악문, 입을 굳게 다문, 실룩거림
- 아랫입술 형태: 크기, 모양, 색깔, 윤기
- 눈: 움직임 동공 커짐, 깜박거림, 홍채 색깔, 눈꺼풀 사이, 눈을 떴을 때 두 눈꺼풀 사이의 공간, 응시방향 바라보는 집중 점, 습기

3. 음조Tonality

내용에 관계없이 모든 청각적인 의사소통 요소

눈에 보이는 목소리의 시각적 표상을 주는 오실로스코프를 사용하여 검사를 실행했는데, 자원상태일 때의 사람들 목소리가 둥근 사인파sine wave처럼 명확히 나타난다. 반면에 자원이 없는 상태일 때 사람들 목소리는 들쭉날쭉한 톱니모양으로 나타난다는 것을 보여주었다.

🅔🅧 대화 상대가 말하는 속도, 목소리 어조

4. 표상채널

사람들이 사용하는 감각 구체적 언어로, 그들이 어떻게 정보처리를 하는지는 말해준다.

🅔🅧 신체감각적 고객은 "당신 문제가 뭔지 훤히 보여요(시각적)"라고 대답하지 않고 "그 손님과 그럭저럭 친하게 접촉하지 못했죠"라고 말한다. 코치는 "당신 기분이 어떤지 알아요(신체감각적)"라고 한다.

5. 내용

말하는 이야기story

🅔🅧 어떤 사람이 교육에 관해 이야기한다면, 그에 관한 질문을 해서 답변한다.

6. 핵심어와 전형적 표현

사람들이 지속적으로 사용하는 단어와 표현들

ⓔ✖ ▪ 미용실에서 날씨에 관해 서로 이야기를 나누기

▪ 어떤 사람이 사용하는 용어인 핵심어 반복하기

7. 가치와 그것들을 준거로 표현하는 방식

사람들이 중요하게 여기는 것처럼 보이는 것. 한 주제로 계속 돌아가거나 또는 흔들 목마처럼 왔다 갔다 한다면, 또한 음조와 말할 때 몇 가지 단어를 강조하는 방법으로 이 준거를 확인할 수 있다.

ⓔ✖ ▪ 언제나 공식적이고 원칙주의인 사람

▪ 법과 질서를 중요하게 여기는 사람

▪ 자유와 독립을 중요시하여 세금 부과되는 것을 피하는 사람.

▪ 회사의 중역과 접촉하여 솔직해지는 것이 새로운 추세여서 경영 또한 정직하고 정보를 억제하지 않을 거라고 기대하는 사람.

8. 세계관: 신념들, 전제들

사람들이 진실 또는 거짓이라고 믿는 것, 이치에 맞다고 하는 것을 위해 충실해야 한다는 것.

ⓔ✖ ▪ 어떤 정당의 견해를 받아들일 수 없다고 생각하는 사람.

▪ "아시다시피 아이들은 매가 필요합니다."라고 아이들 교육방법에 대해 강한 신념을 가진 사람.

▪ 직원들을 기계처럼 대우하는 대기업을 악질이라고 여기는 사람들.

9. 신경논리적 수준들

사람들이 대화에서 감정을 넣어 말하는 수준

ⓔ✖ ▪ 토의하는 동안 주로 능력수준을 토의하고 있다는 것을 알아차리고 이에 조화하기 위해 똑같은 수준에서 토의할 수 있는 사람.

▪ 문제 해결에 어떤 소프트웨어 패키지가 도움이 될 수 있는 방법에 관해 이야기하는 동안, 또 다른 패키지가 해결책인지 토의하는 것은

같은 수준에 있는 것이다. 문제 자체가 부서의 구조 조정으로 해결해야 하는 증상인지를 토의하는 것은 다른 수준에서의 해결책이다.

10. 메타프로그램

사람들이 우선적으로 접근하는 분류필터유형

● ⓧ 판매원은 고객이 주로 문제회피Away from에 집중한다는 것을 눈치채고, "이 기계는 고장 방지 능력을 갖추고 있다는 것을 손님께 보증합니다" 처럼 상품의 "문제회피적" 이점을 강조한다.

마지막의 두 범주는 동시행동을 위해 보다 구체적으로 활용되고 있다.

11. 유사한 경험 내용

두 당사자들의 공통점 찾기

● ⓧ ▪ 당신이 그렇게 말하다니 우습군, 나도 비슷한 일을 겪었어
　　　▪ 그건 우연의 일치가 아니냐! 나도 마찬가지로 하버드에서 공부했지.
　　　▪ 놀라운 일 아니니? 우리도 역시 지난 휴가 때 마이애미 해변에 갔단다.
　　　▪ 우리는 공통점이 많구나, 나도 마찬가지로 보험부문에서 일해왔어.

12.상황적 요소들

일정한 상황에 부합하거나 예상되는 의견

▪ 의상

● ⓧ 은행가를 만날 때 하얀색 셔츠와 파란색이나 검정 정장, 식당에 갈 때 넥타이 매기, 바베큐 파티에는 캐주얼한 옷차림

▪ 소지품들

● ⓧ 자신의 환경에 있는 다른 사람들과 같은 종류의 자동차나 집을 가지고 싶어 하는 것

▪ 가는 장소들

- ⓔⓧ 상류계층은 골프장에서 만나서 콜로라도에 있는 스키 휴양지인 에스 펜Aspen에 간다. 등
  - 행동
- ⓔⓧ 사교적 연회: 사람들이 맥주를 마시고 있다면, 나는 물을 마실 수 없다.

해석의 위험성

서술적 말을 사용하여 사람의 무의식적 반응을 관찰하면서, 자신의 결론을 말할 준비가 되어 있다. 그러나 특히 다른 사람들에 대한 견해를 반복하고만 있다면, 신체언어의 의미를 일반화시킬 때 조심하라. 예를 들어 뒤쪽으로 기대고 있는 사람 모두가 무관심지는 않으며, 또한 팔짱을 낀 사람도 반드시 "폐쇄적"인 것은 아니다. 물론 이러한 부류의 이론을 믿기로 한다면, 그것들은 자아충족적 예언으로 작용하기 시작한다. 자신의 비언어적 행동에 적용하면, 대화 상대방과의 관계도 변할 것이다. 가족치료의 유명한 전문가인 버지니어 새티어Virginia Satir[97]는 가족들 간의 대부분의 오해는 신체 언어를 잘못 해석해서 일어난 것임을 인식했다.

자신과의 래포 달성하기

보다 더 감성적으로 영리하고, 지적으로 감성적이 되는 방법을 배우면서 당신은 자원이 풍부한 방식으로 다른 사람들과, 그리고 신경언어학자들이 "래포"라고 하는 것과 상호작용할 준비가 되어 있다. 불어에서 유래한 "보고하다Rapport"라는 동사에 근거한 래포는 처음에는 다른 사람과 "접촉하거나 연락하는 것" 또는 "받아 주는 것"을 의미했다. "의기 투합하여"는 "다른 사람과 서로 좋은 사이"란 뜻이다. 그러므로 "래포"란 말은 다른 사람과 좋은 소통 상태라는 의미이다.

---

97) 버지니어 새티어는 두 번째로 밴들러와 그린더가 명확히 본받았던 사람이다. 그 사람은 합동하여 "가족과 변화하기"라는 제목으로 붙인 책을 1976년 Science & Behavior Books Calif에서 출판했다.

인습적으로 사람들은 단지 다른 사람들과만 래포를 달성할 수 있다고 생각한다. 그러나 래포는 자신에게도 몰두할 수 있는 상태이다. 자신과 좋은 래포 관계를 달성하면, 다른 사람들과도 좋은 래포를 쉽게 얻을 수 있다. 많은 사람들은 자신과 좋은 관계가 아닐 때까지도 다른 사람들과 래포를 이루려고 한다. 그때 원하는 것을 얻지 못한다는 것이 놀라운 일일까?

우리는 가끔 목표 달성을 어렵게 하는 신체언어를 사용한다. 자기 견해를 설명하려는 대부분의 사람들은 부정적인 결과outcome라 할지라도 대화를 하지 않으려고 무엇을 작정하고 있는지를 신체언어로 나타낸다. 예를 들어 고객이나 사장과 회의를 준비 중인 참여자들을 관찰할 때, 성공하지 못 할 거라고 생각하면 비언어적 행동이 드러난다. 결과는 상대편이 "아니오"라고 말하기가 훨씬 더 쉬워질 것이다. 자아충족적 예언에 관해 말하라! 자신들의 결과에 대해 신념이 없는 음조나 신체언어로 소통하는 사람들은 자신에게 만족할 것 같은가? 우리도 역시 그렇게 생각하지 않는다.

다른 사람의 신체언어에 조화되기

인터뷰하는 동안 TV기자들이 어떻게 신체언어를 사용하는지 주목한 적이 있는가? 가끔 그들은 인터뷰하는 사람에게 동의할 때 머리를 끄덕이는 것처럼 보인다. 그리고 나중에 전혀 동의하지 않았음을 나타내는 질문을 묻는다. 끄덕인 효과는 손님을 편안하게 해서 계속 이야기하게 하는 것이다. 위의 무의식적 반응 읽기를 확인했으면, 이제 다음 실험을 해보라. 다음 번에 누군가에게 이야기할 때, 이 사람의 비언어적 행동을 관찰하라. 상대가 나타낸 언어에 비슷해지도록 자신의 신체언어를 그 사람의 신체언어에 맞추라. 이것이 대화를 순조롭게 해준다는 걸 알 것이다. 신경언어학에서는 이를 "조화하기matching"라 한다. 이제 분명히 차이가 나타나도록 신체언어를 바꾸라. 신체언어 면에서 더 큰 차이가 날수록, 대화가 더욱 더 어려워짐을 인식할 것이다. 사실 대부분 시간에 상대방은 당신이 더 이상 듣지 않으며, 또는 상대가 무슨 이야기를 하고 있는지 이해하지 못한다고 생각할 것이다. 신경언어학에서는 이를 "부조화mismatching"라 한다. 우리는 수 년 동안 집단으로 이 연습을 실험했는데, 참여자의 5%이하는 상대가 분명히 부조화하더라도 계속 이야기할 거라고 밝혔다.

커뮤니케이션하는 동안 이 원리를 사용할 수 있다. 메시지를 잘 소통하고 싶다면 신체언어를 상대방에게 조화시켜라. 상대와 조화를 이루는지 점검하기 위해서 자신의 신체언어를 조용하게 변화시키고, 상대가 스스로 이 변화를 하는지 보라.

누군가의 사고와 경험과의 래포에 들어가기

서로 의견 일치하는 대화 상대자에게 자신들의 신체언어를 맞추려는 타고난 경향이 있음을 보여주는 연구가 있다. 사람들이 래포에 빠지면, 행동과 언어패턴이 자연스럽게 비슷해진다. "해리가 샐리를 만났을 때"라는 영화를 기억해보라. 이 영화는 오랫동안 행복하게 결혼생활을 해온 부부들이 서로 닮아간다는 관찰에 대한 멋진 예시를 보여준다. 사실 유사한 방식으로 자신들의 신체언어 조화시키기를 더 잘 해나간다. 어떤 시점에서 합의하는 사업 파트너들은 아마 대화 중 그 시점에서 유사한 신체언어를 보일 것이다. 미국의 심리학자 마사 맥클린톡Martha McClintock은 래포 형태에 대한 굉장한 사례를 발견했다. 그녀는 함께 살거나 밀접한 협조 하에 일하는 여성들의 배란 주기가 동시성을 띠는 경향을 알아냈다. 1998년 3월에 "Nature"지의 쟁점은 겨드랑이 기관―겨드랑이 내부에 특수화된 땀샘―은 동시성을 가능하게 해주는 리드 물질을 분비한다고 증명하는 논문을 게재했다.

그러한 선천적, 자연발생적인 동시성 형태에 이어서, 상대방과 더 좋은 래포를 의식적으로 달성하는 다른 방법을 찾아낼 수 있다. 예를 들어 어떤 사람의 신체언어에 보조를 맞추면 더 편안하게 상대편을 해주기 때문에 치료자 뿐만 아니라 세일즈하는 사람이 래포를 얻어내는 데 매우 도움이 된다. 만약 누군가와 갈등을 해결하고 싶다면, 보조맞추기Pacing는 유용한 전략으로 도움이 될 수도 있다. 래포를 얻고 차이를 해결해서 이길 수 있는 것이 더 많다면, 왜 계속 싸우고 있을까?

타인들과의 래포: 그것을 달성하는 법

래포는 다른 사람과 매우 잘 어울리는 느낌과 관련되어 있고, 안전하다는 기본 가정을 가지며, 상대를 신뢰할 수 있다. 그러면 어떻게 끊임없이 래포를 이루는가? 말하거나 행동하는 것은 무엇이든지 이 목적에 좋은 정보의 원천이다.

의식적이든 무의식적이든 하나 이상의 반응 읽기 범주로 자신을 정렬할 때 래포가 생긴다. 래포가 있다면 이 동시행동은 자연스럽게 일어난다. 트레이너의 말에 귀를 기울이면서 흥미를 가지는 사람들은 매우 유사한 비언어적 행동—앉아있는 전형적인 방법, 얼굴, 표정—을 나타내는 경향이 있을 것이다. 이는 사람들이 다른 사람의 행동을 "반영하기mirroring" 한다고 말할 수 있다. 아마도 이것 때문에 오랫동안 함께 살아온 부부가 더욱 더 서로 닮아 보이는 인상을 갖게 된다. 이와 유사하게 훌륭한 대중 연설가의 말을 듣고 있는 청중을 관찰한다면, 그들의 신체 언어에서 많은 유사성을 알아차릴 것이다.

> 자신과 비슷해 보이는 다른 사람들이 주위에 있을 때, 우리는 가장 편안한 기분을 느낀다.

위에서 언급했던 동시화를 적용하는 8가지 방법을 분류한다.

1. 모방하기 Copying

이것은 동시행동 범주에서 조화를 이루고 있는 다른 사람과 정말 똑같은 일을 한다는 뜻이다.

e× ▪ 함께 있는 사람이 오른팔을 움직이면, 당신도 똑같이 오른팔을 움직인다.
   ▪ 상대방 목소리의 높낮이와 리듬을 따라하기
   ▪ 상대방과 똑같은 류의 호흡이 되도록 자신의 호흡을 맞추기

주의 : 조화matching할 때는 신중하게 한다. 너무 두드러지거나 노골적으로 따라하면 상대방은 놀리려고 흉내낸다고 생각하므로 래포 향상 목적은 완전히 실패할 것이다. 그러므로 자신의 행동을 조금씩 바꿔서 천천히 충분히 상대와 맞추면서, 서서히 조화되기matching를 하라.

2. 반영하기 Mirroring

이것은 마치 상대의 거울 놀이를 하고 있는 것처럼 모방하는 것을 말한다. 서로 마주하고 있을 때 가장 효과가 있다.

e× ▪ 함께 있는 사람이 오른팔을 움직이면, 당신은 왼팔을 움직인다
   ▪ 함께 있는 사람이 왼쪽 다리 위로 오른쪽 다리를 놓으면, 당신도 오른쪽 다리 위로 왼쪽 다리를 놓는다.

이 테크닉은 상대방의 행동을 완전히 모방하는 것보다 좀 더 섬세해서 여전히 놀랄만큼 래포를 향상시킨다.

3.교차 반영하기 Crossover Mirroring

이것은 또 다른 동시행동 범주를 활용하여 반영하는 것이다.

e× ▪ 함께 있는 사람이 오른팔을 움직이면, 당신은 오른쪽 다리를 움직인다.
   ▪ 상대방이 다리를 꼬면, 당신은 팔짱을 낀다.

- 상대방의 호흡에 당신의 말 속도를 맞추어간다.

이 테크닉은 앞의 것보다 훨씬 더 섬세하며, 좀 더 많은 상상력과 기술적 스킬이 필요하다.

4. 반향 시키기 Echoing

이는 약화된 방식의 조화되기, 모방하기, 반영하기 또는 교차 반영하기를 의미한다.

ex - 함께 있는 사람이 오른팔을 움직이면, 당신은 오른손을 움직인다.
- 상대가 다리를 꼬면, 당신은 발을 꼰다.

이 테크닉은 매우 섬세하며 또한 매우 정중한 것으로 지각된다.

5. 지연된 반영하기나 조화되기

이는 래포를 구축하면서 상대방의 행동에 좀 지체해서 앞의 테크닉을 활용하는 것을 뜻한다.

ex - 함께 하는 사람이 오른팔을 움직이면, 얼마 후에 당신은 대화에서 비슷한 점을 강조하면서 왼팔을 움직인다.
- 협상하는 동안, 당신의 관점을 설명하면서 상대방의 핵심단어 Keyword를 이어 받는다.
- 상대방이 4글자 단어를 사용하면, 당신도 얼마 후에 그것을 사용한다.

이 테크닉을 사용하면, 상대가 자기 행동과 당신 반응 사이의 인과관계를 만들 기회를 감소시킨다. 상대의 무의식적 의지가 그것을 눈치챌 뿐이다.

6. 되묻기 Backtracking

이는 문자 그대로 명확히 언어적 그리고 비언어적 언어를 반복하는 것을 말한다.

되묻기는 단어를 사용하여 할 수 있지만 비언어적 요소이기도 하다. 예를 들면 어떤 사람의 핵심단어를 그가 행한 팔 움직임에 따라서 반복하고 싶을 수 있다. 되묻기를 하는 동안, 예를 들어 당신이 부정확하게 말과 동작을 되묻기 했을때 상대가 어떻게 대답하는지 점검하고 그들의 반응에 따라 당신 자신의 반응을 교정하라.

7. 2차 입장

이는 상대와 똑같은 느낌을 갖고 똑같은 사고를 하는 것을 목적으로 하면서 상대의 완전한 신체언어를 모방한다는 의미이다. 치료자, 대중연설가나 기업체 리더 등 훌륭한 커뮤니케이터들은 무의식적으로나 의식적으로 상대가 어떤 상태에 있는지, 그리고 어떻게 추론하는지 이해하려고 할 것이다. 이것은 기술적으로 당신이 2차 입장에 몰입한다는 의미인 체계적인 마음읽기이다.

대화하는 동안 당신이 2차 입장을 취한다고 나타낼 때, 당신이 비슷한 단어를 사용하기 때문에 상대방은 이해 받은 느낌일 뿐만 아니라 당신과 똑같은 세상지도를 공유하면서 살고 있다고 느낄 것이다.

8. 부조화하기

이는 아마도 상대의 주목이나 개입을 얻기 위해서 또는 래포 구축 전략으로서―다른 수준에서 조화하는 방법으로 부조화하기―당신의 행동과 상대의 행동 간의 유사성을 깨뜨리는 것을 말한다.

ex ▪ 내용 부조화하기: 당신이 상대를 칭찬하고, 상대는 자신의 기여를 최소화시킨다. 당신이 명령을 하면, 상대는 양자 택일식 접근을 찾아서 반응한다.

자연스럽게 부조화하는 사람들을 만날 것이다. 그들은 "극단성 응답자 Polarity Responders"라는 호칭으로 분류되는 편이다. 우리는 유사성/다름이라는 메타프로그램을 언급할 때 부조화에 관해 말한다. 부조화 경향이 있는 사람들은 당신이 조화하고 있다는 것을 알아차리면 즉시―심지어 무의식적으로―자신들의 행동을 바꿀 것이다. 그들이 부조화자임을 안다면, 그들의 부조화에 조화하라. 상대가 부조화하면 당신은 원하는 것에 답변하듯이 생각하는 것의 반대를 제시하라. 이는 위험도가 높은 전략이기 때문에 조심 하라. 그들이 생각보다 별로 부조화자가 아니라면, 당신의 제안에 동의하여 결국 원치 않는 것으로 끝낼 수도 있다. 의심스러울 때는 이를 생략하라.

9. 여타의 래포 구축 형태

사람들이 동시행동 범주에 분명히 관련되는 것 같지 않는다 해도, 추가적 인 래포 구축 형태가 다음과 같이 존재한다.

- 진실한 예의 바름과 정중함을 나타내기: 이는 가장 공격적인 사람들에 게까지도 무장을 해제하는 편이다. 언젠가 예의 바름을 "사회의 필수윤 활유"라고 부른 사람도 있었다.
- 다른 사람의 존재에 대해 약간의 감사를 나타내기—힌트: 모든 동시행 동 범주 요소는 당신의 감사하는 마음이 진심이라면, 감사의 대상으로 마음 속에 떠오른다—정말로 진정성이 중요하다!
- 그 사람들에 관해 보고 듣거나 냄새 맡을 수 있는 것에 근거하여 사실적 진술을 하기
- 그 사람들에 관해 보거나 냄새 맡을 수 있는 것, 예를 들면, 착용하고 있는 것, 보석 향수 등—힌트: 이것은 두 사람 모두 동성애자가 아니라면 이성 인 사람들에게 가장 효과가 있다—에 근거하여 진실한 칭찬을 해주기
- 이야기를 할 때 어린이들이 자연스럽게 하듯이 사람들에게 마음을 쓰고 있다는 것을 진지하게 나타내기. 이는 손 동작으로 매우 표현을 잘하는 사람들에게 특히 효과가 있다. 나중에 되묻기backtracking할 때 그것들을 참조할 수 있도록 주목하고 제스처와 손 동작을 지켜보라.
- 자신에 관한 것을 드러내기—되도록이면 진실하게—이것은 신뢰를 표 현한다.
- 당신의 내적인 언행일치 상태와 진실성

사람들을 만날 때, 9가지로 서술된 래포 구축 방식은 신뢰관계 구축에 도움이 될 것이다.

위의 래포 구축 방법을 시험 삼아 한번에 하나씩 해보고, 그들에게 스킬을 시험하라. 어느 것이 더 쉽게 되는지 주목하라. 다른 사람들보다 어떤 것을 더 잘한다면, 가장 잘하지 못한 것들을 계발하면 가장 많이 진전할 것이므로 그것들을 연습하라. 자신의 안전지대comfort zone를 확장하라.

래포가 있다는 것을 어떻게 압니까?

래포는 평생에 걸쳐 경험하는 특별한 상태들 중 하나이며, 래포가 언제 일어나는지 아는 것은 래포 달성 방법을 아는 것만큼 유용하다. 래포가 어떤 것인지 모른다면 언제 래포에 도달할 것인지를 어떻게 알까? 사실 래포를 아직 전혀 경험한 적이 없을 수는 없다. 기껏해야 경험한 적 있어도 기억할 수 없을 뿐이다. 다른 사람들의 것은 물론 자신의 래포 상태를 조준하여 무의식적 반응읽기를 해왔을 뿐이다. 다른 사람들의 내적인 것, 외적인 것을 확인하여 무의식적 반응읽기를 했던 사례들을 이해할 것이다.

다음과 같은 것을 확인해 보라.

- 내면의 느낌

이것은 보통 온화함, 활기 있고 몰입한 느낌으로 표현된다.

- 얼굴 주위 피부의 홍조
- 눈동자 팽창

생리현상에서 생기는 앞의 3가지 사례는 래포가 어떻게 우리의 자율신경체계의 일부인 부교감 신경체계를 끌어들이는지 보여준다. 이는 보통 위협이 없을 때 일어난다.

- 언어화 다른 사람들이 "우리는 정말로 함께 일을 잘하고 있다"거나 "너는

이것을 잘하네" "너를 믿을 수 있다는 걸 알아" "오우, 이거 재미있구나!" "우리는 사고방식이 같아 의기 투합하고 있다" 등과 같은 말로 그들 자신의 내적 반응에 대해 의견을 말할 것이다.

- **리드하는 능력** 상대방은 자연스럽게 당신의 리드에 따르고 싶을 것이다.
- **창의성** 다른 사람과 함께 만든 시스템은 상승작용 중이다. 예를 들어 전체의 합계는 부분의 합계보다 더 크다. 이것은 래포의 많은 댓가 중 하나이다. "마법Magic"이 일어난 것이다.

실제로 부조화하는 반대 사례에 부딪히지 않았다면, 당신과 래포를 가진 사람들은 자신들의 신체언어가 당신의 신체언어와 동시행동하는 것을 관찰할 것이다. 상대방이 나타내는 행동에 당신이 조화되는 방식을 보조 맞추기Pacing라고 부른다. 당신이 먼저 나타낸 행동을 상대가 조화시키면, 당신이 리드하는 것이다. 이것이 어떻게 "댄싱dancing" 메타퍼를 전제로 표현하는지, 그리고 정말 많은 사람들이 정성들인 댄스나 구혼 의식으로서 래포를 서술했다는 것에 주목하라.

- **보조 맞추기Pacing** 이것은 함께 걷거나 춤을 출 때처럼 상대방과 동시에 행동하고 맞추어 가는 것을 의미한다.
- **리드하기Leading** 이것은 상대방의 (비)언어적 언어에 부조화할 때, 상대가 당신의 하나 이상의 행동 요소에 다시 동시행동하고 맞추어 주면 당신의 리드에 따른다는 뜻이다. 이것은 춤추기에서도 일어난다.

"잘 이해하기"가 되는 것은 상대가 당신의 리드를 따르기에 충분히 안전한 느낌이 드는 상황 구축을 암시한다. 신경언어학 정의는 "그들의 마음이 통하는 래포 상태"이다. 여러 가지의 비언어적 동시행동 채널로 마음이 통하는 래포 상태가 되면, 옷 입는 방식처럼, 중요하지 않은 것으로 한두 가지 것에 대해 의견을 달리하는 여유가 있다.

ex ▪ 두 명의 파트너가 서로에게 가깝게 누워서 대화를 하고 있다고 생각하라. 그들은 내용에서는 의견을 달리하면서도 사랑을 나타내는 조화되는 신체 언어를 가지고 있다.

▪ 고객과 문제가 있는 판매자를 가진 사장은 "그건 당신이 해결하기에 달려 있소. 그것을 해내면 알게 될 것이요." 라고 했지만, 관심과 공감을 보여주는 온화한 목소리로 말했다. 이런 방식에서 판매자는 지지를 받은 느낌이 들었다.

사람들이 마음이 통하는 래포 상태에 있을 때는, 보조 맞추기Pacing와 리드하기leading는 대부분 무의식적으로 대화자들 사이에서 계속 바뀐다.

예시: 메타프로그램과 래포? 우리는 그렇게 결혼하지 않아요!

결혼국에 가서 적당한 배우자의 기준을 적는 것은 다소 부자연스럽게 보일 수도 있다. 정 반대 성향은 종종 매력이 있다. 그러나 많은 사람들은 메타프로그램으로 쉽게 설명하기를 싫어한다. 구체적인 극단적 행동 방식을 받아들이지 않는 것은 종종 관계를 깨뜨리는 결정적 요인인 것처럼 보인다. 메타 프로그램의 특별한 극단을 이렇게 싫어하는 것은 또한 직장 등 여러 상황에서도 작용한다.

예를 들어 "선택Option"인 사람은 창의성과 자유를 강조하지만, 파트너는 "절차Procedures"를 고수할 때, 그들은 항상 말다툼한다. 또는 한 사람은 반복적으로 "기분Feeling"에 몰입하는 반면, 다른 한 사람은 쉽게 "관찰자 입장"으로 들어가서 생각한다.

이런 차이에서부터 직장에서 메타프로그램의 실제 본질이 보인다. 동시에 그것들은 한 개인의 대표적인 행동과 패턴방식이다. 많은 경우에 특정한 메타프로그램이 주는 결과 때문에 그 메타프로그램에 빠져 있다. 예를 들어 "절차"인 사람은 절차가 안전성을 주기 때문에 완고해서 유연성이 없어지는 반면에, "선택"인 사람은 선택이 자유의식을 주기 때문에 선택권을 열어두고 계속 선택을 미룬다.

스스로 목록 작성을 해서 어떤 정반대 요소들에 강력하게 연관되며, 어떤 정반대 요소들에 마음 내켜 하지 않는지 점검하는 노력은 분명 가치 있다. 이미 짐작했던 바대로 이 목록도 결혼국과 사무실 외에서도 사용될 수 있다. 예를 들어 동료의 메타프로그램 목록을 작성해서 그들이 마음 내켜 하지 않는 것을 자기 것과 비교하여 조화와 부조화를 점검하라.

인간관계 연구

감성 지능이 계발되고 있다는 증거는 남들과 더 좋은 인간관계를 구축하는 스킬이 향상되었다고 인식할 때라고 할 수 있다. 자신이 어디에 있는지 알 수 있도록 자기 성찰을 위한 질문을 제공한다.

1. 관계가 좋은 사람을 찾아서, 여러 동시행동 범주를 점검하고 좋은 관계를 가진 증거를 만들기 위해 그 범주들을 어떻게 활용하고 있는지 조사하라.
2. 당신이 리드하려고 하지만 남들이 따르지 않는 상황을 찾아내서, 먼저 좋은 관계 수립을 위해 무엇을 할 수 있는지 알아내라.
3. 매우 마음이 맞는 사람을 찾아서, 이 경우에 래포 구축 스킬이 어떻게 작용하는지 점검하라. 이제 그 사람과 어떻게 부조화할 수 있는지 점검하라. 무슨 일이 일어날까?
4. 앞의 사람을 사이 좋게 지낼 수 없는 사람에게 비유해보라. 무슨 차이가 있는지 알아내라. 이 사람과 래포를 구축하기 위해 무엇을 할 수 있을까? 좋은 관계를 수립하지 못한 것에서 자신에 관한 무엇을 배울 수 있을까? 래포 상태가 되는 것에 대해 무엇을 자신에게 가르쳐줄까?
5. "자신과 좋은 관계"라는 것은 무슨 의미인가? "자신에게 부조화한다."는 것은 무슨 의미인가?

6. 사랑에 빠지면 래포를 형성하라. 다른 사람과 자신이 사랑에 빠져있다는 인상을 얻기 위해서 무슨 정보를 필요로 할까? 이 질문에 대답하려면 체계적 방법으로 동시행동 범주를 경험하라.

래포의 수준들

위의 것을 시도해 보는 데에서 어느 것은 래포이거나 또는 아니라는 디지털 패턴이 아니라, 한쪽 끝은 증오이며 다른 한쪽 끝은 사랑이라는 연속선을 따라서 존재한다. 한 가운데에 중립이 놓여있다. 이 연속선은 부조화/조화되기의 연속선과 같은 모양이다. 그리고 상품을 팔려는 래포의 수준은 다른 사람이 당신과 사랑에 빠지기를 원할 때 표현하는 래포와는 순서가 많이 다를 것이다. 그러한 수준들을 혼동하면 난처해지고, 나빠지면 위험해질 것이다. 삶에서 래포를 많이 경험하지 못하거나 신체적 정신적으로 스트레스—심신의 고통—상태에 빠진 사람들은 이 연속선에 대해 훨씬 더 빈약하게 나타낼 것이다. 감사에 대한 단순한 표현은 당신을 경솔하게 사랑하게 만들 수도 있고, 또는 그 사람들이 사소한 부조화mismatch에 완전히 들뜨게 될지도 모르지만 이는 예외적인 일이다.

사람들은 필시 미리 상황을 조준하여 관찰할 것이다. 남을 돕는 직업에 있는 사람들은 클라이언트가 그들의 도움을 사랑의 표시로 오해하고 친밀한 관계를 맺으려고 하는 상황에 종종 부딪힌다. 이는 "감정 전이"라고 알려져 있다. 그 징조를 인식하면서 관계가 친절하고 공손한 반면에 엄밀히 직업적이라는 것을 확실하게 하는 것은 감성 지능의 또 다른 증거이다.

대화 동안 래포 구축정보의 활용 실제

대화 상대자들을 더 많이 관찰할수록 이 관찰에서 모은 흥미로운 정보가 얼마나 많은지 더 잘 알게 될 것이다. 다른 사람들의 동시행동 범주에 조화되기—모방하기, 반영하기 등—를 통해 남들과 래포 상태에 들어가거나 또는 2차 입장에 들어가면, 그들의 감정상태에 관해서 그리고 말하고 싶지 않은 메시지에 관해서까지도 정보를 얻을 수 있다.

사실 똑바로 대놓고 의견을 상대에게 감히 말할 만큼 매우 버릇없거나 건방진 사람들은 거의 없다. 많은 사람들은 자기 감정을 드러내기를 삼간다. 그 사람들에게 보조를 맞추면서 필요한 단서를 주고, 그 사람을 더 잘 알게 될수록 정보를 더 정확히 읽을 수 있다. 그러나 이런 식으로 얻은 정보를 첫 추측으로 여기라고 경고하고 싶다. 주의 깊고 신중한 태도이지만 대화 동안 이 정보에 근거하여 질문을 하면 이는 검증될 것이다. 이런 식으로 당신의 가설을 시험해보자.

경고

대부분 사람들은 관찰한 비언어적 정보에서 다소 무의식적 태도로 정보를 얻는다. 그러나 많은 사례에서 가설을 점검하기 위해 질문할 것을 잊어버리고 비언어적 메시지에 대한 해석에 충실하다. 이 때문에 잘못된 의사소통을 초래할 수 있다. 밴들러Bandler와 그린더Grinder가 본받았던 커뮤니케이션 전문가 중 한 사람인 버지니아 새티어Virginia Satir는 정말로 이런 류의 잘못된 의사소통에 집중했으며, 가족치료를 하면서 중요한 도구로서 그것을 활용했다. 정말 많은 가족치료는 비언어적 정보를 잘못 읽은 데서 생기는 오해를 푸는 것으로 구성되어 있다.

부정적 사례

한 여자가 열정으로 넘쳐서 직장에서 집으로 돌아와 "여보, 우리가 어떤 굉장한 아이디어를 가졌는지 알고 싶죠?"라고 말한다.

남편은 일단 처음 열정이 사그러지면, 문제가 발생한 것임을 알기에 이전에 하던 대로 반응한다. 그래서 더 깊이 실망할까봐 그녀를 보호하고 싶어서 점잔을 부리는 목소리 톤으로 "그래, 지난 번에 말했던 것과 비슷한 것 같은데"라고 말한다. 그 여자는 이런 "지지하는" 말을 듣고 어떤 기분이 들지 추측해보라.

건설적 사례

친구를 만날 때, 그 친구가 우울해 보인다고 눈치챘다. 평상시와 같은 방긋 웃음 대신에 침울한 미소와 마주쳤고, 어깨를 웅크리고 평상시보다 더 무겁게 걷고 있다.

- 보조를 맞추고 싶다면 "무슨 일이 생겼니? 하늘이 무너졌니?"와 같은 것을 물을 수 있다.
- 부조화하고 싶다면 환한 미소를 지으면 "내가 이번에 얼마나 운이 좋았는지 알고 싶으시죠?"와 같은 말을 한다.

마음읽기 연습

이 과정[98]의 목적은 그 때 상대의 마음 속에서 떠오르고 있는 내면의 생각, 소리, 이미지와 느낌에 맞추어 깊이 생각하고 무의식적 반응읽기를 하는 것이다. 상대방이 무엇을 생각하고 있는지 알아내기 위해 "마음읽기"라는 쉬운 주제를 이 연습으로 선택한다.

1step 대상을 조준하고 반응읽기

A는 이야기하지 않고 3가지 모양, 삼각형, 사각형, 원에 대해 생각한다. 매번 그들이 무슨 모양에 대해 생각하고 있는지 나타낸다. A는 B가 비언어적 행동을 관찰해서 반응읽기를 할 수 있는 시간을 준다─동시에 행동범주에서 서술된 모든 단서를 활용한다. B가 3가지 모양들 간에 차이를 이해할 때까지 여러 번 반복하고 그 검증을 진행한다.

---

98) 이 연습은 밴들러와 그린더가 NLP의 초기 시절에 나타냈던 것에 근거하지만, 현대의 NLP 워크샵에서는 사라졌다.

A는 이제 어느 것인지 말하지 않고 3가지 모양 중 하나에 관해 무작위로 생각한다. 비언어적 행동 관찰에 근거해서, B는 이제 A가 어느 모양에 관해 생각하고 있는지 "추측"한다. A는 "맞다"거나 "틀리다"를 말함으로써 대답한다. 이것을 여러 번 해본다. 실수가 너무 많으면—66% 미만의 정답—, 두 단계를 반복하라. 관찰 기술에 따라 B는 10번 중 약 7번의 맞는 추측을 하는데 15분 이하가 걸려야 한다.

자신의 무의식적 표정 읽기(Self-Calibration)

이 과정은 신체 부분에서 나오는 상태에 접근하기 위해 1장에서 제시했던 것과 비슷하며, 그것을 보충한다. 특히 자원이 없는 상태를 신속히 식별하고 그에 따라 변화시키는 것이 유용하다.

더 이상 경험하고 싶지 않은 특정 상태를 알게 되면, 신체 면에서 나타난 방식에 정신집중을 하고 마음 속에 떠오르는 특정 요소에 집중한다. 그것은 자세, 제스처, 신체 안에서의 긴장, 호흡 방식—자원이 없는 상태는 마음을 죄고 숨을 죽이는 식—, 입 안의 건조함, 귀에 속삭이기, 큰소리, 마음 속에서 특히 강력한 억양이나 목소리와 같은 음조 성분일 것이며, 되풀이 되는 핵심 단어나 중요한 사고 훈련일 것이다.

대부분의 사람들이 자원이 없는 상태를 나타내는 많은 방법을 가지고 있듯이 목록을 총망라할 수는 없다. 정말 이것은 종종 희귀한 용어로 대개 암호화된 상태로 나타내어 넘치도록 양이 많을 뿐이다. '안나 카레니나'의 서문에서 톨스토이는 "행복한 사람들은 비슷한 면에서 행복한 것처럼 보이지만 불행한 사람들은 여러 다른 면들에서 모두 불행하다"고 말했다. 이 자기 표정읽기는 자신에게 표식을 제공하여, 다음 번에 외적 또는 내적 행동에서 이 표식을 행하는 것을 알아차리는 것이 중요하며, 그 상태를 중단하고 자원상태로 들어갈 수 있다.

이 상태를 인식하면 어떻게든 그것을 즉시 중단시키는지 보라. 신속하게 중단하는 좋은 방법은 눈치챘다는 바로 그 사실에 즉시 기분 좋게 감사하는 것이다. 마치 알아차린 것에 대해 자신에게 골드 스타를 주고 있는 것처럼, 자부심을 느낄 자격이 있다. 그런 격려 방식은 내면에서 효과적인 순환을 만들어내서 자신에게 칭찬을 하는 연습을 할 때 더욱 더 쉽게 자원이 없는 상태를 찾아낼 것이다.

자신과의 래포

심호흡을 들이마시고 내쉬어라. 그리고 천천히 깊게 호흡하면서 눈을 감고 자신의 내면으로 들어가라. 자신이 좋은 곳에 다다랐을 때 마음 속으로 "안녕"이라고 말한다. 커뮤니케이션의 의미는 당신이 끌어내는 반응임을 기억하라. 또한 이 "안녕!"을 될 수 있는 한 따뜻하고 사랑스럽게 해라. 자신이 얻고 있는 반응을 깨달아라. 이는 그림, 소리, 사소한 동작, 아마도 온화함이나 편안함인 내면의 느낌일 수도 있다. 어떤 반응도 깨닫지 못한다면 반응하지 않는 것, 그 자체가 반응이라고 깨닫고 "반응해 줘서 고마워"라고 혼잣말하라. 반응을 받았고 감사하고 있다는 것을 아는 데서 무슨 반응을 얻는지 깨달아라. 이전의 것에 대한 반응이나 여러 다른 반응일 수도 있다. 결과에 행복감을 느낄 때까지 이것을 여러 번 계속하라. 자신의 존재와 행복에 감사를 표현하며, 곧 다시 돌아올 거라고 약속하면서 예의 바르게 스스로의 허락을 얻는다.

밤에 이 마지막 일을 하고 나서 잠들 것이다. 다시 자신의 내면으로 들어가면, 낮 동안 일어났던 모든 좋은 일들에 대해 자신에게 감사하라. 반응을 주목하라. 반드시 그렇게 잘 되지 않았던 일에 대해서도 그것들이 준 학습기회에 대해 자신에게 감사하라. 만약 비슷한 일이 다른 시기에 일어난다면, 그 결과에 당신이 더 만족하도록 경험에서 배우도록 하라. 반응에 주목하라. 자신에게 내면의 포옹을 하고 끝내라. 아무도 알아차리지 못할 것이다.

응용

apply 1 판매하는 동안 고객에게 맞추기

감성 지능을 키우는 방법으로서 앞에서 말한 모든 테크닉을 적용하여 고객을 관찰하고 그와 상응하게 고객들에게 자신을 맞추어 간다는 뜻이다. 동시행동 범주의 수를 확인해서, 여러 범주로 고객에게 보조를 맞추면서, 가격에 대해 양보하지 않는 것과 같은 내용에서 의견을 달리할 여유가 있다는 의미이다. 보조 맞추기와 리드하기 게임 사례는 자동차 3대에 대해 다음과 같이 서술한 것이다.[99]

자동차의 구매

돈이 중요하지 않다면, 아래에 서술된 3대의 호화로운 값 비싼 자동차 중어느 것을 살까?

첫 번째 차의 페인트는 마치 진주처럼 빛나며 정말로 특별한 모습이다. 탄복할 만한 내부는 물론이고 통용되는 색상은 완전히 디자이너들의 주목을 받을 자격이 있다는 것을 알 것이다. 계기반은 한 눈에 쉽게 보이도록 모든 도구를 나타내며, 창 표면은 주변 풍경을 가장 좋게 볼 수 있도록 모든 면에서 고려되었다. 엔진까지도 디자이너들의 탁월성을 보여준다. 이 차는 정말 미래가 밝을 것 같다.

두 번째 차의 소리 단절은 잘 생각해 낸 것이다. 엔진 소리를 쉽게 밖으로 내보낼 수 있어서 V12 엔진이 쌩 질주하는 동안 새가 지저귀는 소리를 들을 수 있을 것이다. 문 닫는 소리까지도 그러한 이름 있는 차에 맞게 울려퍼진다. 차의 내부는 조화롭게 설계되어 어느 질문에나 답변하고 지속적인 논쟁꺼리가 무엇이든 대응할 수 있다. 어떤 전문가든 최종 선택 목록에 이 차를 넣어야 한다고 말할 것이다.

---

99) 여러 NLP책에서 비슷한 예는 찾을 수 있다. 로버트 딜츠의 비전있는 리더십(Visionary Leader Skill)과 안소니 라빈스의 무한능력(Unlimited Power)는 3가지 다른 집에 대한 서술을 선호한다.

세 번째 자동차는 즉시 특별한 분위기에 둘러싸여 있는 느낌을 가질 것이다. 단단하게 만들어졌고, 그 모든 특별한 특성이 매력적이어서 당신은 끌릴 것이다. 당신은 매우 편안한 내부에 사로잡히고, 손으로 핸들을 잡으면 좋은 가죽 감촉을 느끼고 싶은 욕심에 좌석을 즉시 끌어 당길 것이다. 이 차의 기민한 안전성이 당신을 지켜주며, 엑셀레이터를 밟으면 엔진이 가고 싶은 곳으로 당신을 어떻게 이끌어 가는지 느껴질 것이다. 그런 호화로움을 어떻게 지나쳐갈 수 있을까? 이 차를 소망 목록에 추가하라.

어느 자동차가 마음에 드는지 혼자서 결정하고 나서 계속 읽어보라.

이 3가지 설명들 간의 주요 차이는 자동차를 설명하는 표상채널이다. 첫번째 자동차가 마음에 든다면 시각적 정보가 결정 전략에 더 중요하다. 오히려 두 번째 자동차를 산다면 청각적 정보가 확신을 주며, 끝으로 세 번째 자동차가 마음에 든다면 신체감각적 정보가 주목을 끈 것이다. 세 설명들 간의 유사성은 실제로 똑같은 모델인 한 대의 자동차라는 것이다.

가능한 한 매력적인 자동차와 같은 상품을 만들 좋은 기회가 되면, 오늘날의 제작자들은 이 모든 요소들에 굉장히 주의를 기울인다. 렉서스Lexus처럼, 심지어 문이 쾅 닫힐 때 문소리를 연구해왔던 차종도 있다. 그것들은 일본 차의 트레이드 마크가 된 것 같은 금속성 쾅 소리에서 크게 발전했으며, 한층 더 고객들에게 영향을 줄 원초적 후각력도 이용할 것이다. 중고차 판매인들은 중고차 안으로 "새로운 냄새"를 뿜어 넣는 것으로 유명하다.

혼자서 시험해보기

a. 현재 입고 있는 옷에 대해, 왜 그 옷을 입고 싶었는지 설명하는 문장들을 쓰라. 여러 다른 표상 채널을 사용하여 이 문장을 분석하라. 당신의 원문이 얼마나 풍부한가? 5가지 모든 감각 채널을 사용했는가? 형용사와 부사는 어떤가? 일단 이 분석을 했으면, 어떻게 이 원문을 풍부하게 할 수 있을까? 새로운 버전을 쓰라.

b. 어떤 상품이나 서비스를 팔기 위해 상업적 선전문을 쓰라. 현재 일하고 있는 회사가 생산하는 상품이나 서비스를 받아들이도록 선택하여 쓸 것이다. 만약 영리기관에서 일하지 않는다면, 좋아하는 TV프로그램, 책, 영화, 심지어 구두 같은 잘 알고 있는 다른 상품을 선택하라. 우선 각각의 감각 채널로 별도의 원문 초안을 쓰라. 그리고 나서 5가지 모든 표상채널에서 나온 모든 술어들을 함께 혼합하는 원문을 쓰라

apply 2 사랑의 말

집중 경험을 하는 동안, 모든 표상 채널들이 활성화된다. 새 직업이나 새로운 연애 첫 날, 먼 나라로 여행하기, 이 모든 것이 강렬한 시각, 청각, 느낌, 미각과 후각에 대한 공통 특성이 있다. 그러한 경험은 기억 속에 깊은 흔적을 남기는데 그런 경험에 관한 이야기를 할 때 자명해진다. 마음이 생각하는 것을 입이 말한다.

그러나 일단 집중 국면이 끝나면, 감각적 경험 또한 대개 점차 무디어 가고, 관찰하고 의사소통하는 이전 습관으로 되돌아간다. 이는 인간관계에서 일어날 수도 있다. 서로에 대한 사랑은 선호하는 동시행동 범주에서 표현된다. 이것은 남편이 자신들의 집을 소유하기 위하여 일을 열심히 해서 필요한 돈을 벌어야 한다고 생각하거나 혹은 그 대신에 집안 허드렛일, 요리 등을 함으로써 가정 활동에 참여하는 것이 중요하다고 생각한다는 의미이다. 똑같은 전통적 가정에서 아내는 무엇보다도 먼저 아이들의 교육에 관여하면서 남편의 말을 들어주고 부드럽게 자신의 사랑을 나타낼 수도 있다.

이러한 사례에서 둘 다 서로를 사랑하지만 사랑을 나타내는 방법은 완전히 다른 방식으로 표현된다. 그리고 몇 년 후에 부인은 "남편은 나를 사랑한다고 표현하지도 않아, 그리고 거의 나에게 자기 감정을 나타내지 않아"라고 생각하는 일이 생길 수도 있다. 남편은 "아내는 멋있게 보이기 위해서 이전만큼 노력을 않는군. 무엇보다도 우선 집house에 집중해서 자신의 넓은 세

계관을 잃어버렸어"라는 생각을 하고 있을지도 모른다. 남자는 시각적 언어를 사용한 반면에 여자는 신체감각적 언어를 어떻게 사용하고 있는지 주목하라. 이것은 그들의 부부생활에 반영될 수도 있다. 아마 아내는 느끼고 싶고, 시트 밑에 숨는 곳에서 남편은 무언가 보기를 원한다. 이는 그들의 관계가 내리막이란 말은 아니지만 두 사람 다 다른 동시행동 범주를 통해 표현하고 있다는 의미이다.

각자의 표상채널로 두 사람 모두 "나는 전만큼 남편/아내를 사랑했고/사랑하는 것처럼 여전히 바라보지만, 나에 대한 아내/남편의 사랑은 시들었고/작아졌어"라고 생각할 수도 있다. 그들이 스스로에게 "나의 의사소통 방식은 뭐지? 내 배우자의 의사소통 방식과 어떻게 다른가? 어떻게 나 자신이 상대에게 맞출 수 있을까?" 라고 물으면 해결할 수 있다.

남편은 훨씬 더 큰 집을 살 여유를 갖기 위해서 매우 열심히 일하는 대신에 아내에게 다정하게 할 시간을 더 많이 갖는 것을 고려할 수 있으며, 아내는 몇몇 외부 활동을 고르고 관심을 넓혀서, 둘이 함께 새로운 의사소통 주제를 갖게 될 수도 있다.

apply 3 고객 담당자—규정된 친절?

고객과 직접적 접촉을 하는 모든 사람들에게 적용되는 부분이다. 비서, 간호사와 의사들, 그리고 호스티스, 텔레마케팅 담당자들, 헬프데스크 직원, 계산원 등이 여기에 포함된다. 간단히 말하면, 이러한 직업들 대부분은 이 책의 내용을 자기 직업에 필요한 "초보 기술"로 여기고, 설명한 원리를 연습해서 다른 사람들과 조화하며 행동하는 것을 고려할 수 있다.

미국의 슈퍼마켓은 의무적인 미소를 포함한 행동코드를 도입한 후에, 남자 고객들이 여러 계산원들과 연애를 하기 시작한 것을 알아냈다. 분명 문화적 필터링 때문에 미소 짓기와 여타의 신체 언어 요소들이 매력과 유혹의 신호로 해석된 것이다. 혼자서 시험해보라. 얼굴에 진짜 미소를 지으며 어느 정도 긴 시간 동안 계속 눈을 맞추면서 누군가를 똑바로 보면 무슨 결과가 생길까? 특히 현재, 사회에서 주목받지 못한다는 것을 마음 속에 담아두고 있다면, 기대 이상으로 이 부분에서 성공적일 것이다. 그러나 마음이 상하고 싶지 않다거나 스토커들에게 쫓기고 싶지 않는다면, 균형 감각을 갖고 조심하라.

친절과 고객 돌보기에 많은 주의를 기울이는 호스티스 직업 훈련은 이 분야에서 우리에게 가르쳐 주는 것이 있다. 고객이 "구매"하는 것은 겉으로 친절한 것처럼 보여서가 아니라 진심에서 우러난 것이기 때문이다. 이러한 외적 행동은 친절한 내적 감정 상태가 따라야 한다. 그렇지 않으면 고객은 불일치를 눈치채고 미소를 겉으로만 하는 무의미한 것이나 위장한 것이라고 지각할 것이다. 실제로 고객은 호스티스, 계산원, 또는 동료의 불쾌한 공격적 기분을 참는 것보다 그런 식으로 행해진 친절을 여전히 더 선호할 것이다. "전혀 성질이 없는 것보다는 성질 나쁜 것이 더 낫다"는 것과 같은 속담이 받아들여졌던 시절은 지난 지 오래다.

기분 나쁜 것을 "적어도 지금 나는 진지하다!"고 옹호하는 것은 본질적으로 감성 지능의 표시는 아니다. 몇몇 친구들은 아마도 관대히 보아넘기고 그를 구해내려고 하거나, 또는 다른 결과가 나타날 만큼 오랫동안 고통 속에 있도록 그냥 놔둘 것이다. 하지만 그 사람을 별로 좋아하지 않거나 잘 알지 못하는 사람들은 그의 반응을 그다지 마음에 들어하지 않을 것이다. 이런 유형의 행동은 수 년 동안 분노를 억눌러 왔기 때문에 "화내는 것이 더 좋습니다."라는 치료자의 조언을 듣고 돌아온 사람과 같다. 많은 전통적 치료자들은 클라이언트가 이렇게 하도록 할 것이며, 더 철저하게 문제가 발생하도록 아마 부채질하면서 새로운 분노의 결과를 알아내도록 내버려 둔다. 신경언어학자들은 분노를 표현한 긍정적 의도와 함께 분노를 억압한 긍정적 의도를 생각해보도록 하며, 부작용 없이 긍정적 의도와 그 이상을 실행

하게 해준다. 1장에서 설명했던 것처럼 일치하는 친절을 나타내는 해결책
은 우선 첫째로 감정 관리하기를 배우고, 친절한 감정 상태를 유지하는 데
에서 나온다.

apply 4 리더십과 자신과의 래포를 갖게 하는 기술

오늘날 자유 중의 하나는 자기 권리 주장과 방어할 권리를 가진 것이다. 그
런 의미에서 원하는 것, 생각하는 것과 느끼는 것을 고려할 수 있다. 덧붙
이면 그것들은 1차 입장 관점에서 생기는 것이므로 자신의 욕구가 남의 권
리를 침해하지 않는다면 자신의 욕구에 귀를 기울이고 진실할 권리를 가지
고 있다. 5장에서 나타냈듯이 이러한 주장성과 자신의 욕구에 주목하는 능
력은 다른 사람들과 의미 있고 질적인 관계를 맺는데도 필요 조건이다. 자
신에게 더 잘 보조를 맞출수록 다른 사람들에게 보조를 맞춘다.

이러한 관찰은 리더십에서도 적용할 수 있다. 리더십에 대한 예전 정의는
"사람들이 원하는 행동, 생각, 느낌을 행하고 생각하고 느끼도록 영향력을
미치는 것"이었다. 오늘날 새로운 리더십 스타일은 코칭에서 그 영감을 찾
는다. 즉 "리더십은 협조자들이 그들 자신과 래포상태에 있다고 확신하면
서 협조자와 기관을 동시화하는 것에서 나온다." 훌륭한 리더가 직원들이
자기 자신과의 래포상태에 있도록 돕는 것을 중시한다면, 이것이 무슨 의
미인지 설명해야 할 것이다.

자신에게 보조 맞춘다는 것은 자신이 지금 살고 있는 경험을 완전히 의식
하고 있다는 것이다. 예를 들어 어떤 관리자는 연습도 하지 않은 채, 많은
청중 앞에서 연설을 해야 한다. 그날 아침 일어났을 때, 배가 단단해지는
느낌과 함께 삼키기도 어렵고, 호흡도 매우 약해졌다. 배우자에게 "난 무
대 공포증을 가진 것 같아!"라고 말했다. 이 말은 그가 겪고 있는 경험을 명
명한 것이다. 아마 다른 사람은 똑같은 경험을 "내가 500명 앞에서 연설한
다는 생각에서 큰 쾌감을 맛보는 것 같아!" 라고 말할 수 있다. 이 예시에서

이 사람의 말은 겪고 있는 경험을 완전히 의식할 시간을 갖지 않고 그 느낌을 말한다. 관찰자로서 우리는 그냥 평가를 듣고 그 사람의 상태를 실제 경험하는 것이 어떤 것인지 정말로 알지는 못한다. 이런 의미에서 자신에게 보조를 맞춘다는 것은 자신의 모든 경험에 주의를 기울인다는 뜻이다. 그것은 "지금 무엇을 경험하고 있을까? 무엇을 보고 있을까? 이 느낌에 무슨 소리가 동시에 들리는가? 뭐라고 혼잣말을 하고 있는가?"와 같은 질문을 자신에게 묻는다는 의미이다.

그냥 이 연습을 하면 많은 감정들은 단지 과거의 한 시점에서 그런 것이라고 명명했기 때문에 부정적이라는 것을 인식할 것이다. "지도는 영토가 아니다"와 같이 그 명칭은 감정이 아니다! 불교에서는 즐거움, 고통과 같은 경험은 연속선상에서 생긴다고 지각한다. 일단 경험과 내적 상태와 사고에 대해 상세하게 관찰하면, 자신의 현실지도는 더 정확해진다. 자각하고 자세히 서술하면 무엇이 진행되는지를 알아차리면서 자신에게 보조 맞추기를 더 잘하게 된다. 이런 과정은 자신의 내적 지도를 뛰어넘어 자신과 다른 사람에게 유리하게 업데이트 하는데 도움이 된다.
일단 자신과 보조를 맞출 수 있으면, 경험을 더 적절하게 명명하고, 자신의 코드를 암호화해서 자신을 능동적으로 솔선할 수 있다.

문제를 해결하려고 노력하면서 머리 속에 들어 박혀 있는 상황을 생각해 보라. 그렇게 들어 박혀 있는 것은 보통 내적 대화를 한다는 뜻이므로 들어 박히는 일이 생기는 방식을 의식하라.
이런 내적 대화의 특성이 무엇일까? 어떤 종류의 목소리인가? 당신이 아는 사람처럼 들리는가? 어떤 분야가 이것에 책임이 있으며, 어느 방향에서 나오는가? 그 소리는 얼마나 크게 들리는가?
이제 큰 소리로 말해서 이 목소리를 구체화하라. 다음 단계로 목소리를 바꾸어서 말하라. 예를 들어 마치 도날드 덕이 말하고 있는 것처럼 하라. 이것이 자신의 경험을 어떻게 변화시킬까? 틀어 박혀 있는 것에 무슨 일이 생길까? 또는 사랑하고 달래며, 지지하는 목소리로 만들어보라. 이것이 경험을 어떻게 변화시킬까? 틀어 박혀 있는 것에 무슨 일이 생길까?

커뮤니케이션의 의미는 자신이 얻는 반응임을 기억하라. 자신의 분아에게 이 전제를 생각나게 하라. 하지만 의도했던 것이 무엇이든지 작동하지 않는다. 그러면 아마 건설적인 말을 하면서 다르게 말해 달라고 부탁하라. 이것이 자신의 경험을 어떻게 변화시킬까? 틀어 박혀 있는 것에 무슨 일이 생길까?

이 책의 시작 부분에서 제시했던 슈퍼마켓 사례처럼 빨리 자신에게 보조를 맞추면 나중에 많은 시간과 에너지를 절약하고 마음 아픔도 덜어준다.

결론: 감성 지능의 핵심요소로서의 관찰 기술

상대와 상호 교류해서 수집하는 정보량의 자각을 증진시켜야한다. 관찰은 이러한 정보수집의 핵심이다. 내적 세계가 구성된 방식(내적 표상과 세부감각양식)과 다른 동시행동 범주를 통해 수집할 수 있는 정보가 막대한 데이터의 원천을 제공해 준다. 그런 데이터를 고려하고, 보다 구체적으로 그 데이터에 의미를 붙이는 방식에서 감성 지능이 생긴다. 전에 인식했듯이 의미를 붙이는 과정에는 여러 함정이 있다. 이 주제에 관해 에드워드 홀Edward T Hall은 "일관성 법칙…… 한 토론회에서 참여자가 실제로 화를 내고 있는지 아니면 단지 허세를 부리는 지와 같은 단순한 문제를 해석하는 데에 있어서 심각한 오류를 범했다. 물론 다툼도 있었다. 가끔 이해할 수 없는 완전한 좌절 때문에, 적어도 정신적 타격을 이해해 줄 거라는 기분으로 주먹을 휘두르고 싶다"고 썼다.[100]

---

100) Edward Hall, 조용한 언어(Silent Language), Doubleday, 1959—결론 ~8장까지—조직패턴(The Organizing Pattern)

우리의 목적은 관찰 기술을 향상시키는 것이다. 의미를 생각하는 과정은 또 다른 문제이므로, 다음의 경험에 바탕을 둔 방법을 제안한다. "관찰 하나는 그냥 일화일 뿐이고, 두 가지 관찰은 첫 번째 가설을 만들기에 충분할 뿐이다. 적어도 3가지 사례를 가져야 정말 하나의 패턴을 가진다."라고 한 존 그린더의 말을 기억하라. 발견한 패턴에는 두 가지 구성 요소가 있다는 것도 기억하라. 첫 번째로 관찰이 있고, 그리고 나서 이 관찰에서 얻은 의미가 있다. 더구나 "진짜" 의미는 우선 관찰한 데이터를 전달한 사람에게 달려 있다는 것을 기억하고 자신의 결론이 바르다는 것을 확인하기 위해 필요한 질문을 물어라.

끝으로 관찰 기술을 연습할 능력에 관해 마지막 메시지를 주려 한다. 이 장의 시작 부분에서 말했듯이, 의식적 마음은 한번에 약 7개 정도의 정보에만 주의 집중할 수 있다—우울한 월요일에는 훨씬 더 적을 것이다. 이는 의식적 마음을 사용하면 동시행동 정보를 다 수집할 수 없다는 뜻이다. 정말로 대화 내용에 주의를 기울이면 의식적 마음은 이미 잃어버릴 수도 있다. 그래서 끊임없이 정보를 얻어내고 패턴을 알아차릴 때마다 알려주도록 무의식을 훈련하라. 어떤 동시 행동 범주에 대해 관찰 스킬을 의식적으로 집중하면, 이를 달성할 수 있다. 일단 의식적으로 그것을 숙달하고, 다시 무의식적으로 할 수 있게 하라. 즉, 이는 운전하기, 읽기 등과 같은 새 기술을 배우기 위해 우리가 평생 해오고 있었던 것이다.

**이 장의
연습**

연습 7.1 되묻기(Backtracking)

A는 다음 주를 위해 계획했던 것에 관해 이야기한다. B는 키워드를 귀 기울여 듣고, 되묻기를 하기 위해 이 키워드들을 사용한다. 되묻기의 어떤 시점에서 B는 이 키워드를 자신의 말로 대체하기 시작한다. A가 어떻게 이 변화에 대응하는지 보라.

연습 7.2 동시행동 범주의 관찰

A는 어떤 도전 문제나 개인적 목적에 관해 이야기한다. B는 동시행동 범주에 보조를 맞추어서 뒤따라 행동한다. 그리고 나서 관찰자인 C는 B가 어떤 동시행동 범주를 사용했거나 그리고 사용하지 않았는지 서로 이야기한다.

연습 7.3 "생활상태 —관찰"

가게나 바에 가서 사람들이 서로 어떻게 접촉을 하는지 관찰하라. 서술적 언어만 사용하여 기록하라.

연습 7.4 토의하는 동안 자신과 다른 사람들과의 래포

토의하는 동안 일어나는 일이 무엇인지는 별도로 하고, 이 연습 목적의 하나는 내용과 비언어적 정보에 동시에 주의 기울이는 법을 배우는 것이다. 몇몇 친구들과 토의에 참여하는 동안, 공식적 연습으로서 4사람이 하거나, 비공식적으로 시험 삼아 해볼 수 있다. 4사람과 공식적으로 한다면, C는 관찰자이면서 A의 수호천사이고, D는 B의 관찰자이면서 수호천사가 된다.

공식적 연습에서 토의 내용을 알도록 적시성을 주시해야 한다. 비공식적 연습에서 여러 다른 단계를 가질 수 있도록 연습을 조금 조정해야 한다.

0 단계: 준비: 두 당사자가 강력하게 의견을 달리하는 토의 주제를 선택하여 반드시 "열의에 찬 토론"을 한다.

1step A와 B에게 주제에 관해 "자유 토론"을 하게 해서, 각자의 견해가 무엇인지, 어느 것이 문제해결의 장애인지 안다. (최대 5분)

2step A는 하나의 토의점을 명료화하기 위해 한 문장을 말한다. B는 그들의 문장을 문자 그대로 되묻는다. (동시행동 범주를 모방하기)

피드백: 되묻기가 정확하다면 A는 긍정적으로 대답하고, 그렇지 않으면 부정적으로 대답한다. 되묻기가 부정확하다면, A는 자기 견해를 더 한층 명료화할 또 다른 문장을 말한다. A가 되묻는 것에 B가 동의하고 이해했다고 느낄때까지 계속하라.

3step 2단계에서처럼―B는 이제 자신의 견해를 말함으로써 리드를 잡는다. A는 지금 이것과 동시행동하며 뒤따른다. 이제 B는 피드백을 준다.

4step A는 이제 상대other 참여자의 견해를 약화시키는 토론을 전개한다―극단까지 생각하고, 조롱하고, 비판적으로 질문하는 등. B는 비판 속에서 자신들의 견해를 방어하지 않고 A를 따라하며 대답한다.

연습 7.5 "까다로운" 고객과 래포에 들어가기

역할놀이: A는 판매원, B는 까다로운 고객이다. B는 그저 고객 역할을 해야 할 뿐이다. A는 고객과 성공적 접촉을 하기 위해 여러 동시행동 범주를 사용한다.

주: 다른 상황에서도 똑같은 연습을 할 수 있다. 예를 들면 A는 교사, 비행기의 체크인 카운터의 승무원일 수도 있다. B는 학생, 수하물이 무게 제한을 넘은 승객 등이다.

연습 7.6 대화를 끝내기 위해 조화되지 않기

1step A는 경험에 관해 이야기하고, B는 귀를 기울여 들으며 래포를 구축한다.

2step 주어진 순간에—B가 이전에 선정한—B는 대화가 바닥나도록 우아한 방법—너무 명료하지 않은—으로 조화되지 않기 시작한다.

3step 일단 대화가 멎으면, 중단했던 대화를 다시 시작하기 위해 래포 구축 스킬을 사용하라.(그 단계를 여러 번 반복하라.)

연습 7.7 어떤 사람을 감정상태로 인도하기

사람 A: 다른 사람을 어떤 좋은 상태로 가이드하고 싶은지 결정하라(예: 릴랙스하여 편안한 상태, 호기심, 방심하지 않고 경계하기 등). 이 목적 달성을 위해 적절하게 **어떤 행동을 할 수 있을까?**(예: 릴랙스 상태: 동작 속도를 늦추면서 평화적 사건에 관해 천천히 이야기 하기 등)

이제 B가 이 순간에 하고 있는 것에 대해 B와 대화를 시작하라. B와 래포를 구축하기 위한 순간을 택하고 나서, 천천히 목적 달성을 위해 리드를 잡는다. 마음 속에 그러한 목적을 갖고 여러 동시행동 범주들을 사용하라.

연습 7.8 거짓말에 대한 무의식적 반응 읽기

이 연습은 이미 제시한 "마음읽기" 연습과 비슷하다.

A에게 거짓 이야기를 하고 나서 다음에 진짜 이야기를 하게 한다. 이 이야기들을 하는 동안, B는 진실 대 거짓을 말하는 것에 어울리는 비언어적 단서들에 대해 반응을 읽어낸다.

이제 A는 세 번째 이야기—진실이나, 거짓을 선택해서—를 한다. 비언어적 요소에 근거하여 B는 그 이야기가 진실인지 거짓인지를 결정해야 한다.

연습 7.9 언행 불일치를 찾기

A는 조금 전에 스스로 설정했던 목적이나, 깨닫지는 못했지만 또는 잠시

동안 존재했던 문제에 관해 이야기한다.

B는 불일치를 찾는다. 비언어적 언어가 그 사람이 말하고 있는 내용과 어디서 모순되는가?

설명이 끝날 때, B는 눈치챘던 불일치를 A에게 설명한다. 이 불일치들이 무슨 의미인지 찾아낸다.

결론:
관계맺기와 감성지혜 얻기

"늘 해왔던 것만 한다면, 늘 얻은 것만 얻게 될 것이다."
—아브라함 머슬로우(Abraham Maslow)

새로운 감성역량

90%의 독자들이 대부분의 논픽션 책들을 끝까지 읽지 못하는 것을 생각하면, 여러분이 이 책을 다 읽어냈다는 것이 기쁘다. 여러분들이 이미 노력의 대가를 받았다고 느끼며, 집에서든 직장에서든 또는 그 외 다른 곳에서든, 일상적 상황에서 책에 있는 방법들을 즐겁게 적용하기 바란다. 인생의 성공에 대해, 그리고 더 잘할 수 있었던 일들에 대해 이야기하라. 그러면 일이 잘 안 되는 곳을 찾는데 도움이 될 수 있다. 성공은 연습에 달려있다고 한다. 많은 인생사와 마찬가지로, 이러한 스킬에 정통하려면 연습이 필요하다. 로마는 하루 아침에 이루어지지 않았다. 스킬을 적용하는 방법에 관해 많은 아이디어를 주기 위해 각 장에 연습문제를 넣었다. 감성 지능을 연마하고 육성하는 데에 관계될 수도 있는 다른 것들도 고려해 보라.

수년 동안 감성 지능이 가장 높은 사람들이 어떻게 새로운 일을 시험 삼아 하고 싶어하고, 새로운 유대관계를 갖는 것에 감사하며, 자신을 멋있게 꾸미기를 즐기는지 알아냈다. 감성EQ은 자신의 길을 가로막는 문제 해결에 도움이 되므로 문제 해결을 더 잘하게 된다. 그래서 계속 공부하고 감탄할 만한 스킬을 가진 사람들과 사귀면서, 우선 어떻게 그것을 해내는지 알아내라. 우선 주의를 끌었던 탁월성을 어떻게 이루었는지 질문하라. 탁월하게 되도록 그들에게 동기 부여한 것이 무엇인지, 그들의 능력을 이끌어낸 가치가 무엇인지 등을 알 때까지 계속 질문하라. 그들은 자신들의 일에 당신이 진지한 관심을 가지고 있다는 것을 눈치채면, 대부분 그 정보를 당신과 공유하고 싶어할 것이다.

환경이 어떤 식으로 변하든 간에, 환경에 대한 반응은 미래에 얻게 될 결과를 결정해준다. 일어나는 일에 대해 날씨나 경제, 또는 상사를 탓하고 싶은 사람들도 있지만, 이런 요소들은 자신이 통제할 수 없는 것임을 명심하라. 단지 통제할 수 있는 것은 환경에 대한 대응 방식이다. 필요하면 반응을 바꿀 수 있다. 반응을 바꾸는 방법을 모른다면, 이런 혼란 시대에 번창할 수 있는 주변 사람들을 찾아 그들이 어떻게 하는지 물어보는 것이다.

전문적 문헌은 최소한 4가지 학습방식이 있다고 한다.

1. 모델링에 의한 학습

자신이 만든 모델은 자신과 관찰하는 사람들의 상호작용에서 나온다. 이전에 설명했듯이, 관찰한 것이나 기억하는 것은 무엇이나 여과된다. 그래서 자신의 모델은 다른 누군가의 모델과는 다르다. 모델링은 사람들이 자연스럽게 하는 것이다. 아기들은 확실히 결점과 모든 것까지 그 부모들을 흉내내는 것으로 삶을 배우기 시작한다. 성인으로서 우리는 특정기술을 잘 하는 사람들을 계속 찾으며, 그들이 하는 방식을 찾아내고 배우고 싶어한다. 두 가지 학습 형태 차이는 뭘까? 성인으로서 그 과정은 보다 더 의식적으로 추론한다. 필터에 따라 모델을 선택할 수 있기 때문이다. 아기들은 이러한 순수한 필터와 그 구조를 아직 발달시키지 않았기 때문에 선택권이 없다. 정말 아기가 어머니의 면역 시스템을 가지고 태어나는 것과 똑같은 방식으로 아기들은 확실히 부모의 필터를 더 좋게 또는 더 나쁘게 흡수하며, 훗날에서야 그것들을 계속 지닐지 또는 거부할지를 선택한다.

이 책에 소개했던 모델들은 이 필터들 중 몇가지를 무시하거나 갱신하면서 보다 체계적이고 조직적인 방법으로 모델링에 접근시키는 것을 목적으로 한다. 바로 이것이 신경언어학적 교육 효과를 명확히 밝혀준다. 모델링은 내용보다는 오히려 구조에 기초해 있기 때문에, 이 책에 제시한 모델들을 그대로 적용하여 한 사람의 특정 스킬을 모델링 하는 사람은 실제로 관찰했던 것에 매우 유사한 모델이 되고자 한다. 모델들을 명확히 사용할 때, 이를 분석적 모델링이라 한다.

2. 실험에 의한 학습

관찰과 모델링은 충분치 않다. 일단 뭔가를 하는 방법을 안다고 생각하면, 자신의 스킬을 시험해 보아야 한다. 그렇지 않으면 추상적 이론인 채로 남아있다. 관조적 시각에서 한가지 주제에 관해 알고 있다. 능동적으로 연습하면, 경험을 구체화한다. 경험에 몰입하면 감각구체적 방법으로 스킬을 습득하고 또한 스킬을 적당히 짜 맞추는 것을 배운다. 이렇게 보다 풍부하게 학습을 암호화하면 학습속도를 상당히 높여줄 것이다. 책과 테이프로 외국어 학습하기와 몇 주 동안 외국에 있는 것을 비교하라. 어느 것이 더 신속한 결과가 나올까? 물론 하나의 모델에 의존하지 말고 그냥 시험삼아 해보고, 마음이 끌리는 것을 찾아내서 실험할 수 있다. 하지만 모델 없이 실험에 의한 학습은 매우 느리다. 에디슨은 만 번의 실험을 거친 후에야 좋은 전구를 만드는 방법을 알아냈다. 만약 모델을 하나만 가지고 있다면 그 새 스킬을 시험할 기회를 찾을 필요가 있을 뿐이다. 시작하는 좋은 방법은 매일 저녁 "내일 감성 역량을 어디서 활용하고 싶을까?"를 자문해 보는 것이다.

3. 이론으로 배우기

책, 교육과정과 다른 자료들도 새 스킬의 기초를 다지는데 필요한 지식을 제공해준다.

4. 과거 경험에서 배우기

새로운 문제를 해결해야 할 때, 시작하기 위해 과거 경험을 사용하고 유추

해서 추론하라. 또는 이 책에서 배운 대로 과거의 준거 경험을 기억해서, 새 문제를 해결하는 자원상태로 활용하라.

위에서 읽었던 여러 학습법은 실제로 보완적이다. 그러나 개인적으로 다른 것보다 한 가지 스타일을 더 활용한다. 콜브Kolb는 최적의 학습 경험이 4가지 학습 스타일을 모두 포함한다고 지적했다. 그에 반해 깊은 지식을 가지고, 아마 사람들을 관찰해서 그 방법을 찾아낸다면, 그리고 그것을 시험하고 적용하는 경험을 가진다면, 한 가지 스킬에 정통할 것이다. 이 네 가지 학습스타일 중 하나가 덜 발달된 느낌이라면, 보완적 학습 스타일을 계발하여 학습하고 싶을 것이다. 선택하는 입장에서 평생 진행중인 자아 최적화 과정에 착수함에 따라, 그레고리 베이트슨Gregory Bateson[101]이 확인했던 이 스킬이 성공적 감성 지능 계발의 열쇠이다.

완전한 역량모델 만들기

먼저 "역량"의 의미를 정확히 규정할 필요가 있다.

역량 = 능력, 결과를 얻을 수 있게 하는 것
역량을 구성하는 것은?
- 외적 행동(과정을 얻어내는 데 필요한 관찰할 수 있는 단계들)
- 내적 과정(내적 표상, 의식적 무의식적 사고과정, 신념 …)
- 이런 결과를 얻는데 도움이 되는 내적 상태.

역량은 스킬, 능력 면의 시범.

101) 그레고리 베이트슨, 마음생태학 단계 〈시카고 대학원 출판부, 1972.〉

원하든 원치 않든 얻어낸 모든 결과는 일련의 단계들의 순서 결정에서 생긴다. 외부에서 관찰 가능한 단계들이 있는 반면에, 정신적 과정으로 구성된 단계들도 있어서, 정확히 무엇이 일어날지 알아내려면 무슨 일을 하고 있는지 묻게 된다. 많은 정신적 처리과정은 지식을 포함하고 있다. 예를 들어 정부에 팔기 위해서는 정부 구매에 적절한 법률을 알고 싶어 한다. 그러나 감정 상태, 그 결과를 얻기 위해 지켜온 가치들도 포함한다.

역량 수준에서 신경언어학적 전문가들은 다음과 같이 다양한 주제를 연구했다.

- 사람들은 어떻게 결정하는가?(의사결정 전략)
- 사람들은 어떻게 스스로 동기부여하는가?(동기부여 전략)
- 사람들은 어떻게 배우는가?(학습 전략)
- 사람들은 어떻게 정확히 철자 쓰는 법을 아는가?(철자쓰기 전략)
- 어떤 사람들이 다른 사람들보다 더 빨리 치유하는가?
- 나이에도 불구하고 어떤 사람들이 놀랄 정도로 건강을 유지하는가?

스킬을 연구할 때 우리는 중립적 관점에서 연구한다. 우울하다고 느끼는 역량은 연구할만한 가치가 있을 것이다. 10년 동안 성공적으로 우울하다고 느끼는 사람을 만나게 된다면, 얻고 싶은 것이 아니라 해도 꽤 효과적인 전략이라고 할 수 있다. 그 사람들의 영향력이 긍정적이든 부정적이든, 그러한 역량 연구는 사람들의 내적 과정에 관해 그리고 어떻게 특정 감정상태에 빠지게 되는지에 대해 많은 것을 가르쳐줄 것이다. 인지과학, 특히 신경 언어학은 다른 심리학 분야들이 종종 "블랙 박스"로 다루었던 영역인 내적 과정을 연구하는 수단을 제공했다.

다음은 혼자서 역량모델을 만드는 방법이다.
자신이 배우고 싶은 것에 역량이 있는 한두 사람을 찾아내는 것부터 시작하라. 상호 인연관계를 성공적으로 구축하고 유지하는 여러 사례에 관해 그 사람에게 질문하라.

- 구체적 사례를 얻은 상황은 무엇인가?
- 결과outcome는 무엇인가?
- 어떻게 이 결과를 달성할 작정이었나?(방법)
- 원하는 결과를 달성했는가, 타인들에게 미친 영향은 무엇이었나?
- 자신과 다른 사람들이 결과를 얻기 위해 정확히 무엇을 했는가?

뭔가 모델링하고 싶으면, 존 그린더John Grinder의 충고를 기억하라. "하나의 사례는 일화이고, 두 가지 사례는 가설을 제공한다. 그러나 정말 패턴이라고 부르려면 셋 이상의 사례가 필요하다." 그래서 적어도 세 번은 의문을 제기하는 것이 좋다. 이것이 패턴이 있다는 뜻일까? 일단 사례들이 있으면, 모델들을 활용하여 유사한 것을 찾아내라. 예를 들면 어떤 신념이 이 패턴을 지지해주는가, 그 사람은 어떤 지각적 입장을 사용하는지, 주도적인 메타프로그램은 무엇인가? 일단 이러한 패턴들을 갖게 되면 잘못된 것이 있는지, 어디가 잘못되었는지를 점검하기 위해 반대 사례들을 검증하고 싶을 것이며, 혼자서 그 패턴을 시험해볼 수 있다.

새 감정 스킬을 독학하는 방법
좀더 구조화된 방법으로 제시하여 새로운 역량 계발과정에 포함해야 하는

6단계를 서술하고자 한다.

1. 목표 정의하기.

잘 만든 결과well formed outcome 모델을 활용하여

- 정확히 무엇을 배우고 싶은가―현재 어떤 상황인가? 원하는 상황은 무엇인가?
- 피드백을 받을 때 어떤 감정을 갖고 싶은가?

2. 학습과정을 지지하는 자원 찾기

자원을 찾는 몇몇 자료를 추천한다.

- 자기 삶의 어디에서 이 역량을 이미 사용한 예가 있는가?―그에 맞는 자원 상태를 앵커하고 싶을 것이다.
- 이 역량을 나타낼 수 있는 사람들을 알고 있는가?―이 사람들을 본보기로 모델링하고 싶을 것이다.
- 역량을 갖는데 도움이 되는 책, 인터넷 수업 과정 등과 같은 자료가 있는가?
- 그 역량으로 실험할 기회가 있는가?

3. 가치와 신념 지지하기

역량은 정체성, 가치체계와 따로 존재하지 않는다. 다음의 질문들을 자문해야 한다.

- 이 감정을 갖는 데 필요한 신념은 무엇인가?
- 이 감정을 가지면 누가 되고 싶은가?

4. 역량구조의 모델 만들기

모델은 다음 질문에 대한 답변을 포함해야 한다.

- 감성 역량에 포함된 여러 단계들은 무엇인가?
- 역량을 지원해주는 기본적인 메타프로그램은?

- 여러 역량 단계에 활용되어야 할 지각적 입장까지 말하는가?
- 역량의 구조는 무엇인가?—기본 감정상태, 표상체계의 배열 등
- 원하는 역량에 어떤 세부 감각 양식이 전형적인가?

5. 오래되고 원치 않는 반응 제거하기

다음 질문에 대답하라.

- 이 새 역량을 사용하지 못하게 막는 것은 무엇인가?
- 현재 행동과 다른 점은 무엇인가?
- 역량 문제를 가진 당신의 분아들이 있는가?
- 역량을 활용할 가치가 있다고 생각하는가?
- 그것을 활용하기로 결정했는가?

이 질문에 대한 답변에 따라서 이 문제들을 해결하는데 어떤 테크닉을 사용할지 결정해라.

6. 마음 속 중심 상태와 지지적인 개인 철학을 계발하기

이 역량에 관해 알고 있는 것을 얻으면, 자신이 누구인지와 어떤 관계가 있는가? 이것은 삶의 목적을 위해 자신 안에서 어떻게 정렬되는가?

이 단계들을 끝낸 후 감성 역량을 연습할 시간을 가져라.

걷기, 자전거 타기나 차 운전하기를 배웠을 때, 얼마간 시간이 지나서야 비로소 망설이거나 의식적 생각 없이 달리고, 타고 또는 운전할 수 있었다는 것을 기억하라.

한 부부의 사례로 이 단계를 보자. 첫번째 사례는 나쁜 감정을 자아내는 비판을 하지 않고 건설적 방법으로 비판을 다룰 수 있을 것이다. 두 번째 사례는 기분 나쁘게 하곤 했던 기억들을 다루는 것이다.

이런 역량들의 문제 요소를 제시한다.

	비판 다루기	기억 다루기
현재상황	상처, 내적 압박감, 죄의식	슬픔, 애착
원하는 상황	릴랙스한, 비판 받는 동안 침착한 느낌	기억에 나타나는 배려하고 사랑하고 이해하는 느낌
모델들	아는 사람들 중에서 사례를 찾거나 비판을 다룰 수 있는 사람에게 접근하기	이 스킬을 능숙하게 잘하는 어떤 사람을 알고 있는가?
자원상태	비판에 대처할 수 있었던 때를 생각해내기	손해를 처리해야 했거나 정말 이별을 말했던 때가 있었나?
신념을 지지하기	비판은 그저 또 다른 관점이다. 나는 실수해도 된다. 실패란 없고, 단지 피드백일 뿐이다. 비판은 선물이다.	나에게는 여전히 미래가 있다. 놓아버리는 것은 망각하는 것과 같지 않다. 인생은 살아가야 한다.
정체성을 지지하기	난 완벽하지 않아. 난 배우는 사람이다. 난 자기계발하고 있다.	나는 모든 것에 연관되어 있다. 진화하는 존재로서 나는 과거를 처리한다. 나는 부처이다.
역량으로 가는 단계	피드백 받는 동안 심호흡하고 혼잣말로 중얼거려라: "나는 불완전할 수 있어" 이제 다른 사람을 바라보고 얻은 정보를 반복하라.	기억이 떠오르면, 시선을 왼쪽 위로 하고, 좀 떨어진 곳에 시각적 이미지를 놓고, 혼잣말로 중얼거려라. "이 기억에 감사한다." "'현재의 나'가 되게 해 주었다. 이제 나는 보다 좋게 나아갈 수 있도록 편안한 곳에 이 기억을 주고 싶다." 복식호흡으로 바꾼다.
표상채널과 세부감각 양식	나는 필요한 만큼 떨어져서 그 사람이 비판하게 놓아둔다. 목소리의 세부감각양식을 바꿀 수 있어서 비판이 비난이 아니라 정보처럼 들린다.	내 앞에 이미지를 투사하는 것과는 반대로, 과거의 경험을 두는 정신적 영역에 시각적 이미지를 둔다.
메타프로그램들	내적 준거 목표지향적 선택권 타인에게 관심	차이 선택권 전체적 개요
지각적 입장	관찰자입장 + 타인(2차)의 입장	3차 입장

최종
연습

이 연습들은 여러 모델들을 통합하도록 하기 위해 이 책에 있는 여러 모델
들을 하나의 과정으로 결합했다.

연습 1 감정의 구조
기쁨과 감사, 또는 수치심과 양심의 가책, 또는 혐오와 증오, 또는 두려움
과 안도와 같은 관련 감정들을 2개씩 조로 선택한다. 이런 감정상태에 대
해 자신에게 좋은 개인적 준거가 되는 몇 가지 경험들 속에 스스로 몰입하
여 다음 질문에 답하라.

	감정 1	관련 감정 2
관련된 주요 논리적 수준은 무엇인가?		
시간 구조 (시간 속에서/시간을 통해서: 미래 과거 현재지향)		
주로 어느 지각적 입장이 나타나는가? 어느 것이 빠져있나?		
조동사(~ 해야 한다. ~ 할 수 있다. ~ 해도 좋다. ~하고 싶다.)		
관련된 기준		

연습 2 해결의 감정신호
반복되는 부정적 감정을 자주 경험하는 상황을 선택하라.
- 왜 그런 감정을 가지고 있나? 그 의도가 뭔가? 자신에게 주는 메시지는

뭔가?

- 목표는 잘 만들어져 있는가? 그렇지 않으면 다시 목표를 잘 만들어라.
- 감정 신호 없이 이 목표를 달성할 수 있는가?
- 그 목표를 달성하기 위해 더 성공적인 어떤 방법을 생각할 수 있는가?
- 그 목표를 달성하기 위해 어떤 자원을 가지고 있는가? 자원상태 속으로 몰입하여 세부 감각 양식을 바꾸어서 그 상태를 개선한다.

연습 3 자원 구성하기

자신의 현재상태와 원하는 상태를 쓴다. 이 책에 나온 모델들에 따라서 각 상태들을 분석한다. 각 모델에 따라서 그것들 간의 차이가 무엇인지 알아낸다. 그 격차를 메울 능력이 있는 자원들 또는 결합된 자원들은 무엇이라고 생각하는가? 그에 대한 준거 경험은 무엇일까?

	현재 상황	원하는 상황	자원
관련된 주요 논리적 수준은 무엇인가			
메타모델 패턴은?			
어느 지각적 수준이 주로 나타나는가? 어느 것이 빠져있는가?			
VAKOG와 전략들			
메타프로그램들			

연습 4 패턴발견

오늘 일할 때, 또는 인간관계나 또 다른 상황에서 어떤 문제에 직면해 있는가? 그런 문제들에 대해 3가지 구체적 사례를 찾아라.

(언제, 어디서, 무슨 일이 일어났는가 …)

각 사례들에 대해 이 책에 있는 모델들을 활용하여 다음의 표에 분석하라. 각 사례들에서 무슨 요소가 생각나는가?(공통패턴이 있는가?)

	사례 1	사례 2	사례 3
감정 상태는 무엇인가?			
관련된 주요 논리적 수준은 무엇인가?			
메타모델 패턴은?			
어느 지각적 입장이 주로 나타나는가? 어느 것이 빠져있는가?			
VAKOG와 전략			
세부감각양식			
메타프로그램			

요점
정리

감성 지능을 초월하기

서문에 말했던 것처럼 골면Goleman은 감성 지능에 대해 샐로비Salovey의 정의를 빌려와서 감성 지능을 키우는데 필요한 5가지 구체적 능력의 중요성에 주목하여 감성 지능의 유용성을 설명했다.

- 자기 감정에 대한 지식.
- 자기 감정을 조절하기.
- 자기 동기부여.
- 서로의 감정을 인식하기.
- 인간관계의 기술.

우리는 이 책의 서두에서 감성 지능을 계발하는 수단Tools을 제공하겠다고 약속했다. 골면이 그의 첫 번째 저서의 후속인 '감성 지능으로 일하기'에 있는 최상의 연습에 관한 장에서 " 또 다른 이름으로 제공했었던 프로그램을 그냥 재포장하거나 조금 재편성하는 사람들"에게 했던 반대 경고에 동의한다. 이 책을 이해하려는 노력에 보답하기 위해 골면이 열망했던 최상의 연습들을 설명할 것이다.

이 책은 감성 지능 훈련입문서 구조이다. 그래서 이미 NLP(신경언어프로그램)에 대한 실체적인 지식을 가졌다 하더라도, 전통적 NLP 책이 포함한 것을 이 책과 비교하면, 이 책이 암시적으로 다르게 강조하며 새로운 내용을 많이 포함한 것을 알아차릴 것이다. 시작부터 샐로비Salovey의 정의를 이용한 감성 지능 계발 방법을 알려준다는 결과outcome때문에 이 책을 쓰게 되었고 감성 지능을 계발에 필요한 내용을 7단계로 제시했다.

- 감정에 귀를 기울여서 감정이 주는 메시지가 무엇인지 찾아내기.
- 적절한 질문을 하고 여러 지각적 해결책을 이용하기.
- 원하는 해결책을 만들어내기 위해 창의성 전략을 사용하기.
- 자신이 누구인지에 알맞게 원하는 것을 계획하기.
- 자신의 목적에 도움이 되도록 감정 관리하기.
- 여러 상황에 걸쳐 역량을 활용하고 타인들에게서 확인한 우수성 모델링 하기.
- 갈등 해결과 자신 및 남들과 조화되어 살기.

그래서 남은 질문은 "어떤 방법으로 이 내용을 골먼이 사용했던 샐로비의 정의에 관련시키는가?"이다.

자신의 감정 알기와 감정 관리는 탁월성의 원Circle of Excellence과 결합된 상태 관리 개념에 부합한다. 정말 외적 행동, 내적 처리와 내적 상태 간의 관계를 깨달았을 것이다. 구성요소로서 앵커링, 몰입과 관조를 활용하여 자신의 상태를 어떻게 관리하는지, 성공적인 감정 관리의 자원으로서 과거의 성공적인 상태를 어떻게 활용하는지를 설명했다.

자기 동기부여는 제시된 여러 모델들의 결과이다. 메타프로그램(4장)과 논리적 수준(2장)을 활용하여 사람들이 스스로 어떻게 동기부여하는지, 그리고 환경과 어떻게 조화하는지를 보여준다. 예를 들어 자신의 핵심 신념이 회사 내에서 공유되지 않는 직원은 강한 내적 준거를 가졌다고 해도 스트레스가 생기고 의욕이 상실되는 불일치를 경험할 것이다. 잘 만들어진 결과outcome와 결합한 T O T E 모델(3장)은 계획 실현을 위해 동기부여 해주는 또 하나의 중요한 구성요소이다.

다른 사람의 감정 인식하기는 무의식적 반응읽기Calibration 스킬(7장)을 배우면 된다. 신체자세마다 언제나 의미가 있다고 결론을 내리기보다는 오히려 그 사람의 어떤 비언어적 신호가 내적 상태에 부합하는지를 알아내려고 했다. 골먼이 이 범주 속에 놓은 두 번째 요소는 공감empathy이며, 2차 지각적 입장과 관련되어 있다.(5장)

지각적 입장과 특히 메타—미러 테크닉(5장)은 인간관계 기술을 이해하고 계발시키는 유용한 툴이다. 래포의 원리와 래포 구축 테크닉(7장)은 환경과의 관계 개선에 도움이 된다.

우리의 목적에 NLP 교육이 이상적이어서 많은 답변들은 1980년까지 "NLP" 내용을 기본 구성요소로 기초했다. NLP분야에서 단 두 사람, 레슬리 카메론 벤들러Leslie Cameron Bandler와 마이클 레보Michael Lebeau는, 이 책에서 토의하고 제시된 몇 가지와 비슷한 내용을 활용했고, EQ라는 개념이 규정되기 전에 감성 지능을 명확하게 다루려고 시도했다.

카메론 벤들러와 레보의 책, '감정의 인질The Emotional Hostage 1986'은 "감성 지능의 가장 중요한 스킬은 아동기 동안에 결정적 시기가 있다. 각 시기는 아동에게 유용한 감성적 습관을 가르칠 기회이다. 그러나 그 기회를 놓치면 훗날에 교정하기는 훨씬 더 어려워진다."라고 골먼이 쓰면서 잊어버리고 읽지 않았던 주요 참고서이다. 골먼이 이 책을 읽었더라면, 특히 아동기에 놓친 기회를 교정하기가 어렵다는 것과는 매우 다른 결론에 도달했을 것이다.

그래서 여러 다른 책들처럼 전형적인 조언과 수법을 그저 제공하기보다는, 오히려 감성 지능의 계발과 증진을 위해 어린이와 성인들도 NLP를 이용할 수 있다는 그 개념을 제시했다. 이 때문에 이 책과 일반적인 NLP교육에서 배운 것을 적용하는 것은, 로버트 쿠퍼Robert Cooper와 아이맨 사와프Ayman Sawaf가 "중역들의 감성 지능Executive EQ, 1997"이라는 저서에서 제시한 것과 같이, 감성 지능EQ 검사에서 점수를 높이는데 도움이 될 것이다.

정말 나(패트릭)의 개인적 경험으로는 이 책에서 다룬 내용에 대해 아무런 선행지식도 없는 성인이 7주에 걸쳐 약 24시간 교육과정에서 골먼Goleman의 책에 대한 답변을 알 수 있다는 것이다. 우리는 교육 동안 사전 평가와 사후 평가를 실행했으며, 참여자들의 감성 지능은 10~15% 향상을 보인다는 것을 알아냈다.

결론: 감성 지능에서 감성 지혜로

이 책 전체에 걸쳐 제시하고 있듯이 보통 정의되는 감성 지능 계발은 반쪽 그림일 뿐이다. 지능에 대한 감정적 내용을 인정하고 관리하는 것은 첫 단계에 불과하다. 이 중요한 단계가 없다는 더 진전될 수 없다.

그러나 일단 이것을 해냈으면, 할 일이 더 많이 있고 재미를 갖기 시작한다. 결국 감정상태에 따라 다른 것들을 하거나 또는 하지 못하게 내버려 둔 채로, 무의식적으로 감정생활을 해간다. 감정을 억제하면서 남은 여생을 보내고 싶은가? 물론 아닐 것이다. 억제한다는 것 자체가 인생을 즐기기에 충분할까? 아마 아닐 것이다. 운전을 즐기기 위해 자동차 기능공이 되어야 할까? 암암리에 또는 명시적으로 믿었던 사람들에게 통제를 위임했던 시기들, 그리고 재미와 그때 경험했던 자유로움을 모두 기억하라.

자신의 감정과 다른 사람들의 감정에 관한 것들, 무의식이 작동하는 방식에 관해 배웠고, 아마 생애 처음으로 자신이 누구인지—정체성—에 일치하게 내면 존재와의 래포를 이루어 좋은 사이가 되었을 것이다. 감성 지능에 관한 문제가 있다는 것조차도 못했던 무의식적 무능력에서부터 감성 지능에 관한 공부를 하기로 결심한 의식적 무능력까지의 일을 따라갔다. 이 책을 파악하러 갔던—감정의 역할과 감정을 변화시키는 법을 인정할 때, 바로 첫 단계를 해냈으며, 이렇게 하는 것에 관해 의식적 능력 수준에 도달했다. 이제 감성 지능에 관한 전통적 관점을 넘어 다음 단계를 취할 준비가 되어 있다. 스킬을 연습해서 더 쉽게 노력할 필요 없이 그것들을 마음 속에 떠올린다는 것을 아마도 이미 알고 있다.

어떤 순간에 최고의 감정을 주는 무의식을 그냥 믿는 것은 어떨까? 감정 통제 욕구가 줄어들면 노력하지 않아도 삶은 더 쉬워진다. 점차로 무의식의 작동을 믿고 이 새로운 방식들을 자신에게 적용할 것이고, 삶에서 그것들을 의식적으로 연습하지 않아도 향상이 일어날 것이다. 자신에 대해, 그리고 다른 사람들과 함께 감정적으로 적절하게 행동하기 위해, 스스로를 믿는 무의식적 능력 수준에서 작용하기 시작할 것이다. 무의식이 감정적으로 적절하게 되도록 그 지혜를 적용할 것이다. 즐겁게 지적으로 감정적이 될 것이며, 여기서 진짜 재미가 시작될 것이다.

예전에 실패했던 상황 때문에 상처를 입지 않았다고 깨달으면 기분이 어떨까? 이제 그런 상황을 통해 살아온 방식에 주의를 기울여보는 것은 어떨까? 무의식적 능력을 의식적으로 지각하는 것, 이를 실감하면 어떤 기분일까?

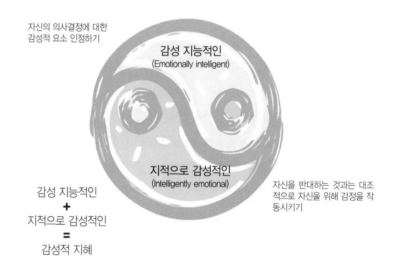

자신의 의사결정에 대한
감성적 요소 인정하기

감성 지능적인
(Emotionally intelligent)

지적으로 감성적인
(Intelligently emotional)

감성 지능적인
+
지적으로 감성적인
=
감성적 지혜

자신을 반대하는 것과는 대조
적으로 자신을 위해 감정을 작
동시키기

지금부터 상황이 뭔가 완벽할 거라고 말하는 것은 아니다. 그러나 극복할 도구와 방법, 경험을 통해 학습하는 방법을 습득해서 자기에게 유리하게 상황을 바꿀 수 있을 것이다. 이는 감성 지능 이상이다. 감성지혜의 시작이다.

그럼 여러분의 남은 인생을 마음대로 살라. 편안히 하라.
그리고, 지금까지 우리가 말한 것을 인정하고 즐기라!

이 책에서 다루었던 도구Tool, 역량과 신념을 통합하고 싶다면 정기적으로 그것들을 연습하도록 권장하고, 일상생활에서 활용하는 법을 찾아내라. 다음 표는 앞으로 14일 이상 할 수 있는 "감성 지능 요법"을 제시한다.

1일: "지도는 영토가 아니다"를 하루 동안 세상을 조사할 필터로서 사용하라. 다른 사람들의 견해를 이해하고, 자신과는 다른 의견이 떠오르면 배울 것이 무엇이 있는지 알아내라.

2일: 오늘 무슨 일이 일어나든지, 사람들이 당신에게 무슨 말을 하고 있는지, 한계가 무엇인지, 당신이 듣고 있는 구체적이지 않은 명사들, 구체적이지 않은 동사들이 무엇인지를 조사하라. 그런 것들을 질문하고 당신이 그런 질문들을 어떻게 묻고 있는지를 조사하라. 대답에 대하여 공손하고 관심을 나타내는 경청 태도를 가져라.

3일: 오늘, 누군가에게 질문을 하기 전에, 먼저 "내 목적은 무엇이며, 나는 무엇을 알고 싶지?"라는 질문을 자문하라.

4일: 오늘 착수하는 모든 목표들을 잘 규정된 조건에 맞춰 점검하라.

5일: 매 시간마다 자원이 풍부한 최적의 상태에 접근함으로써 시작하라. 그리고 그 상태의 훌륭한 준거 경험에 몰입하라.

6일: 오늘 스친 것이 무엇이든 간에 배울 것이 무엇이 있는지 알아내라. 이 경로에서 도움이 될 최적 학습상태에 있어라.

7일: 자신의 개인적 비전과 미션을 쓰라. 이 진술에 관련하여 지난 주를 평가하라. 사명을 실행할 기회를 어디서 놓쳤는가? 미래에 그러한 기회를 잡는다는 것을 어떻게 확실하게 할까?

8일: 오늘은 집에 시계를 두고 올 날이다. 시간이 흐르는 대로 살아라. 정말 필요하다면 놓칠지도 모르는 회의에 관해 경고를 해줄 외부 자원을 활용할 수 있다.

9일: 오늘 만날 모든 사람들의 목록을 작성하여 하루를 시작하라. 그 사람들을 만나기 전에 이 만남을 그들이 어떻게 경청할지를 알아내기 위해 각 사람에게 대략 2분을 쓰라. 회의 동안 이 정보를 사용하라. 이렇게 하는 것이 이 사람들을 만났던 행사와 어느 정도로 다른 모임이 되게 했는지를 그 날이 끝날 때에 평가하라.

10일: 최근에 접촉을 하지 않은 사람들 목록을 작성하라. 그들이 당신과 함께 가졌던 지난 모임을 어떻게 경험했는지에 관해 생각하라(2차 입장 사용). 새 미팅을 잡기 위해 그들 중 몇 사람에게 전화하고 싶을지도 모른다.

11일: 대화 상대자의 말을 듣고 있는 동안 무엇을 눈치채는가? 상대의 선호 표상채널에 관해 얻은 표시들에 근거해서 사용하는 표상채널에 맞추는 멋진 날이다. (예: 술어, 눈동자 움직임, 세부감각양식……)

12일: 특히 대화 상대자의 신체 자세 변화와 신체언어를 관찰하라. 어떤 패턴을 발견했는가? 신체언어에 대해 몇몇 세심한 조화하기(매칭)를 활용한다면 무슨 일이 일어나는가?

13일: 오늘 창의성을 더 많이, 어디서 사용할 수 있는가? 월트 디즈니 창의성 전략을 사용하여 그런 구체적 문제를 다루어라. 그냥 혼자 있는 상황에서인가 또는 다른 사람들이 포함되어 있는가?

14일: 각 장에 한두 가지 새로운 연습을 발명하라. 이는 다음 14일 동안 "감성 지능 요법"을 제공해 준다. 연습을 새로 만드는데 영감이 필요하다면, 창의성 상태에 들어가거나 월트 디즈니 창의성 전략을 사용하라. 그 연습을 향상시켜 체계화하고 싶다면, 잘 규정된 결과를 사용하라.

이 순간에 영국과 프랑스에 있는 우리의 훈련센터는 이 책에 기초하여 공개 영어프로그램을 제공하거나 그것을 증진시키고 있다. 주제와 기간에 관해 알아내기 위해 사람들과 접촉한다. 그 다음에 집단 멤버들이 미국, 러시아, 독일, 이태리, 벨기에, 홍콩, 한국 그리고 기타 지역에서 훈련을 한다.

또한 기업 내 교육을 많이 실행했다. 우리의 고객 기반은 여러 개의 유명한 회사를 포함한다. 감성 지능 프로그램의 다음으로, 훈련 주제는 신규 모집, 세일즈, 문화적 변화, 코칭, 리더십, 커뮤니케이션 스킬 등을 포함하고 있다.

컨설팅

탁월성의 비결은 무엇인가? 모델링은 이를 찾아내는데 도움이 될 것이다. 이 프로젝트 유형은 통합적 관점 집단의 핵심 역량으로 분류된다.

- 모델에 근거한 신규 모집: 어떤 기능에 맞는 3명의 최고 직원을 선택하라. 그들을 3명의 보다 잘하지 않는 일반직원에 비교하라. 무슨 차이가 있을까? 이런 유형의 연구에서 무슨 태도와 어떤 스킬이 그 기능에 결정적인지, 이 프로파일에 집중하는 최상의 지원자를 선발하기 위해 취업광고를 어떻게 고안할지, 신규모집과정과 면접을 어떻게 구성할 것인지를 확인하게 해준다. 일단 지원자가 채용되면, 탁월한 프로필과 지원자의 프로필 간의 격차를 메우기 위해 어떤 코칭이 필요할 것인지를 제안한다.
- 모델에 근거한 마케팅: 좋은 고객은 누구인가? 그들이 구매해서 당신의 상품을 사용한다는 결정을 어떻게 내리는가? 마케팅 캠페인을 설계하기 위해 이 질문에 대한 대답을 활용하라.
- 지식관리: 1980년대 이후로 지식에 관한 문제는 "회사 전체에 걸쳐 우리의 핵심 지식을 어떻게 살포할 수 있을까?"였다. 이것때문에 "지식 습득

병목현상"을 발생했다. 그래서 훈련프로그램과 회사의 가치와 문화에 사람들을 소개하는 CD —ROM들을 개발했다. 또한 회사들이 이러한 지식을 명시해서 기획 재정적 의사결정 등을 위한 전문가 체제를 포함하여 그것을 관리하는 더 좋은 방법을 찾도록 했다.

코칭

- **행동지향적 코칭:** 현직에서의 성과 분석에 기초하여 개인의 성과 영역에서 약점을 설명해주는 패턴을 확인한다. 개인의 약한 영역에 달려 들어 치료할 행동을 명확히 하는데 도움을 준다.
- **역량발달:** 개인의 역량 분석에 기초하여 장애물을 극복하고 개선하고 싶은 영역에 필요한 자원을 찾는데 도움을 준다.

Integral Perspectives Contact Addresses

프랑스와 국제적:
PNL—REPERE
78 Av General Michel Bizot
F—75012 Paris
email:formation@repere—pnl.com
website:www.repere—pnl.com

영국:
PGPE(denis Bridoux)
Post—Graduate Managerial and
 Professional Education
P.O.Bax 506 Halifax, W. Yorks. HX1 5UF
Tel:+44(0)1422 343165
Fax:+44(0)1422 251296
email:PGPE@outcome.demon.co.uk

벨기에:
Acknowedge(Patrick Merlevede)
Bardelare18
B—99712 Lembeke
Tel:+32(75)87. 08. 52
Fax:+32(9)378.48.88
email:PatrickM@acknowledge.net
website:www.acknowledge.net

School NLP(Rudy Vandamme)
St.Reneldisplein 3
B—3001 Leuven
Tel:+32(75)61.15.23
Fax:+32(16)60.15.23
e—mail:goforconnection@pi.be
website:www.ping.be/connection

용어해설(Glossary)

여기에는 신경언어학의 어휘에서 가장 중요한 용어들의 간단한 정의를 모았다. 이 모든 용어들은 7개의 장에서 널리 다루어진 것들이다.

Alignment(정렬): 모든 점이 한 곳에 집중하고 상호 간에 서로를 지원하도록 커뮤니케이션의 모든 구성요소와 성격 사이에 조화를 확보하는 방식(조화, 생태, 래포, 시너지)

Anchor(앵커): 일반적으로 반응(행동주의에서 정의된 바와 같은)을 일으키는 자극들, 보다 구체적으로 어떤 감정 상태를 활성화시키거나 생각해내는 방식. 대부분의 앵커들은 무의식적인 "자동적"방법으로 갖고 다니지만, 각자 심사 숙고해서 자신의 앵커를 창조한다.

Anchoring(앵커링): 자극이 활성화된다면 반응(감정상태)이 즉각 뒤따르도록 자극을 반응에 연결하는 과정

Association(몰입하기): 그 당시에 이용할 수 있는 모든 감각 정보에 접근해서 신체 속에서부터 상황이나 기억을 경험하는 것, 디지털 세부감각양식형태(관조하기, 세부감각양식을 보라)

Calibration(무의식적 반응과 표정읽기): 반복된 행동패턴을 구체적 내면상태와 사고 방식에 관련지어 생각함으로써 그 사람의 머릿속에서 무슨 일이 일어나는지에 관해 추측하는 훈련을 하기 위해 감각적 지각을 활용하여 집중 관찰하는 방법

Congruence(일치): 우리 행동이 자원이 풍부한 방식으로 우리의 신념에 조화될 때. 내면의 갈등이 전혀 보이지 않고 내면의 래포가 성취될 때(정렬, 생태, 래포, 시너지를 보라)

Content(내용): 대개 이야기 방식으로 표현된 어떤 경험 속에 포함된 정보

Criteria(준거): 결과의 만족에 필수적인 가치 유형

Disney Creativity Strategy(디즈니 창의성전략): 사람들을 몽상가, 현실가, 비평가로 분류하는 메타프로그램 유형에 기초하여 창의성을 생성시킬 목적을 가진 특수한 모델

Dissociating(관조하기): 마치 자신의 몸 바깥에서, 외부에서 자신을 바라보고 있는 것처럼 상황을 경험하기(몰입하기, 세부감각양식을 보라)

Ecology(생태학): 외적으로, 내적으로 모든 당사자들에게 도움이 되며 해가 전혀 없을 거라고 점검하면서 주어진 행동의 결과에 대해 감지하는 것, 진실한 승/승(win—win)

Eye—Accessing cues(눈동자 접근단서): 기억이나 구상 같은 내적 감각 표상에 접근하기 위해서 우리의 눈을 획 움직이는 방향

First Position(1차 입장): 자신의 견해(자신의 세상지도)로 시스템(세상)을 관찰하기; 자신이 몸소 세상을 지각하는 방식(몰입하기 지각적 입장을 보라)

Fourth Position(4차 입장): 전체로서 시스템 자체가 관찰하는 체제(지각적 입장을 보라)

General Semantics(일반 의미론): 주위 현실을 표현하는 방식을 조사하는 1930년대에 발전된 학문분야, NLP의 선구적인 분야

Language(언어): 가장 넓은 의미에서 이는 생화학적 정보, 신체언어, 음조, 단어와 이 모든 것들이 상호작용하고 서로 관계되는 방식을 포함한다.

Leading(유인하기): 상대가 따르도록 커뮤니케이션이나 행동에서 새로운 구성요소를 의도적으로 도입하여 상대나 집단에게 보조를 맞추고 동시에 자신을 일치시키기

Lead System(유인체제): 기억/구상 같은 내적 표상에 접근하기 위해 우선적으로 사용하는 감각시스템. 눈동자 접근단서를 통해 식별된다.

Logical Levels(논리적 수준): 일반적으로 논리적 수준은 더 높은 수준이 더 낮은 수준을 포함하는 논리적 사고의 연속적 수준들로 그 수준이 따라야 하는 규칙과 더 낮은 수준의 한계를 나타낸다. [보다 많은 정보를 원한다면 그레고리 베이트슨(Gregory Bateson)과 마이클 홀(L. Micheal Hall)의 저서를 읽어라] 신경언어학 분야는 종종 로버트 딜츠(Robert Dilts)가 개발한 모델인 신경논리적 수준을 말한다.

Matching(조화되기): 래포를 달성하려고 하는 사람과 유사한 행동패턴을 개발하여 의식적 또는 무의식적으로 자신의 행동을 변화시키는 방법

Meta－Model(메타모델): 커뮤니케이션하는 동안 관찰할 수 있는 일련의 언어 패턴으로 구성되어 있는 언어모델. 이 언어 패턴은 개인의 언어 패턴을 관찰한대로의 사실과 이 사실들에 기초하여 그 사람이 이야기한 스토리 사이에 일어나는 필터링 과정(삭제, 일반화, 왜곡)과 연관되어 있다. 질문했을 때 어떤 결과를 예상해야 할 지를 나타낸다. 메타모델은 1970년경 있었던 대로의 노암 촘스키(Noam Chomsky)의 언어학 이론에 기초해 있다.

Meta－Position(메타 포지션): 4가지 지각적 입장 중 하나에 관련된 관조된 관찰자 입장, 그 입장에 관련된 더 높은 수준이나 메타 수준을 취한다. 예를 들어 자신이 1차 입장에 관련된 메타 포지션을 취한다면 마치 자신이 어떤 역할을 하는 영화를 보고 있는 것처럼 자신을 포함하는 체제를 보고 있다.

Meta－Programs(메타프로그램): 관찰하는 동안 어떻게 행동하는지, 무엇에 주의를 기울이는지를 결정하는 일련의 정신적 필터들(예: 당신은 정보에 집중합니까? 또는 사람에 집중합니까? 무엇이 나빠질 수도 있는지에 관해 생각 중입니까? 또는 성취해야 할 목표를 강조합니까?). 우리가 사용하는 메타프로그램은 절대적이지 않고 또는 시간, 공간 또는 상황에 고정되어 있지 않다. 상황이 다르면, 개인은 다른 메타프로그램 선호를 가질 것이다. 여타의 것들 중에서 메타프로그램은 개인이 어떤 직업으로 동기 유발될 것인지 어떤지를 예측하는데 사용될 수 있으며, 그 때문에 신규모집, 코칭과 사람들을 교육하는 동안 도구로서 우리에게 도움이 될 수 있다.

Mindreading(마음읽기): 어림 짐작으로 다른 누군가의 머릿속에서 무엇이 진행되는지를 상상하는 왜곡 유형

Modeling(모델링): 개인이 사용할 때, 학습방법으로서 모델링은 도움이 될 수 있다. 보다 큰 실체가 사용할 때, 모델링은 지식관리의 도구가 된다. 모델링은 NLP의 핵심이다. 단어의 NLP의미에서 이 책 전체에 걸쳐 나타내진 방법, 영역을 사용하는 역량을 분석하여 모델링을 한다.

Neurological Levels(신경논리적 수준들): 로버트 딜츠(Robert Dilts)가 개발한 이 모델은 커뮤니케이션하는 동안 수집하는 정보를 수준들로 구조화하는데 도움이 된다. 주관적 경험을 환경, 행동, 능력, 신념, 정체성과 영성 수준들로 구분한다.

Pacing(보조 맞추기): 다른 사람과 래포를 형성하기 위해 그 사람의 행동에 자신의 행동을 맞추는 방법

Perceptual Position(지각적 입장): 세상이나 시스템을 관찰하기 위해 취할 수 있는 여러 입장들을 서술하는 모델(1차, 2차, 3차, 4차, 메타입장)

Predicates(서술어): 활동 중인 과정을 나타내는 동사, 형용사 부사와 같은 술어를 언급하는 언어학분야의 표현

Presupposition(전제): 그것만으로 이론의 기본 구조물로서 사용되며, 의식적으로 또는 무의식적으로 사실이라고 받아들이는 일련의 아이디어와 신념, 결과로 나타나는 이론은 이러한 전제들의 맨 위에 구축된다. 어떤 커뮤니케이션/행동에서든 "이미 알고 있는 사실들" 그 전제들이 거짓 또는 잘못된 것이라고 증명된다면 그 이론체계는 실패할 수도 있다.

Primary System(우선체계): 주로 정보 처리하는데 사용하는 표상채널. 개인이 사용하는 감각 구체적 언어, 특히 사용된 서술어를 들음으로 식별된다.

Rapport(래포): 2인 이상의 성공적 커뮤니케이션을 갖기 위해 사람들이 의식적 또는 무의식적으로 더 잘 이해하고 충분한 동시적 일치를 얻는 보조 맞추기(pacing)와 유인하기(leading)라 부르는 과정의 결과. 커뮤니케이션 상황에서 시너지(협동작용)의 동의어

Reframing(틀 바꾸기): 문자 그대로 "다른 틀에 놓는 것". 관찰했던 것이나 사건에 다른 해석을 하는 것

Representation Channels(표상 채널): 우리의 감각양식, 우리 감각은 세상을 관찰하는데 사용될 뿐만 아니라 외부세계에 대한 내면의 표상을 구성하여 자신의 사고를 구조화하는데 사용될 수 있다. 표상체계로 알려져 있다(VAK/OG).

Resourceful State(자원이 풍부한 상태): 우리가 결과를 달성하기 위해 적절하게 생각하고 느끼고 행동할 수 있게 해주는 마음/몸의 상태. 이 책에서 알게 될 여러 NLP 적용기법은 원하는 결과를 더 잘 얻기 위해 자원으로서 앵커와 감정 상태에 의존한다.

Second Position(2차 입장): 상대방이 관찰하는 것으로서 체제 또는 세상(몰입된: 2사람의 신념 상태 등을 사용하기), 자신을 관찰하면서 마치 상대방의 입장에 서 있는 것처럼, 상대방처럼 생각하기. 공감을 한다는 것은 2차 입장으로 들어가는 것이 필요하다.

SMART Goal(스마트 목표): 목표 달성하는 핵심 준거를 기억하기 위한 기억술: 단순/구체적, 측정가능한/자신에게 의미 있는, 달성 가능한/마치 지금처럼/모든 삶의 영역, 현실적/책임질 수 있는, 시간범위 정해진/원하는 것을 향해(잘 만든 결과를 보라)

State(상태): "감정 상태"나 "기분"의 동의어, 어떤 순간에 때 맞추어 사용하는 일련의 사고 패턴, 신념, 느낌(감정들)과 행동들로 구성된 상태

Strategy(전략): 전략을 컴퓨터 프로그램에 비유할 수 있다. 일반적으로 예측할 수 있고, NLP에서 좋은 의미에서 재생산할 수 있는 결과를 가져오는 단계 순서(사고와 행동에서),

표상채널에서 일련의 단계를 서술하기 위해 NLP에서 종종 사용된 용어: 예) 나는 "여전히 이 일을 끝내야만 해"라고 혼잣말하게 되는 책을 보고 갑자기 그 일을 시작하기 위해 에너지가 넘치는 느낌이다.(시각➔청각➔신체감각)

Submodality(세부 감각양식): 이 감각 정보 체제에 영향을 미치는 감각 구체적인, 외적 또는 내적 정보에 적용하는 필터들. 감각 정보의 매개 변수들. 세부 감각양식이 구성되는 방식은 경험의 질에 영향을 미치고 그러므로 그 의미에도 영향을 미친다. 또한 표상 구별로 알려져 있다.

Synchronization(동시행동): 래포 형성을 위해 다른 사람의 행동에 더 비슷해지기 위해 자신의 행동을 의식적으로 무의식적으로 적응하는 방법

Synergy(공동 협력작용): 시스템의 모든 부분이 함께 조화해서 작용할 때, 이용할 수 있는 전체 에너지는 각 부분이 제공하는 에너지의 총합보다 더 크다. 새로운 속성은 시스템 안에서 상승효과로 나타난다.

Third Position(3 차 입장): 제3자가 완전한 시스템을 관찰할 수 있는 관점(동시에 1차 입장과 2차 입장을 볼 수 있다는 의미)(지각적 입장을 보라)

TOTE Model(토테 모델): TOTE는 "시험(Test)―작용(Operate)―시험(Test)―출구(Exit)의 약어" TOTE모델은 목표를 향해 일하는 동안 취하는 행위를 교정하기 위해 목표 계획을 명확히 하기 위해 사용될 수 있고 어떻게 피드백을 활용할지, 목표에 어떻게 도달할지를 결정하는 기획 모델이다. 이 모델은 1957년에 밀러(Miller), 갈란터(Galanter), 프리브램(Pribram)이 발표한 "계획과 행동의 구조화"라는 책에서 최초로 서술되었다.

Unconscious(무의식): 외적 또는 내적이든, 행동적 또는 인지적이든, 어느 순간에 때맞추어 자신이 자각하지 못하는 자신의 국면. 이 책을 읽는 것과 같은 보다 중요한 일에 주의를 기울일 수 있도록 자신을 위한 일을 하는 자신의 그런 국면

VAK/OG: 5가지 감각, 시각, 청각, 신체감각(느낌과 촉감) 후각(냄새), 미각(맛)을 나타내는 약어

Well―formed Outcome(잘 규정된 결과): 다음의 준거를 만족시키는 목표들, 긍정적인 말을 사용하여 표현한다. 구체적이다. 자신이 통제할 수 있다. 생태적이다. 결과와 발전을 측정할 수 있다.

로버트 딜츠의 jobEQ 검사 보증(Dilts' Endorsement)

나는 패트릭 멜러비드Patrick Merlevede가 산타크루즈에 있는 NLP University 의 여러 가지 프로그램에 참여한 1996년 이후부터 알고 지냈다. 그때 이후 로 그는 NLP와 감성 지능의 통합에 관해 세계적 전문가가 되었다. 2000년 에 패트릭은 jobEQ.com의 주력상품인 작업태도와 동기부여에 대한 검사 를 개발했다. 그 이후부터 그는 문화들 간에 메타프로그램이 어떻게 다른 지 통계적으로 증거를 입증하고, 메타프로그램이 상황 의존적임을 논증하 며, 메타프로그램 패턴들이 어떤 직업 상황에서 탁월성에 가장 관련되어 있는지를 식별해내는 기술체계를 제공하여 메타프로그램 연구의 최첨단 에 있다.

여러 부류의 활동은 동기부여와 태도가 결합될 필요가 있다. 메타프로그 램은 이러한 동기부여와 태도를 조사하고 확인하는 훌륭한 방법임이 증명 되어 왔다. 일단 어떤 활동의 최상의 성과에 부합하는 메타프로그램을 알 거나 모델을 만들면, 사람들을 동기부여하고 어떤 일에 맞는 최상의 지원 자 선발, 문제 상황 진단, 교육 훈련 설계, 그리고 보다 유능하게 의사소통 하고 협상하는 데에 도움이 되도록 사용할 수 있다. 요약하면, 차이를 낳는 차이를 결정해준다.

jobEQ평가 도구들은 NLP의 모델링 원리로 심리측정 검사 설계에 적용된 통계학적 방법을 통합함으로써, 기업계로 메타프로그램을 가져가는데 중 요한 공헌을 계속 해오고 있다. 또한 코치들, 경영자나 관리자들과 교육 트 레이너들에게도 도움이 되는 도구이다.

2009년 1월 24일 로버트 딜츠Robert Dilts

*로버트 딜츠)Robert Dilts)는 NLP (Modeling with NLP), (Alpha-Leadership) (Visionary Leadership) (From Coach to Awakener)를 포함하여 NLP에 관한 수많은 책들을 저술했다.

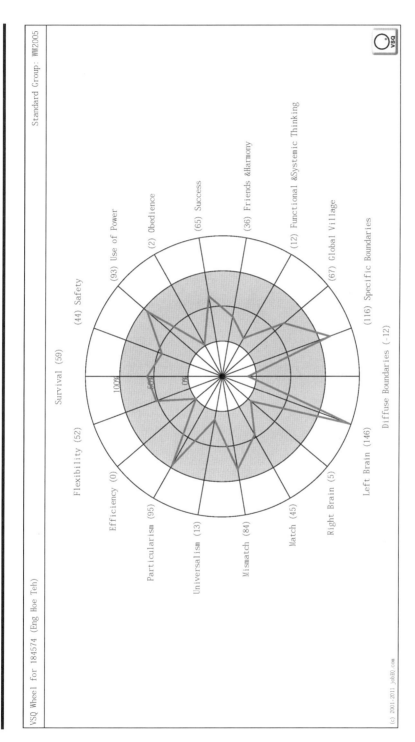

VSQ Wheel for 184574 (Eng Hoe Teh)

Standard Group: WW2005

Survival (59)

(93) Use of Power

(44) Safety

(2) Obedience

Flexibility (52)

(65) Success

Efficiency (0)

(36) Friends &Harmony

Particularism (95)

(12) Functional &Systemic Thinking

Universalism (13)

(67) Global Village

Mismatch (84)

(116) Specific Boundaries

Match (45)

Diffuse Boundaries (-12)

Right Brain (5)

Left Brain (146)

DEMO REPORT -- NOT FOR RESALE

COMET wheel graph

Report for: Eng Hoe Teh
Emotional Competencies(감성 역량)

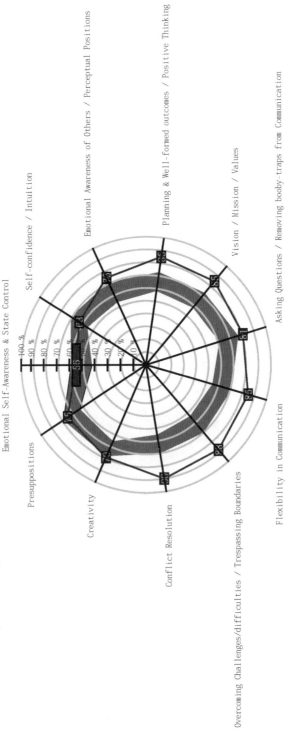

Emotional Self-Awareness & State Control

Self-confidence / Intuition

Emotional Awareness of Others / Perceptual Positions

Planning & Well-formed outcomes / Positive Thinking

Vision / Mission / Values

Asking Questions / Removing booby-traps from Communication

Flexibility in Communication

Overcoming Challenges/difficulties / Trespassing Boundaries

Conflict Resolution

Creativity

Presuppositions

100 %
90 %
80 %
70 %
60 %
55
50 %
40 %
30 %
20 %
10 %
0 %

56 self

(주)한국비즈니스코칭 www.kobuco.com
www.wholeperson.biz
www.resource-consultant.com

KoBuCo Resource Consulting by at

Attitude Sorter Wheel
Report for:184574 (Eng Hoe Teh)

Standard Group: US2007
Test Date: 17-Aug-2010

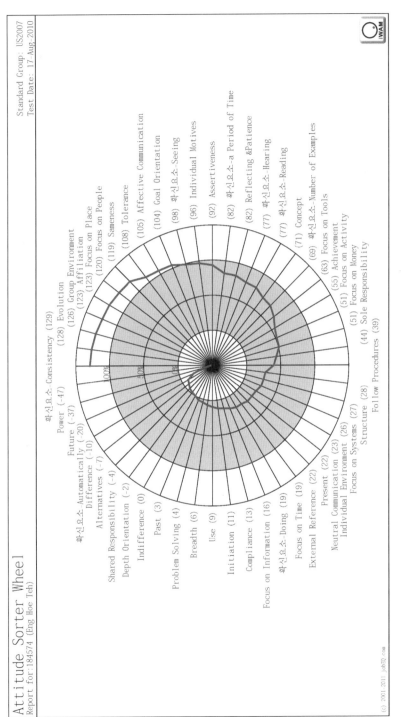

화신요소 Consistency (129)
(128) Evolution
Power (-47)
(126) Group Environment
Future (-37)
(123) Affiliation
Difference (-10)
화신요소 Automatically (-20)
(123) Focus on Place
Alternatives (-7)
(120) Focus on People
Shared Responsibility (-4)
(119) Sameness
Depth Orientation (-2)
(108) Tolerance
Indifference (0)
(105) Affective Communication
Past (3)
(104) Goal Orientation
Problem Solving (4)
(98) 화신요소 Seeing
Breadth (6)
(96) Individual Motives
Use (9)
(92) Assertiveness
Initiation (11)
(82) 화신요소 a Period of Time
Compliance (13)
(82) Reflecting &Patience
Focus on Information (16)
(77) 화신요소 Hearing
화신요소 Doing (19)
(77) 화신요소 Reading
Focus on Time (19)
(71) Concept
External Reference (22)
(69) 화신요소 Number of Examples
Present (22)
(63) Focus on Tools
Neutral Communication (23)
(55) Achievement
Individual Environment (26)
(51) Focus on Activity
Focus on Systems (27)
(51) Focus on Money
Structure (28)
(44) Sole Responsibility
Follow Procedures (39)

100% 40% 0%

(주)한국비즈니스코칭 www.kobuco.com
www.wholeperson.biz
www.resource-consultant.com

Section 1: 태도와 동기부여 검사(iWAM) Profile : 동기 부여 해주는 말들.

당신은 다음 말을 들으면 동기 부여가 더 잘될 것입니다:
<> 70% 이상이면 나타난 말들을 사용하면 좋습니다.
<> 30% 이하이면 나타난 말들의 사용을 자제해 주십시오.
(기울임꼴로 쓰여진 줄에서는 70%이상이면 이러한 행동을 해도 좋지만, 30% 이하라면 자제해 주십시오)

Note: 이 섹션에서의 비율은 표준 집단 (USA - US2007). 과 관련되어 있습니다.녹색 줄은 당신을 가리키고, 바에서 빨간색 부분은 표준 집단을 가리킵니다. 그리고 파란색 영역은 표준 집단을 벗어난 부분입니다.

작용 요인:

Initiation	11% 출선하다. 시작하다. 착수하다. 그냥 하다	
Reflecting &Patience	82% 인내심. 기다리다. 때가 오면	
Goal Orientation	104% 가지다. 얻다. 획득하다. 목표. 결과	
Problem Solving	4% 문제. 실수. 근심. 걱정되는	
Individual Motives	96% 스스로 결정한다. 당신에게 달려있다.	
External Reference	22% 피드백. 조언 &지도 받기	
Alternatives	-6% 대안. 옵션. 가능성	
Follow Procedures	39% 절차 준수. 옳은 방식으로 하기	
Breadth	6% 전체상. 개관. 전체적인	
Depth Orientation	-1% 구체적인. 세부 사항. 정확한. 정밀한. 순서	
Affective Communication	105% (비언어적 상호작용을 제공하다)	
Neutral Communication	23% (내용으로만 의사소통한다)	
Group Environment	126% 타인들. 사람들과의 접촉	
Individual Environment	26% 홀로. 개인적인. 자만심이 강한. 독립적인	
Sole Responsibility	44% 독자 책임. 책임을 맡은	
Shared Responsibility	-3% 공유하다. 타인들과. 함께. 팀	

변화하려는 욕구:

Sameness	119% 똑같은. 공통인. 유사한. 비슷한	
Evolution	128% 향상된. 더 좋은 것을 위해 변한. 비슷하지만 다른.	
Difference	-9% 새로운. 변화. 다른. 독특한. 바꾸다. 재빨리 전환하다.	

에너지 분포:

Use	9% 행동으로 옮긴다. 행하다. 서두르다. 격려하기	
Concept	71% 분석. 이론. 철학. 이해하다	
Structure	28% 조직한다. 부분들의 관계. 구조. 계획	

KoBuCo Resource Consulting Institute

(주)한국비즈니스코칭 www.kobuco.com
www.wholeperson.biz
www.resource-consultant.com

iWAM - Management Report

DEMO REPORT -- NOT FOR RESALE

시간지향성:

Past	3% 과거. 역사. 증거	
Present	22% 지금 그리고 여기. 그 순간에	
Future	-36% 미래. 계획. 선견지명	

기본 동기:

Power	-46% 지휘하는. 통제. 권위. 지시하기. 영향력 행사. 명성	
Affiliation	123% 소속. 우정. 집단에서. 멤버가 되기	
Achievement	55% 성취하다. 성공. 도전. 능력. 경쟁	

규범 존중:

Assertiveness	92% 해야 할 것을 남에게 이야기하기. 규칙을 설정하기.	
Indifference	0% 무관심	
Compliance	13% 필요한 것에 순응한다. 팀 플레이어.	
Tolerance	108% 관대함. 존중	

확신하기 위해서 필요한 것:

확신요소-Seeing	98% 보다. 비전. 분명한.	
확신요소-Hearing	77% 듣다. -처럼 들린다.	
확신요소-Reading	77% 읽다. 문서를 검토하다.	
확신요소-Doing	19% 하다. 행동. 다루다.	
확신요소-Number of Examples	69% 사례. 충분한 횟수. 충분한 예시를 제공하다.	
확신요소-Automatically	-19% 가정하다. 자동적. 당연하게 여기다. 빨리 결정하다.	
확신요소-Consistency	129% 시종일관된. 지속적인. 반복해서. 매번	
확신요소-a Period of Time	82% 시간이 걸리다. 충분한 시간. 시간이 지나서. 필요한 시간을 갖다.	

성공하기 위해서 일해야 하는 대상:

(괄호 안의 단어는 당신이 일을 할 때 관심을 가지고 묻는 질문을 나타냅니다)

Focus on People	120% 사람들. 개인들. 사람. 이름을 내세우기 (누구)	
Focus on Tools	63% 도구. 기기. 물건 (어떻게)	
Focus on Systems	27% 체제. 절차. 몰입 (둘 중 어느 하나)	
Focus on Information	16% 정보. 자료. 사실. 출처 (왜)	
Focus on Money	51% 예산. 돈. 재정 (얼마)	
Focus on Place	123% 장소. 지위. 위치 (어디)	
Focus on Time	19% 시간. 스케줄. 마감 시한. 정시. 시계 (언제)	
Focus on Activity	51% 활동. 과업. 행동. 활발하게 (무엇을)	

KoBuCo Resource Consulting Institute

(주)한국비즈니스코칭 www.kobuco.com
www.wholeperson.biz
www.resource-consultant.com

jobEQ를 코칭하라

지은이_ 패트릭 멜러비드, 데니스 브리더, 루디 반담
옮긴이_ 박진희, 최인화
펴낸이_ 최인화
펴낸곳_ ㈜한국비즈니스코칭
디자인_ 김왕기

1판 1쇄_ 2011년 06월 29일
출판등록번호_ 제 2008 - 000251
주소_ 136-010 서울 강남구 논현동 241-1 강남파라곤 303호
전화_ 02-515-1326
팩스_ 02-515-1327
ISBN 978-89-966687-0-1   03320